Das Zeitalter
der Aufklärung

W0072474

KLASSIKER DES PROTESTANTISMUS
HERAUSGEGEBEN VON
CHRISTEL MATTHIAS SCHRÖDER

# Das Zeitalter der Aufklärung

HERAUSGEGEBEN VON
WOLFGANG PHILIPP

R. Brockhaus Verlag Wuppertal

Taschenbuchausgabe
© 1988 R. Brockhaus Verlag Wuppertal
Umschlaggestaltung: Carsten Buschke, Leichlingen 2
Gesamtherstellung: Ebner Ulm
ISBN 3-417-24116-2

# INHALT

VI

GERTRUDIS-ROBINA PHILIPP
ZUGEEIGNET

*Ist es der Wind*
  *an Fingals Schild*
*Oder ist der Vorzeit Stimme*
  *in meiner Halle?*
*Singe weiter,*
  *süße Stimme!*

Die geistes- und theologiegeschichtliche Erforschung des Zeitalters der Aufklärung steht in den Anfängen; die Ergebnisse der neueren wissenschaftlichen Bemühungen um die Epoche sind noch nicht weit über den Kreis der Fachgelehrten hinausgedrungen. Grundsätzlich schon berichtigte Mißdeutungen der Zeit werden auch unter Gebildeten noch mit Hartnäckigkeit weiter überliefert. Ich habe schon aus diesem Grunde der Bitte des Herausgebers, der als Religionswissenschaftler selbst über das 18. Jahrhundert monographisch gearbeitet hat, eine Textauswahl zum Zeitalter der Aufklärung zusammenzustellen, gern Folge geleistet. Über die Problematik des Versuchs, mit wenigen Mosaiksteinen einen Eindruck von einer solch bewegten und differenzierten Epoche wie der uns hier interessierenden zu vermitteln, braucht man keine Worte zu verlieren. Ich habe mich bemüht, durch die Einleitung und die Einführungen zu den Texten diese Schwierigkeit nach Möglichkeit zu überbrücken.

Wo es bei fremdsprachigen Quellen wichtig schien, sind Begriffe und Wendungen des Originals in eckigen Klammern – [ ] – in den deutschen Text gesetzt. Spitze Klammern – ⟨ ⟩ – zeigen von mir herrührende Anmerkungen oder erklärende Einfügungen an. Das Deutsch des 17./18. Jahrhunderts wurde geglättet; allzu lange Perioden, wie die Zeit sie liebte, sind notfalls leicht gekürzt worden. Die Auswahl der Stellen geht aus den Quellennachweisen hervor. Die Literatur wurde auf die nötigsten, den interessierten Leser weiterführenden Angaben beschränkt. Eine größere Zusammenstellung der grundsätzlich wichtigen Literatur zum Zeitalter der Aufklärung findet sich in meinem

Buch über das „Werden der Aufklärung", Göttingen 1957, in meinen Aufsätzen und zahlreichen Artikeln zur Epoche in der dritten Auflage des Handwörterbuches „Die Religion in Geschichte und Gegenwart", im Evangelischen Kirchenlexikon und im Weltkirchenlexikon.

Den Damen und Herren der Staats- und Universitätsbibliothek zu Hamburg, der Universitätsbibliothek zu Marburg-Lahn und der Preußischen Staatsbibliothek (z. Z. Marburg) darf ich für bibliothekarische Unterstützung meinen aufrichtigen Dank sagen.

Marburg-Lahn, den 1. Mai 1963

Wolfgang Philipp

# EINLEITUNG

Für den Menschen der Gegenwart ist es nicht möglich, die geistige Welt der Aufklärung zu verstehen, ohne den geschichtlichen Hintergrund zu sehen, vor dem sie sich entfaltet, ohne von dem Erbe zu wissen, das sie erneuert, und ohne die Gegner zu kennen, die zu überwinden sie sich bemüht. Angesichts keiner Epoche wird dieser an sich selbstverständliche Grundsatz so vernachlässigt wie gegenüber der Aufklärung. Um seiner Wichtigkeit willen soll ihn ein einfaches dogmengeschichtliches Beispiel verdeutlichen oder „erhellen", wie die Aufklärung als Epoche des Neuen Lichtes gerne sagte. Beim Auftreten eigenartiger oder schockierender Erscheinungen hört man in Deutschland hier und dort die volkstümliche Redensart: „Das paßt, wie Pontius Pilatus ins Glaubensbekenntnis!" Natürlich ist das Auftreten dieses bedeutungslosen Prokurators im Credo der Christenheit eine merkwürdige, vielleicht sogar töricht anmutende Sache. Erst wenn man weiß, daß sich der betreffende Satz des Credo gegen die mächtige Bewegung der Gnosis richtete, die die Schöpfung als Werk des Satans und Christus als eine Art von leib-, zeit- und geschichtslosem „Himmelsgespenst" auffaßte, wird er verständlich: Der Erlöser war so sehr Mensch, daß er eine Mutter und in Pilatus einen Mörder hatte, einen „Mörder", der zugleich ein chronologisches Datum darstellt. In ähnlicher Weise verwandeln sich – vor ihren Hintergrund gestellt – Erscheinungen unserer Epoche, die den modernen Menschen befremden, seinen Widerspruch oder seinen Spott hervorrufen, bei genauerer geschichtlicher Kenntnis oft in geistige und sittliche Leistungen, vor denen er erstaunt, bewundernd, mitunter beschämt zu verharren, sich veranlaßt sieht.

Wir beginnen deshalb mit einer knappen Darstellung der geschichtlichen Vorbedingungen und des Werdens der Epoche. Wir ziehen dabei einige wenige Hauptlinien nach, die zum Verständnis des 18. Jahrhunderts unerläßlich sind. Zweckmäßigerweise werden wir dabei die jeweilige Auffassung von Gott, von der Welt, von Christus und vom Menschen (also die religiösen Sektoren der Theologie, Kosmologie, Christologie und Anthropologie) besonders in den Blick fassen. Daß das Zeitalter der Aufklärung wie jede Epoche seine dunklen und fragwürdigen Seiten hatte, ist selbstverständlich. Die gesamte Zeit aber mehr oder weniger deutlich unter das Vorzeichen des Satanischen oder der geistigen und geistlichen Perversion zu stellen, wie es in theologischen und auch nichttheologischen Kreisen heute oft geschieht, ist zweifellos nicht zu rechtfertigen. Eine kurze Betrachtung der Bewertung der Aufklärung in der Gegenwart stellen wir wohl zweckmäßigerweise an den Schluß der Darstellung.

## Das Erbe des Mittelalters

### Die Trina Machina Rerum

Es ist spätestens die Welt des Hohen Mittelalters, mit der wir unsere Einführung beginnen müssen – die Welt jener „trina machina rerum", des dreistöckigen aus dem Erbe der Antike übernommenen Weltbaues von Himmel-Erde-Hölle, in dem noch Martin Luther sein wirkliches Zuhause besaß. In diesem in sich geschlossenen Bilde der Wirklichkeit sind alle (nicht nur die vier oben genannten) Sektoren des Glaubens unlöslich ineinander verwoben. Denn in diesem „Ontologischen Universalismus" ist ja alles *Sein vom Sein. Gott* ist das Sein selbst und schlechthin: ein grenzenloser unauslotbarer „Ozean des Seins". Mit ihm, dem „Ungeschaffenen Sein" ist das „Geschaffene Sein" durch die „Ähnlichkeitsbeziehung des Seins" (analogia entis) verbunden. Unter dem blauen Erdenhimmel breitet sich das „Sichtbare Sein" – in den goldenen Gotteshimmeln webt das „Unsichtbare Sein". Die Kuppel der Naturgesetze trennt das „Natürliche Sein" unten von dem „Übernatürlichen Sein" oben.

Jedes Wunder ist ein dreifaches Wunder: Durchbruch durch die Naturgesetze (miraculum suspensionis) – Niedersprühen übernatürlicher Seinskräfte im eigentlichen Wunder (m. proprium) – Reparatur der Durchbruchstelle (m. restitutionis). Droben steht der sog. „Gnadenbrunnen", aus dem das übernatürliche Sein in den „Eingegossenen Gnaden" („dinglichen Charakters") der Sakramente niederfließt. Dem begnadeten Mystiker gelingt es je und je in umgekehrter Richtung die Grenze zwischen Himmel und Erde zu durchstoßen und etwa wie Paulus bis in den „Dritten Himmel" vorzudringen. Denn es sind ja 7 Himmel zwischen den eigenartig kreisenden Sphärenschalen aus Kristall, von denen jede einen Planeten trägt, und der abschließenden gläsernen Glocke, auf der die Bilder des Tierkreises leuchten.

*Die Planetarische Struktur*

Diese Kristallwelt, von deren Realität etwa noch im 19. Jahrhundert Papst Pius VII. in seiner Auseinandersetzung mit Wilhelm von Humboldt unerschütterlich überzeugt war, durchdrang mit ihrem Architekturgesetz des „3 und 4" und „3 mal 4" das Oben und das Unten, Groß- und Kleinwelt (Makro- und Mikrokosmos), Theologie und Naturkunde („Philosophie"). Wichtigstes Schöpfungswerk waren die ineinandergeschachtelten 7 Gotischen Glocken der Planetenschalen, die 3 oberen und 4 unteren und die 3 mal 4 Bilder des Tierkreises, die die Monate prägen. Die 7 Planeten aber bestimmen als „Regenten" (Sonnen-, Mond-, Mars-Jahr usw.) den Heptazykel der siebenjährigen Epoche. Sie regieren die Tage der Woche (vom Sonnen- bis zum Saturns[Sams]-Tag). Sie teilen den Tag in 7 Horen. Die 7 Töne der Tonleiter geben den Gesang der Sphären wieder, die 7 Farben des Regenbogens das überirdische Licht ihrer Luminiszenzen. Es gibt 7 Tugenden und 7 Sakramente; 7 Laster und 7 Todsünden. Es gibt 7 Weihegrade der kirchlichen Hierarchie, 7 Grundränge des Adels, 7 Kurfürsten um den Kaiser, der nächst der päpstlichen „Sonne" als „Mond" das zweite Hauptgestirn dieses Kosmos war und sich nur um die „Sublunarische Welt" kümmern sollte, obwohl sein Staatsmantel seit Otto II. die Bilder des Tierkreises zeigte. Die 7 „Artes liberales" trugen die Hierarchie der Universität. Über ihnen als der 4. Fakultät erhob sich das Reich der 3 „Oberen Fakultäten" – Wissenschaft und Kunst hatten im Grunde nur die Aufgabe, die fertige Weisheit und Schönheit einer oberen Welt an die untere zu übermitteln.

### Die Große Kette des Seins

Dies alles (und viel mehr) hat unmittelbar mit unserem 18. Jahrhundert etwas zu tun. Aber wir müssen abbrechen, um noch einen Blick auf den sog. „Ordo" zu werfen. Der Ordo ist die ranggestufte, hierarische Pyramide der geschaffenen Wesen, die sich vom Stein durch das Mineral-, Pflanzen-, Tier-, Menschen-, Engelreich bis hin zum obersten Engelfürsten am Sitz des „Ungeschaffenen Seins" erstreckt. Diese Pyramide, die man im Mittelalter mit Vorliebe als das „Große Netz des Seins", die „Diamantene Kette des Seins", die „Leiter der Kreaturen" bezeichnete, ist eine (vom Werden und Vergehen des einzelnen Seienden) unabhängige Wirklichkeit. Sie besteht im Letzten aus Gestaltkräften, sog. „Formen", die die Gottheit ausfließen (Thomas v. Aquin sagt „emanieren") läßt. Solche „Formen" können selbständig („subsistent") sein – wie bei den unsichtbaren Engelwesen. Sie können auch (als „inhärente") die Materie ausformen – dann entstehen Lapislazuli, Lilie und Luchs. Der *Mensch* nun ist von allen das merkwürdigste Wesen. Zwischen Tieren und Engeln stehend ist er z u g l e i c h eine inhärente u n d eine subsistente Form. Als Spitze des sichtbaren Seins ist die Menschheit in sich wiederum pyramidenförmig gestuft: Papst, Bischof, Priester usw. – Kaiser, König, Kurfürst usw. Unzählige Blätter mit medizinisch-anatomischen Planeten- und Aderlaß-Männlein erweisen, wie unmittelbar der Mensch unter dem Gesetz der 7 Kristallglocken stand – von den goldenen Sternenstempeln der „Nativitäten" ganz abgesehen, die in der Stunde der Geburt sein Seinsgeschick überzeitlich prägten. Daß auch die unsterbliche Geistseele mit Verstand und Willen diesem zwingenden Einfluß unterliegt, davon war Thomas v. Aquin überzeugt.

Geschichte und Geschichtswissenschaft in unserem Sinne war in diesem Bau der Wirklichkeit unbekannt. Das ganze System drehte sich in den 3 Weltzeitaltern oder den 4 Weltreichen einmal um sich selbst, und am gefürchteten Tag der Tage kam dann unter Feuereinbruch von oben *Christus* zum Weltgericht. Da er nach dem Ende des Römerreiches nicht erschien, mußte auch das Deutsche Kaiserreich unter dem Jupiteradler noch „Römisch Reich" sein. Die Gotische Kathedrale zeigt uns das Große Haus des Seins zugleich als ein Haus des Lichtes. In den Portalen erblicken wir die ineinander geschachtelten Himmelsglocken und die zwischen ihnen (wie auf die Schnur gezogenen) schwebenden Rangordnungen der Engel. Im Innern verschmelzen rotviolettes Regenbogenlicht der Fenster und überstrahlte schmale Pfeiler zu einem einzigen Gehäuse aus selbstleuchtendem Schöpfungslicht, an dessen Verehrung das Neuplatonische Erbe der Scholastik nicht unbeteiligt ist. Jede Linie wiederholt den steigenden, sich verjüngenden Ordo, und aus dem gläsernen „Teppich" der Fenster schwebt uns das Große Netz des Seins (in der

Vielgestalt des irdischen und überirdischen Seienden) entgegen.

### Die Beste aller Welten

Und nun noch etwas Wichtiges, das man wissen muß, um nicht unhaltbare Theorien über das 18. Jahrhundert zu entwickeln: Die Vorstellung vom „Großen Netz des Seins" ist ein sehr alter Gedanke, der bei Plato und Aristoteles seine Ansätze hat, im Neuplatonismus voll entfaltet wurde und über ihn das Mittelalter ergriff. Zu ihm gehört die ebenso alte und aus der gleichen Quelle stammende Überzeugung, daß diese Welt *vollkommen* schlechthin ist. Wie sollte nach mittelalterlicher Anschauung das „Ungeschaffene Sein" nicht die beste Welt erschaffen haben, wenn doch zwischen ihm und dem „Geschaffenen Sein" jene große „Analogie" besteht, nach der jedes Kleeblatt auf dem Felde die Dreifaltigkeit des göttlichen Seins wiederholt, der „Greif" als Adler-Löwe die Doppelnatur Christi darstellt und das Wiesel seine Jungen keusch durchs Ohr gebiert um der Analogie zur Parthenogenese des Erlösers willen. Damit sind alle Kreaturen zugleich transparent für das milde Schöpfungslicht. Und Not und Elend der Geschöpfe? Sie sind notwendig und stellen die Vollkommenheit des geschaffenen Seins nicht in Frage. Das Große Netz der Wesen ist *gedrängt gefüllt* und ohne Lücke. Albertus Magnus und Thomas haben sich mit andern bemüht, die „*links*" zwischen den Reichen des Seienden zu finden – die Trüffel als Bindeglied zwischen Mineralien und Pflanzen, den Polypen als Verknüpfung zwischen diesen und den Tieren, den Affen als Netzmasche zwischen Tier und Mensch usf. Jedes Geschöpf hat seinen knappen festen Platz, seine vorgegebene „Essenz" (So-sein) – es hat keinen Zweck, sich als Mensch über fehlende Löwenstärke zu beklagen oder schildkrötenhafte Langlebigkeit zu erwünschen oder die Leidlosigkeit des Engels zu ersehnen; diese Eigenschaften sind im Ordo schon vergeben. Nicht nur durch andere Geschöpfe, sondern überhaupt ist die Kreatur begrenzt; sie hat sozusagen die Gottheit als Vater und das chaotische Nichts als Mutter. Daraus resultieren mit Zwangsläufigkeit die Übel aller Art. Als Gegenbild einer einst zu erhoffenden hohen Rangstellung in himmlischen Räumen muß man sie tragen. Auch der Bettelmann hat als „ens rationale", als denkendes Seinsquant, seinen essenzhaft vorgegebenen Platz im Ordo – denn dessen Gesetz lautet „Jedem das Seine" und nicht „Jedem das Gleiche". Der Papst andererseits, nach Innozenz III. „weniger als Gott, aber mehr als ein Mensch", heftet die Spitze der Menschheitspyramide an das unsichtbare Reich der Engel.

„Jedem das Seine", das ist zugleich die eherne Grundlage des *Naturrechtes,* aus dem alle anderen Gesetze und Normen abgeleitet werden. Zwischen Himmel und Erde schwebt des „Ewige Gesetz", ein Zwischenreich von Gottesgedanken. Wie das Siegel den Abdruck entläßt es aus sich das „Natürliche Gesetz". Aus diesem entspringen einerseits das „Naturgesetz" (nach dem der Stein fällt) und andererseits das „Naturrecht".

GOTT

Ewiges Gesetz

Natürliches Gesetz

*Naturgesetz*                                          *Naturrecht*

↓

Heidnisches
Gesetz
Jüdisches
Gesetz
Christliches
Gesetz

Die Seinshaftigkeit und „Naturhaftigkeit" dieser Sittlichkeitslehre pflegt modernen Protestanten unverständlich zu bleiben: es ist *seins*gerecht, daß ein Stein nach unten fällt, und ebenso *seins*gerecht, wenn ein Mensch nicht stiehlt.

### Wirk-Kausalität und Finalität

Seinsgerecht ist es auch, daß das Gesetz der *Wirk-Ursächlichkeit* (Effizierende Kausalität) das ganze Seinsgehäuse durchdringt. Wenn man will, so ist diese blicklose Gottheit die letzte und absolute Herrscherin. Daß sie ist und wirkt, ist selbstverständlich. Gott aber muß erst vor ihr und mit ihrer Hilfe seine Existenz nachweisen. Jedes Seiende hat seine Ursache, und steigt man in der Kette der Ursachen immer weiter auf, so erweist sich schließlich das Dasein der „Erstursache Gott".

Wenn Gott solchermaßen nachweist, daß er vorhanden ist, wie weist er nach, daß er sinnvoll tätig ist? Eine Schwester der eben genannten Autorität, die End-Ursächlichkeit (Final-Kausalität, Finalität, Teleologie, Absicht, Zweckbezug) nimmt ihn unter ihre Fittiche. Auch sie trägt die „Heidenkrone" der antiken Herrscherin. Hier hat schon Anaxagoras (um 450 v. Chr.), von Plato und Aristoteles sehr bewundert, auf die sinnvollen Bewegungen der Gestirne im sinnvoll geordneten Kosmos hingewiesen und Diogenes von Apollonia (5. Jh. v. Chr.) die Sinn- und Zweckbezüge in der Welt des organischen Lebens herausgestellt. Insbesondere aber sind nun alle Wesen in der eng verspannten mittelalterlichen Netzpyramide der Kreaturen in horizontaler wie vertikaler Richtung ziel- und zweckhaft aufeinander bezogen. Eines muß dem andern dienen. Gott bedarf keiner Rechtfertigung angesichts des Leidens der Gazelle, die der Löwe zum Fraße schlägt, denn es ist ja dieser Zweckbezug, unter dem sie an spezifischer Stelle des Netzes der Wesen in Erscheinung trat, wie es der essenzhafte Sinnbezug des Krautes ist, ihr zur Äsung zu wachsen. Wie die Antike so empfindet auch das Mittelalter einen ästhetischen Reiz bei der Betrachtung dieses gegitterten Filigranwerks von Zielbezügen, das wie ein Schmuckstück (griech. kosmos) erscheint.

### Der Goldgrund

Ästhetische Prägung trägt schließlich auch das Heilsziel. Es besteht in der Visio Beatifica, dem beseligenden Einblick in die Geheimnisse des flammen-goldenen Empyreums. Der Goldgrund auf den Heiligenbildern des Mittelalters weist darauf hin, daß die Heiligen sich nun in einem der oberen Räume befinden, und zwar an der ranggestuften Stelle, deren Möglichkeiten selig-genußvollen Schauens dem Grad ihrer Leistungen und Leiden entsprechen. Eben darum halten sie die Werkzeuge ihres Martyriums in Händen.

Es ist vielleicht doch deutlich geworden, wie sehr die mittelalterliche Sicht der religiösen, geistigen, naturkundlichen, gesellschaftlichen Wirklichkeit von einem arteigenen Raumsystem, dem System der Sphärenglocken und der Pyramide des Seins abhängt. Es wäre übertrieben zu sagen, daß die große Dogmatik der Hochscholastik nichts ist als eine Folge oder eine „Funktion" dieses Systems. Aber in wesentlichen Teilen ist sie es tatsächlich bis zu einem gewissen Grade; das dargestellte Beispiel der Thaumatologie, der Lehre vom Wunder, macht es vielleicht deutlich – jeder Religionslehrer plagt sich hier heute mit dem scholastischen Erbe. Was es für Konsequenzen in allen Lebensbereichen haben mußte, wenn das Kosmische Gehäuse der Kristallglocken einmal zersprang, kann man sich unschwer vorstellen.

### Die Zwei Bücher Gottes

Weil wir den Blickpunkt hernach für das 18. Jahrhundert ebenfalls brauchen, müssen wir noch einen

Blick auf die muslimischen Gegner der Hochscholastik werfen. „Was Europa ist, ist es durch den Islam", ist einer der Kampfrufe des mohammedanischen Modernismus der Gegenwart. An dieser These ist etwas Richtiges. Ausgehend von der Naturtheologie des Koran haben die muslimischen Gelehrten des Mittelalters naturwissenschaftliche Leistungen hervorgebracht, die nach Qantität und Qualität bedeutend, jedoch im heutigen Westen meist unbekannt sind. Christliche Missionare und Apologeten wie Raymundus Lullus († 1316) mußten sich mit diesen „Philosophen", d. h. naturforschenden Theologen, auseinandersetzen. Der katalanische Landsmann des Lullus, Raimund von Sabunde († nach 1436) verfaßte aus dem Erbe solcher Auseinandersetzung ein berühmtes Werk, das „Buch der Geschöpfe". Er beweist in ihm Existenz und Vollkommenheit Gottes aus den Reichen der Geschöpfe und legt anschließend dar, daß wir unsere gesamte Erkenntnis aus „Zwei Büchern" beziehen, dem liber Dei (Bibel) und dem liber creaturarum (Geschöpfe). Bis jetzt lassen sich vom 15. bis zum 17. Jahrhundert schon 35 verschiedene Ausgaben des beliebten Werkes nachweisen. Die Vorstellung von diesen „Zwei Büchern" stammt freilich nicht von Sabunde selbst, sondern findet sich seit Clemens v. Alexandria bei zahlreichen Kirchenvätern.

## Das Erbe der Renaissance und Nikolaus Kopernikus

Wir sind damit in den Bereich der Renaissance gelangt, deren konservativer Charakter von der Forschung heute stark betont wird. Entsprechend bleibt die Zeit im Großen Haus der Welt geborgen. Aber unter der beliebten und oft leidenschaftlich erneuerten neuplatonischen Frömmigkeit beginnt die starre, ranggestufte Pyramide des Seins für viele eigentümlich zu verschwimmen. Sie verwandelt sich in ein System auseinanderquellender, absinkender Lichtringe – eine für den Klerus nicht ungefährliche „Homogenisierung", denn Philosoph wie Bettler können sich ohne ihn im intuitiven Aufschwung zur Quelle allen Lichts und aller Schönheit erheben. Ob das scholastische Weltsystem alle Spiegelungen dieses Lichtes erfaßte? Der Mensch der Renaissance bezweifelte es und entdeckte neue Länder und Völker, ja das eigene Volk, das er in einem arteigenen neuen Nationalismus wie eine von oben herabgesunkene Lichtgestalt verehrte.

Nach gut begründeter Meinung ist auch die Weltsicht des Kopernikus ein Ergebnis der Lichtverehrung und des Sonnenkultus der Renaissance. Sie konnte in der Sonne das aufgeschlagene Auge oder gar die Quelle des schöpferischen Lichtes des göttlichen All-Einen erblicken. Kopernikus stand in Italien nachweislich unter diesem Einfluß, besaß noch in Frauenburg die Werke des Bessarion († 1472) und des Marsiglio Ficino († 1499) und legt an der entscheidenden Stelle von „De revolutionibus" keine Beweise vor, sondern beginnt einen merkwürdigen mythischen Hymnus auf die auf königlichem Thron regierende göttliche Sonne anzustimmen, die die Erde schwängert. Seine Motive sind in erster Linie „gefühlsmäßig". Auch Fachgelehrte übersehen oft, daß der Titel seines Werks keine „Revolution" anstrebt, sondern „Von den Umdrehungen" handelt, daß seine Sonne exzentrisch und keineswegs im Mittelpunkt der Welt steht, daß die alten Schleifenbahnen der Planeten (verkleinert) beibehalten wurden und daß die Fixsternschale so geschlossen blieb, wie bei Kepler die „mundi cutis sive tunica", die Haut oder das Hemde der Welt. Entgegen der Absicht des lutherischen Professors Rheticus, der mit Kopernikus dessen letzte Lebensjahre verbrachte und den Druck der Schrift durchsetzte, entschärfte die Vorrede des lutherischen Professors Osiander die Schrift total. Sie bat, die durch den Verfasser aufgegriffene, altbekannte These der Jung-Pythagoräer lediglich als eine fiktive astronomische Rechengrundlage zu betrachten.

## Das Erbe der Reformation

Luther selbst reagierte trotzdem in bekannter Weise empfindlich und weigerte sich, den Kopernikanismus über den Horizont seines Weltbewußtseins emporsteigen zu lassen. Mit ihm hatte die gesamte Reformation an sich kein kosmologisches, sondern ein soteriologisches Interesse; nicht die Frage nach der Gestalt der Welt, sondern die Frage nach dem Heil stand im Mittelpunkt. Die bekannte „Biblisierung" dieses Sektors der Dogmatik „allein aus der Schrift, dem Glauben, der Gnade" führte notwendig zum „allein durch Christus". Diese „Christologische Reformation" aber hatte durchaus kosmologische Konsequenzen, auch wenn sie nicht sofort und nicht überall sichtbar wurden. War das Heil durch das vierfache „Allein", das im „solo Christo" gipfelte, gewährleistet, so waren mirakulöse Durchbrüche zwischen Oberem und Unterem Sein, sakramentale Eingüsse von Übernatürlichem Sein, mystische Vorstöße ins Unsichtbare Sein und andere Funktionen und Reaktionen der großen „Trina Machina" im Prinzip entbehrlich und damit auch das Welthaus nicht mehr durch ein Seligkeit und Da-sein unbedingt betreffendes (existentielles) Interesse geschützt. Konnte ferner nach der reformierten Omnipräsenzlehre die Zweite Person Gottes dem Gläubigen überall frei gegenwärtig sein und durchbrach nach den lutherischen Lehren von Ubiquität und Ubivolipräsenz auch das leibliche Leben Christi alle Raumvorstellungen, so benötigte der Erlöser keine kosmischmetakosmischen Kulissen. Zum dritten entfernte sich die (von modernen Theologen nicht immer geschätzte)

Naturtheologie der Reformatoren grundsätzlich von den mittelalterlichen Gesichtspunkten: Luther konnte jede Frucht vom Baum nehmen wie ein ihm von dem Gott, der das Angesicht Christi trägt, persönlich zugereichtes Geschenk. „Adam bedurfte keines Buches, denn er hatte das Buch der Natur, und alle Patriarchen, Christus und die Apostel führen vieles aus diesem Buche an." „Wir sind jetzt in der Morgenröte des künftigen Lebens, denn wir fangen wiederum an, die Erkenntnis der Kreaturen zu erlangen, die wir durch Adams Fall verloren haben. Jetzt sehen wir die Kreaturen richtig an, anders als im Papsttum..." „Weit und groß ist das Haus Gottes; nimm eine Weinranke, und du wirst allen Mut verlieren, wenn du sie ganz ergründen willst", urteilte Zwingli, und Calvin entfaltete eine Kosmo-Theologie des göttlichen Glanzes: „Muß uns nicht seine Macht in ihren herrlichen Erweisungen zu bewundernder Betrachtung hinreißen? – Im Himmel und auf Erden sind unzählige Zeugnisse, die seine wunderbare Weisheit beweisen! – Man kann dies gewaltige wunderbare Gebäu, das ringsum daliegt, gar nicht mit einem Blick erschauen, ohne unter der Gewalt dieses unermeßlichen Glanzes (vi immensa fulgoris) zusammenzusinken. – Aber hier wird die schmähliche Undankbarkeit der Menschen offenbar. Eine Werkstatt tragen sie in sich mit unzähligen Werken Gottes geschmückt, eine Schatzkammer erfüllt mit unschätzbaren Gütern – aber anstatt nun in Lobpreis auszubrechen, blähen sie sich in um so größerer Aufgeblasenheit und erheben sich im Trotz." Die sehr zahlreichen Stellungnahmen solcher Art ruhen auf dem Grunde biblischer Aussagen und sind zugleich Ausstrahlungen der neuen biblischen Gottes- und Christusbegegnung. Rund 15 Schüler Luthers beschäftigten sich eingehend mit verschiedenartigen Gebieten der Naturtheologie.

## Das Erbe des Barock
### Die äußeren Bedingungen

#### Der Kopernikanisch-Brunoische Schock

Fünf Generationen nach Kopernikus – ein Abstand, den viele Denker, zuletzt Ortega y Gasset, umrätselt haben – trat die bisher größte geistige Katastrophe der abendländischen Menschheit ein, die Zertrümmerung des antik-mittelalterlichen Sphärenhauses. Man kann sich die erschütternde Gewalt dieses Umsturzes kaum je groß genug denken; je eingehender man die Geschichte der unmittelbar betroffenen Generation und der ihr folgenden Generationen des 17. Jahrhunderts kennt, um so universaler, intensiver und aggressiver tritt sie ins Licht. Der Vorgang ist auch in unserer Gegenwart noch keineswegs überwunden oder verarbeitet (s. u.). Ungeachtet verwandter Geister ist es richtig, den Vorgang mit der Gestalt Giordano Brunos zu verbinden und ihn mit der Bezeichnung „Kopernikanisch-Brunoïscher Schock" zu charakterisieren. Bruno aktualisierte und radikalisierte Kopernikus, lehrte, daß die sog. Fixsterne an der Wand der Tierkreisschale zahllose weitere Sonnen mit eigenen Planeten seien, daß alle diese Welten ihre Bewohner hätten und daß „die Unendlichkeit" der Grund aller Wirklichkeit sei. Was die abendländische Menschheit zu ertragen hatte, war nicht einfach die Verwandlung eines geo- in ein heliozentrisches Weltbild, sondern die Zerstäubung eines bis ins Detail durchkonstruierten anthropo-kosmologischen Gehäuses in ein durchaus mittelpunktloses infinites Welten- und Menschheitenbild.

#### Eroici Furori

Unsere Quellentexte setzen mit Bruno und Vanini ein. Lebensumstände und geistige Haltung der beiden glänzenden Geister zeigen viel Verwandtes. Beide kommen aus dem süditalienischen röm. Katholizismus. Ihre glühende Hingabe an die göttliche Unendlichkeit ist

dogmatisch gesprochen „Ontologismus", eine im röm.
Katholizismus altbekannte, naheliegende und gefürch-
tete Ketzerei. Seine dogmatisch korrekte seinsfromme
Ontologie (die von der Ostkirche bereits als Pantheismus bekämpft wird) beschreibt Gott u. a. als „Ozean
des Seins" (s. o.) und wird von ergriffenen Verkündern
leicht in „Pantheismus" (All und Gott sind eins) oder
„Panentheismus" (das in die Allgottheit eingeborgene
sichtbare Universum ist nur Teil oder Teilaspekt von
ihr) verwandelt. Im 19. Jahrhundert schritt die röm.
Kirche intensiv gegen den Ontologismus ein, und in
der Gegenwart werden nicht wenige der beliebten
röm. katholischen Dichter und Schriftsteller von Theologen des „Ontologismus" bezichtigt. Bruno und Vanini radikalisierten zugleich das neuplatonische Erbe
der Scholastik und erlebten ihre Allgottheit als unsag-
bar beseligende Lichtwirklichkeit, in die sich hinein
zu verzücken, Seligkeit bedeutet. Unter den Vorbehalten, die man Kennworten gegenüber immer machen
muß, kann man ihre Ergriffenheit als „Mystischen
Panentheismus" bezeichnen.

Im Hymnus unseres ersten Textes bereits weiß
Bruno, daß keine Kristallglocken seinen Himmelsflug
hemmen werden, und das Folgende zeigt ihn (als Filoteo) buchstäblich am Werk des „Zertrümmerns" und
„Zerschmetterns" des Welt- und Himmelshauses und
beim Aufreißen der Tore zur göttlichen Unendlichkeit. Das große Credo des zweiten Werkes ist das klassische Dokument mystisch-universaler All-eins-Gläu-
bigkeit. Auf diesem Fundament ruht das Selbstbewußt-
sein der neuen „Eroici Furori", der Helden und
Schwärmer oder der Rasenden Halbgötter, die unter
der Führung von Bruno, Vanini und ihren Freunden
einen glühenden Vergottungsrausch erleben und über
die Entrückung durch den irdischen Eros hinaus das
Vergehen im himmlischen Eros ersehnen und erleiden.
Ihre Überzeugung, längst über gewöhnliches Men-

schenmaß hinausgewachsen zu sein, ist unerschütterlich. Wenn Bruno seinem Gönner Michel de Castelnuovo das „Unendliche All" widmet, schreibt er, daß Castelnuovos Wohltaten „im Buch der Ewigkeit verzeichnet werden, sei es nun ein solches, das schon auf Erden gelesen wird (d. h. Brunos) oder jenes andere, daß man im Himmel glaubt!" Und wenn Vanini (Deckname „Julius Cäsar") in seinen Dialogen (1516) selbst auftritt, ruft ihm sein Gesprächspartner Alexander zu: „Du bist entweder ein Gott oder Vanini!" Julius Cäsar: „Der bin ich." Der ausgesprochene Anti-Hebraismus dieser Kreise ist von hier aus leicht verständlich, denn die Transzendenz des Gottes Israels duldet weder die pantheistische noch die mystische Vergottung. Bruno gibt mehrfach der Verdächtigung Ausdruck, daß es „kaum ein Übel und kaum eine Schande gibt, der sie (die Juden) nicht unterworfen sind", und verkündet, daß sie nach natürlichen und geschichtlichen Bedingungen „niemals ein berechtigter Teil der Welt sein werden".

Der große Hymnus Vaninis bildet den Abschluß seines „Amphitheaters". Die 50 Kapitel des Werkes gipfeln in dem Nachweis, daß Gott Alles ist, über Allem, außer Allem, in Allem, vor Allem, nach Allem, Alles Er. Das merkwürdige Schillern des Gottesbegriffes finden wir schon bei „christlichen" Neuplatonikern der Antike, die „das Unendliche" und „den Unendlichen", „das Göttliche" und „den Göttlichen" changierend verkünden. Vanini wie Bruno hat dies Verfahren die zeitweise, freilich immer begrenzte, Existenz in verschiedenartigen konfessionellen Lebensräumen ermöglicht. Es brauchte nicht unbedingt subjektiv unehrlich zu sein, da sie sich immer wieder auf die Kirchenlehre vom Ungeschaffenen und Unendlichen Sein Gottes zurückziehen konnten und da jeder Pantheist personale Frömmigkeitsbezüge als vorübergehenden Schaum auf den Wellen des All-Glaubens betrachten kann. Die Tatsache, daß beide am Ende die Unterwerfung heroisch verweigerten, nachdem die Inquisition ihrer habhaft geworden war, zeigt, daß diese ihre eigentlichen Überzeugungen mit dem sicheren Instinkt des Hasses erkannt hatte. Die Meinungsbildung über Vanini besagt, daß er die Natur als „Heilige Mutter und Quelle aller Wesen angebetet" und jeden Sinnbezug zugunsten des Zufalls und der reinen Wirk-Kausalität geleugnet habe.

### Der Aufgang der Unendlichkeit

In der Welt der Religion gilt das Gesetz der Polyvalenz: was den einen zum faszinierten Entzücken hinreißt, kann für den anderen tremendär grauenhaft sein. Auch die furchtbaren Hinrichtungen Brunos und Vaninis konnten es nicht verhindern, daß „Die Unendlichkeit" wie eine gewaltige Gottheit über dem Beginn des 17. Jahrhunderts aufstieg und auf allen Lebensgebieten verschiedenartige, tiefgreifende Rückwirkungen erzeugte. Die Stichworte zum Kosmischen Universalismus des Mittelalters haben vielleicht doch einen Eindruck davon vermittelt, wieviel fragwürdig werden und seine Grundlage verlieren mußte, wenn die Sphärenglocken ins grenzenlos Infinite hinein zersplitterten. Mit dem Jahr 1600, jenem Jahr, in dem Bruno auf dem „Blumenfeld" in Rom lebend verbrannt wurde, können wir den Beginn einer neuen Epoche, den Beginn des Zeitalters des Barock, legitim akzentuieren. Den gleichen Zeitpunkt markieren die modernen theologie-, philosophie-, kunst- und musikgeschichtlichen Erforschungen des Epochenumbruchs. Mit dem Barock aber haben wir jenen Hintergrund vor uns, vor dem die Aufklärung sich entfaltet, mit dem sie sich auseinandersetzt, den sie in weiten Bereichen bekämpft – und mit dem sie theologie-, geistes- und kulturgeschichtlich unablässig verglichen wird, um hinter das Geheimnis ihres Wesens zu kommen.

Die neue bestürzende „Unendlichkeit des Alls" war durchaus kein „naturwissenschaftliches Ergebnis", wie man es gern formuliert. Sie war es im 17. Jahrhundert ebensowenig wie im 20. Jahrhundert, das die Unendlichkeit des Alls entweder dogmatisch bestreitet oder in Sowjetrußland unfehlbar dogmatisiert oder in der freien Forschung mit immer neuen Riesenteleskopen positivistisch zu überprüfen unternimmt. „Unendlichkeit" ist eine anthropologische Kategorie (vorgegebene Denk- und Ergriffenheitsform), die aus gegebenem Anlaß immer wieder ähnliche Bilder erzeugt – auf der historischen Ebene der altindischen Religion etwa die Lehre vom unendlichen göttlichen Brahman und den infinit-zahllosen Brahmananda, den „Brahman-Eiern" der Welten und Menschheiten. Wissenschaftlich i. e. S. hatte sich lediglich ergeben, daß das Gehäuse der Trina Machina Rerum eine abendländische Illusion war – wobei die Meinung des 17. Jahrhunderts (aber auch mancher Theologen der Gegenwart), dieses aristotelisch-ptolemäisch-thomasische Gehäuse werde von der Bibel verkündet, historisch-kritisch nicht verifizierbar ist.

### Der Kosmologische Pluralismus

Die neue Welten- und Menschheiten-Unendlichkeit war keine notwendige Folge der wissenschaftlichen Sprengung dieses Gehäuses. Diese Sprengung war lediglich der Zündfunke für eine anthropologisch und ideologisch jederzeit mögliche Explosion. Bruno selbst hat es im ersten Dialog des „Unendlichen All" so deutlich wie nur möglich gesagt, daß sich die Unendlichkeit von Welten und Menschheiten aus allgemeinen Prinzipien apriorisch ergibt. Der „Beweis" für die unendliche Zahl der im All kreisenden Menschheiten (sog. „Pluralismus") ist der einfache Analogieschluß: „If the earth move it is a planet, and then per consequens the rest of the planets are inhabited as well as the moon!" sagte Burton (1621); die Milliarden anderer Menschheiten blieben beliebtes Thema der Barockdichtung, man berechnete ihre Gestalt nach merkwürdigen Methoden, die Unterhaltungen „sur la pluralité des mondes" des Fontenelle (1686) erreichten dutzendfache Auflagen in vielen Sprachen, und noch Kant fand es absurd, sich die anderen Welten nicht bewohnt zu denken.

### Die Isolierung des Barockmenschen

Die mittelalterliche Gesellschaft wußte sich als Materie von kosmischen Formkräften durchdrungen und als die einzige, einzigartige, zur Einheit gestaltet. Noch im letzten Ort waren Pfarrer und Bürgermeister die Abbilder von Papst und Kaiser, den beiden obersten „Lumina Coeli", Sonne und Mond der Menschenwelt. Offensichtlich fand jetzt ein umgekehrter Vorgang statt. Die radikale kosmische Auflösung vereinzelte die Erdenmenschheit unter zahllose andere Menschheiten. Und in der Erdenmenschheit selbst wiederum wurde das Individuum in einer noch nie dagewesenen Weise vereinzelt. In einer Ausgesetztheit, wie wir sie geschichtlich so zum erstenmal beobachten, findet sich der einzelne am Ufer des unendlichen All vor. „Epoché" heißt i. e. S. die „Gestirnkonstellation", das Geprägtwerden durch den Strahlungsraum von Sternen, die in bestimmter Weise kombiniert sind. Das Einsame Ich und das Unendliche All sind offenbar die beiden Gestirne der neuen Epoche, der barocken epoché. Besonders eindrücklich zeigt es das Titelblatt der vielfältig aufgelegten und übersetzten „Religio Medici" des Thomas Browne (1643): Von einer einsamen dünnen Felsennadel, die mitten in einem grenzen- und horizontlosen Meer steht, stürzt der Mensch der Zeit mit verzerrtem Gesicht rücklings in die infinite Flut. Nicht vergessen werden darf, daß die Entdeckung des Blutkreislaufes durch Harvey (1619) dieses Selbstverständnis in revolutionärer Weise verstärkte. Kreiste doch nun der Einzelmensch in seinem Lebensablauf völlig abgeschlossen in sich selbst, während er bis dahin ein allseitig offenes Aus- und Einstrahlungsfeld der kosmischen, astrologischen, mystischen und mantischen Physiologie darstellte.

### Menschheitskollektiv und Massengesellschaft

Das Gegenstück zu der immer stärkeren inneren Vereinzelung des barocken Individuums stellt der Gesichtspunkt des räumlich globalen Zusammenhangs (A. Klempt) der äußeren Menschengesellschaft dar. Entdeckungen bedeuteten in der vorbarocken Situation einen erweiterten Panorama-Rundblick auf den bunten Erdenteppich. Sobald aber die Wohnkugel der Erdenmenschheit unter unzähligen anderen Menschheiten in einer unfaßbaren Unendlichkeit schwebte, konglomerierte diese auf sich selbst zurückgeworfene Erdenmenschheit zu einer neuartigen Einheit. Am deutlichsten zeigt sich das wohl bei Campanella († 1639), dessen Bedeutung (nicht zufällig) heute neu sichtbar wird (A. Testa, R. Amerino). Zugleich mit einer glühenden Verkündigung einer infiniten Pluralität der Welten gelangt er in seinen beiden Staatsromanen zur Forderung eines globalen Menschheitskollektivs auf der Erde. Entsprechend der Entwicklung Campanellas trägt dies Kollektiv beim Weltvolk der „Solarier" (1611) kommunistisch-despotische, bei den weltbeherrschenden „Hispaniern" (1620) monarchisch-absolutistische Züge – an der totalitären Kollektivstruktur beider Polit-Systeme ändert das nichts.

Mit dem Zerbruch des vorbarocken Welthauses ist offenbar auch die scholastische, insbesondere thomasische Vorstellung vom Menschen als einem „von Natur aus sozialen und politischen Wesen" nicht mehr nachzuvollziehen. Es ist wohl kein Zufall, wenn Hobbes († 1678), der die originäre Menschheit aus wölfisch einsamen Individuen bestehen sieht, die durch die grenzenlose Macht der „sterblichen Gottheit" Staat zu kollektivieren sind, am Ende seines Lebens in kunstvollen Distichen versichert, die Mutter Hobbes habe Zwillinge geboren: „Mich und die Angst!" Der Weltfrost angesichts der antlitzlosen Unendlichkeit ist offensichtlich die bleibend bedrängende Basis einer elementaren Vereinzelung. Entwirft doch Locke am Ende des Jahrhunderts noch das gleiche Bild einer Menschheit, die aus lauter kleinen Despoten besteht, die sich lediglich aus Daseinsangst zur Gesellschaft kollektivieren. Nicht auf Gottes Geheiß, sondern von selbst, und zwar aus Furcht, seien die Menschen zur Gesellschaft zusammengetreten, sagt Hugo Grotius. Samuel v. Pufendorf (†1694) betrachtet den Naturzustand als gesellschaftslosen Zustand, und selbst Franz Suarez (†1617) sah das „politicum et mysticum corpus" der Gesellschaft als menschlichen Vertragsakt entstehen.

Es ist wohl kein Zufall, daß die moderne Massengesellschaft im Barock entstand, daß hier auch der Soldat zum erstenmal Ziffer in Uniform wurde. Aus der „einsamen Masse" der fluktuierenden Ich-Kerne der Barockgesellschaft aber erscholl mit offenbar unwiderstehlicher Gewalt der Ruf nach einem Über-Ich infiniter Potenz, nach dem Diktator, dem absoluten Fürsten, dem „Irdischen Gott". Der Aufgang des Absolutismus läßt sich zweifellos nicht allein aus äußeren Bedingungen „erklären", er scheint auch einem elementaren menschlichen Bedürfnis des 17. Jahrhunderts zu entsprechen. In einem eigenartigen mystischen Vollzug identifizierte sich der Einzelne mit dem Über-Ich des Souveräns und ordnete sich damit zugleich dem totalen Staatsmechanismus ein. Nicht nur in Frankreich, sondern überall in den absoluten Staatswesen erschien der Herrscher ausdrücklich als die „Sonne" eines geschlossenen staatskosmischen Systems, eine Sonne, deren Strahlen in Krone, Wappen, Initialen, Orden des Fürsten allenthalben aufleuchteten. Die hohe Zahl der absoluten Kleinstaaten wiederholte in eigenartiger Weise den Pluralismus der kosmischen Menschheiten.

## Die inneren Bedingungen

### Der Kosmische Nihilismus und Pessimismus

Eine große Anzahl von Spezialarbeiten – insbesondere solcher literaturwissenschaftlicher Art – unternimmt es, aus den Dokumenten der barocken Kultur zu erschließen, wie sich der Mensch der Epoche in seiner Welt vorfand und verstand. Immer wieder versucht man unter dem bekannten Stichwort „Barockpessimismus" darzulegen, wie Weltvertrauen, Selbstvertrauen und Harmoniefreude von Humanismus und Renaissance einer allgemeinen anthropologischen Krise wichen. Kennzeichnend ist dabei, daß die Dichtung des Barock wie unter einem unausweichlichen Zwang unaufhörlich die Frage der Weltschau erheben muß. Es ist eine Frage, die in tödlicher Trauer darum weiß, daß sie keine Antwort erhalten wird, denn die Welt erscheint als eine sich unaufhörlich verwandelnde Sphinx, die ihre Opfer grausam und spurlos vernichtet. „Es handelt sich um nichts anderes als um das Problem der Probleme, um die Fragwürdigkeit, die man mit einem modernen Schlagwort als ‚existentiell' bezeichnen würde: sie ist im Barock ins Bewußtsein der Zeit getreten und erfüllt das Sinnen und Trachten, das Denken und Dichten der Menschen" (K. Berger). „Weiter konnte die Verdammung der Welt und die Selbstzerstörung nicht getrieben werden" (E. Ermatinger). Als Kennzeichen barocker Weltanschauung wird die Ausweglosigkeit angegeben, Angst und Verzweiflung darüber, daß alles Schöne Beute des Todes ist, Weltangst und Todesgrauen entsprechen sich; ein Zugang zur Ewigkeit ist nicht zu finden, die Ewigkeitsvorstellung wird gern als „nihilistisch" bezeichnet. „Nie verliert der Tod für den Barockmenschen das kalte Grausen, nie erscheint er als

Erlöser, Tröster oder Freund. Sein dunkler Schatten fällt auf das Leben und entwertet es" (W. Flemming). Die tödliche Fragwürdigkeit des Daseins wurde durch die Metaphern der Zeitdichtung noch verschärft. Die „Welt", in der der Mensch sich schaudernd vorfindet, ist ein Nichts; ist Rauch, Staub, Grab, ein Blitz in der Nacht grenzenloser nichtender „Ewigkeit". Die weltanschauliche Elegie, die kosmische Vergänglichkeitsklage wurde zum unmittelbaren Erlebnisausdruck des Hochbarock (E. Trunz). Auch die Weltlust wurde mit dem barocken Pathos des Leidens durchsetzt, die „Maienlust" endete in elegischer Reflektion. Im Zenit der Zeit wurde die Melancholie zum tragenden Lebensgefühl, die Stimmen, die die Sinnlosigkeit der Welt, ihre „Eytelkeit", ihre notwendige Verachtung und Verleugnung predigten, wurden immer zahlreicher, die barock-spezifische Gebrochenheit in allen Erscheinungen des kulturellen Lebens ist unübersehbar. Ein merkwürdiger stoischer Protestantismus entstand im Gesamtbereich des rückkehrenden Geistes der Spätantike (s. u.).

Der sog. „Pessimismus" des Barock ist also ein echter „Kosmischer Nihilismus", eine Depression, die in vielem sehr deutlich das ambivalente Gegenstück zur glühenden Manie, zum Kosmischen Rausch der Eroici Furori darstellt. Stärker als die röm.-katholische Welt ist die der Protestanten dem bestürzenden Kosmischen Nihilismus preisgegeben: die „Pufferung" der universalen Ontologie ist weithin aufgegeben und eine wirkliche Biblisierung und gläubige neue Aufarbeitung des Kosmologischen Sektors nicht vollzogen. Auch als Protestant brachte es der abendländische Mensch offensichtlich nicht fertig, sich im reißenden Strom der Auflösung aller kosmischen Perspektiven gleichsam selbst über Wasser zu halten oder sich gar freizuschwimmen. Jahrhundertelang gewohnt, in Glaube und Leben aus Kosmischen Bezügen, für sie, durch sie, aus ihnen und auf sie hin zu existieren, flossen ihm mit dem Vergehen der alten Kulissen alle Grundlagen und Formkräfte fort, die bisher Sinn, Sein und Sollen seines Hoffens, Lebens und Strebens gewährleistet hatten. In der „Vanitas"-Dichtung der Zeit findet sich diese Sachlage in immer neuen Variationen. Die Dunkelheit, Lichtlosigkeit, Finsternis, Hoffnungslosigkeit, Unabänderlichkeit dieser menschlichen Situation wird mit einer Unermüdlichkeit zum Ausdruck gebracht, die an das psychische Bild gemahnt, das wir bei schweren reaktiven oder echten endogenen Depressionen vor uns sehen.

> Der Himmel wird mir ach! geschlossen.
> Er deckt mit Wolken seine Zier:
> Die heil'gen Wächter fliehn vor mir,
> Kein Trost kommt mehr herabgeflossen.

In der Dichtung des Andreas Gryphius werden wir etwas von diesem Hintergrund der Aufklärungsepoche erkennen.

### Die Barockmystik

Zweifellos wird von hier aus auch das umfassende Phänomen der barocken Mystik verständlich. Denn der gekennzeichnete Kosmische Nihilismus war ja eine grandiose „purificatio", eine mystische „Reinigung", von noch nie dagewesenen Ausmaßen. Der Mystiker des Mittelalters mußte sich mit gewaltiger asketischer Anstrengung bemühen, sich der bunten, lockenden Welt zu entziehen, sich abzutöten, die goldenen Himmelsräume und personalen Gottesbilder zu vergessen, um sich in der Ekstase mit dem Ungrund, dem Urgrund, der „Wüste", dem „Fließenden Licht" der Gottheit zu einen. Dem Menschen des Barock entziehen sich Welt- und Gottesbilder ohne sein Zutun – was soll die einsame Zentralmonade des barocken „Seelenfünkleins" hindern, aus Nichts und Verwesung heraus der Einung mit einem unnennbaren göttlichen Über-Ich entgegenzufliegen, um den grenzenlos bedrohten

Daseins-Kern zu retten. Um der Rettung dieses Kerns willen, entkleidet sich der Mystiker aller Zeiten nicht nur der „Seele" und ihrer Regungen („weinen, als weinte man nicht ..."; Vater und Mutter nicht mehr kennen; nicht wissen, was gut, böse, schön, häßlich ist usf.), sondern er wirft der Welt auch noch den wertlosen Kadaver seines Leibes vor die Füße. Von den grausigen altbuddhistischen Meditationsbüchern bis hin zu Gottfried Benns „Morgue" treibt die Mystik aller Grade und Schattierungen wie unter Zwang die Leichenmeditation. Auch hier geben die Gryphius-Texte eine zeittypische Probe. Nicht vergessen darf werden, daß auf der Höhe der Zeit selbst die große lutherische Orthodoxie das Heilsziel des Gläubigen als (arteigene) „Unio Mystica" beschreibt.

### Das Bewußtsein der Irrealität

Wo der Raum ins Unendliche zerstäubte und mit der großen Welt uhr der (vorbarocken) Sonne auch die Zeit versank, war das einsame Ich offenbar in quälender Weise der Irrealität, dem punktuellen Flottieren, der Auflösung aller Horizonte preisgegeben. In einer Fülle von Einzelarbeiten beschreibt die Geschichte der Architektur und der bildenden Kunst heute diese Situation. Sie verweist auf das Auflösen aller festen Form in ein Bewegtes, Schwebendes, Unfaßbares, das Verwischen der Grenzen und Konturen, das Heraufbeschwören des Unbeschränkten, Unermeßlichen, Unendlichen, die ins Grenzenlose saugenden Perspektiven, die Tendenz zur bodenlosen Tiefe, die jähen perspektivischen Verkleinerungen, das A-tektonische, Unvollständige, Abgerissene der Kompositionen, die über sich hinaus weisen, die Erschütterung der horizontal-vertikalen Architektonik, das Aufspringen von Diagonale und Schraube, die gewaltsamen Überschneidungen, das Ungeordnete und „Filmische", das Masse und Form auflösende atmosphärische Element, das Pathos des Illusionären, die Subjektivierung und Anthropologisierung des Welterlebnisses, die Dialektik von Raum und Unendlichkeit und den transitorischen Charakter der Darstellung.

Die gleiche Bedrängung durch das Irreale, Unendliche, quälend Traumhafte der Welt versucht man an den Barockdramen von J. Biedermann († 1639), Calderon und insbesondere Shakespeare nachzuweisen, in dessen (räumlich kleinem) echten „Massentheater" sich Menschen aller Schichten drängten, weil sie offenbar das Alogische, Unergründliche, Widersinnige des dargestellten Lebens, die Darbietung des Gezwungenen und Gehemmten des Daseins, die Akzente von Leidenschaft, Pathos, Ungestüm, Affektation und Originalitätssucht, die Technik der Metaphorik und der gehäuften Antithesen, der Assonanzen und Wortspiele, des Extravaganten, Bizarren, Paradoxen als Elemente empfanden, die das eigene Dasein bedingten (A. Hauser, A. Harbage, O. Walzel u. v. a.). John Donne († 1631) stellte sich als typischer Barockdichter der Situation der kosmischen Unendlichkeit mit der gleichen Radikalität wie Pascal mit seiner Devise: L'éternel silence de ces spaces infinis m'effraie!"

## Der Ersatzhimmel der Barockkuppel

Es kann an dieser Stelle nicht im einzelnen ausgeführt werden, wie die inquisitorischen und disziplinären Gegenmaßnahmen der Konfessionen gegen den Kopernikanisch-Brunoischen Schock sich durch unser Jahrhundert zogen und wie sie im Grunde seine Auswirkungen nur noch weiter hochspielten. Es wird sich kaum umgehen lassen, in den immer gewaltiger konstruierten Kuppeln der Barockarchitektur einen Fluchtraum zu erblicken, einen neuartig gewölbten Sphärenhimmel, unter den man sich vor dem hereinbrechenden Weltfrost der Unendlichkeit flüchten möchte. Und in der Tat ist ja bei den kirchlichen Bauten diese Kuppel in der Regel mit den aufsteigenden Rangordnungen der Bekenner, Seligen, Heiligen, Engelordnungen bis hin zu Gottes Thron ausgemalt – die Kuppeln der Residenzen nicht selten mit der gleichermaßen aufsteigenden Heroen- und Götterwelt des olympischen Himmels bis hin zum Thron des Zeus-Jupiter, der die Züge des Souveräns trägt. Aber schon in den gewaltigen architektonischen Hallen der Barockkirchen, „die auf das Unendliche verweisen" (W. Pinder), scheint sich die Kategorie des Infiniten wieder bemerkbar zu machen. Die ins Grenzenlose strebende Kulissentechnik und „Perspektiventollheit" des Barocktheaters, die Oper mit der neuen Unendlichkeit ihrer musikalischen Dimensionen hat man unter dem gleichen Vorzeichen gesehen. Auch die Erscheinung der im Barock mehrfach erfundenen Infinitesimalrechnung wie bestimmte stilistische Eigentümlichkeiten, der bevorzugte Gebrauch des unbestimmten Artikels, die kollektive Anwendung des Pluralis Majestatis, abstrakter Substantive, verschwimmender Plurale gehören wohl zu den erwähnenswerten Äußerungen des Zeitbewußtseins.

### Barockes Engagement

Es gibt auch andere Auffassungen des Barock, die das Glänzende, Kraftstrotzende, Dynamische, Vitale der Epoche als ihr eigentliches Wesen ansetzen möchten. In religiöser Hinsicht erblickt man in den Barockkuppeln triumphierende Glocken, die die durch das Tridentinum erreichte Festigung der alten Kirche preisen, die Kulturepoche der Gegenreformation einläuten und dem Jahrhundert seinen „Alleluja-Charakter" verleihen. Sicher gibt es faszinierende Erscheinungsbilder, und es erübrigt sich die Diskussion darüber, daß ohnehin viel geistiges Gut früherer Zeiten im vielfältig geschichteten Strom geschichtlicher Bedingungen mitgeführt wird. Aber man neigt heute in der Forschung dazu, in vielen dieser Erscheinungen direkte Kompensationen zu sehen. Insbesondere der folternden Irrealität des Seins gegenüber versucht der Barockmensch offenbar, sich seiner Existenz durch immer neuen Einsatz zu vergewissern; durch den Widerstand von Krise, Abenteuer, Reislauf, Hetzjagd, Händel, Duell sich das fragwürdig gewordene Dasein immer neu bestätigen zu lassen. Selbst die unaufhörlichen kriegerischen Verwicklungen des Zeitalters des Dreißigjährigen Krieges hat man aus einem inneren Bedürfnis der Epoche herleiten wollen; der Abenteurer wurde bevorzugter Gesellschaftstyp (P. Meissner). Bestimmte Phänomene wie barockes Pathos, entfesselter Tanz, nervöse Mimik und übertriebene Gestikulation, Verfallenheit an die Fortuna, an Zufall und Augenblick, das eigenartige Wunschbild körperlicher Massigkeit, schwer vorstellbares Unmaß des Essens und Trinkens, Prunk, Geräuschhaftigkeit, Orgiasmus, Überladenheit, Schwulst, Geschraubtheit, Bramarbasieren, der spezifische sittliche Libertinismus des 17. Jahrhunderts, erscheinen wie Kompensationen angesichts der Weltangst, der Skelettepitaphien, der Todesklage der barocken Elegie, des weltanschaulichen Druckes des Fatalismus. Hobbes lehrte, das agonale Dasein als natürlichen Zustand des ursprünglichen Menschen zu betrachten, und nach Leibniz ist das agonale Engagement konstitutiv für das Wesen der Monade (J. Döhl, A. Strahm).

### Deismus – Theismus – Pantheismus

Die umfassende Weite des vorbarocken Himmels-, Welt- und Menschheitsgebäudes wird uns noch einmal deutlich, wenn wir beobachten, wie im Barock diese religiös-weltanschauliche Ganzheit in charakteristischer Weise zerfiel:

| Deismus | Theismus | Pantheismus (= „Atheismus") |
|---|---|---|
| Philos. Theismus | Pietismus | Orthodoxie |

Man darf sich nicht dadurch verwirren lassen, daß die Begriffe in der Zeit oft durcheinander gingen. Den Pantheismus (s. u. S. XLVIII) bezeichnete man vielerorts als „Atheismus" schlechthin. In Britannien konnte auch Pantheismus gelegentlich als Deismus bezeichnet werden. In Frankreich (späterhin besonders bei Voltaire) sprach man von Theismus und meinte Deismus. Der Klassische Deismus (s. u. S. LXXXI) – die Feststellung ist im Hinblick auf das Zeitalter der Aufklärung wichtig – trägt nicht selten einen ausgeprägten Anti-Hebraismus bzw. Antijudaismus zur Schau, der sich schon bei frühen Deisten des Englischen Barock zeigt und in dieser Religionsphilosophie oder Philosophischen Religion angelegt ist. Der Grund für diese Animosität liegt auf der Hand, wenn man an Gottesbild und Gehorsamsforderung des Alten Testaments und an die Rabbinische Interpretation der Thora denkt. In seinen einzelnen Vertretern steht der Deismus der Mystik oder der Personalfrömmigkeit oder dem Pantheismus jeweils näher oder ferner.

Im Kampf gegen Deismus und Pantheismus verteidigte dagegen der barocke Theismus sein theologisches Personal-, Final- (Teleologie) und Moralprinzip erbittert und verengte schließlich den christlichen Glauben auf den Bereich dieser Prinzipien in einer Weise, die bis zur Gegenwart nachwirkt. Schon um 1700 ist Theismus ein anspruchsvoller Wechselbegriff für die Christenreligion geworden. „To be a settled Christian, it is necessary to be first of all a good Theist" gilt schließlich als Grundsatz des Philosophischen Theismus (A. A. C. Shaftesbury).

Der Altpietismus, auf dessen Werden wir hier nicht eingehen können, zog sich angesichts der zertrümmerten Himmelssphären auf das unangreifbar scheinende Gebiet innerseelischer personaler Wandlungen und Erfahrungen zurück. In seinem Jesusbezug, im Drängen auf Entscheidungen und ihre zeitliche Fixierung wurde er zu einer sehr konsequenten Ausprägung der theistischen Struktur. Unter ihrem Gesetz erfolgte auch die Verwandlung der Verkündigungstangenten der reformatorischen Rechtfertigungslehre (Berufung, Erleuchtung, Bekehrung, Heiligung usw.) in Teilstrecken eines synergistisch-aktivistischen, auf die Endzeit bezogenen Frömmigkeitsweges. Die Bewegung reicherte sich mit Motiven des röm. Katholizismus wie der Ostkirche an und erschien in den bis heute zu beobachtenden Richtungen des mystischen, eschatologischen und himmelserotischen Pietismus.

Im Gegensatz dazu versuchte die Orthodoxie der Konfessionen mit allen Mitteln, die dogmatische Auskleidung des Alten Sphärenhauses zu festigen und als objektives Gehäuse des Theismus zu retten. Indem sie dies tat, füllte sich ihr Gottesbegriff unaufhaltsam mit dem neuen Grauen des Kosmischen Nihilismus, mit der neuen existentiellen Angst der Zeit. Schrecklicher Zorn, zermalmender Grimm, eisige Ferne, erdrückende Gewalt sind die oft geschilderten Züge des Gottesbildes im Barock:

> Rinnt, herbe Tränen, Tag und Nacht,
> Rinnt, rinnt; des Höchsten Donner kracht.
> O wann nichts übrig mehr als Sterben!
> O könnt ich in der Gruft verderben!
> Ich leider! bin von Gott geschieden
> Durch eine Maur', ob der mir graut...

Es kommt hinzu, daß sich die orthodoxe Theologie in der Regel gezwungen glaubte, die Wirksamkeit dieses Gottes auf das alte Welthaus zu beschränken, den winzigen Kosmos des Aristoteles, Ptolemäus und Thomas restaurativ zu retten. Ein den Dimensionen der Unendlichkeit angemessenes Weltgrauen wurde also personifiziert, verdichtet und in die Miniatur eines antiken Welthauses eingeschlossen. Die Folgen sind jedem Beobachter barocker Frömmigkeit bekannt. Gott wird zu einem furchtbaren Dämon, der nach der Art der Götter Assurs und Babylons den Blitzkeil schwingt:

> Ich schau; der Hölle offnes Haus
> Speit auf mich Glut und Marter aus:
> Des Höchsten Grimm will Urteil sprechen
> Und schon den Richterstab zerbrechen.

> Ich schaue nichts als Blitz und Nacht,
> Indem erhitzter Wetter Macht
> Mit unerhörter Donner Knallen
> Auf meinen Scheitel droht zu fallen.

Das Zeitalter der Aufklärung hat dazu später gesagt, daß es wohl so kommen mußte, wenn man Gott in den „Käfig" einer zu kleinen Welt „einschränken" wollte. In der Frage der Eschatologie (Lehre von den Letzten Dingen) hatte man offenbar keinen rechten inneren Bezug mehr zu der echt zeitlichen Zukunft eines Jüngsten Tages (Futurische Eschatologie) oder zu den oberen Räumen, auf die das „Heute noch wirst du mit mir im Paradiese sein!" verweist (Jenseits-Eschatologie). Das Barock wurde zur großen Epoche der „Präsentischen Eschatologie" unter dem Stichwort der „Ewigkeit" (Oh Ewigkeit, du Donnerwort). Ewigkeit wurde in ganz neuer Weise zu einer „Zeit ohne Zeit", einem „Anfang ohne Ende", einem „fort und fort" betreffenden „Toben", zu einem den Menschen ohne Unterlaß fordernden „Nunc aeternum" (Jetzt der Ewigkeit). Das Ausdrucksmittel für die theologische Präsentik des Barock ist der total verdunkelte, unaufhörlich rollende und grollende Gewitterhimmel mit seiner schwarzen, lückenlosen Wolkendecke, mit seiner pausenlosen „Donner- und Gewitterstimm'". Im konservativen Bereich der Abendmahlsfrömmigkeit hat sich unheimliches, tremendäres „Nunc aeternum" des Barock vielfältig bis in die Gegenwart hinein erhalten: „Zermalme mit dem Hammer deines Gesetzes. Gieß in meine Sündenwunden den scharfen Essig Deines Gesetzes. Zerbeiße das wilde Fleisch, so darinnen hervorquillet, da ich vor Dir Greuel, Gestank und Unflat bin!"

Mit großer Betriebsamkeit machte sich die Schulmetaphysik und Dogmatik der Konfessionen ans Werk, um das alte Welthaus und seine dogmatische Innenauskleidung zu retten. Auch die Protestanten griffen begierig nach den dogmatischen Werken der spanischen Jesuiten, um quantitativ Autoritäten anzuhäufen (der „sorites" genannte Häufungsbeweis oder -schluß), die das restaurative Bemühen stützen. Auf Hunderten von Seiten finden sich keine Bibelzitate, sondern „Catenen", Autorenketten: „So sagt Suarez mit 50 anderen"; „so vertreten es 30 Autoren bei Cardenas". Auf der anderen Seite führte man die in der Reformation unbekannte Verbalinspiration (oder „Verbalinspiriertheit") ein, um in der Schrift ein Reservoir von (an sich und im einzelnen) unfehlbar gültigen Mosaiksteinen zu besitzen. Aus ihnen erbaute man in Reihen großer dogmatischer Werke die metaphysischen Ersatzhimmel, unter die man sich vor dem hereinbrechenden Weltfrost der Unendlichkeit flüchtete. Die Unfehlbarkeit der Bauelemente (der isolierten Bibelzitate) und die Festigkeit des Mörtels (der aristotelischen Logik und Begrifflichkeit), mit der man sie nach der Denkkonsequenz der Zeit verklammerte, sollten die Unerschütterlichkeit dieser metaphysischen Ersatzhimmel garantieren. Zwischen der Architektur dieser Dogmatiken des orthodoxen Barock und den Kuppeln der Barockkirchen bestehen bis ins einzelne gehende Analogien. Man verfaßte die metaphysischen Glocken mit der gleichen Getriebenheit, mit der man die architektonischen baute – hunderten von Imperial-Folio-Seiten hier entsprachen immer gewaltigere Spannbögen dort. Dem Höhepunkt des Kuppelbaus im Hochbarock entsprach die „Analytische Methode" der Dogmatik: man konnte dem unter dem andringenden Weltgrauen der Unendlichkeit leidenden Menschen nicht mehr den dogmatischen Anmarschweg der „Synthetischen Dogmatik" über Schöpfung, Fall, Erbsünde usw. zumuten, sondern stellte ihn sofort unter die Glocke des herrlichen himmlischen Heilsziels, um ihm dann „analytisch" Hallen, Korridore, Freitreppen und Zugänge dieser Barockarchitektur zu erläutern.

## Die Streit-Theologie

Alle Spielarten des barocken Theismus litten gleichermaßen unter dem Problem, wie das Sinnlose und das Übel in der Welt zu erklären war, wenn es tatsächlich einen personalen Gott gab. In dieser Frage der Teleologie und Theodizee war der Teufel nur sehr bedingt heranzuziehen, da er ja kein gleichberechtigter Gegenspieler Gottes sein durfte (wie etwa im alten Persien). Je stärker der barocke Theismus bedrängt wurde, um so stärker rüstete er sich trotzdem dualistisch auf. Der Philosophische Theismus setzte die Zweispannung Gott-Natur, der Alt-Pietismus den Dualismus Jesus-Welt, die Orthodoxie schließlich die Kampffronten Kirche–Reich des Satans. Sie transponierte die barocke Weltangst in den Kampf gegen den Teufel und seine Helfershelfer. Der Kirchenjurist Benedikt Carpzow hat behauptet, rund 20 000 Todesurteile, vornehmlich gegen Hexen, gefällt zu haben. Daneben faßte man in allen Konfessionen den Kampf gegen Ketzer und Konfessionsgegner als Kampf gegen das Teufelsreich auf. Als der des geheimen Calvinismus verdächtigte kursächsische Kanzler Crell ein Jahr nach Brunos Tode in Dresden enthauptet worden war, proklamierte der Henker, der das Haupt herumschwang, offiziell: „Das war ein calvinistischer Streich. Seine Teufelsgesellen mögen sich vorsehen, man schont allhie Keinen!" Man kann sich des Eindrucks schwer erwehren, daß die rasende Streittheologie des viel gerühmten „Jahrhunderts der Rechtgläubigkeit" ebenfalls unter dem Gesetz des „Engagements" stand – offenbar war man sich nur noch im Kampf aller gegen

alle des eigenen, angefochtenen, fragwürdig geworde-
nen Glaubens „gewiß". „Die Theologie der Hoch-
orthodoxie ist *bedrohte* Theologie. Sie fühlt sich in
ihrem Wesen und Bestand angegriffen, in Frage gestellt" (M. Geiger). Vielleicht hängt es mit dieser inneren Unsicherheit zusammen, wenn man auf die Objektivationen der Würde und des Ansehens der Kirche
solch großes Gewicht legte und im gottesdienstlichen
Raum vom Tabernakel aus geschliffenem Stein unter
gedrehten Malachitsäulen, Samtportieren und Gold-
quasten bis hin zum seidenstarrenden Ornat des protestantischen Predigers die Prachtenfaltung liebte.
Nicht wenige Protestanten führte diese Neigung zu
dem eigenartigen „Kryptokatholizismus" der Zeit.

### Die Barockphilosophie

Wir müssen noch einen Blick auf bestimmte Erscheinungen in der Philosophiegeschichte des 17. Jahrhunderts werfen, weil sich die Aufklärung gerade mit
ihnen fortlaufend auseinandersetzte, auch wenn sie es
nicht immer direkt sagt. Mystik und Skeptizismus,
Pantheismus und Atomismus der Antike hatten schon
immer eine gewisse versteckte Rolle in der geistigen
Welt des Abendlandes gespielt. Mit dem Zerbruch des
alten Menschheitshauses wurden sie mit einer bis dahin unbekannten Unmittelbarkeit aktualisiert. Als Ergebnis der Philosophiegeschichte der letzten 150 Jahre,
die sich mit dem 17. Jahrhundert beschäftigte, läßt sich
die Erkenntnis zusammenfassen, daß die Barockphilosophie oder der „Barockismus" (R. Herbertz) von
Bruno und Hobbes über Decartes und Spinoza bis hin
zu Leibniz und Wolff aus dieser Aktualisierung der
Antike lebte. Sie läßt sich offensichtlich nur aus der
Spannung zwischen mystisch-existentialistisch einsamem Ich und pantheistisch unendlichem All begreifen. In der Auflösung aller Horizonte spricht z. B. Descartes sein bekanntes „De omnibus dubitandum" –

eine typisch mystische Ausgangssituation, wie man hervorgehoben hat (J. Amstutz). Und in dieser Situation gilt dann sein „Sum cogitans", wie der oft mißverstandene Beginn seines „Discours" richtig (statt „cogito ergo sum") zu übersetzen ist (M. Wundt, B. Barzin, K. Marc-Wogau): Als Existierenden, als reflektierend Existierenden, findet er sich in Ich-Einsamkeit vor. Die Brücke des sog. „Ontologischen Gottesbeweises", eines typisch mystischen Vollzuges der „methexis", wie man weiß, bewerkstelligt dann den dialektischen Übergang zum unendlichen Meer der totalen ewigen Materie und Energie.

Die wichtigste Rolle für die Aufklärung spielte Spinoza, der, von berühmten rabbinischen Vorfahren abstammend, vom biblischen Transzendenzglauben zum naturphilosophischen Pantheismus konvertierte. Er füllte dieses durch seine Konversion vorgegebene Ergriffenheitsgefüge mit den Mosaiksteinchen einer absteigenden Logik. Sie gliedert sich in 76 Definitionen, 16 Axiome, 259 Propositionen, 70 Korollarien, 129 Scholien, 7 Lemmata und 8 Postulate und erhebt damit den Anspruch, den Pantheismus „mathematisch" bewiesen zu haben.

Die anspruchslose Methode ist die folgende: Spinoza setzt zunächst den Begriff „Substanz" (im zeitgenössischen Begriffsinhalt) *absolut*, um dann die „mathematische" Kette an ihn anzuhängen. „Substanz" (Selbstand) bedarf zu ihrer Existenz keiner anderen Sache. Deshalb kann es auch nur *eine einzige* geben, denn was allein durch sich ist, muß *unbedingt* und *unendlich* sein. Mehrere Unendliche kann es nicht geben. Deshalb ist eine Mehrheit von Substanzen (wie bei Descartes) ein mathematischer Widerspruch. In der *Natur* um uns erscheint die Substanz mit Notwendigkeit. Wie unlogisch wäre es anzunehmen, nur die begrenzten Naturdinge hätten echte Existenz und nicht das sie alle umfassende *Unendliche*. Damit ist logisch zwingend dargelegt, daß die unendliche Substanz *Wirk-Ursache* und *Ur-Quell* allen Seins ist, das aus ihr emaniert. Mit innerer Notwendigkeit breitet die Gottheit das Meer des Seins aus, das alles *Reale* einschließt. Substanz ist die absolut letzte Wirklichkeit; sie ist *Gott-Natur-Substanz*. Damit schließt sich der Ergriffenheitskreis, der mit der absolut gesetzten (bereits vergotteten) Substanz beginnt und in sie auch wieder einmündet. Jedes Zeitalter hat seine eigene Logik. Das Sich-auf-der-Stelle-Drehen Spinozas ist „mathematisch" zwingend nur für seine Zeitgenossen unter dem magischen Bann der numinosen, überwältigenden „Unendlichkeit".

Im Meer der Gott-Natur-Substanz ist jede Finalität (Teleologie) oder Spontan-Kausalität ausgeschlossen. Es gibt nichts als reine Wirk-Kausalität, die Hierarchie der „von rückwärts" her, im lückenlosen „nexus" stoßenden causae efficientes. Auch die Lehre vom Menschen kennt keine Freiheit, sondern wirkkausale Zwangsgesetzlichkeit (Determination) und metaphysische Passivität. Menschliche Seelenregungen sind Vorgänge „wie Hitze, Kälte, Sturm und Donner". Sie sind so aufzufassen, als handele es sich um „Linien, Flächen und Körper". Was den Trieb zur Selbsterhaltung fördert, nennt die Menschen-Natur „gut", was ihn hemmt, „böse" usf.

Christian Wolff, den letzten typischen Barockdenker, dessen Wirksamkeit sich zeitlich noch über die erste Hälfte des 18. Jahrhunderts erstreckte, zeigen unsere Texte am Werke, mit der gleichen „mathematischen" (oder „geometrischen") Methode seine Sicht der Wirklichkeit zu beweisen. Im Hinblick auf die Welt und die lebendigen Wesen vertrat Wolff unnachsichtlich den reinen Mechanismus-Maschinismus, im Hinblick auf Gott und die Seele die Lehre von der absoluten Vernunft des Weltkonstruktors, der man sich denkend nahen kann, wenn man die eigenen Geisteskräfte quantitativ gesteigert denkt – auch der Menschengeist ist Logos vom absoluten Logos und kann dessen Konstruktionsgeheimnisse nachvollziehen. Der äußere Erfolg Wolffs beruhte nicht zuletzt darauf, daß seine Gedanken den Beifall der zeitgenössischen Gesellschaft Jesu fanden. Seine Schriften passierten zum Erstaunen der protestantischen Zeitgenossen mit äußerster Schnelligkeit die Zensurbehörden der röm.-katholischen Staatswesen in Ost und West; sie sind fast alle geistlichen und weltlichen katholischen Würdenträgern gewidmet; für seine Nobilitierung und Baronisierung sorgten die Jesuiten am Kaiserhofe in Wien, zeitlebens verfolgte ihn das Gerücht, er sei Kryptokatholik. Wolff, der sich auf Thomas v. Aquin als auf seinen eigentlichen Lehrmeister berufen konnte, muß vom Mutterboden des schlesischen Luthertums her verstanden werden, in dem viel altkirchliches Erbe bewahrt blieb (H. Schöffler). Wie es zur Entstehung der irrtümlichen Vorstellung kam, Wolff sei Urheber der Aufklärung oder der Kirchenvater (bzw. Ketzerfürst) der theologischen Aufklärung, soll weiter unten dargelegt werden.

### Der Barockatomismus

Besonders bedrückend wirkte es auf die Menschen des Barock, daß auch Demokrit, Epikur und Lukrez im atomistisch-monadologisch-korpuskularen Philosophieren der Barockepoche ihre Auferstehung feierten (K. Lasswitz, Ch. T. Harrison, A. Maier, E. J. Dijksterhuis). Die zahllosen kosmischen Menschheiten vereinzelten die Erdenmenschheit zu einem einsamen Individuum in einem grenzenlosen Kollektiv. Der einzelne innerhalb der Erdenmenschheit wurde zum ausgesetzten einsamen Ich in der Menschheitsmasse. Und nun löste sich auch noch das Individuum in Atome, Monaden, Korpuskeln auf, in deren unübersehbarer Masse meist eine einzige Monade dem einsamen „Seelenfünklein" der Mystik entsprach. „Bin auch ich, ist auch das Kind unter meinem Herzen nichts als eine zufällige Verklumpung von Atomen (atomorum concursus)?", fragt Eva, die Frau, mit skeptisch verzerrtem Gesicht und zeigt auf ihren sich hebenden mütterlichen Leib. Wie man sich von der „eitlen", verwesenden Welt nicht lösen konnte und sich nach ihr bemaß, so kam man auch vom zerfallenden Atomklumpen der Leiche nicht los, nach der man sich wie unter einem magischen Zwang bewerten mußte. Die bekannte Monadenwelt des Leibniz ist „einsame Masse". Denn jede Monade ist ja ein vereinzeltes Ich, ein kontaktloser, mehr oder minder bewußter Ich-Kern, und das pantheistische Prinzip der unendlichen Harmonie organisiert das Funktionieren der Monadenkollektive. Es bleibt ein gewisses Rätsel, warum gerade die Monadologie des Leibniz als Leitbild der Epoche gewertet wird. Zeigt sich doch schon bei Brunos Monaden die Spannung von Ich-Kern und Kollektiv, und angesichts der Monadenlehre des Leibniz genau bekannten, um drei Jahrzehnte älteren Franciscus Mercurius van (Baron v.) Helmont († 1699) kann die des Leibniz blaß erscheinen.

Nur hingewiesen werden kann auf die bekanntesten Korpuskulartheoretiker der Zeit wie Jean Bodin († 1597), Etienne de Clave (um 1624), Claude Gillermet de Béringard († 1663), Marin Mersenne († 1648), Cyrano de Bergerac († 1655), Pierre Gassendi († 1655), Sebastiano Basso (um 1621), Johann Chrysostomus Magnenus († 1661), Eilhard Lublin († 1631), David van Goorle (um 1620), Joachim Jungius († 1657), Johannes Sperling († 1658), Daniel Sennert († 1637).

### Hiob und Christus

Ungeachtet der mehr oder minder starken christlichen Anreicherung oder Durchwebung solcher Konzeptionen mit traditionellem Gut, fühlt sich der Mensch des Barock offensichtlich auch durch die Atomlehren gefoltert. Wie ein aussätzig-ausgesetzter Hiob (dies Symbol wird uns in der Aufklärungsepoche immer wieder begegnen) findet er sich in der Asche des zerstäubten alten Himmelshauses am Strande horizontloser Unendlichkeit vor – er, der selbst nichts ist als zufällig konglomerierter atomarer Staub. Vielleicht ist es nicht zu sehr erstaunlich, daß ihm auch Jesus nicht selten in ähnlicher Verlorenheit und Ausgesetztheit erscheint. Eine erschreckende, verkrampfte, blutende Muskelsubstanz windet sich an manchen Kreuzen des Hochbarock; und im Streit der Theologenschulen von Gießen und Tübingen siegten die Gießener: Christus hat (der Menschheit nach) seine Göttlichkeit nicht nur verhüllt, als er auf Erden wandelte, sondern sich ihrer real entledigt. Die Gießener Lehre vom hilflos ausgesetzten Menschen Jesus wurde durch die Decisio Saxonica von 1624 für das Luthertum weitgehend autorisiert und von großen Dogmatikern übernommen.

GEISTES- UND THEOLOGIEGESCHICHTE
DES ZEITALTERS
*Die Ergebnisse der neueren Forschung*

Fragen wir danach, was der Begriff „Aufklärung" nach Form und Inhalt bedeutet, so hören wir alsbald ein Stimmengewirr, das wir an dieser Stelle nicht im einzelnen analysieren können. Bald soll Aufklärung ein überzeitliches menschliches Streben zur Entzauberung und Entmythisierung der Welt sein, das in der Menschheitsgeschichte immer wieder einmal zum Ausbruch kommt, bald zitiert man Kants berühmtes Wort: „Aufklärung ist der Ausgang des Menschen aus seiner selbstverschuldeten Unmündigkeit ... Sapere aude! Habe Mut, dich deines eigenen Verstandes zu bedienen! ist also der Wahlspruch der Aufklärung."

Bald läßt man sie mit Denkern der Renaissance beginnen und zählt die Geisteswelt des Barock zu ihren wesentlichen Grundlagen, bald macht man Denker des 18. Jahrhunderts für sie verantwortlich. Verbreitet ist die Neigung, die sog. „Französische Aufklärung" als die Aufklärung schlechthin zu betrachten und aus „Epochengestalten" wie Voltaire und Rousseau den Geist eines ganzen Zeitalters zu entfalten.

Um der Deutlichkeit willen sollen demgegenüber drei Punkte vorangestellt werden, die sich aus den neueren Bemühungen um die Epoche zu ergeben scheinen. 1. Die Aufklärung im eigentlichen und strengen Sinne beginnt um 1680 mit einem auf allen geistigen und kulturellen Gebieten nachweisbaren Umbruch (so vor allem Paul Hazard). Sie erscheint zuerst in England. 2. Die sog. „Französische Aufklärung" ist von dieser Bewegung deutlich abzuheben. Sie stellt einerseits eine Art von verlängertem Barock dar (so besonders Bernhard Groethuysen, Marianne Greven und Paul Vernière) und übernimmt andererseits Gedanken der Aufklärung im strengen Sinne, die sie in arteigener Weise abwandelt. 3. Das „Licht" oder die „Klarheit" des britischen En-lightenment oder der deutschen Aufklärung ist ursprünglich und eigentlich, die biblische „claritas claritatum" – der meist als „Glory" bzw. „Herrlichkeit" bezeichnete Glanz der biblischen Transzendenz, der im Alten Testament „Kabōd" (2. Mose 33,20–33), im Neuen Testament „Doxa" heißt. Dieser „Kabod-Doxa-Gloria-Komplex" reichert sich einerseits mit der andersbürtigen Lichtergriffenheit früherer Perioden an und unterliegt andererseits einer vielfältigen „Verweltlichung" (Säkularisierung).

Die drei genannten Punkte treten um so deutlicher in Erscheinung, je mehr man sich bemüht, die Quellen der Zeit in ihrer Breite zu Gehör zu bringen. Die Darstellung des Zeitalters nach jeweiligen einzelnen Epochengestalten kann sich demgegenüber als Methode der Stichprobe mit der entsprechenden Problematik erweisen.

## Das Problem des neuen „Optimismus"

Daß hinter den Erscheinungsbildern des 17. und des 18. Jahrhunderts verschiedene Grundhaltungen stehen, hat man schon immer angenommen. Man hat die sich deutlich abhebende wechselseitige Andersartigkeit mit recht eigenartigen Psychologismen und Geschichtsphilosophemen von der „Lösung gestockter Säfte" bis zum „bisäkularen Pendelschlag der Jahrhunderte" erklären wollen. Das beliebteste Begriffspaar, mit dem man den Unterschied der Epochen ausdrückt, ist in der Formulierung enthalten, daß der sog. „Pessimismus des Barock" durch den sog. „Optimismus" der Aufklärung überwunden wurde. Da sich der „Barockpessimismus" bei sorgfältiger Analyse als echter Kosmischer Nihilismus erweist, der offensichtlich von der Erscheinung des Kopernikanisch-Brunoïschen Weltschocks nicht abzulösen ist, besteht die Vermutung, daß der „Aufklärungsoptimismus" etwas mit der Überwindung dieses Schocks und seiner Konsequenzen zu tun hat. Wenn die gesichtslose Unendlichkeit und die Einsamkeit des Ich, wenn Pantheismus, Skeptizismus und Atomismus der Antike die Menschen deutlich sichtbar belasten, erhebt sich die Frage, ob sich geschichtliche Kräfte zeigen, die geeignet erscheinen, den Bann der antiken Metaphysik zu sprengen.

## Die Welt des Britischen Bibelchristentums

### Der Kampf gegen die Metaphysik

Da sich kennzeichnende Züge der Aufklärung im strengen und eigentlichen Sinne zuerst auf den Briti-

schen Inseln bemerkbar machen, liegt es nahe, diesen
Bereich in den Blick zu fassen. Und hier dürfte es
schwer fallen, an dem eigenartigen und bekannten
„Höchststand des Alttestamentlichen" ohne Anteilnahme vorüberzugehen, der sich in der Cromwellzeit
unserm Blick darbietet. Das Britische Bibelchristentum
der Zeit bietet ein vielgestaltiges, eindrucksvolles Bild.
Das innerkirchliche Ringen hatte in anderer Weise als
auf dem Kontinent die anti-metaphysische Radikalität
des Bibelwortes immer wieder neu aktualisiert. Der
Geist der Calvinischen Reformation war in vielen Denominationen am Werke. Schottische und englische
Puritaner, Presbyterianer, Baptisten, Sondergemeinschaften, freikirchliche und staatskirchliche Bibeltheo-
logen zogen im Zeichen des (menschlichen Wahn ver-
nichtenden) weißen Gottesfeuers, des Kabōd Jahwēh,
gegen die lähmende Metaphysik innerhalb und außerhalb der Kirche zu Felde. Im Lichte des Alten Testamentes entlarvte man die „Fremden Götter" der philosophischen Antike, die man ebenso in der konservativen Dogmatik wie in Deismus, philosophischem
Theismus, (Neu-)Platonismus und Pantheismus („Atheismus") ihr Wesen treiben sah.

*Messianismus und Resettlement Israels*

Die Erwartung der Wiederkunft Christi und der
Errichtung des Tausendjährigen Reiches bewegte viele
der sich erwählt wissenden „Heiligen Gottes" in den
Denominationen. Alle diese Strömungen wurden zusammengefaßt und in eigenartiger Weise verstärkt, als
die von Lordprotektor und Volk begrüßte Wiederzulassung Israels in Whitehall umkämpft wurde. Das
Betreten Englands war seit 1290 den Juden bei Todesstrafe verboten, ein Blutbann, dem zutrotz es immer
kleine krypto-jüdische Gemeinden in London und einigen anderen Orten gegeben hatte, die aus vor der spanischen Inquisition Flüchtenden bestanden.

Als Sprecher des Judentums bemühte sich der bedeutende Oberrabbiner Amsterdams, Manasseh ben Israel, um die Wiederzulassung der Juden nach England. In seinen Briefen an die Autoritäten Englands bezog er sich auf die mächtige Bewegung des britischen puritanischen Chiliasmus, die mit dem zeitgenössischen Judentum der Überzeugung war, daß „Christus", bzw. „Messias" nach Daniel 12,7 und 5. Mose 28,64 erst dann als Herr des ersehnten Tausendjährigen Reiches erscheinen könne, wenn sich Israel über alle Länder – auch über England – zerstreut habe. Nachrichten über das Auftreten zerstreuter „jüdischer" Stämme in Südamerika oder über die „Hebräische Sprache" der Lappen bewegten Juden wie Christen tief. Nach verwickeltem Ringen wurde die Frage der Wiederzulassung Israels auf unerwarteter Ebene entschieden: Bei Ausbruch des Spanienkrieges (Herbst 1655) in England bedrohte „Spanier" wiesen (von Manasseh angeführt) nach, daß sie ehemalige Opfer der Spanischen Inquisition und Glieder „of our nation the Jews" waren. Der Staatsgerichtshof erkannte sie als verfolgte Juden an und rezipierte sie – ein Vorgang, der sich 300 Jahre später bei Ausbruch des Krieges mit Deutschland wiederholte, als man die deutsch-jüdischen Emigranten plötzlich von den bestehenden Rechtsschwierigkeiten befreite. 1656 wurde die erste Synagoge eingeweiht; das „resettlement" der auf dem Kontinent Bedrängten fand eine gewaltige Anteilnahme aller Bevölkerungsschichten. Die Ereignisse, die seit dem 13. Jahrhundert auf dem Kontinent das Verhältnis von Juden und Christen belastet hatten (Judentum als Anti-Kirche des Antichrist, angebliche Kruzifix- und Hostienschändungen, Ritualmorde, pesterzeugende Brunnenvergiftungen) waren der Inselwelt erspart geblieben. Wesentlich unverschattet leuchtete das Sinaifeuer des Alten Bundes, als man in den Sephardim seine ersten Zeugen wie Sendboten des nahenden Christus-Messias empfing.

Es entstand das eigenartige Phänomen des britischen „Hebraismus", vor dem die Denkordnungen der Antike verblaßten. Man identifizierte sich selbst mit den 10 verlorenen Stämmen Israels, die beim Untergang des Nordreiches (722 v. Chr.) ausgesiedelt wurden und verschollen. Da die Britische Nation aus dem Blut dieser 10 Clans stammt, aber die Kreuzigung Jesu nicht mitverschuldet hat, ist sie zur Weltherrschaft berufen und alle Gottesverheißungen und Prophezeiungen des Alten Testamentes sind auf sie übergegangen. Der berühmte nach London verbrachte schottische Krönungsstein war der Stein Jakobs von Beth-el; die Genealogie des Herrscherhauses wurde auf Salomo und David zurückgeführt. Man nannte sich nach den Gestalten des Alten Testaments, man beachtete die jüdischen Speisegebote, man führte in Sondergemeinschaften, im Königshause und in vornehmen Familien (bis heute) die Beschneidung ein, man schuf den typischen britischen „Sabbath", der noch gegenwärtig in Kraft steht. Anschauungs- und Gedankenwelt, Sprechweise und religiöses Empfinden standen im Zeichen des wiederentdeckten biblischen Gesamtglaubens. Man ging noch über das Judentum hinaus, das die Nennung des alttestamentlichen Gottesnamens scheute. Nicht irgendein „Gott", sondern „Jehōva" (irrtümliche Vokalisation statt Jahwēh) ist der Herr der Christenkirche und ihres göttlichen Sittengesetzes. Nicht irgend ein „Erlöser", sondern Jesus, „Jehōvah-hilft", ist der Messias des Neuen Bundes. Zwei Lieder unseres heutigen deutschen Gesangbuches sind letzte Residuen dieses Hebraismus der Frühaufklärung („Dir, dir Jehova"; „Singt, singt Jehova", EKG 237 u. 186.).

Aus diesem eigenartigen geistig-religiösen Potential der Britischen Welt sehen wir drei Bewegungen hervorgehen, die auf den Kontinent übergriffen und das Werden der Europäischen Aufklärung vorantrieben.

Es sind die Bewegungen der sog. „Physikotheologie", des sog. „Philosemitismus" und der „Christusdoxologie" (Christuslyrik). Alle drei Bewegungen sind innerlich (sachlich und im Hinblick auf die menschlichen Träger) eng verbunden. Mit dem Verkündigungsgehalt der ersten sucht man das barocke Grauen angesichts des zerstörten Welthauses, der Unendlichkeit, der Leere und Sinnlosigkeit zu wenden. Die zweite durchbricht die lastende, tobende präsentische „Ewigkeit" des Barock. In der dritten wird die barocke „Mauer" zwischen der Furchtbarkeit Gottes und dem vergehenden Nichts des Menschen gleichsam zerstrahlt.

Schon in der großen britischen Geistlichen Dichtung der Cromwellzeit finden wir alle Motive, die später auf dem Kontinent in unübersehbarer Fülle variiert werden. Henry Vaughan, Arzt und Laientheologe, gehört zu den großen Wartenden auf Reich und Erscheinung des Christus-Messias und zu den großen Philosemiten –

> Lord haste, Lord come,
> O come Lord Jesus quickly!

– und bei ihm erscheinen bereits alle jene Züge transzendenten Naturentzückens, die wir dann schließlich (in der Form von Emotionen) noch bei Rousseau wiedererkennen werden.


## Die Physikotheologie

### Der Gegenschlag gegen den Kopernikanisch–Brunoïschen Schock

Begriffe, die Generationen erregt und mit ihrem Inhalt geistig getragen haben, können plötzlich aus dem Bewußtsein der Menschheit entschwinden. So erging es dem Begriff „Die Große Kette des Seins" (s. o.), und so erging es dem Begriff „Physikotheologie". Sache und Anliegen sind alt – die Biblischen Dokumente unternehmen es in massiver Form, Existenz und Eigenschaften Gottes über der Schöpfung und durch die Schöpfung zu verherrlichen und zu „erweisen". Mit allerlei antikem Gut untermischt, geht das Verfahren durch die Jahrhunderte der christlichen Theologie, ohne je ganz in Vergessenheit zu geraten. Seine Erneuerung in der Reformationszeit war erwähnt worden. Seinen spezifischen Inhalt aber gewinnt der Begriff erst vor dem Hintergrund des barocken Kopernikanisch-Brunoïschen Weltschocks und in der Frontstellung gegen ihn und seine Konsequenzen. Kennzeichnend ist hier die auf die Zeit abgestimmte Erneuerung der biblischen, insbesondere alttestamentlichen Theologie. Seitdem Samuel Parker 1669 seine berühmten „Tentamina Physico-Theologica" in Oxford herausbrachte, nimmt der Begriff seinen Weg.

*Die Flut der Dokumente*

Die Dokumente der Physikotheologie liegen in einem reichen Quellenbestand vor, der sich immer noch vermehrt. Naturforschende Theologen und theologische Naturforscher verfaßten unermüdlich neue Werke, die sich mit den Wundern des Mineral-, Pflanzen- und Tierreiches, der Welt der Gestirne und dem Mysterium des Menschen befassen. Die große Britische Physikotheologie mit Namen wie Samuel Parker, Isaac Newton, Robert Boyle, Josua Glanvils, John Edward, Nehemia Grew, William Whiston, William Wollaston, John Woodward, Thomas Burnet, John Wilkins, John Ray, Richard Bentley, Matthias Hale, William Derham füllt das letzte Drittel des 17. Jahrhunderts und wird durch Parallelerscheinungen auf dem Kontinent begleitet. Immer wieder notiert die Geschichte der Naturwissenschaften erstaunt „religiöse Rückfälle" bei Heroen des Fortschritts und der Aufklärung wie etwa Newton, ohne zu bemerken, daß hier der geistliche Impuls die Forschung trägt. Das Credo, mit dem Newtons „Mathematische Prinzipien der Naturphilosophie"

(1686) schließen, das sog. Scholium Generale, richtet
sich frontal gegen Bruno: „Und wenn jeder Fixstern
Mittelpunkt eines dem unsrigen ähnlichen Systems ist,
so muß das Ganze, da es nach einheitlicher Absicht
konstruiert erscheint, das Reich ein und desselben Herr-
schers bilden. Es folgt daraus, daß Gott ein lebendiger,
einsichtiger und allmächtiger Gott ist, daß er über das
Weltganze erhaben und durchaus vollkommen ist. Es
ist klar, daß der höchste Gott notwendig existiert, und
kraft derselben Notwendigkeit existiert er überall und
zu jeder Zeit!"

In Deutschland fand die Physikotheologie zu Beginn
des 18. Jahrhunderts in Hamburg, der traditionellen
„Ville anglaise", ein bedeutendes Ausstrahlungszen-
trum, dessen innerdeutsche und internationale Ver-
bindungen sich verfolgen lassen. Tragend ist der Kreis
um den poetischen Physikotheologen Barthold Hinrich
Brockes und seine Freunde, die Hamburger Gelehrten
Johann Albert Fabricius (den geistigen Mittelpunkt),
Johann Christoph Wolff und Johann Christian Wolff.
Hermann Samuel Reimarus – erst posthum als späterer
Deist erkennbar – steht als physikotheologischer
Schriftsteller neben ihnen. Man greift bewußt auf
Raimund von Sabunde zurück, der nach der Meinung
der Hamburger den „Trupp" der neueren physiko-
theologischen Streiter für die Ehre Gottes „anführt".
In England, den Niederlanden, Skandinavien, Deutschland, in Frankreich, wo die Bewegung von jansenistischen und hugenottischen Verfassern aufgenommen
wird, vereinzelt auch in romanischen Ländern, entstehen universale Kompendien und Spezialarbeiten der
Physikotheologie, deren Gedanken und Grundsätze
über die Kanzeln und Schulkatheder eine umfassende
Breitenwirkung entfalten. Unter den universalen Kompendien gelangte das Werk des Niederländers Nieuwentyt zu größtem Ansehen. Im Hinblick auf die Spe-
zialwerke liebte man besonders in Deutschland klang-

volle Titel wie Petino(Vogel)-, Ichthyo(Fisch)-, Rana (Frosch)-, Akrido(Heuschrecken)-, Lokusta(Grashüpfer)-, Testaceo(Muschel-Schnecken)-, Conchylien(ds.)-, Ostrakodermaten(ds.)-, Insecto(Kerbtiere)-, Bombyco (Seidenraupe)-, Melitto(Bienen)-, Phyto(Pflanzen)-, Chorto(Gräser)-, Litho(Stein)-, Sismo(Erdbeben)-, Hydro(Wasser)-, Pyro(Feuer)-, Chiono(Schnee)-, Nivis (ds.)-, Bronto(Gewitter)-, Astro(Himmelskörper)-Theologie. Manche solcher Arbeiten sind knapp gehalten, andere umfassen 1000 Seiten und mehr. Abgesehen von den genannten Titeln, wünschte man sich in der Zeit noch Spermato (Genetik)-, Atom-, Chemio-Theologien. Neben solchen Titeln stehen zahllose andere mit detaillierten Titeln in Latein oder in den Volkssprachen.

### Der Aufgang des Transzendenten Lichtes

In dieser hundertfältigen Literatur, hinter der Verfasser unterschiedlicher fachlicher Vorbildung und unterschiedlichen geistigen Ranges stehen, zeichnet sich eine einheitliche Maßnahme ab. An die Stelle des zertrümmerten alten Sphärenhauses setzt man ein transzendentes Schöpfungslicht als Grundlage und Substrat der gesamten Wirklichkeit. Diese Wirklichkeit verwandelt sich damit in ein Gefüge von unzählbaren „Wundern". Zum „Betrachten" dieser Wunder fordert man unermüdlich, verkündigend, beschwörend, werbend auf, da unter diesem Betrachten die „Herrlichkeit" des lebendigen Gottes erscheint und den Betrachtenden und die Welt objektiv „hell" macht, wie man überzeugt ist.

Der Faktor der Überwindung des Barock ist also ein spezifisches Transzendenzerlebnis. Es gewinnt seine Eigenart formal dadurch, daß zum erstenmal „Transzendenz" eine Wirklichkeit jenseits der Unendlichkeit bedeutet. Nicht eine (fast greifbare) Sphärenschale ist zu durchbrechen, um sich dem unendlichen Gott zu nahen, sondern das Infinite selbst ist zu überwinden.

Der transzendierenden Kraft wird eine ungewöhnliche Radikalität abgefordert. Sie hat nicht einfach eine spekulative Größe zu überwinden, sondern die fanatisch verehrte Gottheit aller Allgläubigen des Barock, die zudem als angeblich objektives Faktum der Naturwissenschaft dargeboten wird. Sie muß diesen Akt „vorkantisch" vollziehen, ohne sich auf eine Lehre stützen zu können, nach der Raum und Unendlichkeit transzendentale Anschauungsformen sind. Sie verzichtet darauf, nach mystischer oder neuplatonischer Weise die Welt als Illusion zu verflüchtigen; sie nimmt sie objektiv ernst und transzendiert sie trotzdem. Angesichts der Situation des offenen Grenzenlosen über dem zertrümmerten alten Welthaus und entgegen den restaurativen Fluchtbewegungen des Barock (die unter die Ersatzglocken oder zum innerpsychischen Seelenkult oder in die Ekstase führen) gewinnt die Physikotheologie auf dem Wege des biblischen „Dennoch" die Perspektive einer neuen, höheren transzendenten Wirklichkeit. Majestas und Gewalt dieser Transzendenz widerfahren ihr allgemein so stark, daß sie zu einer „Kategorie jenseits der Kategorien" wird. Ernst Lange (1650–1727), dessen physikotheologische Hymnen noch heute in angelsächsischen Gesangbüchern stehen und den Rudolf Otto zur Charakterisierung des „Heiligen" heranzog, bekennt:

> „Bei Dir ist Majestät, die über alles geht,
> Und heilig, heilig, heilig heißet.
> Ich stellte Dich zwar mir
> Und andern gerne für.
> Doch werd ich meiner Schwachheit innen
> Weil alles, was Du bist,
> Ohn' End und Anfang ist,
> Verlier ich drüber alle Sinnen."

Die neue Transzendenz ist formal ferner dadurch gekennzeichnet, daß sie den Gesichtssinn affiziert. Das gilt für die Symbolsprache, in der sie als *Licht* unter

Verwendung aller Synonyme überschwenglich gepriesen wird. Es gilt für die Verwandlung des objektiven Blicks, dem die neue Transzendenz die Nacht des barocken Kosmos durchstrahlt. Es gilt im Hinblick auf die Weltobjekte, die zu Reflektoren des Jenseitslichtes werden. Es gilt im existentiellen Sinne einer ganzheitlichen Erhellung des menschlichen Seins. Religionspsychologisch liegt nach der Stärke des Ausdrucks die Vermutung nahe, daß sich im Subjekt-Objekt-Bezug weithin ein realer sinnesphysiologischer Umweltwandel unter neuer Valenz des Lichterlebnisses vollzieht. Im „Betauten Gras" versagt Brockes fast die Sprache, wenn er schildert, wie jenseitige Helle aus sich „Strahlen, Glut, Diamanten, Helligkeit, Schimmer, Licht, farbenreichen Brand" . . .

Und solchen Demantglanz im Augenblick gebieret,
Durch dessen Reinigkeit und wunderhellen Schein
Die Augen fast geblendet sein
. . . Man kann in ihnen (Tautropfen) wunderschön
Viel tausend kleine Sonnen sehn,
Die aber all', um Gott darin zu preisen,
Uns auf der Sonne Sonn', ihr herrlichs Urbild weisen.
Ein jeder süße Blitz trifft durch das Aug' ins Herz,
Die Seel hierdurch gerühret, lenkt selbst sich himmelwärts.
Und denkt: wie wunderschön, wie unergründlich hell,
Wie undurchdringlich licht, wie unerforschlich rein,
Wie unbegreiflich klar muß aller Dinge Quell,
Muß aller Dinge Schöpfer sein!

*Das Licht der Herrlichkeit Gottes*

Ihre inhaltliche Wertigkeit gewinnt die neuartige Transzendenz des Lichtes durch den grundsätzlichen Rückgriff auf die biblische Realität der „Herrlichkeit". Das Wort wird zu einem der Grundbegriffe der Physikotheologie. „Da erschien die Herrlichkeit des Herrn allem Volk. Denn das Feuer kam aus von dem Herrn" (3. Mose 11,24), ist das eigentliche Objekt des pyrotheologischen Gedichts. Und Pyrotheologie soll Menschen entflammen „zur Furcht dessen, der den Gottlosen ein *verzehrendes* Feuer ist" (J. A. Fabricius). Es handelt sich um den alttestamentlichen Kabōd, die strahlende (weiße) Feuersubstanz um Gott her, die durch Naturerscheinungen hindurch (Ps. 91,1 ff.), besonders aber jenseits ihrer als Wesensbestimmung Gottes dient. Schon der altertümliche 19. Psalm läßt den Kabōd kosmologisch das Firmament transzendieren, unter dem die Schöpfungswerke beschlossen sind (v. 2); der prophetischen Vision wird er zur Lichtnatur Gottes selbst (Hesekiel 1,4 ff.). Die kosmische Amplitude wird überschwenglich verherrlicht (Jes. 6,3; Num. 14, 21; Ps. 72,19); das Wesen Gottes, vor allem aber sein Herrschaftsanspruch sollen eschatologisch offenbar werden: "Dein Kabōd breite sich aus über alle Welt!" (Ps. 57,6.12). Gott wird seinem Volk zum Kabōd werden, und sein Volk ist zu Gottes Kabōd geschaffen (Sach. 2,9; Jes. 43,7). Als Begriffsinhalt, zu dem es keine griechische Analogie gibt, geht der Kabōd in den Begriff der neutestamentlichen "Doxa" ein.

Durch seine Anwendung auf die Situation des barocken Weltschocks wird der Kabōd-Doxa-Komplex geschärft, er gewinnt die neue Transzendenz, die sich auch noch die Unendlichkeit hinter den Fixsternsonnen unterwirft. Der Rückgriff aktualisiert weltbildüberlegenes biblisches Gut; das wird im Rückblick auf den im kleinen alten Welthause gefangenen bösartigen Donnergott des restaurativen Hochbarock besonders deutlich: "Siehe aller Himmel Himmel fassen Dich nicht (1. Kön. 8,27) – Er breitet aus die Mitternacht über das Leere und hänget die Erde an nichts" (Hiob 26,7). Auf dem Weg durch unsere Epoche saugt die biblische "Herrlichkeit" alle früheren Gestalten und Motive der Lichtergriffenheit – das neuplatonische Lichtentzücken aus Mittelalter-Renaissance-frühbarockem Panentheismus ebenso wie das innere Licht des Pietismus, des Spiritualismus, des Quäkertums – an. Das bedeutet einerseits Bereicherung, Füllung, weiteren Ausgriff der Verkündigungssprache, andererseits bereits erste Anfänge der Umdeutung und Verweltlichung. Trotzdem bewahrt sich der Glanz des biblischen Glaubens die Kraft, die Aufklärungsepoche von sakralisierten Elementen des menschlichen Begriffsgitters zu befreien, dem unendlichen All, der mystischen Identität, dem scholastischen Ozean des Seins. Der enthusiastisch gepriesene Glanz des neuen Betroffenseins ist ein Ausdrucksmittel für die Wirklichkeit „Kategorie jenseits der Kategorien". Während das Barock in Welttrauer versinkt, weil es aus kontingentem Anlaß des Weltschocks die nicht-kontingente Denkform der „Unendlichkeit" zur Gottheit erhebt (metaphysiziert), bricht die Physikotheologie die letzte Wirklichkeit aus diesen Kategorien heraus und erfährt sie im Ausdrucksmittel des Lichtglanzes als forderndes Gegenüber. Damit ist der Umbruch der Epochen grundsätzlich vollzogen.

### Neue Wissenschaft und Hiobsschlüssel

Der Aufgang der neuen Naturwissenschaft im 18. Jahrhundert ist ohne den physikotheologischen Impuls nicht zu verstehen. Unter dem Seziermesser sprüht der Glanz des Kabōd auf, Mikroskop und Teleskop werden zu Instrumenten der Doxologie. Naturmagie und -dämonie des Barock versinken; die Naturobjekte stehen konturenscharf im transzendenten Licht. Trotzdem bleiben sie „Wunder" – gerade die winzigsten Splitter und Geschöpfe des alten Seinshauses werfen den transzendenten Glanz am blendendsten zurück. Als müßte man sich von einem furchtbaren Druck (dem Druck des Nihilismus-Skeptizismus-Pantheismus) freiatmen, unterbricht man die naturkundlichen Schilderungen von Zeit zu Zeit, um die Doxologie auf den Schöpfer jener Wunder anzustimmen, die keine „Maschinen" sind, sondern rational unerklärbare Geheimnisse bleiben, die zur Anbetung zwingen. Die „Betrachtung" erscheint auf Kupfern der Zeit personifiziert als Hohepriesterin am Gottesaltar, dessen Flammen hoch zum Himmel schlagen.

„Herrlichkeit"–„Betrachtung"–„Wunder" sind die Hauptbegriffe der physikotheologischen Schriften, die oft lückenlos biblisch durchwoben sind – am liebsten aber die „Clavis Iobea", den „Hiobschlüssel", gebrauchen. Gemeint sind jene Kapitel des Hiobbuches, in denen Gott dem Aussätzig-Ausgesetzten, dem Dulder und Zweifler im „schrecklichen Glanz" erscheint, um in gewaltiger Sprache den physikotheologischen Gottesbeweis für sich selber zu führen (Hiob 38–42).

### Die Theologischen Zirkel

Kennzeichnend sind allgemein der Theologisch-Christologische Zirkel der Physikotheologie, wie der Ethische und der Eschatologische Zirkel. Wenn der Physikotheologe aus dem Wunder einer Muschel Existenz und alle Eigenschaften des Gottes, der das Angesicht Jesu Christi trägt, „beweist", „erweist", „demonstriert" und anschließend eine Doxologie anstimmt, geht dem modernen Beobachter die Konsequenz dieses dreifachen Schrittes nicht ein. Daß dieser „Beweis" von einem „Schon-immer-vorher" des Glaubens herkommt, ist u. a. von Brockes mehrfach betont worden, nach dem das Vermögen des „Betrachtens" ein freies Geschenk der Gnade Gottes darstellt. Ebenso steht es mit der Ethik. Im Hinblick auf sie ist die Physikotheologie überzeugt, daß rechtes, heilig ergriffenes „Betrachten" auch eine Heiligung des ganzen Lebens nach sich ziehen müsse. Und im Hinblick auf den „Eschatologischen Zirkel" meint sie, daß das endzeitliche „Schauen von Angesicht zu Angesicht" schon hier je und je vorweggenommen werde, wenn der transzendente Glanz aus einem der Wunder der Schöpfung bricht.

In neuer Weise und vor einem neuen Kosmischen Hintergrund ist (nach Überwindung des Barock) die „Visio Beatifica“, das Heilsziel des Mittelalters wiedergekehrt. Schon Moses bittet Jahwēh den Kabōd schauen zu dürfen (2. Mose 33.18,20). Die Lieblingsobjekte der Physikotheologie, die Muscheln und Schnecken eigener und fremder Meere, die in der Testaceo-, Conchylien-, Ostrakodermaten-Theologie behandelt werden, wurden als „Rocail“ zum architektonischen, künstlerischen, kunstgewerblichen Leitmotiv der neuen Epoche. Nach ihm nennt man die gesamte hell, leicht und licht gewordene Bau- und Kulturwelt „Das Rokoko“. Die berühmten Conchylienkabinette des 18. Jahrhunderts wurden vielerorts die Keimzellen naturwissenschaftlicher Institute. Wir müssen es uns hier versagen, die umfassenden direkten kulturgeschichtlichen Auswirkungen der Bewegung namhaft zu machen. Die volkswirtschaftliche Bewegung der „Physiokraten“ ist ebenso eine unmittelbare Folge der Physikotheologie wie der „Englische Garten“, der den Barockpark mit seinen geometrisch verstümmelten Pflanzenkugeln und -prismen ablöste. Fast anderthalb Jahrhunderte vor Rousseau lehrte die Physikotheologie bereits ein fasziniertes Naturentzücken, in dem selbst die wilden Berge zu doxologischen Fanfaren wurden. Immer wieder wird übersehen, daß Rousseau an entscheidender Stelle des «Savoischen Vikars“ selbst bekennt: „Ich habe Nieuwentyt gelesen . . .“

Die beliebte Einteilung der Aufklärung in eine vor- und eine nach-kantische Periode ist ohne Sinn. Kant selbst ging aus der Physikotheologie hervor, und der typische „vorkantische Kantianismus“ findet sich schon bei den frühen britischen Verfassern der Physikotheologie. Die apriorische, „geometrische“ Welt- und Gottesbemächtigung wird verworfen – mit welcher Klarheit wendet sich dann etwa Nieuwentyt gegen die

„Denkbeelden" der Metaphysiker, die unfähig sind, Wirklichkeit zu erfassen.

### Rückkehr des Plotinismus und der Scholastik

Nachdem der Durchbruch der Physikotheologie den Epochenwandel vollzogen hatte, kehrten – über die versunkene Barockepoche hinweg – viele Motive des mittelalterlichen Weltbildes zurück und machten sich auf dem vom barocken Nihilismus freigekämpften Gebiet breit. Insbesondere gehörten hierzu die drei alten Vorstellungen vom *Großen Netz* (Kette) der Wesen, vom *absoluten Zweckbezug* jeder Kreatur zu jeder Kreatur und von der Vollkommenheit der *„Besten aller Welten"* (s. o.). Welcher Spott von Voltaire (etwa im Candide) über Goethe und Schiller bis zur Gegenwart über diese drei Vorstellungen ausgegossen worden ist – immer in der Meinung, die Aufklärung zu treffen – ist wohlbekannt. Er richtet sich an die falsche Adresse, denn diese Vorstellungen sind ein „comeback" des Mittelalters im 18. Jahrhundert und stammen in voll entwickelter Form aus den Enneaden des großen Plotin ⟨Enn. II. 9. 13 / III. 2. 11–16 / III. 3. 3 / III. 3. 7 / VI. 6. 17 f.⟩. Als Beispiel dieser plotinisch-mittelalterlichen Renaissance zeigen wir einen Text von Charles Bonnet. Voltaire tritt gegen Plotin an, nicht gegen die Aufklärung im eigentlichen Sinne. Auch in den angeführten Texten von Brockes, Lesser, Nieuwentyt zeigt sich wohl, mit welcher Rückhaltlosigkeit die „Unvollkommenheit", Furchtbarkeit und Dysteleologie der Schöpfung dargestellt werden kann. Die Theodizee der Physikotheologen ist damit die eines „Dennoch". Sie wirkt befreiend angesichts der Plotinischen Theodizee von der „Vollkommenheit der Besten aller Welten". Denn kein Buddhist kann die Unabänderlichkeit von Leid und Elend quälender schildern, als es in dieser angeblich „optimistischen" Theodizee geschieht, wo jedes Geschöpf die Qualen seiner

Begrenzung durch das Nichts und die anderen Kreaturen ohne Hoffnung auf Wandel tragen muß.

## Der Philosemitismus

Der Philosemitismus (im engeren Sinne des Wortes) ist eine Bewegung der Frühaufklärung, deren Wesen wir nicht mehr besonders kennzeichnen müssen, da sie eine gradlinige Fortsetzung der Hoffnungen darstellt, in denen sich Manasseh ben Israel, Oliver Cromwell, Henry Vaughan und viele der frühen Physikotheologen einig waren. Wenn nach vollkommener Zerstreuung die „Einsammlung Israels" vollzogen ist und das Zionsreich wieder entstand, wird der Christus-Messias im Glanze seiner Herrlichkeit erscheinen. Das Verhältnis von Juden und Christen wurde verschieden nahe gedacht, von der Selbstidentifikation der britischen Philosemiten mit den verlorenen Zehn Stämmen Israels bis zu einer Partnerschaft des Heils. Ebenso ist das Wesen der Erlösergestalt, die ja die Züge des Messias (der ein Mensch ist) mit der Vorstellung der Christen von der Erscheinung der Zweiten Person Gottes vereinen möchte, verschiedenartig gefärbt und bleibt schemenhaft. In jedem Falle wird das erhoffte Reich nicht nur als eine „senkrecht von oben" eintretende göttliche Veranstaltung betrachtet, sondern im Hinblick auf das Millennium und die jüdischen Erwartungen als eine echte, irdisch konkrete Zukunft, in der sich Not, Elend, Verzweiflung wandeln werden. Noch bei den späten Philanthropen der Aufklärung glaubt man zu spüren, wie sie selbst Hand anlegen möchten, um die menschliche Gesellschaft einem ähnlichen „Chiliastischen" Zustand entgegenzuführen. Von England abgesehen, muß die Bewegung heute mosaikartig rekonstruiert werden. Es ist wahrscheinlich, daß neben den bekannten und oft sehr exzen trischen Messianikern des Kontinents, wie Paul Felgenhauer († nach 1677), Anders Pederson Kempe († 1698), Oliger Paulli († 1714), Johann Peter Spaeth († 1701), die eine große propagandistische Tätigkeit entfalteten, weite Schichten von einer neuen christologisch-messianischen Zukunftsgläubigkeit ergriffen wurden. Die lastende, präsentisch „tobende Ewigkeit" des Barock entspannt sich nach vorwärts, die dunkle Wolkendecke zerreißt im Osten des Horizonts, das endzeitliche Licht des nahenden Erlösers scheint schon jetzt, überwindet Weltekel, Unwirklichkeit, Krampf und Zersetzung des barocken Existenzverständnisses und gibt dem Leben neuen zukunftsgewissen Sinn. Juden und Christen begegnen sich in einem neuen geistigen Miteinander; Konversionen zum Judentum ereignen sich der soziologischen Diskriminierung zum Trotz. Unsere Texte zeigen etwas von der geistigen Welt zweier dieser Konvertiten, das Credo des Israel Benedeti und den Versuch des Moses Germanus, die „Barockisierung" des jüdisch-alttestamentlichen Glaubens durch aristokratische Philosemiten wie Knorr v. Rosenroth und Fr. M. van Helmont (s. o.) zu verhindern.

## Die Christus-Doxologie

### Die Welt der Christushymnen

Die Physikotheologie ersetzte den im barocken Weltschock zerstäubten Raum durch das Strahlungsfeld der göttlichen „Herrlichkeit". Der Philosemitismus ersetzte die im gleichen Schock vernichtete Zeit durch die Lichtbahn, auf der man dem kommenden Christus-Messias entgegengeht. Aber auch jenseits von Raum und Zeit in jedem punktuellen Moment kann nun über den Menschen einer neuen Epoche der nachtschwarze Himmel zerreißen und der große Glanz Jesu Christi aufgehen, der das Leben mit Sinnfülle und

Freude beschenkt. Dieser Möglichkeit gibt die mißverständlich sog. „Christuslyrik" (in England ebenso
mißverständlich „Christ-Metaphysicals" genannt) Ausdruck. In der Germanistik wird hervorgehoben, wie
in der geistlichen allegorischen Dichtung um die Wende vom Barock zur Aufklärung immer wieder das erregte Rufen nach Christus aufbricht, der über Dunkel,
Grauen, Meeressturm und Gewitternacht als rettende
Sonne des Lebens erscheinen soll. Sehr viele dieser
Hymnen, in denen Christus als Gnadensonne und Himmelslicht verherrlicht wird, sind in Deutschland vergessen. Gewöhnlich ist der Choral „Morgenglanz der
Ewigkeit", den der Philosemit und „Kabbalist" Knorr
v. Rosenroth schrieb, der letzte bekannte Vertreter dieser Hymnik. Nicht selten treffen wir auf Kupfern der
Zeit, insbesondere auch solchen, die physikotheologischen Arbeiten vorangestellt sind, das Symbol der
voll strahlenden Sonne, aus deren Mitte die Buchstaben JESOUS oder das Christusantlitz sichtbar werden.

### Rembrandt und die Christus-Doxa

Ein eigenartiges Gegenstück zur literarischen Christusdoxologie stellen Rembrandts Handzeichnungen
und Radierungen dar. Rembrandt war Freund und
Porträtist Manasseh ben Israels, und es ist bekannt,
mit welcher Hingabe der Philosemit Rembrandt junge
Rabbinenschüler zeichnete und malte, um eine innere
Anschauung für die Darstellung des Christusantlitzes
zu finden. Den runden Heiligenschein, den schon im
Buddhismus erscheinenden „Nimbus", trägt Christus
bei Rembrandt nicht. Aber dort, wo Menschen Christus „erkennen", seiner inne werden, sprüht um Christus eine neuartige Gloriole – Sonne, Stern, Strahlen-
rhombus, Büschellicht – auf, und oft trifft ein aus dieser Gloriole schießender Einzelstrahl den Glaubenden,
der von diesem Blitz fast zurückgeworfen wird.

Zweifellos ist auch die britische „Schechinah-Christologie" von der soeben genannten Weise, Christus zu erleben, nicht abzulösen. Vorkämpfer der Schechinah-Christologie wurde der berühmte Physikotheologe Samuel Clarke († 1729), der als Apologet gegen die Barockphilosophie kämpfte. Das altkirchliche Dogma von den drei Feuerstrudeln der göttlichen „Relationen" (Personen) zersprang. Der Vater allein hat Aseität und Macht. Christus entstand nicht aus innergöttlicher Zeugung – dann wäre ein dumpfes Fatum Ursache seiner Existenz. Er ging zu unbekannter Zeit aus dem freien Willen des Vaters hervor. Er ist die Schechinah, die „Wohnung" des in Raum und Zeit erscheinenden Gottesglanzes des Kabōd. Als solche ließ er auch die Schöpfung aus seinen Händen hervorgehen. Gott wird er nicht aus ontologischen Gründen, sondern um seines Bezuges zu uns willen genannt. Die Schrift meint kein trinitarisches Kollektiv, wenn sie „Gott" sagt. Clarke belegte seine hebraistische Theologie und Christologie mit 1251 Beweisstellen aus der Bibel. Nach über 60 Jahren gab J. S. Semler (1774) eine deutsche Übersetzung des Werkes heraus. Man nennt diese und verwandte Konzeptionen den „Arianismus" der britischen Aufklärungstheologie; aber das alte Ketzeretikett paßt hier nicht. Der Niederländer Paul Maty (†1743) legte um Christus ein Strahlenbüschel von Perspektiven, unter dem er bald „sabellianisch" (Maske Gottes), bald „arianisch" (untergeordneter Sohn), bald „tritheistisch" (eigene Gottheit) erscheint. Auch in dieser kreisenden Perspektiventheologie haben wir ein Beispiel des „Prae-Kantianismus" vor uns. In der deutschen Theologie läßt man die alten Naturenspekulationen mehr und mehr versinken. Eine komplizierte „Messianisierung" der Christusgestalt vollzieht sich – schließlich bekennen sich auch die Lutheraner zur „Unctio" (Salbung) der menschlichen Natur des „Gesalbten" (= Christus bzw. Messias), anstelle der automatischen Durchdringung seines Menschentums mit der Gottheit.

In den Physikotheologien erscheint Jesus als der große göttliche Physikotheologe, dem die Geschöpfe als Mittel der Verkündigung dienen. Mitunter schreitet er als Pantokrator und Nikator mit der Fahne der Auferstehung über die Himmelskörper einer neuen größeren Schöpfung. Eine Fülle von Problemen gab der „Pluralismus" auf. Wie war Jesus als Erlöser der zahllosen andern Menschheiten zu denken? Als „sinkendes Gut" spielen diese Fragen noch heute eine Rolle im Denken des Volkes.

## Die Welt der Neologie

### Weltschock und Entmythisierung

In unserer Gegenwart hat sich vor allem Rudolf Bultmann bemüht, klarzustellen, welche Bedeutung kosmologische Fragen für den Umgang mit biblischen Texten besitzen. Das Neue Testament setzt nach seiner (nicht von allen Theologen geteilten) Meinung das Dreistöckige Welt- und Himmelshaus voraus, das für uns zusammengebrochen ist. Damit werden in seiner Sicht für den modernen Menschen viele Aussagen des Neuen Testamentes über Himmel und Hölle, Engel und Dämonen, Auf- und Abstieg des Erlösers, Kreuzigung, Auferstehung, Jüngstes Gericht u. a. nicht mehr nachvollziehbar, sie sind Ausflüsse eines mythischen Gehäuses, selbst Mythen, die einer „Entmythologisierung" zu unterwerfen sind. Dem Anliegen des Neuen Testamentes wird man durch die Methode einer existentialen Interpretation und einer existentiellen Verkündigung gerecht: Wenn man (jenseits der objektiven mythischen Aussage) herausbekommen kann, was die neutestamentlichen Schriftsteller beim Verkünden in ihrem innersten Daseinskern bewegte, wie sich ihr erschüttertes oder neuer Hoffnung sich öffnendes Dasein in ihnen selbst vorfand, kann man dieses (existentiale) Daseinsverständnis und diese Daseinszustände dem modernen Menschen zum (existentiellen) Nachvollzug in all den Krisen und Nöten verkünden, die sein eigenes Dasein unbedingt und im Kern betreffen.

Vor den Gesamtkreis der (nur angedeuteten) Fragen sahen sich bereits die Theologen der frühen Aufklärung gestellt, denn vor ihren Augen wurde ja das alte Weltgehäuse eingerissen, und sie selbst wollten die Augen vor diesem Vorgang nicht verschließen wie die barocke Restauration, die unter den Ersatzhimmeln der Barockkuppeln und -dogmatiken so zu tun versuchte, als sei nichts geschehen.

Genau 250 Jahre vor Bultmanns Entmythologisierungsschrift hat der schottische Theologe Thomas Burnet, Königlicher Hofkaplan in London, die sich aus dem Kosmologisch-exegetischen Schock ergebenden Fragen konsequent durchdacht und durchlitten. Als Physikotheologe begründete Burnet den „Diluvianismus". Er kämpfte gegen die Vorstellung, daß der Kosmos eine sinnlos-zufällige Atomballung darstelle, und verband unter Heranziehung der Sintflut die Geogonien der Bibel und der Wissenschaft seiner Zeit zu einer Wirklichkeitssicht. Als Exeget setzte er in der Bibel vom Weltbild abhängige „Fabeln" oder „Mythen" voraus, wehrte die Vorstellung ab, daß es sich um „Altweiber-Fabeln" im Sinne der antibiblischen Polemik der Antike handele, und forderte eine neue „Interpretation" – keine existential-existentielle, sondern eine doxologische. Was im Licht einer neuen, größeren Schöpfungswirklichkeit fragwürdig erscheint, muß so interpretiert werden, daß es die Herrlichkeit Gottes und Christi verkündet, statt sie zu verkleinern. Alle Probleme, die (bis zu einem Jahrhundert) später durch die Theologen der Neologie behandelt werden und manche moderne Fragen sind bei Burnet ausdrücklich oder kernhaft dargelegt. Insbesondere findet sich bei ihm wörtlich und wiederholt der bei den Neologen so beliebte Begriff der „Akkommodation" (s. u.), der sich inhaltlich bis zu Origenes zurückverfolgen läßt.

*Der neue Zugang zur Hl. Schrift*

Man hat sich in der Theologiegeschichte daran gewöhnt, in weitgespannter Übersicht die protestantische Neologie (d. h. die „Neue Theologie") als einen mittleren Abschnitt der Aufklärungsepoche zwischen Physikotheologie und Rationalismus zu betrachten. Es bedarf keiner besonderen Erwähnung, wie fragwürdig solche Gliederungen werden, wenn man sich wirklich mit dem Netzwerk der Gedanken der vielen bemerkenswerten Theologen der Zeit beschäftigt. Aber gerade in einer Textauswahl müssen wohl jene Generationen zu Wort kommen, die sich um bestimmte Sachanliegen sammelten. Die Physikotheologie bemühte sich, die Menschen der neuen Epoche aus den Surrogat-Gehäusen der Kirchenkuppeln herauszuführen und sie zu lehren, sich gläubig der ganzen Schöpfungswirklichkeit in Erkennen, Tun und Sein zu stellen. Nicht abzulösen davon – wie wir oben sahen – war die zweite Aufgabe, sie nun auch aus den Surrogat-Himmeln jener metaphysischen Glocken herauszuführen, die die Barockdogmatik aus isolierten, unfehlbaren Bibelstellen, Ptolemäus und Aristoteles aufgemörtelt hatte. Man hatte nicht die Absicht, die Herausgeführten mit dem Nichts zu konfrontieren, sie sollten sich dem „Wort Gottes" anvertrauen und sich unter ihm in Erkennen, Tun und Sein der wirklichen Zeit und der Geschichte stellen. Natürlich gab es die Bibel. Aber sie war nicht einfach zu haben und zu lesen wie ein anderes Buch. Denn nahezu jeder Begriff war „eingemörtelt" und in seinem Inhalt nur zu haben, wenn man den Blick zur dogmatischen Kuppel erhob

und ihn dort an seinem Platz aufsuchte: „Gott", das
war das Gefüge von trinitarischen Relationen, Notio-
nen, Proprietäten, Appropriationen usf., das im Barock
noch komplizierter geworden war als in der alten
Scholastik; Jesus Christus, Prophet-König-Hoherprie-
ster, der im passiven Gehorsam den Menschen die Vergebung, im aktiven die Seligkeit erworben hatte, ein
nicht minder kompliziertes Gefüge der Gottmensch-
heit; der Mensch schon in den Keimdrüsen Adams
hoffnungslos der Erbsünde und dem Verderben unterworfen, wie es einst Augustin (irrtümlich) aus der ihm
allein zugänglichen lateinischen Bibel herausgelesen
hatte. Man hätte die dogmatischen Glocken zertrüm-
mern können, aber das lag dem geschichtlichen Sinn
der Neologen nicht – auch die Physikotheologen hatten
ja nicht einfach den Weg Giordano Brunos beschrit-
ten. Die Neologie führte ihre Zeitgenossen behutsam
Schritt für Schritt zum geschichtlichen Verständnis der
Bibel. Sie ließ die großen alten Dogmen als geschichtliche Dokumentationen letzter Geheimnisse an ihrem
Ort und sah sie mit wachsender Entfernung verblas-
sen. Die innere Ruhe, mit der die Neologie ihren Weg
verfolgte, führte dazu, daß ihre Vertreter in ihren Anfängen als revolutionär und im Alter als reaktionär
empfunden wurden.

*Kosmologie und Angelologie der Neologen*

Es ist bisher nicht beachtet worden, daß es unmöglich ist, die Neologie zu verstehen, wenn man nicht von
ihrer Kosmologie ausgeht, denn auch sie gründet in der
anti-barocken Kosmologischen Reform (oder Reformation) ihrer Epoche. Es sind gerade ihre einflußreich-
sten Köpfe – Johann Friedrich Wilhelm Jerusalem
(1709–89), Johann David Michaelis (1717–91), Johann
Christoph Döderlein (1745–92), Gottfried Leß (1736–
97), Franz Volkmar Reinhard (1753–1812) – die sich
mit besonderer Ergriffenheit der physikotheologischen

Freude an den Wundern einer transparenten Schöpfung hingeben. Aber sie greifen nun (wie Bonnet u. a.) über das Barock hinweg auf das platonisch-aristotelisch-plotinisch-scholastische Bild der Großen Kette des Seins zurück und schildern mit hingerissenem Entzükken, wie sich das Große Netz der Wesen lückenlos und in strahlender Schönheit durch das All spannt. „Diese Leiter steigt hinauf bis zu uns Menschen, und nun sollte sie auf einmal abbrechen und der ungeheure Sprung vom Menschen auf Gott getan werden müssen?" (Michaelis). Natürlich nicht! Zahllose Reiche (höherer) vernünftiger Wesen schweben ja im unermessenen All, und über ihnen erheben sich die Hierarchien der Engel bis hin zu Gottes Thron. Wir Menschen sind ja nur Mittelwesen (Döderlein), Tierengel im Kinderstand: „Herr! wer kann sie zählen, sie denken, die Millionen, die sich deiner freuen!" (Leß). Da sich diese Ergriffenheit der Neologen vor einem weiteren Welthintergrund vollzieht, als ihn Plotin als Mensch der Antike besaß, ähneln ihre Aussagen denen Giordano Brunos oft zum Verwechseln. Mit Leidenschaft treiben die Neologen Biologie, um die Lückenlosigkeit des Schöpfungsnetzes zu sichern: Schwämme, Trüffeln, Flechten verknüpfen Mineralien und Pflanzen; Sinnpflanze, Polyp, Entenmuschel Pflanzen und Tiere; Mövenarten Fische und Vögel; Fledermäuse Vögel und Tiere; Orang-Utan und Chimpanzé Tiere und Menschen – und auch hier gibt es zwischen dem dumpfen Araukarier und dem gottinnigen Newton, dessen Haupt ins Geisterreich ragt, zahllose Übergänge. Das Ganze ist keine Arabeske, sondern zentrales existentielles Heilsinteresse. Wir sind keine vom Zufall verklumpte barocke Atommasse, die im Nichts vergehen wird; über uns leuchten zahllose Welten mit immer vollkommeneren, reineren, herrlicheren Geistwesen, in sie werden wir eingehen, sie in immer zunehmender Vervollkommnung durchschreiten. In wunderbarer, offener

Zukunft ist auch der Stand des Erzengels vor Gott nicht unerreichbar – darum trifft es wie ein eschatologischer Offenbarungsblitz, wenn ich sehe, wie sich die „Meve", der Halbfisch, aus dem Wasser in die Lüfte, zur Sonne schwingt.

### Moralisches Wunder und Neues Sein

Natürlich ist der naturwissenschaftliche Beweis der Eschatologischen Hoffnung ein Zirkel. Und natürlich ist auch die Ethik der Neologie letztlich ein Zirkel. Sie ruht, wie alle Ethik unserer Epoche, zunächst auf zwei Grundlagen, einmal dem „hebraistischen Faktor" der Frühaufklärung, der alttestamentlichen Gesetzesgehorsam verlangt, und daneben auf dem neuen ethischen Sich-frei-atmen nach Libertinismus, Krampf und Engagement des Barock. Darüber aber lagert sich die Sehnsucht nach Vervollkommnung, Erlösung, Verwandlung des Seins, durch die hindurch man neuen Herrlichkeitswelten entgegenreift. Man kann vom „Moralischen Wunder" reden, man läßt Pelagius gegen den (vom Zufall begünstigten) „Neuerer" Augustin Gerechtigkeit widerfahren, man ersehnt „Tugend und Glückseligkeit", auf „daß die Seele von neuer Kraft belebt, in unaussprechlicher Bewegung eine Durchdringung erfährt, die sie verwandelt" (Spalding).

### Die kritische Funktion der Neologie

Von hier aus betrifft nicht alles im Kanon der Hl. Schrift und im dogmatischen Bau den Menschen unbedingt, wie man meint. Von hier aus versucht man Schriftwort und Dogma in der Sprache der Gegenwart zur Wirkung zu bringen. Von hier aus beginnt man „Wort der Schrift" und wirklich verwandelndes „Wort Gottes" zu scheiden, christliche *Theologie* und christliche *Religion* voneinander abzuheben. Die Kritik der späteren Restauration, solche „Reduktionen" bewiesen den Verlust des Offenbarungsglaubens, trifft nicht zu.

Man verweist immer wieder auf die oft scharfe

Wunderkritik der Neologie. Regelmäßig wird übersehen, daß diese Wunderkritik christologisch begründet ist. Die Neologie glaubt fest an die Wunder der beiden Stifter des Alten und Neuen Bundes, Mose und Christi. Besonders um der Wunder Christi willen, die sie nicht herabziehen lassen möchte, eliminiert sie alle sonstigen. Die scholastische und barocke Wunderapparatur lehnt sie ab und *personalisiert* das Wunder radikal. Alle wirklichen Wunder sind *Engelwunder*, und von dem Wirken dieser unsichtbaren oberen Brüder ist der Neologe so überzeugt wie von seiner eigenen Existenz. Auf mittelalterlichen Darstellungen sieht man Christus gelegentlich in einer Mandorla, in der sich die Rangschichten der Engel reihen. In ähnlicher Weise umgibt bei den Neologen eine Doxa aus wundertätigen personalen Lichtgestalten den göttlichen Meister, um dessen Schultern der Herrlichkeitsglanz des Moralischen Wunders liegt.

Zu den Dingen, die im Hinblick auf die Neologie zurechtzustellen sind, gehört schließlich die Erkenntnis, daß „moralisch" – wie schon bei Burnet – meist den Gegensatz zu physisch, physikalisch, magisch, naturhaft, seinshaft – also „geistig-persönlich" – bedeutet. Wie Burnet ist auch die Neologie in allen Vertretern der Meinung, daß sich Jesus, das Haupt aller Geister- und Engelreiche, dem Volksglauben seiner Hörer „akkomodierte" – er zerbrach ihren Aberglauben nicht, er ließ ihn stehen und führte die geistig-geistlich Armen behutsam aus ihm heraus. Dies ist das Spiegelbild der eigenen Methode der Neologie – was sie zur Wahrheitspflicht des Verkünders und Interpreten zu sagen hat, steht bereits bei Thomas Burnet. Ihre Theodizee ist in der Regel die plotinische.

Eine interessante Variation neologischer Weltanschauung haben wir bei Johann Salomo Semler (1725 bis 1791) vor uns. Auch er ist glühend begeistert von der Erscheinung der Herrlichkeit Gottes in der Natur:

„Sehen Sie, wie altväterisch ich rede; die Herrlichkeit Gottes will ich behaupten!" Aber er ist lebenslänglich enthusiastischer Alchemist, Goldmacher und Hermetiker. Zwischen seiner Hermetik und seiner Hermeneutik bestehen unmittelbare Bindungen, die sich u. a. darin äußern, daß Semler auf Grund des impersonal-magischen-alchemischen Ergriffenseins personale metaphysische Mächte – Teufel, Dämonen, schließlich die Engel – radikal verwirft und aus der Schrift fortinterpretiert.

## Die Erscheinung des „Rationalismus"

### Verwirrung der Begriffe und Hypostasenbildung

Eine geistes- und theologiegeschichtlich ganz ungewöhnliche Verwirrung besteht im Hinblick auf die sog. (geistige bzw. geistig-religiöse) „Herrschaft der Vernunft" im Zeitalter der Aufklärung. Neben diesem sog. „Rationalismus" stehen zahlreiche Wechselbegriffe, die ihn umspielen oder für ihn eintreten. Rationalismus, Vernunftglaube, Natürliches Licht, Natürliche Religion, Naturalismus, Deismus, Freies Denken erscheinen auch in Fachdarstellungen wie isolierte, abgelöste Hypostasen (Gedankengottheiten), die plötzlich im 18. Jahrhundert erscheinen. Man erörtert ihr Wesen häufig völlig abstrakt apriorisch, ohne zu fragen, wer eigentlich diese Anschauungen vertritt, woher sie kommen und wie sie sich zueinander verhalten.

### Der Glaube des Chrysipp

Chrysipp († 207 v. Chr.) aus dem kilikischen Kleinasien hat offenbar zuerst von den koinaì énnoiai (notitiae communes) geredet, den aus dem Vernunftgrund aufsteigenden, bei allen vernünftigen Menschen verifizierbaren Urbegriffen: Gott, Unsterblichkeit, Gut-Böse. Mit Enthusiasmus wird die stoische Lehre bei Cicero vertreten: Dasein Gottes (De nat. deorum 1,43;

2,12; 2,15 usf.), Unsterblichkeit der Seele (Tusc. disp. 1,31), Sittengesetz (de leg. 1,18)! In ihnen strahlt das „lumen naturae" auf (Tusc. disp. 3,2). Mit gleicher Hingabe verfährt Seneca (ep. 117,6). Die Scholastik nahm die Lehre unmittelbar auf und benutzte sie als Fundament für Dogma und Moral. Seit Thomas v. Aquin zerlegte man beide in einen rationalen und einen supranaturalen Teil. Im ersten Teil theologisiert man nach Chrysipp. Das Christentum beginnt eigentlich erst bei den Offenbarungsmysterien (Trinität, Inkarnation) und der mönchischen Ethik (consilia evangelica) im zweiten Teil. Luthers Protest ist bekannt: „Die menschliche Natur ist nichts denn blind und tot vor Gott, darum kann sie sich auch nicht nach göttlichen Dingen sehnen, noch sie begehren" (EA 12,414). Als Physikotheologe bewegte er sich bewußt im theologisch-christologischen Zirkel. Anders verfuhr Melanchthon, der das scholastische Schema erneuerte und damit die protestantische Scholastik inaugurierte: „Alle Menschen wissen von Natur, daß ein ewig, allmächtig Wesen ist, voll Weisheit, Heiligkeit und Gerechtigkeit ... also haben viel weiser Leut als Sokrates, Xenophon, Plato, Aristoteles, Cicero gesagt ... und daß man diesem einigen Herrn dienen muß in Gehorsam nach dem Licht, das er in die Natur gebildet hat, von Unterschied der Tugend und Untugend" usf. (Heubtartikel 1555; v. Gott, Bl. III). In der Utopie (1516) des Thomas Morus († 1535) erscheinen Gott, Freiheit und Unsterblichkeit als „Vernunftreligion" der Utopier. Hier wie überhaupt im Humanismus des 16. Jahrhunderts wird die Meinung vertreten, daß die Reduktion der Religion auf diese drei Größen Aberglauben verhindere und Toleranz verbürge.

*Der Aufgang des Deismus*

Die Vertreter dieser Vernunftreligion haben sich schon um 1550 „Deisten" genannt, wie Petrus Viret

(† 1571) bezeugt: „J'ai entendu, qu'il y a de cette bande qui s'appellent déistes d'un mot tout nouveau, lequel ils veulent opposer à athéiste" (Instruction chrétienne 1564[2]; Bd. II, Vorr.) Marinus Mersennus († 1648) setzt voraus, daß sich 60000 Vertreter jener Sekte, die „le nom et le titre de Déistes" in Anspruch nehmen und noch furchtbareres Gift verbreiten als die Pantheisten („Atheisten"), in Frankreich betätigen (L'impiété des Déistes, Athées et Libertins 1624, Vorr.). Hier hat ihn Herbert v. Cherbury († 1648) als Gesandter Jakobs I. kennengelernt, in dessen berühmtem Werk „De veritate" (1624) dann die fünf Wahrheiten der Religion der Vernunft erscheinen: Glaube an Gott – Pflicht ihn zu verehren – sittlicher Gottesdienst – Sündenschmerz – Glaube an das jenseitige Leben. Der ihm nachfolgende britische Deismus konzentrierte die Stichworte auf die ursprüngliche Dreiheit: Gott-Tugend-Unsterblichkeit. Seine Hauptvertreter waren Charles Blount († 1693), John Toland († 1722), John Antony Collins († 1729), Matthew Tindal († 1733), Thomas Woolston († 1733), Thomas Morgan († 1743), Thomas Chubb († 1747), Convers Middleton († 1750) und Peter Annet († 1768). Insbesondere von Annet übernahm Voltaire, der von 1726–29 in England war, die deistischen Gedanken, die er dann nach Frankreich rückimportierte (M. Schmidt, H. Scholz).

Wir haben damit einen Abriß des Weges vor uns, den der „Chrysippismus" durch die Geistesgeschichte genommen hat. Um Unklarheiten zu vermeiden, bleibt des weiteren im Grunde nur die Möglichkeit, daß man von einem Ciceronischen, Thomasischen, Melanchthonischen, Tindalschen, Collins'schen, Reimarus'schen, Bahrdtianischen, Roehrschen Chrysippismus redet*. Denn es sind ja immer die gleichen koinaì énnoiai, die

---

* Damit entfällt auch die neuerdings wieder aufgeworfene Frage ob énnoiai und notitiae deckungsgleich seien.

nun bei sog. Stoikern, Konfessionschristen, Deisten, Freidenkern, Naturalisten, Rationalisten vielfältig eingefärbt, angereichert oder kombiniert werden.

## Mystik und Anti-Judaismus

Ein gemeinsamer Grundton bleibt überall erhalten: Chrysipp und die frühe Stoa sind in arteigener Weise mystisch-asketisch geprägt. In einer gewaltigen „Reinigung" zieht sich der Geistfunke des Nous nicht nur aus der Welt, sondern auch aus den „Leiden" der Seelenregungen zurück, handelt unabhängig von Affekten und Interessen (und damit *„gut"*) und ist in diesem Sich-auf-sich-selbst-Zurücknehmen der ersehnten Unsterblichkeit gewiß. Entsprechend trägt die Gottheit den Charakter des mystischen Selbst, des Über-Ich.

Diese Prägung ist bei manchen Deisten des 17. und 18. Jahrhunderts deutlich vorhanden. Sie meinte Christian Wolff, wenn er definierte: „Deist wird von uns genannt, der zugibt, daß Gott existiert, aber dennoch verneint, daß er sich um menschliche Angelegenheiten kümmert – bzw. der, der die göttliche Vorsehung verneint" (Theol. nat. II 1737; § 529). Ähnlich sagte Kant, „der *Deist* glaube einen *Gott*, der *Theist* aber einen *lebendigen* Gott." Hier trägt die Gottesbegegnung weder personalen noch pantheistischen Charakter, sondern den der je und je erfolgenden punktuellen intelligiblen oder ekstatischen Berührung.

Obwohl alle Dinge punkthaft verwehende Chiffern der Gottheit sein können, werden Objektivationen des Religiösen (Dogma, Kirche, Kult, Mirakel, Inkarnation) leidenschaftlich bekämpft. Denn es ist dem Mystiker unerträglich, die unendlich erhabene, „weiselose", nur negativ zu prädizierende Gottheit in solche Verfestigungen hinein erniedrigt, mit ihnen „befleckt", zu sehen.

Schon bei ausdrücklich sog. „Deisten" finden wir nun den Versuch, Chrysippismus und Christentum auf einen Nenner zu bringen – in konservativer Methode sucht man auch die christlichen Offenbarungsgeheimnisse als Umschreibungen für Gott-Tugend-Unsterblichkeit zu deuten, in radikaler setzt man die Verfälschung des Christentums durch betrügerische und herrschsüchtige Verkünder und Priester voraus. Von hier ist es nur ein Schritt zur radikalen Bibel-, Dogmen-, Wunder- und Kirchenkritik.

In Zusammenhang damit steht der ausgesprochene Anti-Judaismus nicht weniger Deisten. Alles, was das Alte Testament, die rabbinische Tradition, das religiöse Brauchtum des Judentums über den Chrysippismus hinaus an Geschichtsbericht, Gehorsamsverpflichtung und Form besitzt, wird Anlaß zu Abneigung und Verwerfung, wie wir sie gleichermaßen bei Peter Annet, Thomas Morgan und Reimarus finden. Wir haben hier eine Gegenströmung zum Hebraismus und Philosemitismus der Aufklärung vor uns. Der mystische Instinkt spürt den Widerstand des israelitischen Transzendenzglaubens, der die Gottesberührung verbietet. Bezeichnet sich der Deist (wie Reimarus) als „Naturalist", so bringt er damit zum Ausdruck, daß er darauf verzichten kann, die drei Grundwahrheiten der Religion anderswo als im Licht der Natur bezeugt zu finden.

Obwohl Collins, der Begriff und Ziele des Freidenkertums schuf, das Christentum als Reformjudentum und reinen Chrysippismus auffaßte, ging dieser im Freidenkertum alsbald seinen eigenen, meist aggressiven Weg durch die Geschichte, auf dem er sich mit monistisch-pantheistischen und sozialistischen Ideen anreicherte. Zum Pantheismus, besser Ontologismus, gelangte auch der ursprünglich röm.-katholische Deist Toland, der sich im „Schottenkloster" zu Regensburg seine Abstammung aus irischem Königsblut testieren ließ.

Johann Friedrich Röhr, der Theologe, der Goethe begrub, definierte: „Der christliche *Rationalismus* ist die Maxime, die positive oder geschichtliche Religionslehre Christi und seiner Apostel darum für glaubwürdig zu halten, weil sie in der vernünftig-sittlichen Natur des Menschen begründet ist." Auch hier ist also der Glaube des Chrysipp der Maßstab eigentlichen Religionhabens und das Problem die Frage, wie man den Abstand zwischen ihm und dem unerwünschten „Positiven" und „Geschichtlichen" des Christentums überwindet. Ebenso hat Karl Friedrich Bahrdt in seinem Glaubensbekenntnis jene Maximen des Chrysipp vor den Kaiser getragen, um deretwillen er alles Mirakelhafte vom Christentum abstreifen möchte.

Zweifellos aber ist es nicht möglich, die gesamte Aufklärung in dem sog. „Massengrab des Rationalismus", das O. Kirn errichtete (Realencyklop. f. prot. Theol. u. Kirche 3 XVI,477 ff.), unterzubringen. Und auch das seit G. Frank und K. Aner übliche Verfahren, eine dritte letzte Stufe der Aufklärung als „Rationalismus" zu kennzeichnen, ist fragwürdig. Man setzt hier summarisch voraus, daß der vom späteren 18. Jahrhundert bis etwa 1850 herrschende „Rationalismus" in Sterilität mit „abstrakter Kritik eine öde Verständnislosigkeit für die tiefsten Regungen und glühendsten Bedürfnisse der menschlichen Seele verband" (W. Windelband). Das Schlagwort hat so abstempelnd und überformend gewirkt, daß das Bild vieler „Rationalisten" der Zeit neu aus den Quellen erarbeitet werden muß. Der „rohe und zynische Rationalist" Johann Christian Edelmann († 1767), der sich unter Qualen von der Kirche losrang und dabei durch manche Sekten ging, ist in Wirklichkeit ein tiefreligiöser Neuplatoniker, der seine Logoslehre in einer Audition empfing: „Vernunft" (chokma), die „Kraft und Weisheit" des alldurchwaltenden Gottes ist im Christus-Logos in ganzer Fülle ins Fleisch gekommen und offenbart sich illuminativ-kontinuierlich in der gottransparenten Menschenvernunft, während der „lichtlose Verstand" als „Sklave und Esel" und sein Anwalt, Christian Wolff, als ekelerregender „Prahler" zu verachten sind. Der nächst verrufene „eingefleischte Rationalist und Zyniker", der hessische Generalsuperintendent Christian F. W. Ernst († 1855), besitzt einen idealistisch gesättigten Vernunftbegriff von ebenfalls illuminativem Charakter. Von seiner Heilsoffenbarung „pro me" abgesehen ist Gott Geheimnis: „Wer an der Rückkehr Jesu aus dem Tode ins Leben zweifelt, wer alles Unbegreifliche, Übernatürliche und Wundervolle aus dem Christentum verwischen will, für den rede ich nicht. Das Christentum liegt außerhalb des Gebietes des Verstandes." Daß er dem (unter dem Brunoischen Schock leidenden) einfachen Menschen seiner Zeit mit physikotheologischen „Himmelspredigten" zu helfen suchte, hat ihm Tholuck (s. u.) in sarkastischer Reportage heimgezahlt, daß er in den Gewissensnöten seiner Gemeinde, ob Schutzimpfung gegen die unter den Kindern rasend wütende Pockenkrankheit nicht eine Beleidigung der Vorsehung Gottes darstelle, homiletisch eingriff, hat ihn und – bei ähnlichen Anlässen – zahlreiche Homileten in den Augen Späterer diskriminiert.

Die Versuche, Kants Vernunft- oder Religionskritik (1781 und 1793) als Grabenbruch anzusetzen, nach dem der theologische Rationalismus entsteht, sind relativ, da einmal schon die frühe Physikotheologie einen „vorkantischen Kantianismus" praktizierte und zum zweiten der „Rationalismus" um die Mitte des 19. Jahrhunderts bereits weithin vom Gut des Deutschen Idealismus lebt. Der sich ihm entgegenwerfende „Superrationalismus" ist nicht weniger „rational" – er unterscheidet sich in Wirklichkeit dadurch, daß er in religiöser Hinsicht das alte ptolemäische Welthaus in Gestalt seiner wunderhaften Funktionen und Durchbrüche festhalten will. Der Spätrationalismus will demgegenüber eine Einheitsschau der Wirklichkeit durchsetzen (die heute sog. „intellektuelle Redlichkeit"). Da der Bibelbuchstabe für ihn eine logosgesättigte Gewißheit besitzt, die es ihm nicht erlaubt, die Entmythisierung Burnets oder die großen Mythenkataloge der Neologie auf die Schrift anzuwenden, und da er in illuminativer idealistischer Gewißheit glaubt, die Wunderberichte der Bibel besser zu verstehen, als sie selbst es ausdrücken können, ergänzt er sie mit einer Sicherheit, die sich bis in die sog. Leben-Jesu-Forschung um 1900 fortgeerbt hat. Daher die den späteren oft grotesk erscheinenden Wunderinterpretationen mittels der Elektrophänomene, der Schwimmapparate (Meerwandeln), der orientalischen Wunderdrogen – oder jener Essener, die als verborgene Machinatoren der neutestamentlichen Wunder an die Stelle der allein wundertätigen Engel der Neologen getreten sind. Auch sie stehen in ihren strahlend weißen Gewändern in der Christologie der Rationalisten immer noch wie eine wundertätige Lichtwolke um die Gestalt des Nazareners. Zwischen der großen biblischen Mythenforschung der Neologen und dem Mythosbegriff des David Fr. Strauß stellt dieser illuminative, geradezu mystische „Biblizismus" eine merkwürdige Erscheinung dar.

## Die großen Strömungen
### im Zeitalter der Aufklärung

Wenn es überhaupt möglich ist, größere Zusammenhänge im Zeitalter der Aufklärung zu beschreiben, so darf man nicht von „Stufen" reden, sondern kann drei sich überlagernde Strömungen beobachten. Zunächst den Strom der biblisch transzendenzgläubigen, „hebraistischen" *Physikotheologie*, mit dem als einer Kosmologischen Reform oder Reformation die neue Epoche des transzendenten Lichtes beginnt. Er durchzieht die gesamte Epoche: Neologen, Deisten, Rationalisten, die Mozart-Hymnen des Freimaurertums wie die Pädagogik der Philanthropen und der Zeitpietisten werden von ihm getragen, und noch der trockenste Exponent der gefürchteten „Berliner Aufklärung", Friedrich Nicolai, bricht angesichts einer frischen Wiese „in der Fülle seines Herzens in lautes Lob des Allmächtigen aus" (S. Nothanker III, 54). Während die Physikotheologie in Deutschland durch Idealismus, Erweckungsbewegung und Romantik unterdrückt wird, geht sie in den angelsächsischen Ländern zeitgerecht erneuert durch die Geschichte, fängt auch den Darwinistischen und Monistischen Schock auf, wird die große Erzieherin Nordamerikas und findet sich mit ihrem Hymnenbestand noch heute in den angelsächsischen Gesangbüchern. Der zweite Strom der *Neologie* nimmt seine tiefen Impulse zusätzlich aus der plotinisch-scholastischen Schau des großen Netzes der Wesen, der höheren Geister- und Engelreiche und reformiert exegetisch, theologisch, kirchlich, ethisch im personalen Interesse der Durchdringung und Verwandlung des menschlichen Seins, das seiner Zukunft und Vervollkommnung in höheren Welten entgegendrängt. Der dritte Strom des *Rationalismus* nährt sich aus dem Glauben des Chrysipp und der mittelalterlichen stoischen Scholastik der notitiae communes und purifiziert Christentum und Kirche in einer arteigenen stoischen Mystik, die sich der Unsterblichkeit gewiß ist und in den Idealismus des 19. Jahrhunderts mündet.

Alle drei Ströme haben eine theologisch tiefere Mitte und breite populäre Randstreifen. Sie bewegen sich über dem Erbe des Barock und jener Unterströmung der sog. Französischen Aufklärung, die nach der Meinung der Geistesgeschichte ein „Verlängertes Barock" darstellt. Die Vielschichtigkeit des Prozesses macht die

Klassifizierung von Einzelgestalten der Epoche nicht selten schwer.

## Die sozialethischen und philanthropischen Auswirkungen

### Das Erbe der Aufklärung

Es ist immer wieder notwendig, sich die innere und äußere Situation des Menschen im Gefüge der mittelalterlichen und barocken Welt zu vergegenwärtigen, um zu erkennen, was die Gegenwart in ethischer, sozialethischer, pädagogischer, soziologischer und politischer Hinsicht dem Zeitalter der Aufklärung verdankt. Um 1680 beginnt die „große Cäsur", deren Erkenntnis wir insbesondere Paul Hazard verdanken. Hier zeichnet sich auch unter den Augen der Soziologie und der Politischen Wissenschaften der Anfang einer neuen Epoche deutlich ab. Am Zustandekommen neuer Werte und der Ermöglichung eines neuen menschlichen Miteinander sind die ethischen Impulse des Hebraismus, der Physikotheologie, der Neologie und des Rationalismus gemeinsam beteiligt. Aber auch die ethischen Ideale des aufgeklärten Deismus des 18. Jahrhunderts und die Nachwirkungen der messianischen Bewegungen können wir nicht ausschließen. In und mit ihnen lebt altes Gut des Humanismus neu auf.

### Das Recht des Menschen

Wenn nun selbst unmittelbar am Thron des französischen Sonnenkönigs sich die Stimmen erheben, die verkünden, daß der Kultus des „Irdischen Gottes" entbehrlich geworden, daß die Zeit des Absolutismus grundsätzlich gesehen abgelaufen sei, so ist daran zu denken, daß diese Stimmen in dem jansenistischen Physikotheologen de la Motte-Fénélon ihren Stimmführer finden: „Haben Sie im Ernst studiert", ruft der

Erzbischof und Prinzenerzieher dem König zu, „was man das Recht der Menschen nennt? Dies Recht darf ein König um so weniger mißachten, als es das Recht ist, das sein Verhalten in seinen wichtigsten Aufgaben regeln muß!" (Œuvres div. 1824, 200). Zugleich mit der literarischen Opposition gegen das Prinzip des Absolutismus beginnt jenes Ringen, das mit der Verkündigung der Menschenrechte in den frühen nordamerikanischen Verfassungen und in der Unabhängigkeitserklärung von 1776 gipfelt. Freiheit, Leben, Eigentum und religiöse Entscheidungsmacht des Menschen sind unveräußerlich und nicht vom Staat her zu begründen.

### Um die Würde der Person

Es läßt sich nicht übersehen, daß sich mit dem Beginn der Aufklärung die neue theonome Wertung des Menschen, den die Anthropotheologien als einzigartiges Wunder der göttlichen schaffenden „Herrlichkeit" darstellen und um dessen Schultern der neue transzendente Glanz liegt, auswirkt. Die alten Formeln des Naturrechts füllen sich mit neuem Gehalt. Der gesamte Vorgang gleicht in eigentümlicher Weise dem Modell der Bibel, in der im Alten Testament die prophetischen Verkünder des Kabôd der Meinung sind, daß ihre Verkündigung sozial-soziologische, politische und kulturelle Folgen haben muß und in der im Neuen Testament vorausgesetzt wird, daß unter der Doxa Christi ein neues menschliches Miteinander notwendig entsteht. Wohl nicht aus Zufall ist die Britische Inselwelt, die Heimat des Hebraismus und der Großen Physikotheologie auch das vielbewunderte Vorbild in der neuen Sicherung des Menschen. Die Einrichtung der Moralischen Wochenschriften wird um der Würde des Menschen als Menschen willen im britischen antideistischen Bereich geschaffen. Ihr Einfluß war groß. Wo Tatler, Spectator, Guardian, Lover, Student,

Rambler usf. entwürdigende Schaustellungen oder entehrendes Umgehen mit Menschen geißelten, geschah etwas. In Deutschland wurden sie alsbald im physikotheologischen Bereich aufgenommen. Vernünftler und Patriot erschienen in Hamburg, das es im 18. Jahrhundert auf 100 solcher Zeitschriften brachte, die „Neuen Beiträge" in Bremen (Monographie C. M. Schröder), Nordischer Aufseher, Hypochondrist, Dithmarsische Wochenschrift in Schleswig-Holstein (G. Mehnert). 1760 zählte man in Deutschland gleichzeitig 180 solcher Blätter; ihre Gesamtzahl im deutschen 18. Jahrhundert belief sich auf rund 1000. Die Frömmigkeit ist allenthalben physikotheologisch geprägt. Auch das moderne Versicherungswesen entstand in England auf Grund von Unterlagen, die der deutsche Physikotheologe Kaspar Neumann geliefert hatte. Die soziale Hierarchie begann in England am frühesten zu fließen; eine umfassende „Nivellierung nach oben" vollzog sich. Selbst extrem sozialistische Historiker geben zu, daß sich die Lage der Arbeitenden vor der industriellen Revolution in England und Deutschland erheblich besserte (J. Kuczynski).

### Die neue Wertung der Geschöpfe

Der Bereich des neuen transzendenten Lichtes ist offensichtlich von großer Einheitlichkeit. Da alle Geschöpfe gleichermaßen Reflektoren der einen neuen Transzendenz sind, relativiert, quantitiert, demokratisiert diese umfassend. Wo früher unüberbrückbare qualitative Unterschiede waren, erblickt man nun jüngere und ältere, ärmere und reichere Brudergeschöpfe. In der Bruderkette der Freimaurerlogen reichen sich Fürsten und Menschen aller Stände die Hände. Freundschaftsbünde, Freundschaftskult und stark emotional betontes Geselligkeitsbedürfnis beweisen, daß die „wölfischen" Individuen und die „einsamen Despoten" des barocken Menschenbildes zu einem neuen Miteinander fähig wurden. Nun erst tritt die Menschheit als echtes Gegenüber in den Gesichtskreis mit ihren gottgeschenkten Werten, ihrem vielfältigen ethischen und religiösen Besitz und nicht mehr lediglich als abstraktes Element einer barocken pansophischen Weltstaatidee oder einer totalitären Kollektivierung. Nun erst findet der Kreuzzugsgedanke, grundsätzlich gesehen, sein Ende, nun erst wird die von der Orthodoxie weithin verworfene äußere Mission Wirklichkeit. Aus dem Kreis der Welt tritt – lange vor Rousseau – der Mensch des Naturvolkes als Brudergeschöpf und kindlich glückhaftes Wesen in Erscheinung. Der vorurteilslose, gelöste Weltmann wird das neue Ideal menschlicher Haltung. Der britische gentleman bemüht sich, das Bild des aufgeklärten Ritters zu verwirklichen. Die spezifische Denationalisierung der Frühaufklärung beginnt. Die Offizierskorps sind Zentren eines lebenspraktischen Internationalismus; der Offizier im Hörsaal wird zu einer Erscheinung, an die man sich hier und dort gewöhnt. Die Befreiung des jüdischen Menschen, deren entscheidende Phase der Physikotheolog Moses Mendelssohn bestimmen wird, bahnt sich an. Der preußische Große Kurfürst, dessen Hofprediger Schmettau die große Anthropotheologie des Lordoberrichters von Britannien, Mathias Hale, im prachtvollen Imperial-Folio-Format herausbringt, wird wohl nicht zufällig der Schirmherr der aus Wien vertriebenen Juden. Als die jüdische Gemeinde 1703 bei seinem Sohn, König Friedrich I., in gefährlichster Weise dahingehend denunziert wurde, daß sie im Olenu-Gebet auf Jesus speie, untersagte der König lediglich diese Geste und sicherte den Juden gleichzeitig völlige religiöse Freiheit in der Erwägung zu, „daß sie ehemals Gottes geliebtes Volk gewesen und daß sie nach dem Fleisch die Befreundeten unseres Heilands sein" – während noch 1776 dem berühmten Mendelssohn in Dresden für seine Person die für Ochsen und Schweine gültige

Maut abverlangt wurde und 1777 Maria Theresia schrieb: „Ich kenne keine ärgere Pest…" Die von dem Barockdenker Christian Wolff auf Grund seines anthropologischen Maschinismus empfohlene Folter stößt auf zunehmenden Widerspruch; die Gegner der Hexenprozesse beginnen ihren opfervollen Weg. Das „Jahrhundert der Frau" nimmt seinen Beginn. Die Entdekkung des Kindes als Kind wird vollzogen. Das Barock verhängte unbedenklich „Schärfungen" der Todesstrafe über Vierzehn-, Fünfzehnjährige. Nun werden Jugendstrafrecht und Jugendpsychologie inauguriert; ein erstes (dem späten 19. Jahrhundert vorlaufendes) „Zeitalter des Kindes" beginnt. Philanthropen und Pädagogen mühen sich in einer Weise um das Kind, die ohne die neue anthropologische Transzendenz unverständlich bleiben muß. Die Realienbücher sind pädagogisch angewandte Physikotheologien; die Religionspädagogik gewinnt besonderes Interesse.

Im Hinblick auf die Tierwelt und ihren Schutz überwindet die physikotheologische Aufklärung Scholastik, Descartes und Wolff. Weder Abdruck kosmischer Supranaturalia nach der analogia entis noch Mechanismus ist das Tier, sondern Reflektor der neuen Transzendenz. Der Philosoph Georg Friedrich Meier treibt als Exponent aufklärerischer Tierliebe die Beseelung der Tierwesen fast ins Menschliche, eine Geisteshaltung der Zeit, die erst in unserer Gegenwart durch zoologischen Behaviourismus und Biotopenforschung berichtigt wird. Die Menschheit erscheint nicht mehr als Träger von barockmystischen „Seelenfunken" gegenüber der reinen Maschine des Tiers, sondern als von Gott zugeatmetes Leben unter anderem Leben.

*Die oekumenische Bedeutung des Zeitalters*

Blicken wir auf die Kontroverstheologie des Barock zurück, so ist die oekumenische Bedeutung der Aufklärung erstaunlich groß. Schon die physikotheologische Arbeit der Frühzeit vereint Anglikaner und Presbyterianer, Lutheraner und Reformierte, Orthodoxe und Pietisten, Protestanten, Jansenisten und (mit gewisser zeitlicher Retardation) röm.-katholische Theologen in einzigartiger Weise. Die neu ermöglichte Aktualisierung mittelalterlicher Traditionen über das Barock hinweg begründet Verbindendes. Eine neue Toleranz nach biblischen Motiven schafft darüber hinaus das bekannte neue Miteinander der Konfessionen im 18. Jahrhundert. Gemeinsam bemühen sie sich, jede auf ihre Weise und im Rahmen ihrer Möglichkeiten, die Menschheitslast des barocken Erbes abzuwerfen oder zu erleichtern.

In der konfessionellen Kontroverse der Gegenwart werden die sog. „Zersetzenden Ideologien" (Existentialismus - Individualismus - Nihilismus - Pantheismus - Naturalismus - Materialismus - Kollektivismus) von röm.-katholischen Theologen aus dem Ereignis der Reformation des 16. Jahrhunderts abgeleitet, von protestantischen Theologen mit dem gleichen Geltungsanspruch aus der Aufklärung des 18. Jahrhunderts, die ihrerseits durch die Gegenreformation provoziert worden sei. Die geschichtliche Erkenntnis der Tatsache, daß beide Behauptungen nicht zutreffen und daß die fraglichen Geistesströmungen in ihrer geistesgeschichtlichen Aktualisierung Konsequenzen des barocken Kosmischen Nihilismus des 17. Jahrhunderts sind, ist geeignet, die konfessionelle Kontroverse zu entspannen und eine gemeinsame Aufgabe deutlich zu machen.

### Das aktuelle Interesse

Seit dem Kopernikanisch-Brunoïschen Schock fühlt sich die Menschheit offensichtlich noch immer unter „Grenzsituationen" am Ufer der gottleeren Unendlichkeit ausgesetzt. Der kernphysikalische Schock der Gegenwart hat diese Situation neu aktualisiert und radikalisiert. Das tödliche Ausgesetztsein angesichts der

Atomkräfte und das Zurückweichen des Letzterkennbaren in das transrationale Dunkel des Subatomaren verschärfen die Situation des 17. Jahrhunderts. Die geistige Bewältigung dieser Lage erfordert den gemeinsamen Einsatz aller Kräfte. Der Epochenwandel vom 17. zum 18. Jahrhundert und die Erscheinung des Zeitalters der Aufklärung sind hierfür in ihrer geistigen Leistung wohl nicht ohne Interesse.

## Epochengestalten der Aufklärung?

Die Vorstellung, daß man d e n Geist eines Zeitalters dadurch ergreifen und erkennen kann, daß man Gedanken eines bedeutenden Vertreters der Zeit zur Kenntnis nimmt, hat viel Anziehendes. An Stelle der Fülle der Quellen, die sich in der Epoche darbieten, hat man einen begrenzten Bestand von Dokumenten vor sich, die man mehr oder weniger genau bis in die Handschriften, Briefe und nachgelassenen Handzettel hinein erschließen, aufschlüsseln und auslegen kann. Die immer wieder zu beobachtenden bedenklichen Folgen dieses Verfahrens als einer isolierten Methode sind jedoch folgende: Zum ersten wird in der Regel vergessen, daß es sich im Hinblick auf die fragliche Zeit nur um eine Art von „Stichprobe" handeln kann. Zweitens wächst dem Bearbeiter, der sich in der Regel für die zu erschließende Persönlichkeit engagiert, diese zu übermenschlicher Größe empor. Er pflegt sie nun für den Inbegriff der Zeit schlechthin zu halten und ist schnell geneigt, den „Geist der Epoche" überhaupt ätiologisch auf diese Persönlichkeit zurückzuführen – selbst wenn alle chronologischen Möglichkeiten dagegen sprechen. Zum dritten werden andere geistige Erzeugnisse der Zeit (falls sie ins Blickfeld treten) mit der an einem einzelnen Zeitgenossen wahrgenommenen Geistigkeit überblendet. Viertens erfolgt in der

Regel eine Überschätzung der Originalität des betreffenden Zeitvertreters („Männer machen die Geschichte"), und fünftens wird die Auslegung solch einer Epochengestalt nicht selten von unkritischer und unkontrollierter Subjektivität getragen. Solche Epochengestalten können dann wie Inkarnationen, Symbole, Chiffern einer Zeit über Generationen weitergereicht werden, wobei sie in der Tradierung immer abgeschliffener und „typischer" werden. Werden sie jedoch zu irgendeiner Zeit einmal vor einen breiteren Hintergrund von Quellen und Dokumenten des Jahrhunderts gestellt, so sinken sie plötzlich in sich zusammen, weil sich die angebliche Unableitbarkeit und die phantasievolle subjektive Ausdeutung als durchaus unhaltbar erweisen. Es zeigt sich dann häufig, daß wirkliche Originalität und schöpferische Spontaneität an einer ganz anderen Stelle liegen, als es die Verehrer des großen Mannes, die sich in ihrem Überblick über die Zeit gewollt einschränkten, annahmen. Denn angesichts des Geheimnisses bedeutenden Menschentums ist die Devise, daß der Strom der Geschichte solche Gestalten rein als seine Funktion erzeuge, ebenso unvertretbar wie die schon erwähnte gegenteilige Behauptung.

Im Hinblick auf das Zeitalter der Aufklärung, dessen geistes- und theologiegeschichtliche Aufarbeitung sich erst in den Anfängen befindet, haben wir eine nicht geringe Zahl von konventionellen historischen Irrtümern und Fehldeutungen vor uns. Sie planmäßig zu berichtigen, kann nicht die Aufgabe unserer Einführung in die Quellen der Zeit sein. Jedoch ist es unvermeidlich, daß in der Begegnung mit Persönlichkeiten wie v. Haller, Rousseau, Lessing und Immanuel Kant schon vor dem Hintergrund unserer kurzen Belege ersichtlich wird, wieviel diese Gestalten geistigem Gut verdanken, das ihnen aus früheren Epochen und Generationen zugereicht wurde, in welchem Umfange sie aus den Strömungen ihrer Zeit lebten und wie weit sie in manchen Bereichen geistige Bewegungen ihres Zeitalters lediglich verarbeiteten, extrahierten, summenhaft verdichteten, auf eine höhere Abstraktions- und Reflexionsebene hoben oder unter Ablösung vom transzendenten Hintergrund in eingängigerer Form weitergaben, als es dem ursprünglichen geschichtlichen Ansatz entsprach. Zugleich wird etwas davon deutlich werden, wie etwa in v. Haller, Lessing und Kant Haltungen des reformatorisch-protestantischen Glaubens auch durch das Medium zeittypischer oder scheinbar unangemessener Aussageweisen hindurch erkennbar bleiben.

## Die notwendige Korrektur des Bildes der Aufklärungsepoche

### Die geistesgeschichtlichen Gegner der Aufklärung

Es ist geistesgeschichtlich vielleicht doch kein Zufall, daß das Bild der Aufklärung durch jene geistigen Strömungen entstellt, verdrängt und verschüttet worden ist, die auch wesentliche Motive des modernen virulenten Nationalismus und des sog. Antisemitismus erzeugt haben, durch den Deutschen Idealismus, die (nationale) Erweckungsbewegung und die Romantik. Man kann sich des Eindrucks schwer erwehren, daß diese Bewegungen, die man je in ihrer Art als Renaissance barocker Haltungen auffassen kann, gleichsam instinktiv jenen tragenden Transzendenzglauben ablehnen, der es in hundertfältiger Ausstrahlung der Aufklärungsepoche ermöglichte, sich von den dunklen „Gottheiten", den quälenden geistigen Mächten, Ideen und Hypostasen des 17. Jahrhunderts zu befreien. Offensichtlich ist es immer wieder der biblische bzw. „hebraistische" Faktor der Aufklärung, ihre Sicht der Wirklichkeit unter dem „Glanz, der mehr als irdisch ist", ihre Fähigkeit illusionäre und mythische Nebel zu zerteilen, ihre Genauigkeit im Umgang mit dem Gut des menschlichen Lebens, ihre sittliche normierende Bestimmtheit, ihre Bezogenheit auf eine menschlichere, echte Zukunft, die affektvolle Kritik hervorrufen. Wenn man sich die „dunckelahnende" magischmythische Phantasiewelt der idealistischen und romantischen Naturphilosophie vergegenwärtigt und demgegenüber beobachtet, wie der Stift Newtons die Gesetze der Gestirne oder das Skalpell Nieuwentyts das System der menschlichen Venenklappen in ein scharfes, transzendentes Licht heben, kann man die Abneigung der Späteren, sich diesem Licht zu stellen, vielleicht verstehen. Umgekehrt gibt es offenbar in der Moderne keine dezidierte Gegnerschaft zum biblischen, alttestamentlichen, jüdischen Glauben, die nicht zugleich auch die Aufklärung befehdet hätte. Daß die Abwertung und grundsätzliche Verwerfung des Zeitalters der Aufklärung sich in der Regel auf den deutschen Sprachbereich beschränkt, wird oft übersehen.

*Die historischen Irrtümer*

Zu dieser Situation treten einige Irrtümer der konventionellen Geschichtsschreibung hinzu, wie man sie normalerweise nicht für möglich hält.

Der Philosoph Christian Wolff war Ende 1723, vom Strang bedroht, von Halle nach Marburg geflüchtet, da der preußische Soldatenkönig, Friedrich Wilhelm I., angesichts der Weltmaschine, der Menschenmaschinen und der vorherbestimmten Allharmonie des Professors den Eindruck gewonnen hatte, hier werde ein Fatalismus gelehrt, nach dem man keinen Menschen mehr in Pflicht nehmen könne. Wolffs Situation in Marburg war so ungünstig, daß der Hessische Landgraf Karl mit strengen Befehlen (7. und 10. 12. 1723) die Marburger Professorenschaft bedrohen mußte, damit sie Wolff überhaupt duldete; von seinen und seiner Familie „Gravamina" abgesehen. In dieser unangenehmen Lage schrieb Wolff in großer Eile eine Imitation jener Physikotheologien, wie sie in Halle seit 1709 theologisch und pädagogisch in Gebrauch waren. Diese „Absichten der natürlichen Dinge" (1724) sind ein schlichtes Realienbuch, mit dem er (mit Recht) betonte, daß es in seiner mechanischen Weltsicht auch finale Sinnbezüge gebe – Bezüge, die auf einen Weltintellekt verweisen. Ausnahmsweise galt die Widmung des Buches diemal keiner röm.-katholischen Autorität, sondern den beiden Kirchenräten Durham und Schmiedtmann des Preußenkönigs, um deren Gunst Wolff unverblümt warb. „Noch keiner unter den Weltweisen" habe so etwas hervorgebracht wie dieses Buch, behauptete Wolff und verstieg sich schließlich zu der Feststellung, es habe sich „doch noch keiner unterstanden, dergleichen Arbeit zu geben: wie man denn auch schon vorhin genug weiß, daß sie ihm unmöglich ist."

Zu Wolffs Bedauern blieb die erhoffte Wirkung des Buches aus, und auch die Einleitungen, die er von jetzt ab gelegentlich zu Neuauflagen älterer Physikotheologien schrieb, machten keinen Eindruck. Nach 15 Jahren erst ereignete sich das Wunder, daß der todkranke Soldatenkönig 1739/40 Reskripte unterzeichnete, die den reformierten und den lutherischen Predigtamtskandidaten zum Nutzen vernünftiger Predigtmethoden das Studium von Philosophie und Logik „als zum Exempel des Professor Wolffen" befahlen.

Der erste wirkliche „Historiograph" der Aufklärung war der berühmte enthusiastische Erweckungstheologe August Tholuck, der die Aufklärungsepoche nach jenem „Rationalismus" verstand, wie er ihn in der Mitte des 19. Jahrhunderts um sich sah. Im Sinne Hegels faßte er die Aufklärung als notwendigen dunklen Durchgang zu Höherem auf. Tholuck kombinierte Wolffs Realienbuch von 1724 und den Erlaß des sterbenden Preußenkönigs von 1740, der Wolffs Logik rehabilitierte, und zog in seiner „Geschichte des Ratio-

nalismus" von 1856 hieraus den apriorischen Schluß:
„Von der Zeit an (d. h. seit 1740) nehmen die popu-
laren physikotheologischen Betrachtungen . . . eine bedeutende Stellung ein. Es erscheinen eine Astrotheologie, Hydrotheologie, Insectotheologie etc." (143, 131).

Nun war damals die Astrotheologie schon dreißig
Jahre alt, und auch die anderen existierten bereits, zu
schweigen von den Schwalben-, Spinnen-, Augen-, Oh-
ren-, Schnee-, Regentheologien, mit denen man zwanzig Jahre vor Wolffs Geburt in Deutschland gegen den
barocken Atomismus kämpfte, zu schweigen von der
Flut der britischen Arbeiten und ihren deutschen
Übersetzungen, zu schweigen vom ganzen Traditions-
strom der Physikotheologie.

Die deutsche Theologiegeschichte hat diesen Irrtum
Tholucks übernommen und die Aufklärung bzw. ihr
erstes Drittel (aus dem alles andere folgt) bzw. ihre
Anfänge (aus denen die Verkehrung entspringt) mit
dem „Wolffianismus" gleichgesetzt. Seit über einem
Jahrhundert findet sich diese Gleichsetzung in den
Lehrbüchern, Kompendien und Enzyklopädien.

Die Verwirrung wird in einem zweiten Schritt dadurch gesteigert, daß es einige Theologen gab – S. J.
Baumgarten († 1757) und G. B. Bilfinger († 1750) sind
die bekanntesten –, die die Dogmatik nach Wolffs
„mathematischer Methode" bearbeiteten. Man kombinierte Tholucks Irrtum mit diesen Theologen und behauptete, daß sie unter Führung Baumgartens in „aus-
gebreiteter Literatur" Insektotheologien u. ä. verfaßten und daß der „beherrschende Einfluß" der Wolff-
schen Schule dadurch erwiesen werde (Heussi, Komp.
d. Kirchengesch.[10], § 107 h, S. 412). Die Kombination
entbehrt jeder Grundlage.

Die Verwirrung wird drittens dadurch gesteigert,
daß man als Inhalt des verderblichen „Wolffianismus"
der Aufklärung eine „Natürliche Theologie" voraussetzt. Was nun „Natürliche Theologie" sei, darunter

C

versteht fast jeder der Bestreiter des „Wolffianismus"
bzw. der mit ihm gleichgesetzten Aufklärung etwas
anderes. Die Vorstellungen gehen von der (chrysip-
pisch-stoischen) Dreiheit Gott–Tugend–Unsterblichkeit
bis zu der von der Dialektischen Theologie bekämpften
Natürlichen Offenbarung. Diese Vorstellungen entsprechen aber weder der Philosophie Wolffs noch der
Theologie der Britischen, Niederländischen, Skandina-
vischen, Deutschen Physikotheologen.

Schließlich hat dann Karl Barth die Gleichsetzung
von Aufklärung und Wolffianismus ungeprüft übernommen und in der „Protestantischen Theologie"
(1947) wie in der Kirchlichen Dogmatik (III, 1, 476)
diese „Natürliche Theologie" nach einer an die Kontroverstheologie des 17. Jahrhunderts erinnernden Abwertung als Teufelswerk verdammt.

### Die apriorischen Geschichtskonstruktionen

Neben die historischen Irrtümer treten bestimmte
appriorische Geschichtsbilder, die besonders in konfessionellen Kreisen Deutschlands in Ansehen stehen.
Im ersten Falle sieht man die Geschichte von Christentum und Kirche sich in einem einzigen großen geschlossenen Aufstieg bis zur Epoche der großen gotischen Kathedrale (bzw. noch der Barockkuppeln) hin-
aufbewegen. In einer tragischen Peripetie erfolgt dann
der Absturz bis in die Tiefen der Aufklärung, ein Absturz, von dem die Gegenwart sich mühsam zu erholen
sucht.

Im zweiten Falle setzt man voraus, daß die Aufklärung die großen alten Bekenntnisse der Christenheit
Apostolikum-Nicaenum-Athanasianum durch ein neues
drei(zwei)faches Bekenntnis ersetzte: „Der Verstand
beherrscht alle Dinge – Der Mensch ist das Maß aller
Dinge – Die Erzeugung von Glück ist oberstes Gesetz."
Aus diesen Prämissen erschließt man dann im syllogi-
stischen Verfahren, wie sich die Epoche in allen ihren

Äußerungen verhalten haben muß. Die 1961 posthum erschienene „Geschichte" der Epoche von F. Valjavec beginnt noch mit der dogmatischen Feststellung, daß die gesamte Aufklärung unter einer „einheitlichen Weltanschauung" stehe: Homo-mensura-Regel und Eudämonie.

Im dritten Falle stellt man die Geschichte der kirchlichen und theologischen Moderne unter ein Manichäisches Geschichtsbild. Alle positiven Bestrebungen der Neuzeit stoßen auf den Widerstand eines dunklen, satanischen Gegenspielers, auf den Geist der Aufklärung. Vom eigenen Versagen in den Aufgabenbereichen der Gegenwart befreit man sich dadurch, daß man dies Versagen „historisiert", es der Aufklärung in die Schuhe schiebt. Auch von verhältnismäßig Gebildeten wird hier das religiöse Urmuster des Dualismus mit der gleichen Ergriffenheit aktualisiert, mit der man es in früheren Zeiten im Hexenglauben, im Antijudaismus usf. aktualisierte.

Wiederum ist es vor allem der deutsche Sprachbereich, in dem diese Theorien ernst genommen werden. Sicher bedarf es keiner weiteren Erläuterung, daß sie sich gerade jener rein apriorischen, rein verstandesmäßigen Methode bedienen, in der man irrtümlich den Geist der gehaßten Aufklärung erblickt. Die große Sicherheit aller dieser Theorien beruht darauf, daß sie kategoriale Gefüge darstellen, die sich peinlich davor hüten, sich den Quellen der Zeit zu stellen.

*Zitate und Quellen*

Die Überprüfung von Standardzitaten, die seit hundert Jahren von Hand zu Hand gehen, um die Epoche der Aufklärung zu disqualifizieren, ist eine Aufgabe, der man sich nicht immer entziehen kann. Der bekannte isolierte Brockesvers z. B., mit dem Karl Barth die Anfänge der Aufklärung negativ illustriert (Prot. Theol., 138), ist von ihm aus Wernles „Aufklärungsbewegung in der Schweiz" entnommen. Wernle seinerseits schrieb ihn von David Friedrich Strauß ab. Strauß wiederum, der schon in sich zerfallen und Pantheist geworden war, hat aus einem Dutzend Gedichtbänden gerade diese Zeilen eines zerbröckelnden Altersgedichtes isoliert, um Brockes herabzusetzen. Sicher ist es nicht ganz ohne Bedenken, eine Epoche durch eine Brille zu betrachten, deren Gläser von dem Pantheisten Strauß und jenem erweckten Hegelianer Tholuck stammen, dessen Methode der Geschichtsschreibung wohl beim besten Willen nicht zu rechtfertigen ist.

### Die Claritas Claritatum

Eine wirkliche Berührung mit den Quellen vertreibt immer am ehesten abstrakte, barock-mathematische geschichtliche Konstruktionen. Mit aller nur wünschenswerten Deutlichkeit hat es der Lutheraner Brockes zum Ausdruck gebracht, daß es eine „Gottesgabe" und ein geschenktes „Gnadenlicht" darstellt, wenn es dem Menschen gewährt ist, der „Herrlichkeit Gottes" in und über der Schöpfung ansichtig zu werden, wie es die Bibel im Hinblick auf den Kabōd Jahwēh verheißt. Er verkündet genau das gleiche, das Calvin klassisch formuliert hat: „All die brennenden Fackeln im Gebäu der Welt, bestellt zur Verherrlichung des Schöpfers, leuchten uns also vergebens. Von allen Seiten überstrahlen sie uns mit ihrem Licht... aber uns fehlen die Augen, sie (die unsichtbare Gottheit) zu sehen, wenn wir nicht durch Gottes innere Offenbarung erleuchtet werden" (Institutio 1559 I, V, 14. Barth-Niesel III, 58 f., dt. Ausg. O. Weber I. 34, 1936). Hier bereits wird das „Licht" von Enlightenment und Verlichting, die „Klarheit" von Auf-klärung und hugenottisch-jansenistischer Eclairance beschrieben. Es ist jene Claritas Claritatum, die sich im konkreten Vollzug der „Erhellung" (wie die Aufklärung gerne sagte) nicht auf ein „Außen" oder ein „Innen" eingrenzen läßt. In ihr gehen – um hebräische Begriffe zu gebrauchen – die transzendenten Strahlen des Kabōd aus den Geheimnissen der Welt, der kondeszendente Glanz der Schechinah um Jesus Christus und der inszendent erleuchtende 'Or (Jes. 60,1) ineinander über. Die Aktualisierung dieser ganzheitlichen Erhellung spielte im Zeitalter der Aufklärung offensichtlich eine nicht unwesentliche Rolle, die sich noch bis in viele Abwandlungen, Untermischungen und Säkularisierungen hinein erstreckte. Der neuen Sicht der Wirklichkeit, die sich dem „gantz verklärten", dem „aufgeklärten Blick" bot, verdankt auch die Gegenwart Einsichten und Bedingungen, die im allgemeinen als wertvoll und unaufgebbar empfunden werden.

# DIE VORGESCHICHTE DER EPOCHE

# DER ZERBRUCH DES ANTIKEN WELT- UND HIMMELSHAUSES

## GIORDANO BRUNO (1548–1600)

In der Geschichte des abendländischen Geistes empfand man noch vor verhältnismäßig kurzer Zeit die Begriffe Renaissance-Humanismus-Reformation wie einen Fanfarendreiklang, unter dem sich die Tore zu einer revolutionären Neuzeit öffneten. Die moderne Forschung hat den konservativen, vom Mittelalter her bestimmten Charakter der drei Bewegungen immer stärker herausgestellt. Auch sie vollziehen sich noch unter den kristallenen Sphärenglocken, innerhalb des Geborgenheitsraumes des antik-mittelalterlichen Welthauses. Die Sonnenverehrung des Kopernikus hat dieses Gehäuse nicht angetastet; eine wirkliche Reaktion auf seine Weltsicht blieb aus, zumal das existentielle Weltbild der frommen Massen des Mittelalters eher inferno-zentrisch als geo-zentrisch genannt werden kann. Erst der leidenschaftliche Geist des genial begabten Giordano Bruno hat für das Bewußtsein des Abendlandes das alte Welthaus zerschlagen und darüber hinaus die neue Gottheit der „Unendlichkeit" heraufgeführt. Der Kopernikanisch-Brunoïsche Schock, der nun das Abendland in bisher unerhörter Weise geistig erschütterte, ist in seinen Auswirkungen bis heute nicht überwunden. Der von den Zeitgenossen verfemte, als Pantheist endende Theologe D. Fr. Strauß hat (1872) das Schlagwort von der „Wohnungsnoth" geprägt, die seit Bruno für den alten Christengott eingetreten sei.

Bruno, vermutlich Sohn eines Offiziers deutscher Landsknechte, die um Nola (Campagna) siedelten, und der Fraulissa Savolini, wurde schon 1563 Dominikaner und 1572 Priester. 1576 mußte er als angeklagter Irrlehrer fliehen. Rom, Genf, Toulouse, Paris, Oxford, London, Paris, Marburg, Wittenberg, Prag, Helmstedt, Frankfurt sind Hauptstationen seines (meist bedrängten) Lebens und Wirkens. 1592 fiel er in Venedig in die Hände der Inquisition, wurde nach Rom ausgeliefert und dort am 17. 2. 1600 auf dem Campo dei Fiori mit Feuer hingerichtet. Der Konvertit Prof. Schoppe (†1649) berichtete hierüber an den Humanisten und Juristen Prof. Rittershausen (†1613) nach Altorf. Wittenberg, das Bruno als „Deutsches Athen" feierte, und London, wo er Gesprächspartner der Königin Elisabeth wurde und wo die drei großen beschwingten Dialogwerke entstanden, aus denen unsere Texte Kernstellen bieten, bedeuten Höhepunkte seines Weges.

Die Ergriffenheit des Neuplatonismus, der er schon im Studium verfiel, weitete sich ihm zu einem neuartigen Mystischen Panentheismus der „Unendlichkeit". Aus der Allgottheit, die Licht allen Lichts, Schönheit aller Schönheit, Gut aller Güter, Summe aller Sehnsucht des Himmlischen Eros ist, fließt in Ringen und Strömen sinkenden Lichts die Erscheinungswelt mit ihren spielenden Milliarden von Weltsystemen. Der alles durchdringende Geist der Gottheit fügt das All aus den beseelten Ich- und Lichtpunkten der „Monaden" zum webenden Organismus.

Brunos „Unendlichkeit" hatte (und hat) mit naturwissenschaftlichem Erkennen nichts zu tun. Sie ist ein religiöses Urmuster, das dann vor allem Spinoza auf seine Weise weitergab. Der Spinozismus des 17. Jh. wurde im 18. Jh. in Frankreich, im 19. in Deutschland, im 20. in Rußland (wo die Unendlichkeit des Alls unfehlbar dogmatisiert ist) mit Hingabe aktualisiert. Bruno ist einerseits der große, allenthalben wirksame (geheime) Gegner der Aufklärung, andererseits wird auch für ihn die Wirklichkeit von Licht getragen – freilich handelt es sich um ein anderes Licht als den Glanz der Transzendenz, den die Aufklärung neu entdeckte, um in seinem Zeichen dem Weltschock zu begegnen.

Zu den Texten vgl. Einleitung S. XXVII ff. Zu Bruno: *L. Olschki* und *E. Grassi*.


### *Vom unendlichen All und den Welten*

Und wer ist's, der die Schwingen mir verliehen,
Mein Herz entflammt, der Ketten frei, verlachen
Mich Schicksal heißt und Tod, mir los zu machen
Des Kerkers Tür, aus der so wen'ge fliehen?

Zeitalter, Jahre, Monde, Stunden ziehen
Vorüber mir; – Zeit, deine Waffen machen
Zunichte Stahl und Eisen, – deinem Rachen
Entronnen ist mein Geist zur Seligkeit gediehen.

Die Schwingen darf ich selbstgewiß entfalten,
Nicht fürcht' ich ein Gewölbe von Kristall,
Wenn ich der Äther blauen Duft zerteile.

3

Und nun empor zu Sternenwelten eile,
Tief unten lassend diesen Erdenball
Und all' die nied'ren Triebe, die hier walten!

*Albertino:* Fortan, mein lieber Filoteo, soll mich kein Lästergeschrei des Pöbels, keine Indignation der Alltagswelt, kein Unwille der Fachmandarinen und Satrapen, nicht die Dummheit der großen Masse noch die Verblendung der öffentlichen Meinung, keine Verleumdung der Lügner und Neider um Deinen edlen Umgang betrügen und mich von Deinem göttlichen Unterricht fern halten! Harre aus, mein Filoteo, harre aus bis ans Ende, laß den Mut nicht sinken und verzage nicht, wenn auch der große und würdevolle Senat der platten Unwissenheit mit vielerlei Intrigen Dich umgarnt und Dein göttliches Unternehmen und Deine Arbeiten zu vereiteln sich alle erdenkliche Mühe gibt! Sei getrost, die Zeit wird kommen, wo alle sehen werden, was ich sehe, und wo alle erkennen werden, daß es ebenso leicht ist für jedermann, Dir beizustimmen und Dich zu loben, wie es für alle schwer sein muß, Dich zu meistern!

Fahre fort, uns in der Erkenntnis dessen zu fördern, was in Wahrheit der Himmel, die Planeten und Sterne sind, wie die eine von jeder anderen aus dieser unbegrenzten Zahl sich unterscheidet, wie es im unendlichen Raum nicht nur möglich, sondern notwendig ist, daß eine unendliche Ursache eine unendliche Wirkung habe, lehre uns, was wahre Substanz, Materie und Tat, wer der Schöpfer des Ganzen ist, wie jedes empfindende Ding aus denselben Elementen und Anfängen zusammengesetzt ist! Überzeuge uns von der Lehre des unendlichen Weltalls! Zerstöre diese eingebildeten Gewölbe und Kristallkugelflächen, die so und so viel Himmel und Elemente begrenzen sollen! Lehre uns diese „deferierenden" Kreise und eingezapften Fixsterne verlachen! Zerschmettre mit den Salven Deiner durchschlagenden Gründe die stählernen Mauern und Wölbungen des ersten Beweglichen, an welche die Menge glaubt! [Convinci la cognizion dell' universo infinito. Straccia le superficie concave e convesse, che terminano entro e fuori tanti elementi e cieli. Fanne ridicoli gli orbi deferenti e stelle fisse. Rompi e gitta per terra col bombo e turbine de vivaci raggioni queste stimate dal cieco volgo le adamantine muraglia di primo mobile ed ultimo convesso!] Beseitige den vulgären Glauben an eine sog. fünfte Essenz! Schenk uns die Lehre von der Universalität der irdischen Gesetze auf allen Welten und der Gleichheit der kosmischen Stoffe! Vernichte die Theorien von dem Weltmittelpunkt der Erde! Zerbrich die äußeren Beweger und die Schranken dieser sog. Himmelskugeln! Öffne uns das Tor, durch welches wir hinausblicken können in die unermeßliche, ununterschiedliche Sternenwelt! [Cassa gli estrinseci motori, insieme con le margine di questi renza di questo altro dagli altri!] Zeig uns, daß die anderen Welten im Äthermeer schwimmen, wie diese! Erkläre uns, daß die Bewegungen aller aus inneren Seelenkräften hervorgehen, und lehre uns, im Lichte solcher Anschauungen mit sicherem Schritt fortschreiten in der Wissenschaft und der Erkenntnis der Natur!

### Von der Ursache, dem Anfangsgrund und dem Einen

Ursach' und Grund und du das Ewig Eine,
Dem Leben, Sein, Bewegung rings entfließt,
Das sich in Höh' und Breit' und Tief' ergießt,
Daß Himmel, Meer und Unterwelt erscheine!

Mit Sinn, Vernunft und Geist erschau' ich deine
Unendlichkeit, die keine Zahl ermißt,
Wo Mittelpunkt und Umfang allwärts ist;
In deinem Wesen weset auch das meine!

Ob blinder Wahn sich mit der Not der Zeit,
Gemeine Wut mit Herzenshärtigkeit,
Ruchloser Sinn mit schmutz'gem Neid vereinet:

Sie schaffen's nicht, daß sich die Luft verdunkelt,
Weil doch trotz ihrer unvergleichlich funkelt
Mein Aug' und meine schöne Sonne scheinet!

*Teofilo:* Also ist das Weltall Eins, unendlich, unbeweglich. Eins, sage ich, ist die absolute Möglichkeit, Eins die Wirklichkeit, Eins die Form oder die Seele, Eins die Materie oder der Körper; Eins die Ursache, Eins das Wesen, Eins das Größte und Beste, das nicht soll begriffen werden können und deshalb unbeschränkbar und unbegrenzbar, und insofern auch unbegrenzt und unbeschränkt und folglich unbeweglich ist. Dieses bewegt sich nicht räumlich, da es nichts außer sich hat, wohin es sich bewegen könnte, da es ja das All ist. Es wird nicht erzeugt; denn es ist ja kein anderes Sein, das es verlangen und erwarten könnte, sintemal es jegliches Sein in sich beschließt. Es vergeht nicht; denn es gibt nichts anderes, in das es sich verwandeln könnte, sintemal es jegliches schon ist. Es kann weder ab- noch zunehmen, da es ja unendlich ist, man ihm also ebensowenig etwas hinzufügen, als man es von ihm abziehen kann, deshalb, weil das Unendliche keine verhältnismäßigen Bruchteile hat. Es ist nicht veränderlich zu anderer Beschaffenheit; denn außer ihm ist nichts, von dem es leiden und irgendwelche Einwirkungen empfangen könnte. Ferner, da es alle Gegensätze in seinem Sein umfaßt, in Einheit und Harmonie und keine Hinneigung zu einem anderen und neuen Sein oder zu einer anderen Seinsart haben kann, kann es in keiner Eigenschaft der Veränderung unterliegen noch irgendwie in entgegengesetzter oder verschiedener Richtung sich bewegen; denn in ihm ist Jegliches in Eintracht. Es ist nicht Materie, denn es hat keinerlei Gestalt; ist weder gestaltbar noch begrenzt noch begrenzbar. Es ist nicht Formel; denn es formt und gestaltet nichts anderes, zumal es alles ist, das Größte ist, das Eine, das Universum. Es ist nicht meßbar nach Maß. Es umfaßt nicht; denn es ist nicht größer als es selbst. Es wird nicht umfaßt, denn es ist nicht kleiner als es selbst. Es läßt sich nicht vergleichen; denn es ist nicht das eine und das andere, sondern ein und dasselbe. Da es ein und dasselbe ist, so hat es nicht ein Sein und noch ein Sein, hat es nicht Teil neben Teil, und weil es nicht Teil neben Teil hat, ist es nicht zusammengesetzt. Es ist Grenze in dem Sinn, daß es nicht Grenze ist; es ist insofern Form, als es nicht Form ist; es ist eine Materie, die nicht Materie ist; es ist insofern Seele, als es nicht Seele ist; denn es ist alles ohne Unterschied, und also ist es Eins, das All ist Eins. In ihm ist sicherlich die Höhe nicht größer als Länge und Tiefe; daher ist es einer Kugel vergleichbar, ist aber keine Kugel. In der Kugel ist dieselbe Länge wie dieselbe Breite und Tiefe; denn sie hat überall denselben Durchmesser; im All aber ist dieselbe Länge, Breite und Tiefe, weil in ihm alle Dimensionen unbegrenzt und unendlich sind. Wie es in ihm keine Hälfte, kein Viertel oder sonstiges Maß gibt, keinen Bruchteil, so gibt es überhaupt keinen Teil, der sich von einem anderen unterscheidet. Denn wenn Du von einem Teil des Unendlichen sprichst, so mußt Du ihn unendlich nennen; wenn er aber unendlich ist, so kommt er mit dem Ganzen in einem Sein zusammen: also ist das All Eines, unendlich, unteilbar.

Weil also das Unendliche alles ist, was sein kann, so ist es unbeweglich; weil in ihm alles ohne Unterschied ist, ist es Eins; weil es alle Größe und Vollkommenheit hat, über die hinaus es nichts Größeres und Vollkommeneres geben kann, ist es das Größte und Beste. Wenn der Punkt nicht vom Körper, das Zentrum nicht vom Umfang, das Begrenzte nicht vom Unbegrenzten, das Größte nicht vom Kleinsten verschieden ist, so können wir sicherlich behaupten, daß das Universum ganz Mittelpunkt, oder daß der Mittelpunkt des Universums überall ist, und daß der Umkreis nicht in irgend einem Teile, sofern dieser vom Mittelpunkt verschieden ist, sondern vielmehr überall ist; aber einen Mittelpunkt hat es nicht, sofern dieser verschieden von dem Umkreis wäre.

Seht, wie es so nicht nur möglich, sondern sogar notwendig ist, daß das Beste, Größte, Unbegreifliche Alles ist, überall in Allem ist; denn als Einfaches und Unteilbares kann es alles, überall und in allem sein. Und so hat man nicht ohne Grund gesagt, daß Gott alle Dinge erfüllt, allen Teilen des Universums einwohnt, der Mittelpunkt von Allem ist, was Sein hat, als Einer in Allem und der, durch den Alles Eines ist. Da Er alle Dinge ist und alles Sein in sich befaßt, kann man schließlich sagen, daß in Jeglichem Jegliches ist.

Aber Sie werden sagen: Warum denn verändern sich die Dinge? Warum wird die gesonderte Materie zur Annahme immer neuer Formen gezwungen? Ich antworte Ihnen, daß es keine Veränderung gibt, die ein anderes Sein bewirkt, daß vielmehr alle Veränderung sich auf die Seins a r t beschränkt. Und dies ist der Unterschied zwischen dem Universum selber und den Dingen im Universum: jenes umfaßt alles Sein und alle Seinsarten, von diesen hat jedes das ganze Sein, aber nicht dessen sämtliche Arten.

## Eroici Furori

### Vergottungs-Rausch

Süß ist und ehrenvoll die tiefe Wunde
Vom Pfeil, den Amors Bogen blitzend sendet;
Mit lichter Lohe, die das Auge blendet,
Im Herzen flammt der Pfeil seit jener Stunde.

Kein heilsam Kraut und keine Zauberkunde,
Nicht Magierheilkunst werde dran verschwendet!
Denn solche Wonnen kennt nicht der Gesunde,
Wie sie der Liebe Fieberwahn mir spendet!

O Schmerz der Liebe, selig wunderbar
Erquicken und entzücken deine Qualen!
Verwünsch' ich dich, wär' ich der Ehre bar!

Verdopp'le denn des Flammenblickes Strahlen,
Geliebte mit dem Sonnenaugenpaar!
Laß immerfort mich Lust mit Schmerz bezahlen!

*Tansillo:* Es gibt mannigfache Arten von Schwärmerei, die sich aber sämtlich auf zwei Gattungen zurückführen lassen. Die eine beweist nichts als Blindheit, Stupidität und unvernünftige Begierde, sie eignet dem tierhaften Unverstande, die andere besteht in einer bestimmten göttlichen Entrücktheit, in der einzelne sich in der Tat über das gewöhnliche menschliche Maß hinaus veredeln.

Und die letztere hat wieder zwei Arten. Die eine Art besteht aus solchen, in denen Götter oder göttliche Geister Wohnung nehmen; sie reden und wirken wunderbare Sachen, ohne daß sie selber oder andere den Grund erkennen; und solche erstehen in der Regel aus einem bis dahin ungelehrten und unwissenden Zustande. Es soll der Welt gerade dadurch kundgetan werden, daß diese Leute nur Offenbarungswerkzeuge eines höheren Geistes sind; und so zollt denn die Mehrheit der Menschen mit Recht solchen „Inspirierten" größeren Glauben und mehr Verehrung.

Die andere Art aber besteht aus solchen, die zu eigener Schauung veranlagt und mit angeborener Geistesklarheit und Verstandesschärfe begabt aus innerlichstem eigenen Antriebe und natürlicher Inbrunst von der Liebe zur Gottheit, zur Gerechtigkeit, zur Wahrheit, von der Glut ihrer Sehnsucht und im bewußten Streben nach der Idee entflammt werden zu höherer Denkkraft und hellerer Einsicht, so daß sie mehr, als gewöhnlich ist, sehen können; und diese sprechen und handeln nicht als bloße Werkzeuge höherer Mächte, sondern werden selbst schöpferische Künstler und Helden.

*Cicada:* Und welche von diesen beiden Gattungen achtest du für die bessere?

*Tansillo:* Die erste hat höhere Würde, Macht und

Wirksamkeit in sich, denn sie hat den Geist der Gottheit; die anderen aber sind selber würdiger, mächtiger und bedeutender, sie sind göttlichen Geistes. Die ersteren sind ehrwürdig wie der Esel, der das Heilige trägt; die anderen sind gewissermaßen selber heiligen Wesens. An den ersteren erkennt man die Wirksamkeit der Gottheit, und diese muß man bewundern, sie anbeten und ihr gehorchen; an den anderen schaut und bewundert man die Vortrefflichkeit ihrer Menschlichkeit selbst.

Doch kommen wir zu unserem Gegenstande! Diese Schwärmereien, von denen wir handeln, bestehen nicht im Vergessen, sondern im Gedanken, sind keine Vernachlässigung des eigenen Selbst, sondern Liebe und Sehnsucht zum Schönen und Guten in dem Sinne, daß man sich zu vervollkommenen bestrebt ist durch Verwandlung und Verähnlichung in das Geliebte. Hier handelt es sich nicht um eine Verzückung unter dem Einfluß eines unwürdigen Fatums, sondern um einen vernünftigen bewußten Aufschwung zur Erfassung des Guten und Schönen, einen Aufschwung, der erkennt, zu welcher Seligkeit er gelangen will, und an dem Adel und Glanze seines Ideals die Leidenschaft entfacht, durch deren Glut er glänzend und herrlich erscheint. Man wird selber ein Gott durch die geistige Berührung des göttlichen Ziels, man hat nichts anderes im Sinne als göttliche Dinge und erweist sich unempfindlich und leidlos für alles, was die große Menge fühlt. Dies ist keine Schwärmerei von schwarzgalliger Natur, sondern es ist eine von der Sonne der Erkenntnis in der Seele angefachte Glut und ein göttlicher Drang, der ihre Geistesschwingen entfaltet, so daß sie der Erkenntnissonne sich mehr und mehr entgegenschwingen; die Falten der irdischen Sorgen werden von ihr geglättet, sie wird in diesem Feuer geläutertes und reines Gold, ihre Gedanken und Gefühle kommen in Einklang mit der göttlichen und innerlichen Harmonie und dem gesetzlichen Ebenmaß, das allen Dingen einwohnt.

Danach könnt ihr den Zustand des Schwärmers verstehen, dessen Bild wir euch vorführen, wenn er sagt:

> Der Falter, der sich kühn dem Licht zuschwingt,
> Nicht weiß er, daß die schöne Flamme brennet;
> Der Hirsch, der lechzend nach der Quelle rennet,
> Nicht ahnt er's, daß der Pfeil vom Bogen springt.
>
> Das Einhorn, das ins keusche Dickicht dringt,
> Der Liebe Schoß zu suchen, sieh', es kennet
> Den Fallstrick nicht, den Jägerlist dort schlingt:
> Ihm gleicht, was Leidenschaft die Menge nennet.
>
> Im Licht, am Schoß, am Quell von meinem Heil
> Seh' ich die Flammen, Ketten und den Pfeil!
> So süß sind meine Leiden,
> Daß ich der Flammen Glut mit Wonn' empfunden,
> Daß mich erfreu'n von Amors Pfeil die Wunden,
> Daß ich nicht mag aus meinen Fesseln scheiden!
> Seid ewig denn mein Heil!
> Gedankenketten, Inbrunst, Herzenspfeil!

Hier macht er uns klar, seine Liebe sei nicht die eines Falters, Hirsches oder Einhorns, die sämtlich fliehen würden, wenn sie das Feuer, den Pfeil oder die Schlinge ahnten, und die nur die Sinnenlust suchen; sondern daß ihn vielmehr eine vollbewußte und sehende Leidenschaft fortreißt, die ihn jene Gluten mehr lieben läßt als anderweitige Erfrischungen, jene Wunden mehr als Unversehrtheit und jene Ketten mehr als die Freiheit. So ist denn auch dieses Feuer nur das brennende Verlangen nach göttlichen Dingen, und dieser Pfeil ist nichts als ein Strahl der Schönheit des oberen Lichts, und diese Ketten sind nichts als Arten der Wahrheit, die unser Geist mit der e i n e n höchsten Wahrheit verknüpfen, und die Arten des Guten, die uns mit dem ersten und höchsten Gute vereinen und verbinden. In diesem Sinne habe ich auch folgendes gesagt:

Schön sind die Flammen, ehrenvoll die Ketten,
Die Schönheit angefacht, geschmiedet Ehre;
Dies Feuer, dessen Glut mich nicht versehre,
Vorm kalten Winterhauch soll es mich retten!

Die Freiheit flieh' ich, die an vielen Stätten
Frech sich ergeht in Eitelkeit und Leere;
Die Fessel, die mich hält, ist so geschmückt
Mit Blumen, daß ihr Opfer sie entzückt!

Dem Himmel nur kann dieses Licht entstammen,
Das meinen Geist, mein Wollen aufwärts reißt,
Das Herz umlodernd mit den schönsten Flammen!

Zu Asche brenn' es! Dennoch ohne Bangen,
Bis du gelangest zu des Himmels Toren,
Sei dienstbar, Seele! Dort stirbt dein Verlangen,
Wo dir der Hochgedanke wird geboren!

Jegliche heroische und nicht rein sinnliche Liebe,
die ja nur der Fortpflanzung dient, muß, da alle Mittel der Natur in bestimmter Weise die Gottheit zum
Endziele nehmen, nach der göttlichen Schönheit streben, die sich zunächst den Seelen mitteilt und in diesen
widerstrahlt und erst von diesen oder richtiger durch
diese sich den Körpern mitteilt: weshalb der wohlgebildete Sinn die körperliche Schönheit nur deshalb
liebt, weil er darin den Ausdruck der Schönheit der
Seele findet. Auch ist das, was uns am Körperlichen
liebreizend erscheint, stets eine gewisse Geistigkeit,
ein Ideales, das wir darin erschauen: und eben dies
nennt man Schönheit, die als solche nicht in größeren
oder kleineren Quanten, nicht in gewissen Farben oder
Formen, sondern in einer bestimmten Harmonie und
in dem Einklang der Glieder und Farben besteht. Dies
erweist eine gewisse empfindsame Verwandtschaft des
Geistes mit den höheren und schärfer und klarer wahrnehmenden Sinnesvermögen, woher es sich auch erklärt, daß Leute, die mit feinen und reizbaren Sinnesvermögen begabt sind, sich leichter und heftiger verlieben. Die bloß körperliche Schönheit hat nun zwar
die Macht zu entflammen, nicht aber zu fesseln und die

Treue des Liebenden zu verbürgen, wenn nicht die
Anmut des Geistes, wenn nicht Ehrbarkeit, Dankbarkeit, Bildung und Liebenswürdigkeit hinzukommt.
Darum nannte ich schön die Flammen, die mich um-
lodern, da ich zugleich ehrenvoll nannte die Ketten,
die mich halten.

## LUCILIO VANINI (1584–1619)

Ohne sich je auf Bruno, den „Nolaner", zu beziehen,
vertritt der „Taurisaner" Vanini einen ähnlichen Panentheismus, der durch das Erlebnis der neuen Unendlichkeit aus-
gelöst wurde. Als Sohn des Beamten Giovanni Battista und
der Beatrice Lopez de Noguera studierte Vanini alle vier
Fakultäten, wurde zum Priester geweiht, und durchzog
ruhelos die Zentren Europas. Der anfängliche Apologet des
Christentums wandelte sich in der Diskussion mit den
„Atheisten" der Zeit so vollständig, daß er seinen berühmten Dialogen den Titel „Über die wunderbaren Geheimnisse der Natur, der Königin und Göttin der Sterblichen"
gab (1616): „Was hältst du von der Unsterblichkeit der
Seele?" – „Ich habe Gott gelobt, die Frage nicht zu behandeln, ehe ich nicht ein alter Mann, reich und ein Deutscher
geworden bin!" In Toulouse ereilte ihn sein Schicksal; das
Parlament beschloß, ihn auf grauenhafte Weise auszulö-
schen. Auf dem Wege zum Richtplatz trug er eine umge-
hängte Tafel: „Athée et blasphémateur du nom de Dieu".
Der nachstehende Hymnus beschließt sein „Amphitheater
der Ewigen Vorsehung" (1615) und erweist ihn als Glied
der Gemeinde der „Eroici Furori", deren Unendlichkeits-
rausch bei den Zeitgenossen in jenen verzweifelten kosmischen und anthropologischen Nihilismus umschlug, von
dem das Barock gezeichnet ist. Wie Bruno ist auch Vanini
durch den gleitenden Übergang vom irdischen zum himmlischen Eros ergriffen: „Perduto è tutto il tempo/ Che in
amar non si spende!" Sein anspruchsvoller Deckname lautete
„Julius Caesar".
Über Vanini: *W. D. Fuhrmann; J. Toulan.*

Beseelt von Gottes heiligem Lebenshauch
Reißt mir der Wille mächtig den Geist empor,
   Daß er auf unbetretnen Bahnen
     Kühn mit Dädalischen Schwingen fliege,

Das unaussprechlich Große, das Himmlische
Zu fassen wage, Gottes erhabenes Sein,
   Daß er das End- und Anfangslose
     Faß' in dem Ringe des kleinen Liedes.

Urquell und Ende jeglichen Dinges ist,
Urquell und Schöpfer ewig er seiner selbst,
   Sein End' und Anfang, aber nimmer
     Endigend, nimmer zuerst beginnend.

Er überall ganz, ruhend in jedem Ort
Zu allen Zeiten, in die Lebendigen
   Rings ausgegossen, allbelebend,
     Doch ungeteilt in jedem Teile.

Er füllt die Welt, doch nimmer umfaßt ein Ort
Mit seinen Grenzen irgend umschließend ihn,
   Vom Aufgang bis zum Niedergange
     Kreiset er frei in dem Raum, dem ganzen.

Sein Will' ist Allmacht; was er gebeut, es steht
Ein unzerbrechlich Werk auf der Stelle da;
   Und seine Größ' ist unermeßlich,
     Ist ergründlich wie seine Güte.

Er spricht: Es werde! Siehe, da ist's geschehn,
Und fast den Worten eilet die Tat voraus;
   Als er gesprochen, hat mit seinem
     Wort er die Welt aus dem Nichts geschaffen.

Das All durchschauend blickt er auf Jegliches,
Eins in ihm selber, Alles ist er allein,
   Was ist, was sein wird, was gewesen
     Hat er in einiger ew'ger Dauer.

Voll von ihm selber füllt er ein Jegliches,
Bleibt stets Derselbe, schützet ein Jegliches,
   Er trägt es, hält es und beweget,
     Lenkt es wohl mit dem Wink der Augen.

O zu dir fleh' ich! Schaue mich gnädig an!
Mit diamantner Kette verknüpfe mich
   Und Dich! Ja dies allein verleiht mir
     Himmlische Wonne des sel'gen Lebens.

Wer Dir verbunden fester und fester stets
Dem Einen anhängt, Alles besitzet er,
    Dich hat er, der als aller Schätze
      Nimmer versiegende Quelle schäumet.

Du fehlest keinem, welcher nur Dein bedarf,
Freiwillig beutst Du jedem ein Jegliches,
    Du gibst Dich selber hin, o Vater,
      Alles für Alle zu sein in Liebe.

Des Arbeitsamen immergestählte Kraft,
Der sichere Hafen jeglicher Meeresfahrt,
    Der klare Born lebend'gen Wassers
      Dran sich ein menschliches Herz erquicke!

Du unsrer Seelen Ruh und Zufriedenheit,
Du süßer Frieden, liebliche Stille Du,
    Du aller Dinge Maß und Regel,
      Ordnend umfassende liebe Form Du!

Gewicht und Zahl und Maß und der prangende
An Ehren reiche Schmuck und der Liebe Glück,
    Du Sehen, Leben, Himmelswonne
      Die mit Ambrosia labt und Nektar!

Der tiefen Weisheit bist Du der wahre Quell,
Du wahres Licht, ehrwürdiges Weltgesetz,
    Der Geist des Alls, der immerwache,
      Sicheres Hoffen und Weg und Wahrheit!

Du Preis und Ruhm und lieblichen Lichtes Glanz,
Wohltätig unverlöschlichen Lichtes Glanz,
    Du Allvollender, Erst- und Letzter,
      Größester, Herrlichster, Ewigeiner!


## ANDREAS GRYPHIUS (1616–1664)

Der Jurist und „Gekrönte Poet" Gryphius ist ein echtes
Kind des Barock bis hinein in die Vorstellung, daß Leben
unaufhörlicher Kampf ums Dasein ist, und bis hin zu seiner Propagierung des Absolutismus, dem er als Syndicus
diente. Der Pfarrerssohn aus Glogau, der in Danzig entscheidende Eindrücke empfing und das Europäische Barock
auf Reisen in sich aufnahm, bringt den Kosmischen und
Anthropologischen Nihilismus seiner Zeit beispielhaft zum
Ausdruck. Der durch Giordano Bruno ausgelöste Welt-

schock hat ihn voll getroffen. In ungezählten Metaphern predigt er die Todestrauer der Vergänglichkeit und „Eytelkeit" aller Dinge. Auch die Gestirnwelt löst sich in Leichentaumel auf, die Seidenraupe ist Bild des Todesverhängnisses, die Tulpe muß um ihrer Schönheit willen sterben, der Mensch wird um seiner Schönheit willen geschändet und ausgelöscht. Die Leichenmeditation aller Mystik seit Buddha betreibt auch der Barockmystiker Gryphius mit zeittypischer Hingabe.

Der Christ der Aufklärung stellt dieser Sicht des Alls dann gezielt seine zahlreichen Gestirntheologien entgegen, in denen die Himmel die Herrlichkeit Jahwehs rühmen (Ps. 19,2), er verfaßt nach Ps. 148,10 die Bombyco (Seidenwurm)-Theologie (C. M. Seidel) oder die Theologie der Tulpe „zum Ruhm ihres Schöpfers" (J. C. Benemann). Die Schönheit des Menschen ist für seine Anthropotheologien Abglanz transzendenter Schönheit der Gottesherrlichkeit, und angesichts der Anatomie des Menschenleibes widerfährt ihm ein blendendes Lichterlebnis, in dem er des andringenden Glanzes aus Gott inne wird (vgl. u. S. 64 bei Brockes).

Zu Gryphius: *W. Schieck* und *L. Meier*.

## Sonette

### Es ist alles eitel

Du siehst, wohin du siehst, nur Eitelkeit auf Erden.
  Was dieser heute baut, reißt jener morgen ein;
  Wo jetzund Städte stehn, wird eine Wiese sein,
Auf der ein Schäferskind wird spielen mit den Herden;
Was jetzund prächtig blüht, soll bald zertreten werden;
  Was jetzt so pocht und trotzt, ist morgen Asch und Bein;
  Nichts ist, das ewig ist, kein Erz, kein Marmorstein.
Jetzt lacht das Glück uns an, bald donnern die Beschwerden.
  Der hohen Taten Ruhm muß wie ein Traum vergehn.
  Soll denn das Spiel der Zeit, der leichte Mensch bestehn?
Ach, was ist alles dies, was wir für köstlich achten,
  Als schlechte Nichtigkeit, als Schatten, Staub und Wind,
  Als eine Wiesenblum', die man nicht wieder findt!
Noch will, was ewig ist, kein einzger Mensch betrachten.

### Der Welt Wollust

Wo Lust ist, da ist Angst; wo Freud' ist, da sind Klagen.
  Wer schöne Rosen sieht, sieht Dornen nur dabei;

Kein Stand, kein Ort, kein Mensch ist seines Kreuzes frei.
Wer lacht, fühlt, wenn er lacht, im Herzen tausend Plagen.
Wer hoch in Ehren sitzt, muß hohe Sorgen tragen.
Wer ist, der Reichtum acht' und frei von Kummer sei?
Wo Armut ist, ist Not. Wer weiß, wie mancherlei
Traurwürmer uns an Seel und matten Sinnen nagen!
Ich red' es unverhüllt, so lang als Titans Licht
Vom Himmel ab bestrahlt mein bleiches Angesicht,
Ist mir noch nie ein Tag, der ganz ohn Angst, beschert.
O Welt, du Tränental! recht selig wird geschätzt,
Der, eh er einen Fuß hin auf die Erde setzt,
Bald aus der Mutter Schoß ins Himmelslusthaus fährt.

### Menschliches Elend

Was sind wir Menschen doch! ein Wohnhaus grimmer
Schmerzen,
Ein Ball des falschen Glücks, ein Irrlicht dieser Zeit,
Ein Schauplatz herber Angst, besetzt mit scharfem Leid,
Ein bald zerschmolzner Schnee und abgebrannte Kerzen.
Dies Leben flieht davon wie ein Geschwätz und Scherzen.
Die vor uns abgelegt des schwachen Leibes Kleid
Und in das Totenbuch der großen Sterblichkeit
Längst eingeschrieben sind, sind uns aus Sinn und Herzen.
Gleich wie ein eitler Traum leicht aus der Acht hinfällt
Und wie ein Strom wegschießt, den keine Macht aufhält,
So muß auch unser Nam', Lob, Ehr und Ruhm verschwinden.
Was jetztund Atem holt, muß mit der Luft entfliehn,
Was nach uns kommen wird, wird uns ins Grab nachziehn.
Was sag ich? wir vergehn wie Rauch vor starken Winden.

### Über die Gebeine der exhumierten Philosette

O häßlicher Anblick! ach, wo sind die goldnen Haar?
Wo ist der Stirne Schnee? Wo ist der Glanz der Wangen?
Der Wangen, die mit Blut und Lilien umfangen?
Der rosenrote Mund? wo ist der Zähne Schar?
Wo sind die Sterne hin? wo ist der Augen Paar,
Mit dem die Liebe spielt? Jetzt flechten schwarze Schlangen
Sich um das weite Maul; die Nase ist vergangen,
Die keinem Elfenbein sonst zu vergleichen war.
Ist jemand, der noch kann beherzt und ohne Grauen
Der Ohren kahlen Ort, der Augen Lücken schauen?
Ist jemand, der sich nicht vor dieser Stirn entsetzt?
Der denke, wie sich wird alsdann sein Geist befinden,
Wenn er in Kurzem wird auf gleichen Schlag verschwinden,
Weil schon der Tod auf ihn die schnellen Pfeile wetzt.

Ach und weh!
  Mord! Zeter! Jammer! Angst! Kreuz! Marter! Würmer!
  Plagen!
Pech! Folter! Henker! Flamm'! Stank! Geister! Kälte! Zagen!
                Ach vergeh
                          Tief und Höh'!
Meer! Hügel! Berge! Fels! wer kann die Pein ertragen!
Schluck Abgrund! ach schluck ein, die nichts denn ewig
klagen!
                Je und eh!
Schreckliche Geister der dunkelen Höhlen! ihr, die ihr
                martert und Marter erduldet!
Kann denn der ewigen Ewigkeit Feuer nimmermehr büßen
                dies, was ihr verschuldet?
  O grausame Angst! stets sterben, ohne sterben!
Dies ist Flamme der grimmigen Rache, die der erhitzte
                Zorn angeblasen!
Hier ist der Fluch der unendlichen Strafen; hier ist
                das immerdar wachsende Rasen;
  O Mensch! verdirb, um hier nicht zu verderben!

## Oden

### Vanitas Mundi

Was ist die Welt,
Die mich bisher mit ihrer Pracht betöret?
Wie plötzlich fällt,
Was alt und jung und reich und arm geehret!
Was ist doch alles, was man allhier findt?
Ein leichter Wind.

Das kleine Tier,
Das Seide spinnt, verstrickt sich in sein Spinnen;
So müssen wir
Durch unsern Fleiß oft unsern Tod gewinnen.
Viel' hat Verstand und, was uns weise macht,
Ins Grab gebracht.

Der Tulipan
Wird, weil er glänzt, von Jungfern abgeschnitten.
Schau Menschen an!
Sie haben Schmach, dieweil sie schön, erlitten
Und (wenn sie nicht erlöst ein schneller Tod),
Ach! Angst und Not.

Wie ohne Ruh
Ein Schifflein wird bald her, bald hin geschmissen,
So setzt uns zu
Der Sorgen Sturm; wir werden hingerissen
Auf dieses Lebens schmerzensvoller See,
Da eitel Weh!

## *Scire tuum nihil est!*

Was bild ich mir doch ein,
Ich, der ich in dem Tal der Tränen nichts denn Plagen
Und nichts denn grimme Pein
Und nichts denn Angst und Tod muß augenblicklich tragen?
Wo denkt mein Herz wohl hin?
Daß ihm die Eitelkeit der Erden so beliebet?
Verlier ich meinen Sinn
Um dies, was meinen Geist ohn Unterlaß betrübet?
Soll dieser Feder Macht
Mir schärfen den Verstand und mich dem Tod abdringen
Dann, wenn die schwarze Nacht
Der tiefen Grabeskluft wird Haupt und Hand umbringen?
O allzuschnöder Dunst!
O überfalscher Wahn! wie viel Gelehrter Sinnen
Hat weder Fleiß noch Kunst
Bei immer stetem Ruhm und Lob erhalten können?
Gleich einer Wiesenblum', die man nicht wieder findet,
Gleich einem leichten Tau,
Gleich einem Wintertag und grünem Sommergrase,
Gleich Blüten auf der Au
Der Menschen Ehre glänzt und bricht gleich einem Glase.
Der Sonnen große Flucht,
Des Mondes Wankelmut, die Leiche der Kometen,
Der Bäume Laub und Frucht
Bezeugen, daß die Zeit kann, was nur zeitlich, töten.

## *Vanitas! Vanitatum Vanitas!*

Die Herrlichkeit der Erden
Muß Rauch und Asche werden,
Kein Fels, kein Erz kann stehn.
Dies, was uns kann ergötzen,
Was wir für ewig schätzen,
Wird als ein leichter Traum vergehn.

Was sind doch alle Sachen,
Die uns ein Herze machen,
Als schlechte Nichtigkeit?
Was ist des Menschen Leben,

Der immer um muß schweben,
Als eine Phantasie der Zeit.

Der Ruhm, nach dem wir trachten,
Den wir unsterblich achten,
Ist nur ein falscher Wahn.
Sobald der Geist gewichen
Und dieser Mund erblichen,
Fragt keiner, was man hier getan.

Es hilft kein weises Wissen,
Wir werden hingerissen
Ohn einen Unterscheid.
Was nützt der Schlösser Menge?
Dem hie die Welt zu enge,
Dem wird ein enges Grab zu weit.

Wie eine Rose blühet,
Wenn man die Sonne siehet
Begrüßen diese Welt,
Die eh der Tag sich neiget,
Eh sich der Abend zeiget,
Verwelkt und unversehns abfällt,

Und hoffen groß zu werden
Und schmerz- und sorgenfrei;
Doch eh wir zugenommen
Und recht zur Blüte kommen,
Bricht uns des Todes Sturm entzwei.
So wachsen wir auf Erden

Wir rechnen Jahr auf Jahre,
Indessen wird die Bahre
Uns vor die Tür gebracht;
Drauf müssen wir von hinnen,
Und eh wir uns besinnen,
Der Erde sagen Gute Nacht.


### Kirchhofs-Gedanken


Wo sind die Wunder der Geschöpfe,
Die schönen Seelenräuberinnen?
Ich sehe nichts als grause Köpfe
Und werde keiner Zierrat innen.
Wo sind, ob deren Wissenschaft
Sich das entzückte Volk entsetzte,

Die man als Weisheits-Väter schätzte?
Die Zeit hat alls hinweg gerafft.

Ich finde meistens nichts vor mir
Als ganz entfleischete Gerippe.
Hirnscheitel ohne Haar und Zier,
Antlitze ohne Nas' und Lippe.
Und Häupter ohne Haut und Ohr,
Gesichter ohne Stirn und Wangen,
Die Lippen sind in nichts vergangen,
Noch wenig Zähne ragen vor.

Der Hals- und Rückenknochen Reih'
Hängt nur noch so und so zusammen,
Von Adern, Haut und Muskeln frei;
Die Rippen, die nach außen stammen,
Beschließen nicht mehr ihre Brust,
Die ihrer Schätze ganz entleert;
Die Eingeweide sind verzehrt,
Verzehrt des Busens Doppellust.

Was nützt der Schulterblätter Paar?
Der Arme Rohr ist ohne Stärke,
Und was dem Menschen eigen war,
Die Hand, das Werkzeug höchster Werke,
Das See und Land und Luft bewegt
Und allen Muts sich unterwunden,
Ist durch des Grabes Macht entbunden,
Zerstückt, ent-adert und zerlegt.

Der Schoß ist ledig, Hüft' und Schien'
Und Fuß und Fußblatt nichts als Knochen,
Hohl, ungestalt und gelblich grün
Und dürr wie Scherben, die zerbrochen.
In tausendfacher Ungestalt
Ist doch gleich Ungestalt zu kennen.
Wen soll ich hoch, wen edel nennen?
Wen schön, arm, kunstreich, jung und alt?

Und diese sinds, an den' die Zeit
Ihr grimmes Recht hat ausgeführet,
An welchen Tod und Sterblichkeit
Auch den geringsten Raub mehr spüret.
Wie viel mehr häßlich ist die Schar,
Die noch mit der Verwesung ringet,
Die nach und nach die Fäulnis zwinget,
Die uns kaum ließ vor diesem Jahr!

Der Locken Schmuck flieht und verfällt,
Die Flechten sind verwirrt und stieben;

Kaum, was die feuchte Haut noch hält,
Ist um die offnen Schläfen blieben!

Der Augen ausgelöschtes Licht
Beginnt sich scheußlich zu bewegen
Durch innerlicher Würmer Regen,
Die Nase rümpft sich und zerbricht.

Die zarten Wangen schrumpfen ein,
Kinnbacken, Zung' und Zähne blecken;
Der Lippen hell Korallenschein
Ist ganz entstellt mit schwarzen Flecken;
Die Stirne reißt; des Halses Schnee
Wird erdfarb, wie wenn nun die Sonnen
Dem strengen Frost hats abgewonnen
Und heißer strahlt von ihrer Höh'.

Der Därme Wust reißt durch die Haut,
Die von den Maden ganz zerbissen;
Ich schau die Därme (ach mich graut)
In Eiter, Blut und Wasser fließen.
Das Fleisch, das nicht die Zeit verletzt,
Wird unter schlangenblauem Schimmel
Vom unersättlichen Gewimmel
Vielfältger Würmer abgefetzt.

Ach Tote! ach, was lern ich hier!
Was bin ich, und was werd ich werden!
Was fühl und trag ich doch an mir
Als leichten Staub und wenig Erden!
Wie lange wird mein Körper stehn!
Wie bald werd ich die Jahre schließen!
Wie bald die Welt zum Abschied grüßen
Und aus der Zeiten Schranken gehn!

## CHRISTIAN (FHR. V.) WOLFF (1679–1754)

Wolff bildet das Schlußglied in der Kette der typisch „barockistischen" Philosophie, die sich von Bruno über Descartes, Hobbes, Spinoza bis hin zu Leibniz erstreckt und die Tatsache des neuen unendlichen All und des einsamen menschlichen Ich denkend zu bewältigen versucht. Die zahlreichen, widersprüchlichen Deutungen Wolffs als Spinozist, Leibnizianer, Eklektiker, Physikotheologe, orthodoxer Protestant, Fürst der Aufklärung, philosophierender Luther usf. sind nicht haltbar. Wolff, der dem Jesuitenorden (der von Papst Clemens XIV. 1773 als angeblich unzeitgemäß aufgelöst wurde) seinen Aufstieg verdankt und in der neueren Geistesgeschichtsschreibung wie dessen Chefideologe erscheinen kann, bezeichnete Thomas v. Aquin als seinen entscheidenden Lehrer und galt zeitlebens als „Kryptokatholik". Wolff ist kosmologisch-biologisch konsequenter Maschinist; theologisch-psychologisch konsequenter Intellektualist. Welt und Leiber sind aus materiellen (nicht wie bei Bruno, v. Helmont und Leibniz „begeisterten" [Wolff], d. h. geisthaften) Atomen zusammengesetzte Maschinen. Gott und die isolierte Substanzseele des Menschen sind Verstand. Die Seele hat mit dem Körper nichts zu tun (Befürwortung der Folter). Durch eine vorher eingestellte Automatik begleitet die Körpermaschine die Intellektbewegungen (die der göttliche Intellekt voraussah). Wolff ist überzeugt, die gesamte Weltmaschine nebst Konstruktor auf vernünftigem (mathematischem) Wege nachkonstruieren zu können. Die christliche Offenbarung ließ er stehen, sofern sie übervernünftig, nicht widervernünftig ist. Sein Ansehen in Europa verdankte Wolff den (insbesondere röm.-katholischen) Staatswesen des Absolutismus, die ihre Sicht der Wirklichkeit und den ersten Teil der traditionellen scholastischen Gotteslehre (Natürliche Theologie) bei Wolff richtig ausgedrückt fanden und seine Schriften förderten. Die Universität Marburg nahm Wolff 1723 unter landesfürstlichem Zwang auf; seit der Rückkehr nach Halle (1740) verödeten seine Hörsäle bleibend, weil sich seine Barockphilosophie überlebt hatte. Viele Persönlichkeiten des 18. Jahrhunderts, die ungeprüft als „Wolffianer" abgestempelt werden, waren in Wirklichkeit Gegner Wolffs oder haben sich die genannte Klassifizierung zu Lebzeiten dringend verbeten. Zur irrtümlichen Gleichsetzung des „Wolffianismus" mit der Aufklärung s. o. S. XCVIII ff. Wolff ist der Antipode der physikotheologischen Aufklärung. Für ihn würde das All „durch alle Räder hin" verändert, „wenn auch nur an dem e i n e n Zahn e i n e s Rades etwas abgefeilt würde". Demgegenüber sagt der Physikotheologe gezielt: „Wenn von einer Uhr ein einziges Rädchen in Unordnung kommt, stockt das ganze Werk. Wieviel Millionen Dinge stehen in der Welt, wie leicht kann eines derselben ins Stocken kommen? Allein die gesamte Natur verfällt deswegen in keine Unordnung, weil der Herr der Natur alles in seinem Wesen, Kräften und Ordnung erhält" (F. C. Lesser).

Zu Wolff: *H. Schöffler, M. Wundt, W. Philipp.*

### § 1

Wir sind uns unser und anderer Dinge bewußt, daran kann niemand zweifeln, der nicht seiner Sinne völlig beraubt ist, und wer es leugnen wollte, der würde
mit dem Munde etwas anderes vorgeben, als er in sich
findet, und könnte auch bald überführt werden, daß
sein Vorgeben ungereimt ist. Denn wie wollte er mir
etwas leugnen oder in Zweifel ziehen, wenn er sich
nicht seiner und anderer Dinge bewußt wäre? Wer
sich nun aber dessen, was er leugnet oder in Zweifel
zieht, bewußt ist, der ist. Und demnach ist klar, daß
wir sind.

### § 2

Vielleicht werden sich einige verwundern, andere
aber, die wegen ihrer nicht gar zu tiefen Einsicht mit
Erklären und Beweisen nicht gut zurecht kommen
können, es gar verlachen, daß ich erst beweise, daß wir
sind!

### § 3

Ich hoffe, sie werden bald aufhören, sich zu verwundern, wenn ich ihnen die Ursachen sage, die mich be-
wogen haben, solches zu tun. Es muß ein Weltweiser
nicht allein wissen, daß etwas möglich ist oder geschieht, sondern auch den Grund anzeigen können,
warum es möglich ist und geschieht.

### § 4

Und diese Untersuchung hat ihren sehr großen Nutzen. Denn wenn ich weiß, warum wir davon so große
Gewißheit haben, daß wir sind, so ist mir bekannt,
wie etwas beschaffen sein muß, damit ich es so gewiß
erkenne, wie daß ich selbst bin. Und es ist uns sonderlich hieran viel gelegen, da wir die natürliche Erkenntnis von Gott und der Seele, auch der Welt und

allen Dingen überhaupt in unbezweifelbarer Gewißheit auszuführen gesonnen sind.

## § 5

Damit wir diesen Nutzen erlangen, müssen wir etwas genauer überlegen, auf welche Art und Weise wir
erkennen, daß wir sind. Wenn wir nun solches tun, so
finden wir, daß es mit unserer Erkenntnis in diesem
Stück folgende Beschaffenheit hat: 1. Wir erfahren
unwidersprechlich, daß wir uns unser und anderer
Dinge selbst bewußt sind. 2. Es ist uns klar, daß derjenige ist, der sich seiner und anderer Dinge bewußt
ist. Und daher ist uns 3. gewiß, daß wir sind.

## § 6

Wenn wir deutlich erkennen wollen, wie wir durch
diese Gründe überführt werden, daß wir sind, so werden wir finden, daß in diesen Gedanken folgender
Schluß steckt:

Wer sich seiner und anderer Dinge bewußt ist, der
ist.

Wir sind uns unser und anderer Dinge bewußt.

Also sind wir.

## § 7

In diesem Schluß ist der Untersatz eine unbezwei-
felte Erfahrung, der Obersatz aber gehört unter die,
die man ohne allen Beweis zugibt, sobald man nur die
Wörter versteht.

## § 8

Dergleichen Beweis ist eine Demonstration und demnach erhellt, daß alles, was richtig demonstriert wird,
ebenso gewiß ist, als daß wir sind, weil nämlich, was
demonstriert wird, auf eben die Art erwiesen wird,
als daß wir sind.

*Von der Welt*

## § 553

Da das Wesen der Welt unveränderlich ist, so würde
es nicht mehr dieselbe Welt bleiben, wenn der ge-

ringste Teil davon weggenommen oder ein anderer an seine Stelle gesetzt oder auch ein neuer hineingerückt würde – unerachtet, daß sie dann in dem Meisten der vorigen ähnlich bliebe. Es verhält sich ebenso mit einem jeden zusammengesetzten Dinge. Denn wollte man aus einer Uhr einen Teil, der zu ihrer Bewegung gehört, wegnehmen und einen anderen dafür an die Stelle setzen, so würde sie nicht mehr die Uhr bleiben, die sie vorher war. Es würde nach geschehener Änderung eine ganz andere Bewegung erfolgen, wenn auch nur an dem einen Zahn eines Rades etwas abgefeilt würde.

### § 554

Weil alles, was einem Dinge zukommt, in seinem Wesen gegründet ist, so müssen alle Veränderungen, die sich in der Welt ereignen, in der Art ihrer Zusammensetzung gegründet sein. Und solchergestalt sind die Dinge in der Welt der Zeit nach miteinander verknüpft, weil sie dem Raume nach miteinander verknüpft sind.

### § 555

Wenn demnach dem Raum nach eine Änderung geschähe, die in der Art der Zusammensetzung nicht gegründet wäre, so würden in folgenden Zeiten ganz andere Veränderungen herauskommen als sonst. Und solchergestalt würde die Welt auch der Zeit nach nicht mehr dieselbe bleiben.

### § 556

Weil dieses nicht sogleich ein jeder begreifen wird, finde ich es ratsam, es durch ein Gleichnis zu erläutern. Es verhält sich die Welt nicht anders als ein Uhrwerk. Denn das Wesen der Welt besteht in der Art ihrer Zusammensetzung; das Wesen der Uhr gleichfalls. Nun setze man voraus, es gehe eine Uhr über die Maßen richtig, so daß z. B. der Zeiger eben 12 Uhr zeiget, so oft ein Stern in den Mittags-Zirkel tritt. Wenn dies geschieht, so wird auch der Sekundenzeiger beständig für den Eintritt eines jeden anderen Sternes in den Mittags-Zirkel eine gewisse Sekunde beständig anzeigen. Sobald man in dieser Uhr nur das geringste in dem Zahne eines Rades ändert, so wird dadurch die Bewegung entweder aufgehalten oder beschleunigt und die Veränderung geht durch alle Räder und trifft endlich auch die Bewegung des Zeigers. Daher wird er nicht mehr wie vorher den Eintritt der Sterne in den Mittags-Zirkel anzeigen, sondern wenn ein Stern hinein kommt, wird er an einem ganz anderen Orte stehen als vorher, und diese Veränderung wird alle Tage fortgehen. Eben diese Beschaffenheit hat es mit der Welt.

## § 557

Man darf sich aber keineswegs befremden lassen, daß ich von einem Uhrwerke oder einer Maschine ein Gleichnis gebe. Denn die Welt ist gleichfalls eine Maschine. Der Beweis ist nicht schwer. Eine Maschine ist ein zusammengesetztes Werk, dessen Bewegungen in der Art der Zusammensetzung begründet sind. Die Welt ist gleichfalls ein zusammengesetztes Ding, dessen Veränderungen in der Art der Zusammensetzung gegründet sind. Und demnach ist die Welt eine Maschine.

## § 558

Weil in der Welt sowohl der Zeit wie dem Raume nach alles in einander gegründet ist, so ist in der Welt und ihren Veränderungen eine Ordnung, nämlich eben die gleiche Ordnung, die man in einem ordentlichen Beweise und in den Schriften des Euklid trifft, und folglich auch Wahrheit.

## § 559

Da nun in der Welt deswegen Wahrheit ist, weil alles in ihr sowohl der Zeit wie dem Raume nach in einander gegründet ist, dieses aber von der Art der Zusammensetzung herrührt, so ist eben deswegen in der Welt Wahrheit, weil sie eine Maschine ist. Sollte sie

27

keine Maschine bleiben, so würde zwischen ihr und einem Traum der Unterschied aufgehoben.

## § 560

Man sieht leicht, daß das, was von der Welt gesagt worden ist, auch von allen zusammengesetzten Dingen gilt, nämlich, daß auch sie Maschinen sind und eben deswegen in ihnen Wahrheit ist.

## § 561

Weil der gegenwärtige Zustand der Welt im vorhergehenden und der zukünftige im gegenwärtigen gegründet ist, so erhalten dadurch die Begebenheiten in der Welt ihre Gewißheit. Und solchergestalt sind dadurch, daß die Welt eine Maschine ist, alle Begebenheiten darin gewiß gemacht.

## § 617

Daraus kann man begreifen, daß die Körper lauter Maschinen sind und eben deswegen Wahrheit in ihnen ist, weil sie Maschinen sind.

*Von dem Wesen der Seele*
## § 765

Da die Seele ihre eigene Kraft hat, wodurch sie sich die Welt vorstellt, dagegen alle natürlichen Veränderungen des Leibes in seinem Wesen und seiner Natur gegründet sind, so sieht man leicht, daß die Seele das Ihre für sich tut und der Körper gleichfalls seine Veränderungen für sich hat, o h n e daß entweder die Seele in dem Leib oder der Leib in die Seele wirkt oder auch Gott durch seine unmittelbare Wirkung solches verrichtet. Und solchergestalt verfallen wir auf die Erklärung, die der Herr von Leibnitz von der Gemeinschaft des Leibes mit der Seele gegeben und die vorherbestimmte Harmonie oder Übereinstimmung genannt hat.

## § 778

Wir finden öfters, daß nicht allein ohne, sondern sogar gegen den Willen der Seele hin und wieder Bewegungen in unserem Leibe erfolgen. Es ist z. B. einer gewohnt, vor dem Schießen zu erschrecken. Er steht weit hinter dem Geschütz. Allein kaum hört er den Schuß, so fährt er auf, hebt die Hände in die Höhe und setzt die Füße zurück. Der Schall verursacht eine Bewegung in den Nerven des Gehörs, und so müssen die anderen Bewegungen aus dieser Bewegung entspringen. Die Bewegung, die dem Nerven des Gehörs eingedrückt wird, geht bis zum Gehirn fort, wo alle Nerven zusammenkommen und daher die feine flüssige Materie sich aus einem ⟨Nerv⟩ in den anderen bewegen kann. Daß aber die Gliedmaßen des Leibes durch den Zufluß einer dünnflüssigen Materie in den Nerven bewegt werden ⟨hydraulische Maschine⟩ wird an einem anderen Ort gezeigt (§ 436 Phys.).

### § 780

Hieraus erhellt, daß alle Bewegungen in dem Leib auf die gleiche Art sich äußern würden, wie es jetzt geschieht, wenn auch keine Seele vorhanden wäre, denn die Seele trägt durch ihre Kraft nichts dazu bei.

### § 781

Und dies ist der hohe und wichtige Punkt, den die meisten für unbegreiflich halten, weil sie ihn zu begreifen nicht vermögen und deswegen die zwischen dem Leibe und der Seele vorher eingerichtete Harmonie verwerfen. So scheint es den meisten unbegreiflich, ja vielen gar unmöglich zu sein, wie ein Leib, der eine bloße Maschine ist (§ 617) und für sich keine Vernunft hat, dennoch vernünftig reden kann.

*Von Gott*
### § 928

Wir sind. Alles, was ist, hat seinen zureichenden Grund, warum es vielmehr ist als nicht ist. Und also müssen auch wir einen zureichenden Grund haben, warum wir sind. Haben wir nun einen zureichenden Grund, warum wir sind, so muß derselbe Grund entweder in uns oder außer uns anzutreffen sein. Ist er in uns zu finden, so sind wir notwendig, ist er aber in

einem andern zu finden, so muß doch das andere seinen
Grund, warum es ist, in sich haben und also notwendig sein. Und demnach gibt es ein notwendiges Ding.
Wer dagegen einwenden will, daß der Grund, warum
wir sind, auch in etwas könnte angetroffen werden,
was den Grund, warum es ist, nicht in sich hat, der
versteht nicht, was ein zureichender Grund ist. Denn
von einem solchen Dinge muß man wieder weiter fragen, worin es seinen Grund hat, warum es ist, und also
muß man endlich auf etwas kommen, was außer sich
keinen Grund braucht, warum es ist. Damit wir nun
aber erkennen lernen, ob wir selbst dasselbe sind oder
ob es ein anderes ist, so wollen wir die Eigenschaften
desselben untersuchen, um zu sehen, ob sie unserer
Seele zukommen oder nicht.

§ 929

Dasjenige Ding, welches den Grund seiner Wirklichkeit in sich hat und also dergestalt ist, daß es unmöglich nicht sein kann, wird ein selbständiges Wesen genannt. Und demnach ist klar, daß es ein selbständiges Wesen gibt.

§ 930

Was selbständig ist, hat den Grund seiner Wirklichkeit in sich. Deswegen, was nicht selbständig ist, sondern von einem andern herstammt, hat den Grund
seiner Wirklichkeit außer sich, nämlich in dem Selbständigen. Und also muß das selbständige Wesen den
Grund in sich enthalten, warum die übrigen Dinge
sind, die nicht selbständig sind.

§ 931

Was notwendig ist, kann weder Anfang noch Ende
haben, sondern ist ewig. Deswegen, weil das selbständige Wesen notwendig ist, so kann es weder Anfang
noch Ende haben, sondern ist ewig.

§ 932

Man kann demnach die Dauer des selbständigen
Dinges durch die Dauer keines anderen ausmessen,

und also ist die Ewigkeit unermeßlich. Denn wenn man etwas ausmessen will, muß man etwas von eben derselben Art zum Maßstabe annehmen, das etlichemal genommen ihm gleich wird. Hier aber können wir keinen dergleichen Maßstab finden. Wir mögen eine Dauer von so langer Zeit, als wir wollen, annehmen und sie durch eine so große Zahl vervielfältigen, als uns nur beliebt, so können wir doch dadurch nicht herausbringen, wie lange dasjenige gewesen, was keinen Anfang hat, und wie lange sein wird, was kein Ende hat, das ist das Ewige.

### § 933

Weil das selbständige Wesen keinen Anfang gehabt, auch kein Ende haben kann, so kann nichts vor ihm gewesen sein, auch nichts nach ihm kommen. Denn wäre etwas vor ihm gewesen oder könnte etwas nach ihm kommen, so müßte es einmal nicht gewesen sein und könnte aufhören zu sein, was ungereimt ist. Nun aber ist es das erste, vor dem nichts anderes ist, und das letzte, nach dem nichts weiter kommt. Deswegen ist das selbständige Wesen das erste und letzte.

### § 934

Was kein Ende haben kann, ist unverweslich. Da nun das selbständige Wesen kein Ende haben kann, so ist es unverweslich.

### § 935

Zusammengesetzte Dinge können entstehen und aufhören. Das selbständige Wesen kann nicht entstehen und aufhören und demnach nichts Zusammengesetztes, folglich kein Körper sein.

### § 936

Da nun keine anderen Dinge als einfache und zusammengesetzte sein können, das selbständige Wesen aber nichts Zusammengesetztes sein kann, so muß es ein einfaches Ding sein.

### § 937

Alles, was ist, ist entweder durch seine eigene Kraft

oder durch die Kraft eines anderen. Was durch die Kraft eines anderen ist, das hat den Grund, warum es ist, in etwas anderem, nämlich eben in demjenigen, durch dessen Kraft es ist. Das selbständige Wesen hat den Grund, warum es ist, in sich selbst und kann daher durch keines anderen Kraft sein, folglich muß es durch seine eigene Kraft sein.

## § 938

Weil demnach das selbständige Wesen durch seine eigene Kraft ist und also seine Wirklichkeit von sich, nicht von einem andern hat, so kann es sein, wenn auch nichts anderes neben ihm zugleich wäre. Und also bedarf es keiner fremden Hilfe, dasjenige zu sein, was es ist, folglich ist es völlig von allen Dingen independent. Denn wir sagen, daß etwas von dem andern dependent ist, insoweit es den Grund von etwas, was in ihm ist, in dem andern hat. Wenn es nun den Grund seines Wesens und seiner Wirklichkeit in einem andern hat, so ist es von ihm ganz dependent. Wir behalten auch diese Bedeutung im gemeinen Leben, denn wenn wir sagen, der andere sei in dem Stücke von dem anderen dependent, so deuten wir dadurch an, daß er nichts vornehmen kann, ohne was der andere will, und also ist der Grund seines Vornehmens der Wille des anderen.

## § 939

Nachdem wir einige Eigenschaften des selbständigen Wesens entdeckt haben, so können wir erweisen, daß weder die Welt noch unsere Seele ein selbständiges Wesen sein kann. Die Welt ist nicht notwendig, das selbständige Wesen ist notwendig: Also ist das selbständige Wesen nicht die Welt.

## § 940

Weil demnach das selbständige Wesen von der Welt unterschieden ist und sie nicht selbständig ist, so muß die Welt den Grund ihrer Wirklichkeit in ihm haben und also von ihm dependent sein.

## § 941

Die vorstellende Kraft, darin das Wesen und die Natur der Seele besteht, richtet sich nach dem Stande eines Körpers in der Welt und den sich daher ereignenden Veränderungen in den Gliedmaßen der Sinne und hat also den Grund ihrer Vorstellungen mit außer sich, nämlich in der Welt. Und demnach ist die Seele dependent von der Welt. Da nun aber das selbständige Wesen von allen Dingen independent ist, so kann die Seele nicht ein selbständiges Wesen sein. Und dergestalt ist das selbständige Wesen auch von unserer Seele unterschieden.

## § 942

Es ist nicht zu leugnen, daß in diesem Beweise vorausgesetzt wird, die Welt sei wirklich außer unserer Seele vorhanden und bestehe nicht bloß durch ihre Gedanken, welches die meisten zugeben. Unterdessen, da wir oben erwiesen haben, daß die Seele die Welt außer sich sehen könnte, wenn gleich keine da wäre, ja die wirkliche Gegenwart nichts dazu beiträgt, daß die Seele sich dieselbe vorstellt und die Idealisten der Welt weiter keinen Raum als in den Gedanken der Seele und der Geister einräumen, so meine ich nicht unrecht zu tun, wenn ich den Beweis auch noch auf eine andere Art, und zwar dergestalt einrichte, daß er auch den Idealisten zugleich eine Genüge tut. Denn in einer so wichtigen Materie, wie es die gegenwärtige ist, muß man sich nach einem jeden richten, so viel nur möglich ist.

## § 943

Wenn die Welt nicht wirklich da ist, sondern nur durch die Gedanken der Seele besteht, so ist wohl wahr, daß der Grund davon, warum die Seele diese und nicht eine andere Welt sich vorstellt, in ihrem Wesen zu suchen ist. Deswegen, weil die vorstellende Kraft das Wesen und die Natur der Seele ausmacht, das Wesen aber notwendig und unveränderlich ist, so bringt die Seele diese und nicht andere Vorstellungen, und zwar in dieser und nicht anderer Ordnung hervor, weil es ihre Kraft nicht anders mit sich bringt. Unterdessen, da noch andere Welten möglich sind, die sich ebenso wohl als diese vorstellen lassen, indem selber unsere Seele sich eines und das andere davon vorstellen kann, so sind auch noch andere Arten der Seelen möglich. Und auf solche Weise müssen wir einen zureichenden Grund haben, warum diese und nicht andere Seelen jetzt und hier in dieser Ordnung zugegen sind. Da nun dieser in der Seele nicht angetroffen werden kann, ebendeswegen, weil eine andere Art der Seele ebenso möglich als sie, so muß der Grund, warum sie da ist, in etwas anderem zu suchen sein, was von ihr unterschieden ist. Das selbständige Wesen hat seinen Grund, warum es ist, in sich, nicht außer sich, und demnach kann nicht die Seele das selbständige Wesen sein.

## § 944

Es ist wohl wahr, daß ein Egoist, damit er keinen Grund anzeigen darf, warum die Seele von dieser Art jetzt und hier ist, nicht aber eine von einer anderen Art, deswegen annimmt, er sei das einzige wirkliche Wesen und außer ihm kein anderes, allein man kann ihn leicht seines Irrtums überführen. Ein Egoist ist zugleich ein Idealist und räumt demnach der Welt keinen weiteren Raum ein als in seinen Gedanken. Da er nun aber sich mehr menschliche Leiber als den seinen vorstellt und von dem seinen begreifen kann, daß dadurch die Art seiner Vorstellungen determiniert wird, die in eine andere sich verkehren würde, wenn er einen von den andern Leibern hätte, so kann er nicht leugnen, daß Seelen, die sich die Welt vorstellen nach dem Zustande der übrigen Leiber, ebenso möglich sind als die seine. Und also ist falsch, daß er nur allein sein kann und nichts anders, ja er findet auch keinen Grund, warum er leugnen könnte, daß die andern nicht ebenso wirklich sind wie er, zumal er alles bei den übrigen antrifft, was er in sich findet. Und demnach mag er setzen, was er will, warum er sei, so muß er auch zugeben, daß die übrigen sind, weil eben derselbe Grund ebenso bei jenen wie bei ihm gefunden wird.

### § 945

Es bleibet demnach gewiß, daß das selbständige Wesen sowohl von der Welt und ihren Elementen wie auch von unserer Seele unterschieden ist und also in ihm der Grund von beider Wirklichkeit zu suchen ist. Und dieses von beiden unterschiedene Wesen ist es, welches wir *Gott* zu nennen pflegen. Es ist demnach *Gott* ein selbständiges Wesen, darinne der Grund von der Wirklichkeit der Welt und der Seelen zu finden ist. Und ist Gott sowohl von den Seelen der Menschen wie von der Welt unterschieden.

### § 946

Weil nun gewiß ist, daß es ein dergleichen selbständiges Wesen gibt, so ist auch ein *Gott*.

### § 1036

Die Wissenschaft, Absichten dergestalt einzurichten, daß eine ein Mittel der anderen wird, und dergleichen Mittel zu erwählen, die zu den Absichten führen, ist es, was wir Weisheit zu nennen pflegen. Da nun Gott dergleichen Wissenschaft besitzt, so ist Gott weise.

### § 1037

Die Welt und alles, was darinnen ist, sind um ihres Wesens willen Gottes Mittel, dadurch er seine Absichten ausführt. Ihr Wesen aber macht sie zu Maschinen, und demnach sind die Welt und alles, was darinnen ist, Gottes Mittel, dadurch er seine Absichten ausführt, weil sie Maschinen sind. Woraus erhellt, daß sie dadurch ein Werk der Weisheit Gottes werden, weil sie Maschinen sind. Wer demnach alles in der Welt verständlich erklärt, wie man bei Maschinen zu tun pflegt, der führt auf die Weisheit Gottes, folglich, wer dieses nicht tut, der führt von der Weisheit Gottes ab.

### § 1038

Wäre aber eine Welt, die keine Maschine wäre, so wäre nicht mehr eines des andern Absicht und Mittel, folglich bliebe die Welt nicht mehr ein Werk der Weisheit Gottes.

### § 1039

Was in dem Wesen und der Natur der Welt und der Körper begründet ist, ist natürlich. Wenn deshalb in einer Welt alles natürlich zugeht, so ist sie ein Werk der Weisheit Gottes. Also ist eine Welt, darin alles durch Wunder-Werke geschieht, bloß ein Werk der Macht, nicht aber der Weisheit Gottes. Und deshalb ist eine Welt, wo die Wunder-Werke sehr sparsam sind, höher zu achten.

*Probe einer Anwendung der Naturlehre
auf die natürliche Gottes-Gelehrtheit*

### § 1

Wir gelangen zu Begriffen der göttlichen Vollkommenheiten, wenn wir die Vollkommenheiten unseres Gemüts betrachten und die Unvollkommenheiten davon weglassen.

### § 2

Wir stellen uns die Merkmale nicht deutlich vor, durch die wir die göttlichen Vollkommenheiten von den Vollkommenheiten anderer Geister, z. B. unserer Seele, unterscheiden.

### § 3

Weil aber die Werke der Natur die göttlichen Vollkommenheiten wie in einem Spiegel vorgestellt darlegen, so kann es wohl geschehen, daß, wenn wir dieselben untersuchen, die Begriffe einigermaßen deutlich werden.

## § 4

Wir haben uns vorgenommen, dies jetzt an dem Beispiel des göttlichen Verstandes zu erweisen.

## § 5

Der göttliche Verstand ist die deutliche oder vielmehr ausführliche Vorstellung aller Dinge auf einmal.

## § 12

Die Alten haben die unermeßliche Zahl der Welt-Körper, daraus die Welt besteht, nicht gewußt.

## § 18

Übrigens muß man bedenken, daß die großen Welt-Körper in entsetzlicher Weite voneinander entfernt stehen. Nach den Bemerkungen des Johann Dominicus Cassin ist die mittlere Weite der Erde von der Sonne 18 920 000 deutsche Meilen.

## § 20

Es erhellt hieraus klar, wie weitläufig der Verstand sein muß, der alle großen Weltgebäude zugleich fassen soll.

## § 21

So verhält sich ein Verstand, der nur allein unsern Erdboden auf einmal deutlich begreift, zu einem Verstand, der das ganze Weltgebäude der Planeten auf einmal begreifen kann,

wie 1 zu 92 483 305 005 195 264, das heißt, jener Verstand ist von diesem nur

$$\frac{1}{92\,483\,305\,005\,195\,264}$$

oder beinahe ein Trillion Teilchen.

Auf eben diese Weise erhellt, daß der Verstand, welcher den ganzen Erdboden auf einmal deutlich begreift, sich zu demjenigen Verstand, welcher alle Weltgebäude, die sich wahrnehmen lassen, auf einmal deutlich fassen kann, wie 1 zu 478 601 103 401 885 491 200 000 verhält, das heißt, daß jener nur

478601103401885491200000

oder einem Quadrillion Teilchen von diesem gleich ist.

## § 22

In den Anfangsgründen der Sehe-Kunst (Optik) ist erwiesen, daß das, was das Auge auf einmal übersehen kann, innerhalb eines rechten Winkels enthalten sein muß. Da der Durchmesser dessen, was man unter einem rechten Winkel sieht, zweimal so groß wie die Entfernung ist, so ist der Durchmesser dessen, was man auf einmal deutlich übersehen kann, 16 Zoll. Die Kraft des Sehens ist aber in dem vorhandenen Fall der Kraft des Vorstellens gleich. Also haben wir das Maß, wie weit sich der menschliche Verstand erstreckt, wenn wir annehmen, er sei wie der Würfel $\langle = 3.$ Potenz$\rangle$ des Durchmessers von 16 Zoll, das ist wie 4098 Kubikzoll.

## § 23

Der Herr Johann Dominicus Cassin hat den Durchmesser der Erdkugel ausgemessen und ihn 39 391 077 Schuh oder 472 692 914 Zoll groß gefunden. Es verhält sich also der Durchmesser einer Kugel, welche die Fähigkeit des menschlichen Verstandes abmißt, zu dem von der Erdkugel wie 1 zu 29 543 308, folglich der menschliche Verstand zu einem, welcher die ganze Erdkugel auf einmal deutlich begreift, wie 1 zu 25785607431120667411 2, d. h. jener ist von diesem nur

25785607431120667411 2

oder beinahe 40 Quadrillionen Teilchen gleich. Der Verstand desjenigen, welcher die Erdkugel auf einmal deutlich begreift, verhält sich zu dem Verstand, der unser ganzes Weltgebäude der Planeten begreift, wie 1 zu einer Trillion (§ 21): also ist der menschliche Verstand nur

1 000000 000000 000000 000000 000000 000000 000000

das ist nur 40 Septillion Teilchen gleich.

Da sich nun gleichfalls dem Verstande, welcher auf
einen Blick die ganze Erdkugel deutlich faßt, von
demjenigen, der auf einen Blick alle Weltgebäude, die
man wahrnehmen kann, übersieht, 2 Quadrillion Teilchen gleich ist (§ 21), so ist der menschliche Verstand

80

1 000000 000000 000000 000000 000000000000 000000 000000

## § 24

Damit aber noch mehr erhelle, ein wie geringes
Teilchen der menschliche Verstand von dieser Vollkommenheit besitzt, welche derjenige hat, der alle
Weltgebäude, die man wahrnehmen kann, begreift, so
wollen wir uns eine gerade Linie vorstellen, welche
die Vollkommenheit eines alle Weltgebäude begreifenden Verstandes darstellt. Wir wollen uns weiter
vorstellen, sie sei in

12500 000000 000000 000000 000000 000000 000000 000000

(12 tausend 500 Septillion) Teilchen eingeteilt: so ist
eines davon das Zeichen des Teilchens der Vollkommenheit, das dem menschlichen Verstande zukommt.

⟨In den §§ 25–43 folgen weitere ähnliche Erhebun-
gen über den Intelligenzquotienten der als Gott be-
zeichneten Weltvernunft.⟩

# DAS ZEITALTER DER AUFKLÄRUNG

# DER AUFGANG
## DES TRANSZENDENTEN LICHTES

### MANASSEH BEN ISRAEL (1604–1657)

Ähnlich wie Moses Mendelssohn im 18. Jahrhundert, bot Manasseh Ben Israel im 17. Jahrhundert der nichtjüdischen Welt das überraschende Bild eines jüdischen Gelehrten, der das abendländische Geistesgut souverän beherrschte und zu den Fragen der Zeit die Stimme Israels klar zu Gehör zu bringen vermochte. Widmungen von Büchern des berühmten Oberrabiners von Amsterdam verschmähten auch gekrönte Häupter nicht. Zu seinem internationalen Freundeskreis gehörten, neben Hugo Grotius und Rembrandt, Männer wie G. J. Vos († 1649), S. Bochart († 1667), P. D. Huet († 1721), S. Sorbière († 1670), der berühmte Jesuit A. de Vieira († 1680) und viele andere. Neben der Herausgabe jüdischer Literatur verfaßte der „Hebräische Philosoph und Gottesgelehrte", wie er sich selbst gern nannte, zahlreiche Werke, unter denen der „Conciliador" (4 Teile, 1632–51) noch 1911 ins Italienische übertragen wurde. Es handelt sich um eine „Versöhnung" einander widersprechender Stellen des Alten Testamentes.

Einen gewaltigen Erfolg in England hatte Manassehs Buch „Die Hoffnung Israels" (Spes Israelis, 1650), das er der Britischen Regierung widmete. Er verband hier die Juden und Christen bewegenden Vorstellungen von der Entdeckung und Heimkehr der zehn verlorenen Stämme Israels und die Hoffnung auf das Kommen des Messias, der erst erscheinen kann, wenn sich Israel über alle Länder (auch über das den Juden verbotene England) zerstreut hat (5. Mose 28,64; Daniel 12,7). In der konkreten Frage des „resettlement" der Juden in England wuchs Manasseh zum diplomatischen Anwalt der „jüdischen Nation" empor. Mit welchen Sympathien er im Felde des zeitgenössischen biblizistisch-messianischen Protestantismus rechnen konnte, zeigen seine Briefe an Oliver Cromwell und an den böhmischen Philosemiten Paul Felgenhauer († nach 1677). Felgenhauer hatte Manasseh sein aufsehenerregendes Buch „Bonum Nuncium Israelis" (1655) gewidmet („Frohe Botschaft für Israel vom Messias, daß nämlich die Erlösung Israels …

und die Ankunft des Messias ... nahe sei ... von einem Christen, der ihn mit den Juden erwartet"). Felgenhauer stellt fest, daß Abraham unser aller Vater und Gott unser aller Gott ist und daß die Einung von Juden und Christen im Gotte Abrahams und das Heil des Messias nahe bevorsteht.

Mit dem Ringen um das „resettlement" kulminierte der britische „Hebraismus", aus dem sich die neue im Zeichen des transzendenten Gottesglanzes stehende Wirklichkeitssicht der britischen Aufklärung erhob.

Zu Manasseh Ben Israel: *C. Roth, A. M. Hyamson, H.-J. Schoeps.*

## An den Staatsgerichtshof, das Parlament von England und den Staatsrat

Erlaubt mir, hochmächtige Väter, Euch anzuflehen, daß Ihr auch weiterhin unser Wohlergehen fördern und uns lieben wollt. Alle Dinge, die nach Gottes Wohlgefallen durch die Propheten vorausgesagt wurden, sollen und werden ihre Erfüllung finden. Und all diese notwendig kommenden Dinge müssen erfüllt werden, so daß Israel schließlich in sein eigenes Land zurückgebracht werden wird und der Friede, der unter der Herrschaft des Messias verheißen ist, auf der ganzen Welt wiederhergestellt sein wird und jene Eintracht, die die einzige Mutter aller guten Dinge ist.

## An Oliver Cromwell

An Seine Hoheit, den Lordprotektor des Commonwealth von England, Schottland und Irland.

Ehrerbietige Adresse des Manasseh ben Israel, eines Geistlichen und Doktors der Physik, zugunsten der Jüdischen Nation.

Erlaubt mir, unter den gegebenen Zeitumständen zu Eurer Hoheit in dem Stil und in der Weise zu sprechen, die uns als Juden und unserer Lage angemessen sind. Es ist das Allergewisseste, daß der große Gott Israels, der Schöpfer Himmels und der Erden, Herrschaften und Königreiche nach Seinem Wohlgefallen gibt und nimmt. Er erhebt die einen und vernichtet die andern. Da Er die Herzen der Könige in Seiner Hand hält, bewegt Er sie leicht, wohin Er immer will, damit sie Seine göttlichen Befehle zur Ausführung bringen.

Die göttliche Vorsehung regiert alle Dinge. Seinem eigenen wohltätigen Willen entsprechend erteilt Gott Belohnungen für Tugenden und Strafe für Laster. Die Beispiele der großen Monarchen, insbesondere solcher, die das Volk Israel quälten, beweisen das. Denn niemand hat sie je betrübt, den Gott nicht durch ein unheilvolles Ende mit schwerster Strafe belegt hat – die Geschichte solcher Könige wie Pharao, Nebukadnezar, Antiochus Epiphanes, des Pompejus und anderer erweist diese Tatsache. Und, um das Gegenteil zu nennen, nie gab es einen Wohltäter dieses Volkes, der ihm in seinem Lande Gnade erwies, der daraufhin nicht alsbald in hoher Blüte seines Lebens stand. Insofern scheint die Verheißung an Abraham noch täglich ihre Erfüllung zu finden: „Und ich will segnen, die dich segnen, und die, die dich verwünschen, will ich verfluchen, und mit dir sollen sich segnen alle Völkerstämme auf Erden!" (I. Mose 12,3).

Nun habe ich, einer der Geringsten unter den Hebräern, es durch die Erfahrung bekräftigt gefunden, daß durch Gottes reiche Großmut gegen uns viele bedeutende und hervorragende Personen, durch Frömmigkeit und Macht gleichermaßen ausgezeichnet, von ernstem und tiefem Mitgefühl und Mitleid mit uns beseelt sind und uns im Hinblick auf die herannahende Erlösung Israels zur Seite stehen. Darum will ich nicht für mich, sondern zugunsten meiner Landsleute diese meine ehrerbietige Adresse an Eure Hoheit richten

44

und Euch um Gottes willen ergebenst bitten, daß Ihr gemäß jener Frömmigkeit und Macht, in der Ihr hoch über anderen steht, geruhen möchtet, es zu gewähren, daß der Große und Herrliche Name des Herrn unseres Gottes durch alle Bereiche dieses Commonwealth hindurch von uns erhoben und feierlich verehrt und gepriesen werde – gewährt uns Raum in Eurem Lande, damit wir unsere Synagogen und freie Ausübung unserer Religion haben dürfen. Ich zweifle in nichts, daß Eure Milde diese unsere sehr angemessene Bitte bewilligen wird, zumal Ihr solch große Erkenntnis besitzt und zugleich mit uns den einen Einigen Gott Israels anbetet.

Unser Vertrauen auf Eure Gnade gegen uns nimmt mehr und mehr zu. Kaum hatte sich das Gerücht unter unseren Landsleuten ausgebreitet, daß Ihr daran dächtet, die hoch erwünschte Freiheit zu gewähren, als ich auch schon im Namen meiner Nation, der in Holland lebenden Juden, Ihre Exzellenzen, die Gesandten Englands, beglückwünschte und einlud. Sie wurden in unserer Synagoge mit solch großem Pomp, Beifallskundgebungen und freudiger Erregung des Geistes empfangen, wie sie nur je einem souveränen Fürsten entgegengebracht wurden.

In seinem Geist hegt unser Volk das Vorgefühl, daß der alte Haß sich in Wohlwollen wandeln wird, nachdem das königliche Regiment nun zu dem des Commonwealth umgestaltet wurde, und daß diese strengen Gesetze gegen ein so unschuldiges Volk (wenn sie überhaupt gelten, da sie unter den Königen gemacht wurden) in befriedigender Weise aufgehoben werden. So erhoffen wir nun bessere Zeiten von Eurem Edelmut und Eurer Güte, zumal Eure Hoheit uns viel Achtung und Geneigtheit erwiesen hat, seit Sie die Regierung dieses Commonwealth übernahm.

So bitte ich nun Eure Hoheit ehrerbietig, Ihr wollet mit gnädigem Auge auf uns und unseren Antrag schauen und uns, wie es anderen schon widerfahren ist, freie Ausübung unserer Religion gestatten, damit wir unsern eigenen öffentlichen Gottesdienst wie unsere Brüder in Italien, Deutschland und Polen halten dürfen. Das Glück und den Frieden dieses Eures so sehr ruhmvollen und mächtigen Commonwealth wollen wir in unsere Gebete einschließen.

### An Paul Felgenhauer

Manasseh Ben Israel bittet den Gott Israels um Wohlfahrt und Segen für Dr. Paul Felgenhauer.

Die „Glückliche Botschaft", die durch Dich, hoch verehrungswürdiger Mann, in diesen gegenwärtigen Zeiten der Betrübnis dem Volke Israel dargereicht wurde, war mir um so teurer, als ich auch nach so vielen Leiden, die wir durch die Jahrhunderte hindurch erlitten haben und nach so langen Verzögerungen unserer aufgeschobenen Hoffnungen nie aufgehört habe, das glühendste Verlangen nach ihrer Erfüllung im Herzen zu hegen. Es ist gerade die Wichtigkeit der Frage, die einen auf die Wahrheit Deiner Worte bauen läßt. Kann hier in der Tat, Du heiliger Bote glücklicher Kunde, die Zeit schon so nahe sein, zu der unser barmherziger Gott sich selbst in Seiner Gnade offenbaren und uns so bald unsern Erlöser, die Sehnsucht so mancher Jahrhunderte, senden wird? Kann in der Tat, wie Du sagst, die Zeit nahen, zu der der Herr, der sich um unserer Missetat willen von uns wandte, sein Volk wieder trösten wird und uns nicht nur von dieser Gefangenschaft, die länger dauert als die zu Babylon, von dieser Knechtschaft, die anhaltender ist als die zu Ägypten, von dieser Bedrückung, die uns durch ihre Dauer schon fast erschöpft hat, sondern auch von dem Unrecht erlösen wird, durch das wir fast aufgezehrt wurden? Oh, möchte doch Deine Botschaft so wahr sein, als sie voll Glück ist, und möchte ich an sie glauben können, wie es doch mein Herz verlangt!

Ich bestätige mit Freude alles das, was Du aus den Büchern unserer Propheten als Zeichen dafür anführst, daß der Messias naht. Je stärker meine Seele durch sie erregt wird, um so strahlender leuchtet mir die Hoffnung auf sein Kommen.

Was das erste Zeichen anbetrifft, so erkennen unsere Rabbinen dieses klar an. Wenn es nämlich notwendig ist, daß die Reiche dieser Welt zerstört werden, bevor die Herrschaft, die Macht und Größe des Königtums der erhabensten Nation der Heiligen übergeben werden, der alle Könige zu dienen und zu gehorchen haben, dann ist es kein unvernünftiger Schluß, daß vor der Ankunft des Messias und vor der Errichtung des ⟨messianischen⟩ Königtums selbst große Erschütterungen, Tumult, Revolutionen und höchst grausame Kriege der Königtümer und Nationen vorhergehen werden. Daß sich solch ein Zustand der Dinge aus den gegenwärtigen Bedingungen der Weltreiche ergibt, erscheint nicht ungerechtfertigt.

Im Hinblick darauf, was Du über Elia, das zweite Zeichen der Ankunft des Messias, sagst, so weichen wir davon in keiner Weise ab. Wir sind sogar entzückt, daß wir Juden mit der Elite der Christenheit in einer und derselben Meinung übereinstimmen. Denn da Elia uns bis jetzt den Mann nicht gezeigt hat, der aus unserem Stamme kommen soll, kann unsere Hoffnung notwendigerweise aufrecht erhalten werden.

Was Du über das dritte Zeichen der Messias-Ankunft sagst und ebenso über die Verheißung von Israels Königtum, das sich über die ganze Erde erstrecken wird, so erscheint das nicht nur gerechtfertigt, sondern wir sehen das Kommen in einem recht scharfen Licht: Ich kann selbst die enorme Zahl dieser Herolde an den Schriften wahrnehmen, die zur Tröstung Zions von verschiedenen Teilen der Welt ausgehen. Unter anderen durch ⟨Geistes-⟩Adel ausgezeichneten Männern, die schon zur Stelle sind, haben wir Abraham Frankenberg von Schlesien, Johann Mochinger von Bayern, aus Frankreich den Verfasser des Buches, das auf Französisch „Du Rappel des Juifs" heißt, in England – wen eigentlich nicht? – Nathaniel Homerius, Doktor der Hl. Theologie, der sich öffentlicher Autorität erfreut, veröffentlichte ein Foliowerk in Englisch über genau den gleichen Gegenstand, und Dr. Henry Jesse widmete uns öffentlich ein Buch über die Glorie Judas und Israels, das in belgischer Sprache geschrieben ist. Ich könnte noch zahlreiche andere anführen, die gleich der kleinen Wolke in I. Kön. XVIII (die Elia aus dem Meer aufsteigen sah und die plötzlich zu solcher Mächtigkeit anwuchs, daß der Himmel schwarz von Wolken war) an Zahl und Kraft wachsen werden, bis sie schließlich gemäß der Weissagung, die sie betrifft, den ganzen Erdkreis füllen werden.

In der Absicht, teurer Paul, Dir Beispiele dieser Sache als Bezeugung zu überreichen, habe ich einige Briefe solcher Männer ausgewählt, die an mich gerichtet sind, die ich gerade zur Hand habe, die Du lesen und über die Du Dich mit mir freuen kannst. Sie sind von solchen geschrieben, die zu uns sagen: „Wir wollen wandeln zum Hause Gottes", „unsere Füße wollen stehen in deinen Toren, Jerusalem", die zum Herzen Jerusalems reden und Heil verkünden und die da sprechen zu Jerusalem: „Dein Gott soll herrschen!" Zusätzlich sende ich Dir, Du Höchstgelehrter, auch noch die eigenhändige Handschrift eines Panegyrikus, den Dr. Immanuel Bocarus Frances y Rosales, alias Jacob Rosalius Hebraeus, ein Mathematiker und glänzender Doktor der Medizin, dem der Kaiser die Abzeichen und Würde eines Pfalzgrafen verliehen hat, mir gewidmet hat. Ich sende Dir dies hauptsächlich in der Absicht, daß Du sehen mögest, daß der Herr noch lebt und daß Er bis hin zu eben diesem Tag die Zweige zu unterscheiden weiß, die ihren Ursprung von Davids Stamm herleiten.

Endlich, um Deinen Wunsch zu erfüllen, lege ich einen Katalog der Bücher bei, die ich schon veröffentlicht habe oder in Latein bzw. Spanisch zur Veröffentlichung vorbereite. Und damit befehle ich Dich dem Gott unserer Väter, seiner Gnade und milden Gunst.

Gegeben zu Amsterdam, im Jahre 1655, am 1. Februar.

## HENRY VAUGHAN (1621–1695)

Am Beispiel des hochgebildeten Dichter-Arztes Vaughan, der sich seines Keltentums so bewußt war, daß er seinem Namen stets die Bezeichnung „Silurist" (Waliser) beifügte, wird die Ganzheitlichkeit sichtbar, in der alle neuen Motive der europäischen Aufklärung wie aus einem Guß aus dem britischen Hebraismus und Messianismus aufsteigen. Vaughan war Philosemit und wartete auf das Reich des kommenden Christus-Messias, das ein Reich der Erlösung von aller anti-philanthropischen Unmenschlichkeit sein wird. Das „all-surprizing Light" Christi, dessen „Self will be the Sun", scheint bei Vaughan wie in der späteren kontinentalen „Christuslyrik". Der transzendente, weiße Glanz des Kabod liegt über allen Dingen und bricht aus allen Dingen: „Bright" und „white" sind Hauptmetaphern des Dichters. Die schwarze Ewigkeits-Hölle des Barock ist Licht geworden:

> I saw Eternity the other night
> Like a great ring of pure and endless light,
> All calm, as it was bright ...

Das würgende nihilistische Grauen des Barock vor dem Tode hat sich in Lichtfreude verwandelt:

> Dear, beauteous death! the Jewel of the Just
> Shining no where, but in the dark ...

Die ganze Schöpfung ist transparent für den (anti-pantheistischen) biblischen Gottesglanz; selbst im Hinblick auf die Offenbarung der Auferstehung gilt: „Nor are we left destitute of very clear and inexcusable demonstrations of it in nature." Die Seidenraupe, bei Gryphius Bild der Verwesung, ist hier „a strong Symboll of the resurrection". Die magisch-dämonischen Naturängste des Barock sind dahin: alle Geschöpfe sind „Fellow-creatures". Unaufhörlich singen sie vom Glanz der Herrlichkeit Gottes oder beten sie an:

> So hills and valleys into singing break,
> And though poor stones have neither speech nor tongue,
> While active winds and streams both run and speak,
> Yet stones are deep in admiration ...

Das Motiv der lobpreisenden „Zungen" der Muscheln, Fische, Bäume, Steine, Sterne, Täler oder des Hochgebirges wird vor allem in der deutschen Aufklärung noch 150 Jahre nach Vaughan ergriffen abgehandelt; es ist bei ihm offensichtlich in der eigenartigen Synästhesie des keltischen Geistes begründet, nach der auch bei Macpherson die Sonne „donnernd" aufgeht. Die Fülle der Motive, in denen nach biblischem Vorbild die wunderhafte Schöpfung die Herrlichkeit Gottes verkündet, kann hier auch nicht angedeutet werden. Während alle Geschöpfe im Gottesbezug stehen, ist der Mensch das gebrochene, rastlose Wesen. Er hat die ganze Schöpfung in seinen Fall hineingerissen – sie fiel schuldlos, ist aber nicht mehr im Urzustand und wartet auf den Tag des Erlösers. Der Mensch ist Sünder im vollen biblischen Sinn und kann ohne die biblische Offenbarung, ohne das „refining fire" der Wiedergeburt, den in der Natur verborgenen Gott nicht finden. Die Bibel ist der Gottesberg, wo man in „conjunction with true light" bleibt; auf jeder Seite ist „Gods bright minde exprest in print". Sie ist die wahre Sonne („Thy lines are rays, the true Sun sheds"), die von der Sonne der gefallenen Welt abzuheben ist. Eine „Natur" als Hypostase oder Selbstwert gibt es nicht. Obwohl die Schöpfung alle Gottesherrlichkeit widerstrahlt, enthält sie nur „masques and shadows", „shadows of eternity". Vaughan hält die gewaltige innere Spannung der biblischen Wirklichkeitssicht aus und verkündet sie ohne Abstrich.

Ein wunderbarer transzendenter Glanz liegt über der Kindheit als Kindheit. Während man im Barock dem verwahrlosten kleinen Straßenräuber bedenkenlos die Hände abhackt, bevor man ihn hängt, steht für Vaughan das Kind dem engelhaften Ursprung menschlichen Seins nahe:

> Dear, harmless age! the shorth, swift span,
> Where weeping virtue parts with man ...

Hier ist die Pforte zum Himmelreich, zur kindhaften Seligkeit der Erlösten:

> An age of mysteries! which he
> Must live twice, that would Gods face see.

Solche Kindheit gab und gibt es unter den Menschen des
„einfachen Lebens", den alten Patriarchen, den Hirten des
Neuen Testamentes:

> Sweet, harmless livers! (on whose leisure
> Waits Innocence and pleasure) ...

Wenn später die Pädagogen und Philanthropen der Aufklärungsepoche der Eigenart und Kostbarkeit des Kindes ergriffen dienen werden, wenn das 18. Jahrhundert (lange vor
Rousseau) den kindhaften Naturmenschen sehnsüchtig bewundern wird, so liegen diese Gedanken in ihrer unsäku-
larisierten gläubigen Kraft und Originalität schon in dem
frühen britischen Enlightenment vor.

Über Vaughan: *F. E. Hutchinson, A. Esch.*


## Die Juden

Wenn das leuchtende Jahr
    Eures Messias kommt
Und so langer Frost, der nimmermehr frommt,
Eurer Herzen wird tau'n; wenn Engel wunderbar
    Sind Menschen offenbar
Im vertraulichen Kreis
Unter Eichbaum und Wacholderreis,
    Wenn die Taube voll Glanz
Die Frühlings- um Frühlingszeit
    Fernhielt sich ganz
Mit den Schwingen so weit
Sich herniedersenkt und lebendige Wasser fließen,
Davon der trockne Staub und dürre Reiser sprießen –

Oh, daß dann ich
Doch leben möchte und den Ölbaum sehn,
Der seine eignen Reiser trägt an sich,
    Die jetzt zerstreut im Staub vergehn,
Verdorren ohne Wurzelsaft,
Vom Gärtnersknecht hinweggerafft.
    Ein jedes Zeichen zeigt:
Auch unsere Erfüllung werden bald wir sehn,
Und diese gleiche Sonne, die sich jetzund neigt
Und untergeht, wird baldigst neu aufgehn,
Aufleuchtend über Euch; im Strahlenschein
Glänzen dann Eskol-Bach und Mamre-Hain.

Dann sicherlich wird Er,
Der Welt so liebhat, daß er gibt,
Den eignen Sohn für ihre Sünde her,
Des Geist ist kummervoll und tief betrübt,
Sieht Menschen er vergehn, aus alter Liebe Macht
Den Schleier ziehn von Eurer Herzen Nacht.

Der Glaube war zu Gast zuerst in Euch,
Ihr wart der Liebling und erwählte Sproß;
Und Gottes Arm, an Glanz und Liebe reich,
Zeigt sich als Hort, den Euer Volk zuerst genoß.

Ihr wart das ält'ste Kind daheim, und wenn
Eur Herz hartnäckig sich der Lieb' versagt,
Das heidnisch Jüngste ward geliebkost, denn
Es sollte sein, daß Eifersucht Euch plagt.
Gerechter Vater, Du hast keinen Teil
An Menschenstarrheit; Deine Gaben runden
Den Kreis der Zeit: so gibt Du doch Dein Heil
Verlornem Sohne durch den neu gefundnen!


## Der Hahnenschrei

Vater der Lichter! Welche Sonnen-Saat,
Welch bunten Glanz des Tags hast Du gelegt
Auf dies Geschöpf? Der ganze Vogelstaat
Durch Dich das Spiel der Strahlen an sich trägt.
      Ihr Magnetismus schwingt zum Licht die ganze Nacht
      Und träumt von Paradies und Sonnenpracht.

Ihr Auge wartet auf des Morgens Schein,
Ihr kleines Leben, das die Nacht verjagt,
Leuchtet und singt, als wüßte es allein
Den Pfad zum Haus, da ew'ger Morgen tagt.
      Des Lebens Licht, das sich in ihnen findet,
      Scheint von der Sonne Schmelz und Glanz entzündet.

Wenn solche Farben, solcher Töne Licht
Solch starker Sehnsucht Macht entflammen kann,
Sollte Dein eigen Bild, der Mensch, dann warten nicht
Der Stunde der Erscheinung, da Dein Tag bricht an.
      Mehr als der Wind, von dem das Segel schwillt,
      Vermag der Atem Gottes, der das Herz erfüllt.

Oh Du, unsterblich Licht und Glut, die niederfällt,
Das Schaffen Deiner Hand strahlt aus der Dinge Spur,

Daß sich im Schauspiel dieser schönen Welt
Klar offenbart: ihr Sein gabst Du ihr nur.
      Betrachte ich, ruht Himmelssaat in mir;
      Wohnst Du in ihr, so ich in Dir.

Schlaf ohne Dich ist Todesruh,
Ein Stück vom höllischen Gericht;
Denn schlossest Du nicht Augen zu,
Ich schwör's: nie sehn sie wirklich Licht!
      Ägyptenland! in solcher finstern Nacht
      Herrscht Todesschatten und Zerstörungsmacht.

Wenn Freude, Hoffnung, starker Schwingen Schlag
Und Herzen, deren Puls dem Licht entgegenschlägt,
Solch Vögeln eigen sind, wer außer Dir noch mag
Zu sehn, wie Liebeskrankheit Seelen aufwärts trägt?
      Der, der die Schwinge gab zum Flug,
      Sieht, wohin sie die Seele trug.

Verdunkelung, die Deine Hand zerbrach
Und offenbarend noch in mir zerbrechen muß,
Sie ist die Hülle und der Wolke Schmach,
Die uns jetzt trennt mit schwarzem Schattengruß.
      Dein Aug' durchdringt dies; aber was es sieht,
      Ist schwaches Stückwerk, Funke, der verglüht.

Oh nimm das Dunkel fort! Und zaudre nicht!
Laß sprühen über mich den Himmelsglanz.
Am Tag der Tage scheine auch mein Licht;
Das Auge Deiner Herrlichkeit durchglüh' mich ganz.
      Oh nimm das Dunkel fort, und bis es flieht von hier,
      Obschon ich nicht des Feldes Lilie bin, bleib Du bei mir!


## Regeln und Lehren

Enthüllt sich früh des Auges Stern, so stell es deiner Seele
                                    frei,
Dies gleiche holde Soll zu tun. Was Körper ist, das ist ja bloß
Der Geistespflicht Lakai. Ziel aller treuen Herzen aber sei
Erhebung hin zu Gott, wie sich zur Sonne hebt der Blüte
                                    Schoß.
      Das Erste, was du immer denkst, gehöre Ihm allein,
      So geht er durch den Tag mit dir und wird nachts bei dir
                                    sein.

Geschöpfe sind Geschwister dir, nun handle du doch auch
wie sie:
Geflüster webt durch Morgenwind, wenn Quelle spricht und
jedes Blatt
Den eignen Morgen-Hymnus bringt zur Ehre Gottes in der
Früh,
Und Busch und Eiche weiß „Ich bin" – bist du's, der keine
Lieder hat?
Vergiß, was Sorge ist und Wahn; geh diesen gleichen
Weg,
Und Glück geht mit dir Schritt für Schritt auf deines
Tages Steg.


Betracht in Seinen Werken Gott, und tiefe Anbetung steigt
auf,
Empörung gegen Gott versinkt, wie immer deines Werkes
Ruf,
Es schallt der Vögel frohes Lied, hoch schnellt der Fisch im
Flusseslauf.
Die Jungen sorglich pflegt das Tier, die Erd' steht fest, wie
er sie schuf.
Da droben kreist es ohne Ruh, die Lichter eilen her:
Oh, weiten Himmels tiefes Blau, Tag, Nächte, Wolken-
meer!


Wenn sich des Jahres Zeiten drehn, dann liegt vor deinem
Auge klar,
Wie er im Wundertun verfährt, welch Schauspiel er am
Himmel schafft:
Der Donner ruft, Eis, Hagel, Schnee, der Regenbogen
wunderbar,
Windstille, Stürme, Dunkel, Licht sind Zeugen seiner
Gotteskraft.
Oh, halt den Lobpreis nicht zurück, Baum, Blüte, Gras
und Kraut
Sind Schatten seiner weisen Macht, wohl dem, der auf
ihn baut!

# DIE BEWEGUNG DER PHYSIKOTHEOLOGIE

## BARTHOLD HINRICH BROCKES (1680–1747)

Brockes, Physikotheolog, Hamburger Ratsherr, Amtmann und Statthalter Hamburgs im Schlößchen Ritzebüttel, Kaiserlicher Pfalzgraf, ist der dichterische Genius des „Hamburger Kreises" (s. Einl. S. LX), der die Gedanken der britischen Aufklärung an Deutschland und den Kontinent vermittelte. Aus seinem Kreise gingen die berühmte „Teutschübende Gesellschaft" (1715) wie die „Patriotische Gesellschaft" (1724) hervor. Aus seinem Kreise entstand auch die älteste deutsche Freimaurerloge „Absalom zu den drei Nesseln". Nachdem die „Loge d'Hambourg", von Charles Sarry, G. L. v. Oberg, P. Carpser, P. Stüven, D. Kraft begründet, nach neun Monaten den preußischen Kronprinzen, den späteren Friedrich d. Gr., aufgenommen hatte, trug sie die Freimaurerei durch fast ganz Deutschland.

Brockes, der Französisch, Italienisch, Spanisch, Englisch, Niederländisch fast wie seine Muttersprache beherrschte, hat in Übersetzungen und Nachdichtungen europäischer Physikotheologie wie in seinem dichterischen Hauptwerk „Irdisches Vergnügen in Gott" entscheidend zur Überwindung der Barockepoche beigetragen. Sein Werk steht unter drei Hauptmotiven, dem Wundererlebnis (die Kreaturen sind Reflektoren oder Resonatoren der Gottesherrlichkeit), dem doxologischen Anliegen (Sinn und Sein der Schöpfung ist identisch mit ihrem „Reden, Preisen, Verherrlichen, Verklären" Gottes) und dem Lichterlebnis, das die Nacht des Barock durchbricht und die Welt in einen einzigen Diamanten-Abglanz der Transzendenz verwandelt. Der Christusbezug ist von Anbeginn an ausgeprägt.

Die literaturkundlichen Deutungen („ganz isolierte Figur", „germanischer Pantheist", „ohne Gottesfurcht", „flacher Optimist", listige Erweckung „christlichen Eindrucks") entbehren aller geschichtlichen Grundlagen. Der Titel „Irdisches Vergnügen in Gott" ist von F. Gundolf bis K. Barth im Sinne von „Allotria" aufgefaßt worden. Er meint in der Zeit aber Ver-ge-nügen, Genugtuung, Befriedung, Stillung in Gott: „Man halte nur ein wenig stille und sei doch in sich selbst ver-gnügt" (Wer nur den lieben Gott läßt walten; G.

Neumark, † 1681). Unablässig bittet Brockes, „den Glanz, der mehr als irdisch ist", mit „fast verblendetem Gesicht", „klärlich sehen", „mit ganz verklärtem Blick" auffangen zu dürfen. Daß sein „Helden-Geist" die göttliche „Herrlichkeit" verkündet, rechnete ihm die Theologie der Zeit als Verdienst an.

Über Brockes: *H. M. Wolff*, *W. Philipp* (Lit.).

## Irdisches Vergnügen in Gott

### Ein Glanz, der mehr als irdisch ist

Dies ist's, was Parkers, Grews und Edwards Eifer treibet,
Und der gelehrte Kiel des scharfen Derham schreibet:
Doch Brockes Trefflichkeit deckt auf die größte Pracht!

(M. J. C. Krüsike)

Ein Glanz, der mehr als irdisch ist,
   Dringt mir durchs Auge nach der Seelen:
Wodurch sie ihrer selbst vergißt;
   Sie kann es fühlen, nicht erzählen!

Ach HERR! eröffne mir die Augen,
Daß durch sie Herz und Seele taugen,
   Dich hier im Schmuck der Welt zu sehn.
Bis daß dereinsten dort ich ganz
Dich ganz, Du ewig-heller Glanz,
   Kann sehn und Deinen Ruhm erhöhn!

### Auf – Klärung

Nur der Gedank' allein,
So manche Welt, so manchen Sonnenschein
In so viel hunderttausend Sternen,
In so verschiednem Licht, in so verschiedner Pracht,
In solcher Heiterkeit bald auf-, bald untergehn,
Bald sich vereinigen, bald sich entfernen,
In stiller Majestät in weite Kreise drehn,
Bald sich erniedrigen, bald sich erhöhn,
Mit ganz verklärtem Blick zu sehn, zu übersehn
Und des glorwürdgen Schöpfers Macht
In solcher Herrlichkeit mehr zu bewundern lernen,
Kann mich schon hier weit mehr als alle Sachen
In Zuversicht vergnügt, in Hoffnung selig machen.

*Das Firmament*

Jes. Sir. 43,1: Man sieht seine Herrlichkeit an der
mächtigen großen Höhe, an dem hellen Firmament.

Als jüngst mein Auge sich in die saphirne Tiefe,
Die weder Grund, noch Strand, noch Ziel, noch End'
                        umschränkt,
Ins unerforschte Meer des hohlen Luftraums senkt,
Und mein verschlungner Blick bald hier-, bald dahin liefe,
Doch immer tiefer sank, entsetzte sich mein Geist,
Es schwindelte mein Aug', es stockte meine Seele
Ob der unendlichen, unmäßig tiefen Höhle,
Die wohl mit Recht ein Bild der Ewigkeiten heißt,
Die nur aus GOTT allein, ohn' End und Anfang stammen.
Es schlug des Abgrunds Raum, wie eine schwere Flut
Des bodenlosen Meers auf sinkend Eisen tut,
In einem Augenblick auf meinem Geist zusammen.
Die ungeheure Gruft voll unsichtbaren Lichts,
Voll lichter Dunkelheit, ohn' Anfang, ohne Schranken,
Verschlang sogar die Welt, begrub selbst die Gedanken.
Mein ganzes Wesen ward ein Staub, ein Punkt, ein Nichts,
Und ich verlor mich selbst. Dies schlug mich plötzlich nieder;
Verzweiflung drohete der ganz verwirrten Brust:
Allein, o heilsam Nichts! glückseliger Verlust!
Allgegenwärt'ger GOTT, in Dir fand ich mich wieder.

*Das Vaterunser*

Sowohl der Anfang wie der Schluß
Des Vaterunsers zeiget an,
Daß auch im Beten jedermann
An die Verherrlichung des Schöpfers denken muß.
    Es gibt uns CHRISTUS selbst den deutlichsten Bericht,
Der je davon zu unsrer Kenntnis kame,
Wenn er zu Anfang: Vater! spricht,
Geheiligt werde stets Dein Name!
Wie kann nun GOTTES Nam' auf Erden
Von uns doch mehr geheiligt werden,
Als wenn wir, wie Sein Werk so schön,
In freudiger Betrachtung sehn?
Sein Reich wird wenigstens auch darin mit bestehn,
Wenn wir in Seinem Werk mit Lust Sein Lob erhöhn.
Sein Wille wird zugleich, wenn dies geschieht, geschehn.
Auch unser täglich Brot zeigt Seiner Werke Macht,
Und wird aus weiser Huld von Ihm hervorgebracht.
Wenn CHRISTUS das Gebet nun endlich schleußt,
So finden wir noch mehr, indem es heißt:

Denn es ist Dein das Reich, die Kraft, die Herrlichkeit
In Ewigkeit. Es fährt am selben Ort
Der HERR noch weiter fort,
Und heißt in Lilien, da sie so schön,
An Vögeln und am Gras uns GOTTES Allmacht sehn.
    Ach warum nehmen wir denn nicht
Die durch Natur und Schrift uns eingeprägte Pflicht
Mit größerm Ernst in Acht?
Auf, laßt uns überall in GOTTES Werken
Mit Andacht, Lust und Ehrfurcht merken
Des Schöpfers Weisheit, Lieb und Macht!

### Nox Illuminatio Mea

Es zeiget uns das Sonnenlicht
Den Schöpfer herrlich: Doch noch nicht
So herrlich, als wie wir den Glanz von Seinen Werken
Am Firmament im Dunkeln merken.
O Wunder! daß sogar die tiefsten Finsternissen
Den HERRN des Lichts verherrlichen, erhöhn
Und Seiner Wunder Größ' am hellsten zeigen müssen:
Der Tag läßt eine Sonn', die Nacht viel tausend sehn.

### Ver-gnügung an GOTTES Werk eine Gabe GOTTES

In der Geschöpfe Herrlichkeit,
In ihrer Anmut, Zier und Pracht
Die Herrlichkeit Des, Der sie macht,
Zu sehen hat man keine Zeit.

Ich schließe denn hieraus mit Recht,
Daß es in unsrer Kraft nicht stehe,
Und daß das menschliche Geschlecht
Sich nicht durch sich zu GOTT erhöhe.

Ich sage denn: Es bleibt dabei,
Daß an des Schöpfers Wundergaben
Mit Seel' und Sinnen sich zu laben,
Ein' eigne Gottesgabe sei.
                Sprüche Sal. 20.12:

Ein hörend Ohr und sehend Auge, die machet beide der HERR.

### Mißbrauch des Worts „Natur"

Die Göttin heißet die Natur, die wir in allen unsern Reden
Als tät sie alles, was geschieht, uns vorzustellen nicht
                             entblöden.
Wer lehrt die Tiere, sich zu nähren? Wer lehrt die Vögel
                             Nester machen?

Wer lehrt die kleinen Kinder saugen? Wer wirkt so viel
                      verborgne Sachen
Auf Erden, in der Luft, im Meer? Wer? Die Natur, spricht
                      jedermann;
Ja, zeigt man seine Meinung nicht in dem gewohnten
                      Sprichwort an:
Es wirken Gott und die Natur nie was vergebens! Scheint es
                      nicht,
Daß man von zwei verschiednen Wesen auf eine solche
                      Weise spricht?
Indem man, da man ohnedies so selten an den Schöpfer
                      denkt,
So selten Seine Macht bewundert, durchs Wort „Natur"
                      gleich abgelenkt
Und wenigstens gehemmet wird, in unsrer Ehrfurcht
                      fortzugehn,
Da das, was Ihm allein gebührt, sich gleichsam teilt. Man
                      bleibt bestehn.
Wenn man nur die Natur genannt: So wird man insgemein
                      befinden,
Man hört in der Betrachtung auf und läßt Geschöpf und
                      Schöpfer schwinden.
Man meint genug getan zu haben, wenn man mit kurzen
                      Worten nur,
(Vom Schöpfer nicht) wenns hoch kommt, spricht:
Wie wunderbar ist die Natur.


### *Schönheit der zur Abendzeit*
#### *hinter einem Gebüsch hervorstrahlenden Sonne*

Ei sehet! seht doch dort um GOTTES Willen
Die goldne Glut, den rosenfarbnen Glanz,
Die dort des Waldes Nacht und grüne Schatten ganz
Mit einer himmlischen, nicht irdschen Schönheit füllen!
Hat wohl ein menschlich Aug' ein holders Licht erblickt?
Was Schönres je gesehn? Es dringt mir in die Seele
Dies helle Freudenfeur: sie wird fast wie ent-zückt
Und fühlet wie mit ihr ein Etwas sich vermähle,
Das überirdisch ist. Sie senkt in diesen Schein,
Dem Urquell dieses Lichts, dem großen All zu Ehren,
Sich als ein Opfer selbst hinein.
Ach möchte diese reine Glut,
Das, was an ihr nicht gut, verbrennen und verzehren.


Wenn Moses einen Busch, der brannt' und nicht verbrannte,
In heilger Ehrfurcht sah, so stellt sich mir

Die Glut, die diesen Busch erfüllt,
Recht als ein Bild von diesem Wunder für.
Mich deucht, ich könn' hier in des Himmels Glut
Das Licht, so alles schafft und ewig Wunder tut,
Durch welches alles schön, was schön,
Den Schöpfer im Geschöpfe sehn.
Ach laß mich denn, o HERR, von Deinem Ruhm nicht
schweigen,
Laß mich dies Sonnenlicht auch andern würdig zeigen!

Läßt man allhier die Sonne, die so schön,
Die GOTTES Werk, des Abends nicht vergebens,
Nicht unbewundert untergehn,
So werden wir am Abend unsres Lebens
Der Sonnen Sonne, GOTT, im ewgen Morgen sehn.


### Zeitiger Frühling

Von unsrer Erde selbst wird in des Frühlings Pracht
Des großen Schöpfers Lieb und Macht
Mit tausend grünen Zungen
Im zungenförmigen Kraut, Gras und Laub besungen.
Das breite Laub ist Tier-, des Grases schmale Spitzen
Sind Vögel-Zungen gleich, die sich beständig regen
Und durch den lauen Wind zu GOTTES Ruhm bewegen.
Ist dieser Satz dir fremd? Mein, tadl' ihn darum nicht!

Würd' unser Gott allein durch Zungen
Von Muskeln, Haut und Fleisch besungen,
Wie könnten Ihm die Cherubinen
Mit ihren Lobgesängen dienen?
Wie könnten doch den Schöpfer droben
Der Morgensterne Scharen loben?

Ach lerne denn durch aufmerksames Sehn
Dies still und süße Musizieren
Der sanften Lieder Klang verstehn!
Laß soviel Zungen doch auch deine Zunge rühren,
Und schäme dich fortan, du kluger Mensch, allein,
Da alles redet, stumm zu sein.

Auf, ihr Sterblichen, betrachtet,
Schauet Gottes Wunder an!
Schmeckt die Liebe, fühlt die Stärke!
Rufet: Groß sind Deine Werke!
Wer Ihr achtet,
Der hat eitel Lust daran.                    PSALM 111,2

*Betrachtung der Schönheit der Blüten*

Ich senke mich durch Deine Wunder in Dich, Allmächtigs
Wesen, ein
Und spür in ihnen von der GOTTheit den sicht- und
unsichtbaren Schein.
Durch sie als einen schönen Nebel seh ich das Licht der
GOTTheit brechen,
Ich höre sie in sanfter Sprache von Dessen Eigenschaften
sprechen,
Aus Dem, als einer Meerestiefe, die Eigenschaften alle
quillen,
Die Erde, Wasser, Mond und Sonnen, ja aller Himmel
Himmel füllen.
Ein jede sagt: Es ist der Schöpfer, wie allenthalben, so auch
hier,
In allen liebreich, weis' und mächtig; Ich zeig Ihn dir, ich
zeig Ihn dir!


*Die beste Dankbarkeit*

Ich seh das lieblich grüne Gras,
Wenn es vom Tau des Morgens naß,
So wie in buntem Feuer glimmen.
Ich seh der Sonne goldne Glut
Auf reiner Bäche glatter Flut
So wie ein fließend Silber schwimmen.

Durch diesen Schein, durch dieses Glänzen
Entreißet sich die frohe Seele
Aus ihres irdschen Körpers Höhle,
Aus ihren sonst gewohnten Grenzen.
Durch dieses Feuers bunten Schein
Wird sie recht als auf einem Wagen
Von Feur und Glanz empor getragen.
Sie steigt durch die so schönen Flammen
Zu Dem, aus Dessen tiefem Meer
Von Lieb und Licht so manches Heer
Von Sonnen und von Welten stammen.


*Ver-gnügen eine Gabe GOTTES*

Es fällt mir diese Frage bei:
Ob etwa die Empfindsamkeit,
Die unser Innerstes erfreut,
Nicht eine ganz besondre Kraft,
Ein' an-geschaffne Eigenschaft
Und Schönheit einer Seele sei,

Die wir, so wie all andre Gaben,
Von unserm Schöpfer müssen haben.
Und daß wir von uns selber nicht
Das sicht- und unsichtbare Licht
In GOTTES wunderreichen Werken
Geschickt und fähig zu bemerken.

Wofern es nun (wie in der Tat)
Es die Bewandtnis damit hat,
So zögert, liebste Menschen, nicht,
Um dieses Helle Gnadenlicht
Den Schöpfer brünstig anzuflehn.

*Muscheln und Schnecken — lebendiges Rocail*

Ps. 104.25: Das Meer, das so groß und weit ist, da wimmelt's ohne Zahl.

Hier erstaunt nun meine Seele,
    Wenn sie schauernd überlegt,
Was doch diese Wunderhöhle
    Für Geschöpf und Wunder hegt,
Muscheln mit und ohne Perlen,
Gründling, Ascher, Barben, Schmerlen.
Wie viel tausend bunte Schnecken,
Die in bunten Schalen stecken,
    Nehmen durch der Farben Schein
    Der Beschauer Augen ein!

Auf viel tausendfache Weise
    Baut die spielende Natur
Ihr versteinertes Gehäuse.
    Keine seltsame Figur
Ist fast auf der Welt zu finden,
Die nicht in des Meeres Gründen
    Durch des Schöpfers weise Macht
    Wunderbar hervorgebracht.

Bald gewölbet, bald gebogen,
    Runzlig, spitzig, kraus und glatt,
Bald mit manchem Strich durchzogen,
    Der so manche Farbe hat,
Bald gewölket, bald gekörnt,
Bald gewunden, bald gehörnt,
    Bald gekerbt, bald lang, bald rund,
    Bald gedreht, gescheckt und bunt.

Öfters zeigt sich ein Gegitter,
    Oft sind sie Trompeten gleich:
Wie viel schöne Perlen-Mütter,
    Die so form- als farbenreich,

Wieviel treffliche Korallen,
Die ins Weiß und Rote fallen,
Muscheln, Austern mancher Art,
Drauf sich manche Farbe paart.

Wo soviel platt-belaubte Büsche, wo ganze Wälder von
Korallen,
Wo solch ein reicher Schatz von Perlen, die an Figur und
Farben schön,
Mitsamt den bunten Perlen-Müttern, wo rein und klare
Bergkristallen,
Wo Millionen Kreaturen, die alle zierlich sind, zu sehn;
Die alle können unserm Geist, wenn wir auch in die Tiefe
steigen,
Auch dorten eine Weisheit, Allmacht und Liebe, kurz den
Schöpfer zeigen.


### Neujahrsgedicht

Amos 3,6

So ruft uns dort Amos zu:
Ist auch in der Stadt ein Unglück, welches GOTT, der HERR
nicht tu?
Ja, man sieht am selben Ort, wie so viele Unglücksfälle
GOTT sich selber beigelegt und auf Seine Rechnung stelle.
Ich, spricht GOTT, hab euch den Regen
Bis zur Ernte noch drei Monde aufgehalten. Meinen Segen
Ließ ich über eine Stadt, Land und Acker sich ergießen;
Über andere hingegen ließ ich selbigen nicht fließen,
Und das Land verdorret. Ferner: Ich hab euch geplaget
Mit der dürren Zeit und Brandkorn, was ein Gart' und
Weinberg trug,
Ward durch Heuschreck und Raupen, Wurm und Käfer
abgenaget.
Ich nur war es, der mit Pest euch wie einst die Ägypter
schlug;
Meine Hand allein hat euch umgekehrt, wie das Land,
Welches Sodom und Gomorra trug, ihr waret wie ein Brand.
Ach, wie so gar unbegreiflich sind Dein GÖTTliches Gericht
Und wie unerforschlich, HERR, Deine weisen Wege nicht!
Es sind von Ihm, durch Ihn, in Ihm alle Dinge dieser Zeit;
Ihm allein sei Lob und Dank, Ruhm und Ehr in Ewigkeit!


### Das durch die Betrachtung der Größe GOTTES
### verherrlichte Nichts des Menschen

Der Mensch muß wahrlich sich bestreben,
Um zu des Schöpfers Majestät,

Die alles, alles übergeht,
Sich voll Betrachtung zu erheben,
Sich immer höher aufzuschwingen
Und immer tiefer einzudringen
In Seiner Herrlichkeit unendlich ewigs Licht
Durch die geheimnisvolle Spur
Der wunder-vollen Kreatur;
Sonst tut er wider seine Pflicht.

Unmöglich können wir die wahre GOTTheit ehren,
Unmöglich würdig recht von Ihrer Größe lehren,
Wenn wir Ihr Wesen nicht weit über alles setzen,
Wenn wir nicht GOTT nach aller Größe schätzen,
Der unsre Seele fähig ist. Denn mich bedünkt: Es sei
Ein kleiner Gott und kein Gott einerlei.

Es ist bedauernswert, daß auch Theólogi
(Denn viele nehm ich aus und spreche nicht von allen)
Sich um des Schöpfers Werk nicht die geringste Müh
Zu nehmen angewöhnt. Wie kann dies GOTT gefallen,
Daß Seine Diener so von Seinen Wundern schweigen,
Wenn sie von aller Herrlichkeit,
Macht, Majestät, Vollkommenheit
Des Schöpfers in den Kreaturen
Uns fast nicht die geringsten Spuren,
Weil sie sie selbst nicht kennen, auch nicht zeigen.

O GOTT! des Ehr und Ruhm ohn Anfang, ohne Ende!
Nicht nur, was in die Sinne fällt,
Die Pracht und Schönheit dieser Welt,
Unzählig andre noch sind Werke Deiner Hände:
Nicht nur die irdische Vollkommenheit,
Selbst Firmament, Natur, Raum und Unendlichkeit
Sind Kinder Deines Worts, Dein Wollen ist ihr Sein.
Es stammet nur aus Dir allein
Das, worin sich, so wie es scheint,
Der Körper und der Geist vereint,
Das unbegreifliche Geheimnis aller Samen,
Und deren allen Geist verwirrend' Eigenschaft.
Lob! Ehre, Preis und Ruhm und Dank und Stärk'
Sei Deinem wunderbaren Namen!               [und Kraft

### Gedanken bei der Sektion eines Körpers

Kaum warf ich meinen Blick auf das zerstückte Weib,
Kaum sah ich den zum Teil von Haut entblößten Leib,
Ich konnte kaum sobald die blutgen Muskeln schauen,
Als mich ein widriges und ekelhaftes Grauen

64

Den Augenblick befiel. Allein es hatte kaum
Der kluge Anatom begonnen,
Er ließ uns kaum so bald die weisen Wunder sehn,
Die von der bildenden Natur daran geschehn:
So macht die Regung gleich weit süßrer Regung Raum.

Furcht, Grauen, Ekel war im Augenblick vergangen;
Mich nahm Bewundrung erst, darauf Erstaunen ein,
Dem folgt Erniedrigung und Ehrfurcht allgemach
Und diesen auf dem Fuß Lob, Inbrunst, Andacht nach.
Es fing ein helles Feur von einer heilgen Lust
In meiner GOTT zum Ruhm mit Dank erfüllten Brust
Zur Ehre des, der hier so wunderbar
Des Körpers Wunderbau gefüget, an zu brennen.
Ich wußte selber nicht, wie mir zu Mute war.
Dem Menschen gibet sich der Schöpfer hell und klar
Am allerdeutlichsten am Menschen zu erkennen.

Es scheint, als könne man in diesen Wunderwerken,
In diesem Meisterstück der bildenden Natur,
Von unserm Schöpfer selbst hier eine helle Spur
Ganz überzeugend klar und gleichsam sichtbar merken.
Ach! rief ich, laßt denn hier an diesen Schauplatz schreiben:

Hier kann kein Atheist ein Atheiste bleiben!

### Seelen – Betrachtung

Unsers Körpers Wunderbau ist so wunderbar gefüget
Zu der offenbaren Absicht, wie es ja vor Augen lieget,
Daß wir sinnlich werden sollen; da die Menschen bloß
allein
Durch die Werkzeug ihrer Sinnen mit der Welt verbunden
sein.
Will man das, was GOTT verbunden und einander zugesellt,
Trotz- und eigenwillig trennen? Wollt ihr denn auf dieser
Erden
Statt mit Fleisch vereinter Seelen schwärmende Gespenster
werden?
Welch ein Umsturz der Natur! Welch ein törichter Verstoß!
Da ihr Seel- und Sinnen trennet, seid ihr Sinn- und Sinnen-
los.

### Grenzen der Vernunft

Wer bist du? was ist dein Verstand? ist er von solcher
Schärf und Kraft,
Daß er das Innerste der Dinge, des Geist's, der Körper
Eigenschaft

Und die Natur zu fassen fähig? GOTT hat ihn dir in diesem
Leben
Gewiß in einem reichen Maß und in so hohem Grad
gegeben,
Daß es ein wahres Wunder ist; allein er hat doch seine
Schranken,
Worüber er nicht kommen kann. Wer nun die forschenden
Gedanken
Aus ihrem Kraft-Kreis treiben will und mehr, als wozu sie
bestimmt,
Den Engeln, ja der GOTTheit gleich, damit zu fassen
unternimmt,
Wird wie der Luzifer gestürzt. Ach, laßt uns dieses wohl
erwägen!
Ich habs erfahren, daß daran weit mehr, als wie man meint,
gelegen.
Will unser sinkendes Gemüt, will unsre angefochtne Seelen
Ein Zweifel, der unüberwindlich, mit Angst bis zur
Verzweiflung quälen,
So sprecht in wahrer Selbsterkenntnis: Halt ein, mein Geist!
hier ist dein Ziel!
Willst du, was nicht zu fassen, fassen; dies ist verwegen
und zu viel!
Drum denk in Demut an die Wahrheit: Der Schöpfer will
und kann allein
Bewundert, nicht begriffen sein.

### Unnützer Nutzen des Verstandes

Wenn ich die Schätze des Ver-gnügens, die fast unschätzbar,
überlege,
Und daß sie von der Seligkeit der erste Grad fast sei, erwäge,
So scheint hieraus von selbst zu fließen: daß, da sie recht
ein Göttlich Licht
Sie nicht in unsern Kräften stehe, und daß ein Räsonnieren
nicht
Sie zu erlangen fähig sei. Daß also GOTT, der HERR,
allein
Um diese Gnade zu erhalten, muß ernstlich angeflehet sein.

### Zweifelmut erregt und gestillt

Laß mich in meinen Schranken bleiben,
Bloß Deine Wunder zu beschreiben,
Mein Schöpfer, die so wunder-schön.
Ach, laß aus Hochmut mich, o HERR!
Aufs Maulwurfs Art, mich nicht vergehn,

In Deiner GOTTheit Glanz zu sehn
Und so, wie dort einst Luzifer,
Mich nicht zu meinem Fall erhöhn!

### Schlußsatz

Unwandelbares Sein! in Dir verborgner GOTT!
Selbständig-ewiger Monarch! HERR Zebaoth!
GOTT! der Du herrlicher und besser,
GOTT! der Du mächtiger und größer,
Als Dich in ihrem Glanz der Sonnen herrliches Heer,
Als Dich das Heer der ungezählten Erden,
Ja, jede Kreatur, die Du zu Deiner Ehr,
So unsichtbar als sichtbar, ließest werden,
Nebst aller Himmel Himmel Kreisen,
Von je und je von aller Jahre Zeit,
Jetzt und in alle Ewigkeit
Erheben konnt', jetzt kann und je vermag zu preisen!

Gib, daß wir auf der Welt uns bloß dahin bestreben,
Daß wir nur Dir zur Ehr im Tun und Denken leben!

### Der Ursprung des menschlichen Unvergnügens

Bedächten wir mit Ernst: Nichts war ich, eh ich war;
Nichts bin ich, da ich bin, als nur durch GOTT allein;
Nichts hab ich ohne GOTT, nichts auf der Welt ist mein;
Nichts kann ich ohne ihn, nichts kann mein Herze rühren,
Nichts krieg ich bloß durch mich, und nichts kann ich
                                        verlieren,
Wenn aller Dinge HERR es nicht erlaubt und fügt;
Nichts hab ich je verdient und nichts ist GOTT mir
                                        schuldig.
Wenn, sag ich, ihr also zuweilen in euch schlügt,
Unmöglich wäret ihr im Glück so unvergnügt,
Im Unglück also ungeduldig.

### Anleitung zum Sterben

Großer Richter unsers Lebens und des Todes! ist noch mehr,
Was Du von mir forderst, übrig? Schau mit Vateraugen her,
Ich will sterben, ich will leben, HERR und Schöpfer wie Du
                                        willt;
Wer gelebet hat, muß sterben, wenn sein Lebensziel erfüllt.
Also streck ich meines Körpers welk- und abgelebte Glieder,
Schließe zu dem letzten Schlafe meine matten Augenlider,
Übergeb an meinem Ende
Meinen Geist in Deine Hände,

Du verlangest ihn von mir.
HERR, ich übergeb ihn Dir.
Nichts mehr wird von mir gefordert, und indem ich sterb
                                        und scheide,
Denkt noch mein sich senkend Haupt hoffnungsvoll an jene
                                        Freude,
Die Du, ewigselge Liebe, bloß aus Liebe mir beschieden:
HERR, ich ruh in Dir in Frieden.


## BERNHARD NIEUWENTYT (1654–1718)

Unter den universalen Physikotheologien gelangte die
„Weltbetrachtung" des Niederländers Nieuwentyt, auf die
sich noch Rousseau bezog, zu internationaler Berühmtheit.
Der Verfasser, der Prädikant werden wollte und dann zur
Medizin überging, war als Theologe, Mathematiker, prak-
tischer Arzt und Bürgermeister von Purmerend in Nord-
holland, wo sein kleines Haus noch heute steht, eine starke,
eindrucksvolle Persönlichkeit. Nieuwentyt hat ebenso mit
Leibniz eine geschliffene Kontroverse über die Infinitesimalrechnung geführt, wie er in Verwaltung und medizinischer
Praxis Bedeutendes geleistet hat. In der Einleitung seines
Werkes stellt er die Analogie seiner Bemühungen mit denen
des bekannten jansenistischen Erzbischofs Franciscus de
Salignac de la Motte-Fénélon († 1715), des anglikanischen
Standestheologen und Botanikers von Weltruf John Ray
(† 1705) und des berühmten Domherrn und College-Präsi-
denten William Derham († 1735) fest. Das Werk vertritt
exakte Forschung der Zeit, die biblisch durchwoben und mit
Gottes-Doxologien unterbrochen ist. Sein Aufbau ist der
folgende: 1. Die Eitelkeit der irdischen Dinge. 2. Von allen
sichtbaren Dingen. 3. Von dem Munde. 4. Speiseröhre, Ma-
gen und Gedärme. 5. Milchgefäße und Brustgang. 6. Herz.
7. Atem. 8. Adern. 9. Nerven, Drüsen und Häute. 10. Muskeln. 11. Knochen. 12. Biblische Betrachtung. 13. Augen.
14. Gehör. 15. Geschmack, Geruch, Gefühl. 16. Vereinigung
von Seele und Leib. 17. Physische Affekte und menschliche
Fortpflanzung. 18. Luft. 19. Luft-Erscheinungen. 20. Vom
Wasser. 21. Von der Erde. 22. Vom Feuer. 23. Von Tieren,
Vögeln und Fischen. 24. Von den Pflanzen. 25. Vom Himmel. 26. Von den Teilchen der sichtbaren Welt. 27. Von
Naturgesetzen. 28. Die Chemie. 29. Von der Möglichkeit der

Totenauferstehung. 30. Von dem Unbekannten – gerade die
Unerforschlichkeit seiner Wunder macht Gott groß. Das
Werk war tödlich für den Spinozismus der Zeit (s. Einl.
S. XLVIII ff.), den es im Hinblick auf Spinozas „Denkbeelden"
wie im Hinblick auf jene „mathematische" Methode zer-
schmetterte, aus der Wolff seinen abstrakten Weltintellekt
ebenso herausspann wie Spinoza die Gott-Natur-Substanz.
Wie Brockes unter dem Einfluß der biblischen Anthropologie
die Zerschneidung von Leib und Seele ablehnt (s. o. S. 65),
so gelangte Nieuwentyt zur Lehre vom „eigentlichen Leib"
(Ganzheitsgestalt), die vom „sichtbaren Leib" abzuheben ist.
Der Text stammt aus der zweiten deutschen Übersetzung,
der des Göttinger Professor J. A. (v.) Segner (dessen Was-
serrad allen modernen Turbinen zugrunde liegt). Segner,
später Geheimrat in Halle, ist einer der großen Bestreiter
des antibiblischen Begriffes „Natur" (die Bibel sagt „Werke
Gottes"). An wichtigen Stellen sind die Begriffe aus dem
niederländischen Original von 1715 eingefügt. Die von Segner (S. 362) frei eingeführte Wendung: „Man betrachte mit
*aufgeklärten* Augen" ist einer der frühesten Belege für das
deutsche „Aufklärung". Nieuwentyt selbst redet unablässig
vom blinden, verdunkelten Auge und zeigt auf dem Titelbild, wie die Wissenschaft, in einem aus der „Theos"-Sonne
niederbrechenden Strahlenbündel stehend, einem antiken
Philosophen die Binde von den Augen reißt.
Über Nieuwentyt: *W. Philipp.*


## *Rechter Gebrauch der Weltbetrachtung*

*Von den Atheisten*

Die vorliegenden Betrachtungen sind in der Absicht
geschrieben, die Atheisten [Ongodisten] von der Macht,
Weisheit und Güte ihres GOTTES, des anbetungswürdigen Schöpfers und Regierers aller Dinge, und
die Ungläubigen, die zwar einen Gott, aber nicht die
Autorität der Heiligen Schrift anerkennen, von dem
übermenschlichen Ursprung dieser Schrift zu überführen und in beidem den rechten Gebrauch der Welt-
Betrachtung zu zeigen.

Es sind nämlich die Beweise, die wir zu diesem
Zweck beibringen, nur auf die Versuche und Erfah-

rungen gegründet, die uns die neueren Naturforscher an die Hand geben. Denn es ist klar, daß in der Naturlehre nicht anders zur Gewißheit zu gelangen ist, als wenn man die Schlüsse auf dasjenige baut, was uns die Sinne an den Körpern zeigen. Die Beweise aus der sog. Grundlehre [de Metaphysica] aber sind aus diesem Grunde vermieden worden.

Indem ich mit der Anfertigung dieses Werkes beschäftigt bin, kommt mir das Buch des Erzbischofs von Kamerich in die Hand und auch eine Übersetzung des Buches, das Ray in gleicher Absicht schrieb. Ich sehe mit Vergnügen, daß diese großen Männer, zu denen auch Derham zu zählen ist, die gleichen Gründe [bewysmaniere] gewählt haben, um das Sein und die vornehmsten Eigenschaften Gottes zu erweisen, die ich immer für die deutlichsten und sichersten gehalten habe.

Diejenigen, die dieses Buch wegen der in demselben enthaltenen Versuche und einschlägigen naturwissenschaftlichen Abhandlungen lesen werden, sind noch zu ersuchen, sich nicht an den ⟨Glaubens-⟩Überzeugungen zu stoßen, mit denen dieselben öfter unterbrochen sind. Unser Zweck war nicht, eine vollständige Naturlehre zu schreiben, sondern die Irrenden zurecht zu bringen; wiewohl es niemand schaden wird, wenn er sich angewöhnt, seine Gedanken bei der Betrachtung natürlicher Dinge von Zeit zu Zeit auf etwas Höheres zu richten.

Diejenigen, die von GOTT und seinem Wort gegründete Erkenntnis haben, können in diesem Buch neue Beweise dieser Wahrheit finden. Die Schwächeren aber werden hoffentlich in demselben das eine und andere antreffen, mit dem sie sich gegen die ihnen begegnenden Angriffe ⟨der Pantheisten⟩ wehren können.

Ehe ich die Anrede ende, muß ich mich noch an Euch wenden, ihr unglückseligen Zweifler, Ungläubigen und beklagenswerten Philosophen, die Ihr Euch unter die „Starken Geister" [Esprits Forts] zählt – Ihr, für die dieses Werk insbesondere geschrieben ist. Wollt ihr Euch Eures üblichen Witzes bedienen, so können auch die bündigsten Beweise an Euch nichts verfangen; einen lernbegierigen Geist aber, der in der gehörigen Verfassung steht, kann ein einziger Umstand unter Gottes Segen von seinem Irrtum auf bessere Gedanken bringen.

### Von Gott

Es ist wohl nicht anzunehmen, daß vernünftige Menschen jemals so zersetzt waren, daß sie ein ewiges, durch seine eigene Kraft bestehendes Wesen gänzlich geleugnet und angenommen haben, es sei einmal ein vollkommenes Nichts und weder Schöpfer und Geschöpf gewesen. Die wichtigsten der alten Gottesleugner und Spinoza unter den neueren haben doch ein gewisses unendliches Wesen anerkannt.

Der große Streit also zwischen diesen Leuten und denjenigen, die eine Gottheit anerkennen und verehren, geht nicht darum, ob es ein Wesen gibt, das von Ewigkeit her durch sich selbst bestand. Dies gestehen beide Teile zu; sondern die Frage ist nur die, ob dieses ewige und selbständige Wesen auch weise, mächtig und gütig ist, und ob es alle Dinge nach seinem Wohlgefallen in gewissen Absichten [sekere einden – d. h. final-kausal, unter End-Ursächlichkeit] gemacht hat und regiert.

Diejenigen, die von Jugend auf so glücklich gewesen sind, daß sie mit inniger Überzeugung angesichts der anbetungswürdigen Vollkommenheit GOttes denselben als ihren mächtigsten HErrn, als ihren Schöpfer und Erhalter erkannt und verehrt haben, wird es vielleicht befremden, daß sich Menschen finden können, die zwar ein ewiges Wesen erkennen, aber demselben keine der erwähnten Eigenschaften zuschreiben. Doch ist es viel zu bekannt, daß sowohl frühere als auch unsere Zeiten eine nicht geringe Zahl solch unglücklicher Vernünftler hervorgebracht haben, ohne daß es nötig wäre, mit ihrer Aufzählung dies Buch zu vergrößern.

Die Urheber atheistischer Bücher haben sich oft der Mathematischen Schreibart 〈„Geometrische Methode"〉 bedient, damit sie das Ansehen haben möchten, als ob alles darin zur vollkommenen Gewißheit gebracht wäre. Ein Beispiel dafür gibt das Buch des Spinoza, das auch deswegen bei vielen dieser Unglücklichen so hoch geachtet wird, weil sie bei ihrer geringen Kenntnis der Mathematik aus dem äußeren Vortrag schließen, daß alles, was hier abgehandelt wird, auf das Richtigste aus unanfechtbaren Sätzen her folgt. Wer nun Spinoza gelesen und verstanden hat, muß bemerkt haben, daß er nur seine Begriffe [denkbeelden en verstand] zur Grundlage alles Übrigen macht. Die Methode, deren sich die Mathematik bedient, um Wahrheiten zu erschließen (solange sie mit reinen Begriffen umgeht), wendet er also ganz unrichtig auf wirkliche Dinge an. Deswegen kann die ganze Reihe der vielen Sätze und sogenannten Beweise in dem Buche des Spinozas, wenn sie auch alle aus den vorausgesetzten Gründen flössen (wovon das Gegenteil vielfältig bewiesen werden kann), nichts anderes zeigen, als lediglich was für Begriffe dieser unglückliche Schriftsteller in sich selbst gebildet hat [verbeeldingen en begrippen, welke desen ongelukkigen Autheur in sigh selfs geformeert heeft]. Man kann daraus auf die Sache so wenig schließen, so wenig ein Sternkundiger die Vorstellung, die er sich nach Belieben von einem Himmel gemacht hat, als Abbildung des wirklichen Baus, den wir über uns sehen, ausgeben kann. Da diese unglücklichen Weltweisen ihrem Verstande soviel zuschreiben, so hat man vor allen Dingen darauf zu sehen, daß man bei ihnen das Vertrauen auf ihre Begriffe vermindert und sie zu überzeugen versucht, wie wenig wir von den Dingen durch den bloßen Gebrauch des Verstandes einsehen können. Ja, diese Art mit ihnen zu verfahren, ist die einzige, bei der ich jemals einigen Nutzen festgestellt habe. Man führe sie dazu in ein Chemisches Laboratorium oder an einen Ort, wo man sich mit neuen Experimenten beschäftigt. Man frage sie, was nach ihren Begriffen herauskommen muß, wenn dieses oder jenes experimentell zugrunde gelegt wird. Versagen sie dabei und erfolgt nach angestellten Versuchen das Gegenteil dessen, was sie angeben, so bleibt ihnen keine Ausflucht übrig und sie müssen bekennen, daß ihr Verstand nicht hinreicht, die Eigenschaften der wirklichen Dinge zu übersehen.

Ich mache hier denjenigen keinen Vorwurf, die behaupten daß in der Naturlehre die Betrachtung der Absichten [Eind-oorsaken – d. h. Final-Kausalität] insofern keinen Platz hat, als man in der Naturlehre zu untersuchen bemüht ist, wie etwas beschaffen ist, wie es wirkt und bewegt wird ⟨d. h. mittels der Effizierenden oder Wirk-Kausalität⟩. Ich gestehe gern ein, daß man in der Frage wie etwas geschieht, unangemessen antwortet, wenn man sagt, es geschehe zu diesem oder jenem Endzweck. Richtig ist aber ⟨andererseits⟩ auch, daß, wenn man diese Regel nicht gehörig einschränkt, sie bei manchen Leuten Anlaß zu der primitiven Vorstellung geben kann, als ob gar keine zielgerichteten Vorgänge in der Natur stattfänden und alles von einem reinen Zufall oder anderen unvernünftigen Ursachen herrühre. Zum mindesten ist die Frage, woraufhin etwas geschieht oder wozu es dienen kann, aus der Wissenschaft keineswegs zu verbannen. Sie gehört zwar nicht in den Teil der Naturlehre, der sich nur mit der Untersuchung der wirkenden Ursachen [werkende oorsaken] befaßt; jedoch wird m. E. niemand an dem Nutzen zweifeln, der sich jemals an dieser Betrachtung erfreut hat.

Auch das ist wahr, daß man noch kein besonderes Fach in der Wissenschaft hat, in welchem man eigent-

lich von den Absichten der Dinge ⟨d. h. von der Final-
Kausalität, z. B. in der Keimentwicklung oder in In-
stinktabläufen⟩ handelt. Doch glaube ich nicht grund-
los, daß wenn jemand sich insbesondere befleißigen
wollte, die weisen Absichten des Schöpfers aus den
Eigenschaften der Dinge und ihrer Zweckbezogenheit
herzuleiten, diese Lehre [dese Scopologia of oogmerks-
kunde] einen der herrlichsten Teile der Weltweisheit
ausmachen und nicht nur viele Menschen an ihre
Pflicht und Dankbarkeit gegen ihren großen Schöpfer
erinnern, sondern auch den Ruhm des ersten Verfassers auf die Nachwelt bringen würde. Gleich wie
Harvey, indem er den besonderen Nutzen ⟨d. h. Zweck-
bezogenheit⟩ des Herzens und der Adern beim Umlauf
des Blutes entdeckte, Malpighi als er den Nutzen (im
Bau) verschiedener Tiere und Pflanzen darlegte und
Borelli dadurch, daß er die Werkzeuge der Bewegung
der Tiere erforschte, ihre Namen verewigt haben.*

Wie sehr uns die wirklichen Erfahrungen und Versuche dazu helfen, die üblen Folgen der allzuweit ausgedehnten Regel, die die Betrachtung der Absichten
⟨Final-Kausalität⟩ aus der Naturlehre verbannt, zu
vermeiden, zeigen uns die geschicktesten Naturforscher unserer Zeit, insbesondere aufs deutlichste die
Zergliederer [Anatomici], die gewohnt sind, bei der
Beschreibung der Teile unseres Körpers den Gebrauch
derselben mitzubehandeln und dadurch öfter veranlaßt
werden, der Weisheit und Güte des Schöpfers ein
herzliches Loblied anzustimmen.

*Von den Werken und vom Worte Gottes*

Aus all diesem erhellt nun hinlänglich, daß ein genaues Achtgeben auf das, was uns in der körperlichen

* W. Harvey († 1657): Exercitatio anatomica de motu
cordis, 1628; M. Malpighi († 1694): Anatomes plantarum,
1675/9; Dissertatio epist. de Bombyce, 1669, usf.; G. A.
Borelli († 1679): De motu animalium, 1680/81.

Welt begegnet, ein sicheres Mittel ist, den so mannigfachen Ursachen und Gelegenheiten zum Atheismus zu entgehen und die Vollkommenheiten GOttes in seinen Werken zu erblicken. Endlich werden diese Betrachtungen Wankelmütigen und Zweifelnden von großem Nutzen sein. Dies ist mit desto größerer Zuversicht zu hoffen, je richtiger es ist, daß sich GOtt selbst, in seinem Worte, nicht künstlich ausgedachter und einen geübten Verstand erfordernder philosophischer Schlüsse zum Beweise seiner anbetungswürdigen Vollkommenheiten bedient, sondern meist die Menschen auf diesem, für jedermann offenen und gebahnten Weg zu sich zu führen sucht; welches wir als ein besonderes Zeichen seiner unendlichen Güte anzusehen haben. Obwohl selbst die Scharfsinnigsten bekennen müssen, daß sie nur einen ganz geringen Teil seiner Werke mehr bewundern als erkennen, so sind doch trotzdem diese Beweise hinlänglich, auch den allerschwächsten Verstand von einem anbetungswürdigen Schöpfer und Beherrscher dieses Allen unwidersprechlich zu überzeugen. Denn zu dieser Einsicht wird fast nicht mehr erfordert, als daß man sich seiner Sinne zu bedienen wisse.

Hiervon gibt das Wort GOttes an vielen Stellen zahlreiche Beispiele. Paulus nimmt den Beweis der ewigen Kraft GOttes, durch die er aus sich selbst besteht, von den Geschöpfen, wenn er Röm. I, 20 spricht: GOttes unsichtbares Wesen, das ist seine ewige Kraft und GOttheit wird ersehen, so man das wahrnimmt, an den Werken, nämlich an der Schöpfung der Welt.

Und nachdem in dem CIVten Psalm die Werke GOttes auf erhabene und herzanrührende Art erzählt worden sind, wird endlich GOttes Weisheit aus denselben im 24ten Vers bewiesen: HErr, wie sind deine Werke so groß und viel! Du hast sie alle weislich geordnet.

Ebenso gebraucht der HErr des Himmels zur Erweisung seiner Macht keine Beweise aus der Tiefe der Philosophie, sondern will wieder nur, daß man die Augen auf seine Werke richte, Jes. XL, 26: Hebet eure Augen in die Höhe und sehet; Wer hat solche Dinge geschaffen, und führet ihr Heer bei der Zahl heraus? Der sie alle mit Namen ruft: Sein Vermögen und starke Kraft ist so groß, daß nicht an Einem fehlen kann.

Ferner wird auch die Güte GOttes in dem CVIIten Psalm an seinen Werken gepriesen – und damit wir nicht mehr anführen, so gebraucht der Allmächtige, um seine unendliche Herrlichkeit zu erkennen zu geben, Hiob XXXVIII, XXXIX, XL und LI keinen anderen Beweis als den, der von den Werken der Schöpfung hergenommen ist, und erinnert uns dadurch auf das Nachdrücklichste, wie viel an dieser Betrachtung der Werke GOttes gelegen ist. Insonderheit wird dies Psalm CVII, 43 auf nachdrückliche Art eingeschärft, indem der Geist GOttes mit diesen Worten schließt: Wer ist weise und behält dies? So werden sie merken, wie viel Wohltat der Herr erzeigt. Ja, es geht GOtt in der Aufmunterung zur Betrachtung seiner Werke so weit, daß diejenigen, die sich dieses Mittels, zu seiner Erkenntnis zu gelangen, nicht bedienen, für Unvernünftige und Toren gehalten werden: Psalm XCII, 6.7 HErr, wie sind deine Werke so groß!

*Von Schmerzen und Schrecken dieser Welt*

Wir sehen täglich viele Leute sterben, die dem Anschein nach mit dem Tode nicht gerechnet haben. Da nun also der Tod einem jeden so gewiß und die Stunde desselben so ungewiß ist; und da derselbe uns des Genusses aller irdischen Dinge plötzlich beraubt, so muß wohl jedermann, der dies betrachtet, von der Vergänglichkeit seiner selbst und alles dessen, was in der Welt ist, insofern es mit ihm in Verbindung steht, überzeugt sein. Nicht einmal ein hohes Alter ist zu wünschen, wenn man alles recht bedenkt, da dieses, als ein zweiter Tod, uns fast alles raubt. Hinzu kommt, daß die, die lange leben, nicht nur der Schwachheit des hohen Alters, sondern oft auch anderen bedrückenden und schmerzhaften, zum großen Teil ganz unheilbaren Krankheiten unterworfen sind. Und nähme man auch an, daß dem einen oder andern die Plagen des Alters das Leben nicht zur Qual machen – wie wenige Staaten haben einige Jahrhunderte nacheinander in Blüte gestanden, deren Einwohner nicht von ihrem Eigentum verjagt oder selbst vernichtet wurden? Und wieviel Staaten sind im Gegenteil zu zählen, die nach herrlicher Größe in der äußersten Vernichtung ihr Ende fanden!

Ist nun selbst ein langes und gesundes Leben etwas so Fragwürdiges, daß kein Mensch dadurch glücklich werden kann, so mögen diejenigen, die an den Vollkommenheiten GOttes zweifeln, erwägen, wie schrecklich auch alles Übrige für sie in dem Fall sein muß, daß sie keinen GOtt zu fürchten haben, wie sie sich dies durch elende Vernunftschlüsse weis zu machen trachten. Ein jeder muß zugestehen, solange er auf solche Schlüsse baut: Was ist wohl in der Welt, von welchem er sich mit einer gegründeten Hoffnung etwas Gutes versprechen oder Zuneigung und Liebe erwarten kann, er mag sich verhalten wie er will? Ohne Liebe aber ist dieses Leben ein vollkommenes Elend!

*Von der Gnade der Gotteserkenntnis*

Ehe wir aus den Teilen der Welt, die in unsere Sinne fallen, die Macht, Weisheit und Güte ihres großen Schöpfers mit größerer Deutlichkeit zu zeigen trachten, als aus Kunstwerken von Menschenhand das Geschick des Werkmeisters abgelesen werden kann, so lasse sich niemand befremden, daß wir es für notwendig halten, diesen großen Schöpfer und Erhalter in der tiefsten Demut anzuflehen: Er möge nicht nur

unsern an sich finstern Verstand erleuchten, uns seine
Vollkommenheiten in den Werken zu beschauen, fähig
machen, sondern er wolle uns auch von allen niedrigen
Gemütsbewegungen und den aus diesen fließenden un-
gegründeten Überlegungen reinigen!

Denn es kann niemandem, der die Gnade erlangt
hat, in unzähligen Dingen seinen anbetungswürdigen
Schöpfer mit vollkommener Überzeugung zu fühlen
und zu finden, entfallen sein, wie viele dieser herrlichen Werke ihm früher oftmals begegneten, ohne daß
sie ihn wirklich zu der höchsten Ursache aller Dinge
geleitet hätten, obwohl er ihre Eigenschaften gar wohl
zu verstehen meinte. Hieraus folgt, daß weder ein
durchdringender Verstand noch die Beschaffenheit der
Sache selbst genügt, um uns auf die rechte Spur zu
bringen, solange es uns noch an einer ganz anderen
und höheren Hilfe fehlt.

Ein Atheist aber muß, wenn er das Zeugnis derer,
welchen er weder Verstand noch Glaubwürdigkeit absprechen kann, auch nur als historische Wahrheit annimmt, wenigstens soviel zugestehen, daß bei einer
Sache von äußerster Wichtigkeit, von der eine selige
oder unselige Ewigkeit abhängt, es nach seinen eigenen Gründen ihm nicht schaden kann, wenn er den
ihm noch unbekannten GOtt, wie die zu Athen, um
seinen Beistand mit uns anruft.

*Von Gottes Erbarmen über die Gottlosen*

Ein Atheist, der alle Erfahrungen und Zeugnisse verwirft und sich nur auf die Begriffe verläßt, die er bei
sich selbst gemacht hat, schließe hieraus ⟨d. h. aus dem
Trans-rationalen, das in der gesamten Naturerfor-
schung sichtbar wird⟩, daß seine Art zu denken ihn
unmöglich zu einer wahren Gemütsruhe führen kann,
solange er sich weigert, die besonderen Dinge selbst
zu untersuchen; und er muß es sich zu diesem Zweck
angelegen sein lassen, die Kraft der Beweisgründe, auf

welche die Christen ihre Lehren bauen, mit Ernst zu untersuchen.

Diese bestehen nicht in bloßen Gedanken, sondern sind aus den Betrachtungen der Werke GOttes und aus den unverwerflichen Zeugnissen hergenommen, die uns GOtt in seinem Wort gibt. Viele, die der Atheist nicht für unvernünftig halten kann, wenn er selbst den Anschein der Torheit vermeiden will, gründen sich mit einer völligen Überzeugung und Freudigkeit in Leben und Tod auf dieselben.

Vielleicht erbarmt sich der anbetungswürdige Schöpfer und Wohltäter über den Atheisten und gibt ihm, unter anderem auch durch die Betrachtung der vielen unbekannten Dinge, die sich in der Welt zutragen, zu erkennen, daß seine Philosophie keineswegs hinreicht, um über dergleichen Dinge ein richtiges Urteil zu fällen. Und vielleicht gefällt es GOtt, seine Augen und seinen Verstand zu erleuchten, daß er des großen Schöpfers wunderbare und unerforschliche Weisheit, seine herrliche, freie und nach eigenem Wohlgefallen wirkende Macht und seine unverdiente Güte aus dem vortrefflichen Bau dieser schönen Welt und aus all dem Wunderbaren, das darin vorkommt, mit einer völligen Überzeugung einsehen kann und daß er die Wunder seiner Gnade aus den festen und unbeweglichen Gründen seines heiligen Wortes mit der gläubigen Christenheit erkennen lernt.

Dieses teure Wort GOttes ist gegeben worden, um die Sünder zu einer ewigen Glückseligkeit zu leiten; und ein Verleugner und Lästerer des ewigen Wesens, der sich von seinem Irrtum bekehrt, darf sich aus deren Zahl keineswegs ausschließen, noch an der Gnade GOttes verzweifeln.

# Friedrich Christian Lesser [1692–1754]

Der Theologe aus Nordhausen erscheint auf den Titel-
kupfern seiner Bücher im starrenden Ornat umgeben von
den Prunkstücken seiner Muschel- und Schneckensammlung.
Er verfaßte u. a. eine Litho-, Testaceo- und Insecto-Theo-
logie. Ernst Cassirer (Philos. d. Aufkl. 1932) fand in der
Geschichte der französischen Naturwissenschaft von Mornet
Titel französischer Übersetzungen von Lesser, hielt ihn für
einen Franzosen und pries Voltaire, der solche Dunkel-
männer und Gegner der Aufklärung vernichtet habe. In
Wirklichkeit liegen hier international bekannte, zu ihrer
Zeit progressive Arbeiten vor (O. Zöckler). In der Litheo-
theologie begegnet uns das Lehrgut von den „Zwei Büchern", in der Testaceotheologie die auf das Rokoko über-
gegangene Faszination durch die bizarren, funkelnden Con-
chylien. Die Tridaknamuscheln als Taufbecken der Rokoko-
kirchen, die Tritonenmuscheln um die Beete alter Gärten,
die Muschelkästchen, -spiegel und -kruzifixe in den Aus-
lagen moderner Badeorte sind noch „sinkendes Gut" der
Muscheltheologie. Lesser greift u. a. zwei moderne „metabiologische" Probleme auf (S. 90 f.), die Frage der geheim-
nisvollen Strukturen der Conchylienschalen, der man heute
u. a. mit Mikroschliffen und polarisiertem Licht sich zu
nähern versucht, und die Frage der zweckfreien „Selbstdar-
stellung" des Lebendigen in seiner Ästhetik (A. Portmann).
Lesser hat einen starken Christusbezug; noch auf seinem
Siegel finden wir sein Monogramm unter den Armen des
Kruzifixus. Hinter dem gleitenden Übergang von der Testa-
ceo- zur Christologie (S. 92) steht einmal der Glaube an
Christus als Pancreator (Joh. 1,3) und zweitens die nach
Überwindung des Barock zurückkehrende Analogia Entis,
nach der für Lesser bei jeder Betrachtung der Purpur-
schnecke sofort „der Purpurmantel meiner gekreuzigten
Liebe" sichtbar wird.


## Die Lithotheologie

Es hat sich der Große GOTT in zwei Büchern offenbart, deren das eine ist das Buch der Heiligen Schrift,
das andere das Buch der Natur. Ob nun zwar jenes
eine ⟨das Buch der Hl. Schrift⟩ vollkommen genug,

GOTTES Eigenschaften und den Weg der Seligkeit daraus zu erkennen zu lernen, dieses ⟨das Buch der Natur⟩ aber dazu keineswegs hinlänglich, so hat sich dennoch der weise Schöpfer in den Werken der Natur nicht unbezeugt gelassen, so daß ein aufmerksamer Betrachter der Wunder Gottes in denselben dadurch aufgemuntert werden kann, die Tugenden Gottes zu erkennen und zu preisen.

Wenn wir die ganze Natur ansehen, so ist sie, wie Basilius der Große sagt, „nichts anders als ein Buch mit Buchstaben geschrieben, welches öffentlich die Herrlichkeit GOTTES beweiset und preiset" und dessen sonst verborgene und unsichtbare Majestät verkündigt. ⟨Hexaem. Homil. 11⟩ Ein Buch GOTTES, in dem wir fleißig lesen sollen. Sie ist ein Katechismus, der uns die ersten Buchstaben von der Erkenntnis GOTTES lehrt. Ein Brief, in welchem die Eigenschaften GOTTES teils mit leserlichen, teils mit unleserlichen Buchstaben geschrieben wurden. Ja, die ganze Natur ist eine Schule, in welcher uns aus diesem großen Buche täglich Lektionen aufgegeben werden, GOTT daraus zu erkennen.

Es ist aber dies Buch nicht hinlänglich genug, uns soviel Erkenntnis GOTTES, wie zu unserer Seligkeit gehört, beizubringen. Denn von dem großen Erlösungswerk, das durch Jesus Christus geschehen ist, gibt es uns keine Nachricht, und auf ihm beruht doch der Grund unserer Seligkeit. Gleichwohl aber hat es diesen Nutzen, daß es uns überhaupt von der Existenz GOTTES und dessen Eigenschaften unterrichtet und uns antreibt, eine hinglänglichere Erkenntnis zu suchen. Eine jegliche Kreatur ist gleichsam eine Leiter, auf deren Sprossen wir immer weiter zu göttlichen Dingen aufsteigen. Der Tempel zu Jerusalem hatte drei Teile: den Vorhof, das Heilige und das Allerheiligste. Die Natur ist gleichsam der Vorhof, in welchen alle Menschen gehen können, um die Werke des Herrn zu schauen. Geht der Mensch hier mit reichlicher Erwägung durch, so gelangt er in das Heiligtum der Heiligen Schrift, in dem er noch mehr sieht, hört und lernt, bis er endlich durch einen seligen Tod in das Allerheiligste des Himmels kommt, da dieses sein Wissen nicht mehr Stückwerk, sondern Vollkommenheit ist. Wir sind natürliche Menschen, ehe wir geistliche Christen werden. Daher muß die natürliche Erkenntnis aus dem Buche der Welt der Ordnung nach der Geistlichen Erkenntnis der Heiligen Schrift vorangehen.

Stumme Bilder, die von Menschen gemacht sind, sind oftmals Lehrmeister der Eitelkeit und Lügen. Allein die Geschöpfe, die von GOTT gemacht sind, sind Führer zu den göttlichen Werken. Menschen, die Vernunft, und Christen, die neben der Vernunft auch Gnade haben, können von den stummen Geschöpfen lehrende Stimmen empfangen und lernen, was sie nicht wissen. Aber die meisten Menschen sind mit sehenden Augen blind und schauen nicht einmal das, was vor ihren Füßen ist, geschweige das, was zukünftig ist. Sie sehen die meisten Geschöpfe an und finden darinnen nicht, was ihnen vor Augen liegt, geschweige denn, was darinnen verborgen liegt. Sie gebrauchen die Kreatur, die unter den Händen dieser unrechtmäßigen Besitzer seufzt, ohne an den zu denken, der sie geschaffen hat. Billig mag solchen Leuten zu Gemüte führen, was ihnen das Kleinod unter den deutschen Dichtern, Barthold Heinrich Brockes, vorhält:

Johannes schreibt: So jemand spricht:
Ich liebe Gott, und liebt doch seinen Bruder nicht:
Der ist ein Lügner.
Denn wer
Den Bruder, den er siehet,
Zu lieben nicht wird angetrieben;
Wie kann der Gott, den er nicht siehet,
Lieben?

Im Buch der Welt steht auch:
So jemand spricht:
Ich ehre Gott, und ehrt ihn in den Werken nicht:
Der ist ein Lügner.
Denn wer
Die Werke, die er siehet,
Nicht einstens würdigt zu betrachten;
Wie kann der Gott, den er nicht siehet,
Achten?                          ⟨Ird. Vergn. I., 5. A., 537⟩

Obwohl es überhaupt für jeden Menschen nötig ist, im Buch der Natur zu studieren, so ist es insbesondere für einen Theologen (vor anderen) unentbehrlich, (nebst gründlicher Erkenntniss anderer Wissenschaften) sonderlich die Naturwissenschaft daraus zu lernen. Denn ohne diese wird er nicht im Stande sein, den atheistischen Spöttern recht zu begegnen. Im Gegenteil, er kann ihnen zuvor beikommen, wenn er ihnen aus dem großen Buch der Natur (denn das Buch der Heiligen Schrift verwerfen sie mutwillig) die vernunftvolle Harmonie, die weise Ordnung und den gezielten Endzweck aller Kreaturen vor Augen zu legen vermag. Denn das alles setzt ja ein verständiges Wesen voraus, das sie dazu geordnet hat. Ohne Naturwissenschaft wird er die in der Heiligen Schrift so oft vorkommenden Wunderwerke nicht recht erklären können. Denn da diese über die allgemeinen Gesetze der Natur, die GOTT geordnet hat, hinaus geschehen, wird er sie nicht beurteilen können, wenn er nicht weiß, was durch die Natur oder über die Natur geschieht, sobald GOTTES Weisheit diese Gesetze bei Ausübung der Wunder aufhebt. Ja, er wird oft aus einem schädlichen Aberglauben dort Wunder erdichten, wo keine sind. Ohne Naturwissenschaft wird er nicht imstande sein, viele Gleichnisse der Heiligen Schrift deutlich aufzulösen. Er muß die Eigenschaften der Dinge aus dem dreifachen Reich der Natur, die in den Gleichnissen Verwendung finden, kennen. Denn wie will er sonst die tertia comparationis finden?

Ich habe von Jugend auf die Gewohnheit gehabt, darüber nachzudenken, wenn ich etwas in der Natur sah. Und nachdem ich die Physik ⟨=Naturwissenschaft⟩ auf den Universitäten mitstudierte, hat mich dieses angetrieben, noch mehr natürlichen Dingen nachzusinnen, um desto mehr aus den Geschöpfen den Schöpfer zu erkennen und dessen Allmacht, Güte und Weisheit zu preisen. Meine Absicht, die ich hierbei hege, ist vor allem, die Ehre GOTTES, die sogar die stummen Steine erzählen, nach Möglichkeit fördern zu helfen. Sodann den Unwissenden, die sich wunderten, warum ich die Steine so sorgfältig sammle und aufhebe, zu zeigen, was für geistliche gute Betrachtungen, wo man nicht härter als ein Stein ist, man dabei haben kann. Man möchte zwar sagen, die Steine wären allzu geringe Geschöpfe, als daß man aus ihnen die göttlichen Eigenschaften in Betrachtung ziehen könnte. Allein da auch in dem geringsten Geschöpf die Größe Gottes hervorleuchtet, so hat sie sich auch in diesen Geschöpfen nicht unbezeugt gelassen.

Du, geehrter Leser, wenn du dies liest, sei nicht steinhart, sondern laß dich durch die sprachlosen Steine zum Lobe deines allweisen, allmächtigen und gütigsten Schöpfers überzeugen. Glaube dabei, daß ich nicht mir, sondern diesem meinem Schöpfer, dessen Werke ich jederzeit mit heiliger Bewunderung betrachte und dessen Eigenschaften ich mit kindlicher Furcht ehre, zu Ehren geschrieben habe. Wenn du daher etwas Gutes findest, so schreibe es nicht mir, sondern Ihm zu. Solltest du aber etwas Anstößiges finden, so schreibe es meiner menschlichen Schwachheit zu:

Mein Gott, behüte mich vor so verstocktem Wesen
Und einer Brust, die so versteint, so hart,
Ach laß mich deine Gegenwart
Im schönen Buch der Welt mit Freuden lesen!
Die Schrift, die jeder Mensch mit Ehrfurcht lesen soll,
Die auch die Engel selbst mit Furcht und Lust bemerken,
Die lautet so: Es sind von Gottes Werken

Und seiner Majestät der Himmel Himmel voll,
Luft, Erd und Meer erfüllt. Nun diese Füll' allein
Recht zu beherzigen, soll stets mein Endzweck sein.
⟨Brockes, a. a. O., II. 2. A., 4⟩

Ja, mein Gott, wie Du Dir nicht nur die, welche in
den freiwilligen Hebopfern zum Bau der Stiftshütte
Gold, Silber, Erz und andere Kostbarkeiten beitrugen,
gefallen ließest, also hoffe ich demütig, obwohl ich in
diesem Werkchen ⟨das Buch umfaßt etwa 1 700 Sei-
ten⟩ nicht Edelsteine, sondern gewöhnliche Steine und
Kalk zum Bau des geistlichen Jerusalem beigetragen
habe, Du werdest nach Deiner Barmherzigkeit auch
dieses geringe Heb-Opfer Deinen heiligen Augen
wohlgefällig sein lassen, weil sie nicht auf die Kostbarkeit der Gabe, sondern auf die Aufrichtigkeit des Herzens sehen.

### Steine sind notwendig wegen des unterirdischen Feuers

Was richtet doch alsdann diese unterirdische Feuerkraft ⟨der Lava unter dem Felsmantel der Erde⟩ nicht
für Tragödien an? Man bedenke nur, wie sie mit den
entzündeten Flammen in den feuerspeienden Bergen
wütet! Sie macht sie zu Feuer-Mörsern, die mit ihren
steinernen Carcassen das umliegende Land entsetzlich
bombardieren und ruinieren, sie macht sie zu sieden-
den Kesseln, welche in den feurigen und schwefligen
Güssen überkochen und wo sie hinfließen, Vieh und
Menschen verbrennen, ersäufen und verzehren. Sie
macht sie zu heißen Öfen, deren Flamme, nachdem sie
in den Klüften die brennbare Materie zu Asche gemacht hat, diese über sich viele Meilen umher mit
großer Gewalt auswirft, ganze Felder mit einer traurigen Totenfarbe überzieht und unter solcher Asche
begräbt. Wo aber diese Feuerkraft nicht ausbrechen
kann, da verursacht sie die entsetzlichsten Erdbeben.

Dieses alles geht zwar natürlicher Weise zu. Dennoch aber werden diese natürlichen Ursachen von Got-

tes, des Werkmeisters und Regierers der Natur, weiser Regierung und strafender Gerechtigkeit so geleitet, daß er sie zu gewisser, von ihm bestimmter Zeit zu seinen Strafgerichten braucht. Obwohl Cicero ein Heide war, hat er doch erkannt, daß Gott bei diesem allem seine Hand im Spiel habe, wenn er schreibt: „Man muß es für eine Stimme der unsterblichen Götter und fast für eine Rede derselben halten, wenn selbst die Erde, wenn ihre Felder aufs neue erzittern und etwas durch ihren ungewöhnlichen und unglaublichen Schall vorhersagen" ⟨or. de Auspic. 1⟩. Gott gibt nämlich in der Natur nicht einen bloßen Zuschauer ab, sondern seine Vorsehung richtet den ordentlichen Lauf der natürlichen Ursachen zu ihrem Endzweck, so daß man ihren allmächtigen Finger leicht sehen kann. Die heilige Schrift schreibt daher die Erdbeben dem erzürnten Gotte zu. Hiob spricht davon: Gott versetzte Berge, ehe sie es inne werden, die er umkehret. Er wieget ein Land aus seinem Orte, daß seine Pfeiler erzittern (11,5 f.), und David sagt: Die Berge hüpften wie die Lämmer, die Hügel wie die jungen Schafe. Für den Herrn bebet die Erde vor dem Gott Jakob (Ps. 114,4.7). Ja, mich dünkt, die Heilige Schrift ziele auf das unterirdische Feuer, dessen sich GOTT bedient, die Erdbeben zu erregen, in folgenden Sprüchen: Die Erde bebte und ward bewegt, und die Grundfesten der Berge regten sich und bebten, da er zornig war (Ps. 18,8 f.). Er schauet die Erde an, so bebt sie, er rührt die Berge an, so rauchen sie (Ps. 104, 32). Die Berge zittern vor Ihm und die Hügel vergehen, das Erdreich bebt vor ihm, dazu der Erdkreis und alle, die darinnen wohnen. Wer kann vor seinem Zorn stehen und wer kann vor seinem Grimm bleiben. Sein Zorn brennt wie ein Feuer, und die Berge zerspringen vor Ihm (Nahum 1,5 f.). Ein Exempel, wie der erzürnte GOTT bestraft, lesen wir im 4. Buch Mose: Und als Mose alle diese Worte ausgeredet hatte, zerriß die Erde unter ihnen und tat ihren Mund auf und verschlang sie. Dazu fuhr das Feuer aus von dem Herrn (14,31 ff.).

Wie aber der Liebhaber der Menschen, unser GOTT, allzeit das Schwert seiner Gerechtigkeit mit dem Öl seiner Barmherzigkeit lindert, so hat auch seine Weisheit große Felsen geschaffen, die mit ihrer Dichte und Schwere der entzündeten unterirdischen Feuerkraft Widerstand tun müssen, damit sie nicht allenthalben einen leichten Durchbruch und Ausbruch finden kann – teils damit fromme Kinder Gottes aus demselben wie ein Brand aus dem Feuer entrissen werden, teils damit auch nicht alle Gottlosen hingerissen werden, sondern viel Zeit und Raum gewinnen zur Buße.

## Die Testaceotheologie

### Von der Schönheit der Steinschaligen Tierlein

Was die funkelnden Sterne dem blauen Gewölbe des Himmels, die buntbemalten Blumen den Gärten sind, das sind die Steinschaligen Tierlein dem Meere. Die Schönheit dieser Lieblinge des Meeres ist bloß zu diesem Zweck vor unsere Augen gestellt, daß sie sie auf diese sonst verächtlichen Tierlein lenken soll. Alles Regelmaß der Schalen, alle Vermischung der prächtigen und lebhaften Farben würde umsonst angewendet sein, wenn wir aus Unachtsamkeit die Augen daran vorbeigehen ließen. Nicht nur die besonderen Umstände dieser Töchter des Meeres, sondern auch der schöne Anblick sind der Aufmerksamkeit wert. Obwohl sie hinsichtlich des Baues ihrer Gehäuse als auch hinsichtlich ihrer unzähligen Farben einander nicht ähnlich sind und immer eine die andere an Pracht übertrifft, so kann doch unser Nachsinnen unter so vielfältigen nicht ausmachen, welche die schönste sei und den Augen am besten gefalle. Ich will einen Versuch wagen, die Schönheit dieser geschmückten Töchter des Meeres mit Worten zu entwerfen. ⟨Beschreibung des Schmelzes und der Farbenspiele einiger hundert Arten hier eingeschaltet⟩.

Was soll ich aber von dem funkelnden Schmelz, von der frischen Lebhaftigkeit dieser ausgeschmückten Paläste der Schneckentierlein sagen? Die Worte fehlen der Feder, und man kann ihre reizende Schönheit besser mit aufmerksamem Auge betrachten, als mit zureichenden Beschreibungen auszudrücken. Die elfenbeinerne Porzellanschnecke gibt dem geglätteten Elfenbein nichts nach, die Westindianische Zitronenschnecke leuchtet wie das Gelbe von einem Ei. Auf der Mangos-Nadel strahlt ein bläuliches Grün, als wäre sie mit Grünspan überzogen, mit bläulich durchscheinendem Vitriol übermalt und wie ein Stahl poliert. Auch die rote Farbe hat sich nicht geschämt, ihre zarte Glut auf den Schalen dieser Tierlein zu verschwenden. Eine Holz-Welle hat ein blasses Rot, als ob die Farbe der Schamhaftigkeit sie bemale. Eine kleine Strahlenmuschel glüht mit hellem Rot wie Mennige, andere ahmen die Röte des Lackes nach, andere sind feuerrot und stellen auf ihren Schalen einen süßen Brand dar, andere beschämen den Purpur der Rosen. Eine Laurische Porzellanschnecke bietet dem Blau des Himmels Trotz, und in der Glätte der Gien-Muschel kann man sich wie in einem Spiegel beschauen.

Es ist aber die von Gott gewirkte Natur nicht einmal damit zufrieden gewesen, den Gehäusen nur mit einfachen Farben eine Zier zu geben, sondern sie hat auf viele eine große Verschwendung von tausend wunderbar vermengten Farben gewendet. Es erscheinen darauf alle glänzenden Schönheiten der Edelsteine mit so großer Vermischung der Farben, daß es scheint, der Herr der Natur habe mit seiner Weisheit insbesondere mit denselben gespielt (Sprüche Salomonis 8,31). Man sieht darauf mit unschuldiger Augenlust, wie der weiße Glanz der Diamanten oder das Licht der Kristalle glänzet oder wie die blasse Farbe eines Onyx darauf lacht. Bald glüht darauf das Feuer des feuerroten Edelsteins Pyropi; einige ahmen das Gold des Chrysoliths nach, andere die Grüne des Smaragds, andere die Milch des Milchsteins, andere den Purpur des Amethysts, andere die Violfarbe des Hyacinths, andere die Scharlachfarbe der Korallen, andere das Blut des Blutsteins, andere lieben ein dunkles Rot, andere ein blasses – allen aber gibt die wunderbare und mit keiner Feder auszudrückende Verwechslung dieser unzählig untereinander spielenden Farben eine ungemeine Zierde, so daß kein vielfarbiger Achat so schön prangen kann als diese. Es haben aber diese Farben allerlei Gestalt, so daß kaum ein Protheus so vielerlei Gestalten annehmen kann, wie sie sich hier sehen lassen. Überhaupt stellen uns die meisten Schalen unserer Tierlein die Pracht der lebhaftesten Farben in der herrlichsten Vermischung vor. Keine Worte sind hinlänglich, die Schönheit und den schönsten Glanz derselben recht auszudrücken. Die erstaunungswürdige Mannigfaltigkeit, der unvergleichliche Schmelz, die entzückende Lieblichkeit ihrer kunstvollen Schattierungen setzen ein anschauendes Auge in die tiefste Verwunderung. Mit was für Freigebigkeit sind hier nicht die Verzierungen verschwendet worden? Die Verschiedenheit so mannigfaltiger Farben findet hier so unmerkliche Übergänge, daß kein scharfer Sinn es begreifen und keine Kunst es nachahmen kann.

Woher soll nun diese Schönheit anders herrühren als von GOTT, dem Urheber dieser Tierlein? Wenn man ein Haus sieht, dessen Zimmer auswendig und inwendig bemalt sind, und man erblickt, wie das Licht der Farben gehörig erhöht, die Schatten gebührend vertieft und die Mischung der Töne recht angebracht wurde, so glaubt man nicht, daß ein blinder Zufall den Pinsel führte; man schließt, es müsse ein Künstler dagewesen sein, der das alles verfertigt hat. Gerechterweise sollte man den gleichen Schluß auch bei den Farben der Muscheln und Schnecken ziehen, und wer wird wohl hier der Künstler anders sein können als GOTT? Gewiß wird die Allmacht GOTTES auf den Schalen der steinschaligen Tierlein mit lebendigen Farben abgemalt. Es ist aus der Naturlehre bekannt, daß die Verschiedenheit der Farben eines natürlichen Dinges von der Zurückwerfung und Brechung der Lichtstrahlen herrührt. Wie besonders und mannigfaltig muß die Beschaffenheit und Zusammenfügung solch farbiger Schalen sein, die von einem Stoff zu sein scheinen. Die besten Vergrößerungsgläser haben bisher den Feinbau des Schalenhäutchens, auf dem die Farben erscheinen, noch nicht entdecken können. Wie groß muß demnach die herrliche Macht des Schöpfers sein! So kann er überschwenglich tun über alles, was wir verstehen (Eph. 3,20).

Alle Schönheit, die GOTT auf diese Tierlein gelegt hat, ist an sich betrachtet, gut. Weil GOTT das vollkommenste Wesen ist, so muß auch die Schönheit in ihm vollkommen sein. Da er aber Geist ist, muß seine Schönheit seiner Natur gemäß, das heißt geistlich sein. Die untrüglichen Schriften des Geistes GOTTES sagen daher mit Recht von Ihm: Du bist schön und prächtig geschmückt (Ps. 104,1). Schönheit zieht aller Augen an sich, wie Sirach sagt: Dein Auge sieht gern, was lieblich und schön ist (40,20). So denn irdische Schönheit, die doch nur ein Tröpflein gegen die Schönheit GOTTES ist, uns zur Liebe GOTTES reizen kann, wie viel mehr sollten wir GOTT lieben von ganzem Herzen, von ganzer Seele und von allem Vermögen (5. Mose 6,5), da bei Ihm alle Vollkommenheit und Unendlichkeit der Schönheit zu finden ist. Handle als rechter Christ und laß dich durch die Schönheit dieser Tierlein zur Liebe deines allerschönsten Schöpfers leiten. Erwäge, daß die Schönheit aller Geschöpfe nur ein Fünklein gegen das unermeßliche Licht der Schönheit GOTTES ist, ein trüber Nebel gegen die Klarheit seiner wesenhaften Lieblichkeit. Gefällt dir trotzdem das holde Schmeicheln ihrer Schönheit, so lenke doch vielmehr deine Liebe auf ihren Meister.

Dem geschicktesten Pinsel eines Rubens, Holbein oder Dürer sollte es schwer fallen, unsere Muscheln und Schnecken mit den schönsten Farben recht abzubilden. Welch eine erhabene Zierde verleihen sie trefflich angelegten ⟨Muschel-⟩Cabinetten, in welchen eine gute Anordnung herrscht, zumal wenn sie auf blauen oder grünen Grund gelegt werden. Kein Gartenbeet, kein Blumenstück ist reizender als solch ein Behältnis, wo die schönste Schattierung mit heiterstem Glanz der kunstvollsten Malerei Trotz bietet. Nun frage man, ob diese Farben an allen diesen Geschöpfen zu ihrem Wesen gehören. Man wird mit Nein antworten müssen. Eine Schnecke oder Muschel würde dennoch Schnecke oder Muschel bleiben, auch wenn sie so schöne Farben nicht hätte. Wäre nur der einzige Zweck, daß sie sich fortpflanzen sollten oder daß einige uns zur Speise dienen, so hätte Gott es gewiß nicht nötig gehabt, sie durch den Glanz ihrer frischen Farben und durch die ausnehmende Schönheit unseren Augen reizend zu machen. Der Mensch hat diesen Vorzug vor anderen Tieren. Nur der Mensch, der doch seinen Schöpfer oft durch Sünde beleidigt, hat dieses gottheitliche Geschenk vor jenen. Die göttliche Güte ist demnach auch hier einer zarten Mutter gleich, welche sich nicht nur aller Notdurft ihrer Kinder reichlich annimmt, sondern auch, ohne sich etwas zu vergeben, mit ihnen spielt und an ihrem Vergnügen Anteil nimmt. Es kann demnach ein *aufgeklärter Sinn* in diesen Schönen den Schöpfer in der Größe seiner Güte sehen. Laß dir dieses, mein Leser, dazu dienen, daß ihr betrachtendes Anschauen dich zu einer heiligen

Bewunderung GOTTES aufmuntert. Bleibe aber bei der bloßen Bewunderung nicht stehen, sondern lobe auch mit Herz und Munde den, der dich auch bis zu deinem Vergnügen ⟨= Ver-ge-nügen⟩ liebet. Können unsere buntfarbigen Tierlein den Schöpfer mit ihren Zungen nicht loben, so sind doch ihre Farben eine Rede an unser Gemüt: GOTT ist gütig. Werde du ein Hoher Priester dieser stummen Geschöpfe. O der unermeßlichen Güte! Sind wir nicht Schoßkinder seiner zärtlichen Liebe? O Mensch! Zeichnet dich diese Liebe vor anderen Geschöpfen aus, unterscheide dich doch auch von jenen durch aufrichtige Dankbarkeit.

Mißbrauche dagegen Schönheit, wenn sie dir GOTT geschenkt hat, nicht zu Hoffart und Übermut. Sie ist ja ein fremdes Gut, daß du GOTT allein zu danken hast. Du hast sie von GOTT empfangen, was rühmst du dich denn, als ob du sie nicht empfangen hättest. Deine Schönheit kommt der dieser Tierlein bei weitem nicht gleich. Ihre Gehäuse hebt man auch nach dem Tode ihrer Schönheit wegen auf, dich aber wird man der Fäulnis wegen wegschaffen und vergraben, und ihre Scheußlichkeit wird die Augen der Menschen von dir wegkehren. Siehe dahin, daß deine Schönheit des Leibes mit der inneren Schönheit der Seele vermählt sei. Diese innerliche Schönheit wird dir nicht, wie die äußerliche den Schnecken angeboren, denn durch den schändlichen Sündenfall bist du derselben gänzlich beraubt worden (Ezech. 16,4 f.). Dein Heiland aber, wenn du ihn im wahren Glauben ergreifst, schenkt sie dir. Dein Seelenbräutigam findet dich nicht schön, sondern macht dich erst schön. Er tut dies durch die geistliche Wiedergeburt. Wenn Kinder allgemein die Schönheit der Eltern durch die natürliche Geburt erben, wie sollte denn nicht ein Kind GOTTES durch die höhere Geburt, die aus GOTT ist, die geistliche Schönheit von Ihm als sein Leben haben. Dies bezeugt der hl. Apostel Paulus (Eph. 5,25 ff.). Christus macht ferner deine Seele schön durch seine zugerechnete Gerechtigkeit. Besteht die Schönheit der Menschen in einer holden Mischung der Farben (nämlich der weißen und der roten), so finden wir sie bei Christo, welcher unser Freund weiß und rot ist (Hohes Lied 5,10). Weiß ist er in Ansehung seiner vollkommenen Gerechtigkeit (1. Kor. 1,30); rot ist er in Ansehung seines blutigen Leidens (Jes. 63,1). Durch den Glauben wohnet Christus in uns (Eph. 3,17). Er schenkt uns alsdann sein Bild, wenn sich in uns des Herrn Klarheit spiegelt mit aufgedecktem Angesicht und wir verklärt werden in dasselbige Bild (2. Kor. 3,18). Da bekommen wir alsdann seine Farben. Die weiße Farbe seiner Gerechtigkeit wird uns geschenkt, mit welcher wir angetan werden (Offb. 19,8.14). Denn GOTT hat den, der von keiner Sünde wußte, für uns zur Sünde gemacht, auf daß wir würden in ihm die Gerechtigkeit, die vor GOTT gilt (2. Kor. 5,21). Wer wollte denn nicht sagen, daß der schön sei, der seine Schönheit von dem Schönsten unter den Menschenkindern bekommt. Wir bekommen seine Röte, wenn wir mit seinem zugerechneten roten Blute geziert werden, welches uns rein macht von aller Sünde (1. Joh. 1,7). Ist das nicht Schönheit? Er macht uns schön in der angefangenen Erneuerung oder Heiligung. Ein gläubiger Mensch geht nach der Regel der neuen Kreatur einher (Gal. 6,16). Er wandelt nach derselben (Phil. 3,16). Lieblich und schön sein, ist nichts; ein Weib, das den Herrn fürchtet, soll man loben (Sprüche 31, 30). Gleichwie es einen Künstler verletzen würde, wenn man ein Meisterwerk seiner Kunst mit Schmutz bewerfen wollte, so muß es notwendig dem Herrn Jesu zuwider sein, wenn jemand durch den Unrat mutwilliger Sünden den hohen Adel seiner Seele befleckt, in welche Christus sein Bild geprägt hat.

So oft ich das unermeßliche Meer der mannigfaltigen Schönheit überdenke, die GOTT auf solche gering

geachtete Tierlein ausschüttet, denke ich weiter: Tut
das GOTT an einem sterblichen Tier, was wird er
nicht an deiner unsterblichen Seele tun? Da er sich
schon hier erbietet, durch die Wiedergeburt, durch die
Rechtfertigung und durch die Erneuerung den Anfang
zur Schönheit der Seele zu machen. Wie schön wird
dort der Verstand derselben sein, wenn er von aller
Unwissenheit befreit, eine vollkommene *aufgeklärte*
Erkenntnis GOTTES haben wird. Wie schön wird alsdann der Wille sein, wenn er von den Flecken der
Sünde und Starrheit befreit, den schönsten GOTT
vollkommen ergriffen haben und genießen wird. Wie
schön werden alsdann die Gemütsbewegungen sein,
wenn sie in die schönste Ordnung gebracht, auf das
Lieblichste mit dem ewigen Halleluja für den schönsten GOTT übereinstimmen werden. Und sollte wohl,
o gläubiger Mensch, dereinst dein auferweckter Leib
von der Schönheit frei ausgehen? O nein, keineswegs!
Er soll dem verklärten Leibe Christi ähnlich werden
(Phil. 3,21). Wie eine andere Klarheit hat die Sonne,
eine andere der Mond, eine andere die Sterne, so sollen auch in der Auferstehung der Toten die Leiber der
Gläubigen ihre Klarheit haben (1. Kor. 15,41 f.). Hiermit richte dich auf, wenn es dich betrüben will, daß
das schöne Haus deines Leibes durch den Tod in
Staub verwandelt werden soll, und denke (mit Rist)
gläubig:

> Denn so werden meine Glieder,
>   Die jetzt Staub und Asche sein,
> Unverweslich werden wieder
>   Und erlangen solchen Schein,
> Dessen gleichen hier auf Erden
>   Nimmermehr zu finden ist.
>   Ja, mein Leib, Herr Jesu Christ!
> Soll dem Deinen ähnlich werden,
>   Voller Glanz und Herrlichkeit!
>   Freue dich, o Christenheit!

# CHARLES BONNET (1720–1793)

Bonnet, mit Titeln und Akademiewürden überhäuft, galt in seiner Zeit als einer der großen Verteidiger des Glaubens mit den Mitteln der Philosophie und Naturwissenschaft. Der Genfer Privatgelehrte wurde als typischer Vertreter aufgeklärter kirchlicher Rechtgläubigkeit gewertet. Auf dem Titelbild seiner berühmten „Betrachtungen" erscheint „Die Betrachtung" personifiziert mit geflügelten Schläfen in einer idealen Landschaft. Aber an die Stelle des blendenden Gottesglanzes der Physikotheologie ist nun die Glaubenswelt Plotins und der Scholastik getreten, die Bonnet mit Hingabe restauriert. Es sind jetzt Prinzipien, die die Wirklichkeit tragen: Die große Kette des Seins, die lückenlose Hierarchie der Wesen, die aufsteigenden Welten, die Vollkommenheit des Alls, die totalitär herrschende Ziel- und Zweckbezogenheit, in die auch die Wunder schon eingeplant sind (Präformatismus). Ebenso wie in der Scholastik steht daneben (als über-, nicht widervernünftig) die Offenbarung über Christus als Schöpfungsmittler und die Unsterblichkeit. Immer wieder wird übersehen, daß Bonnet keine originalen Gedanken bringt und auch nicht Vertreter neuer Aufklärungsideen ist, sondern bis in Einzelheiten hinein (präformierte „Wunderbomben mit Zeitzündung" kannte bereits Albertus Magnus) den Neuplatonismus des Mittelalters auf jenem Felde erneuert, das die Frühaufklärung unter biblischem Impuls freigekämpft hat. Entsprechend werden Bibelzitate nun zu Ornamenten. Voltaire griff Bonnets Prinzip der Teleologie-Finalität-Präformation leidenschaftlich an. Bonnet selbst war aus seinem universalen hierarchischen Denken heraus erbitterter Gegner Rousseaus, den er als demagogischen Demokraten und Schwätzer verachtete.

Über Bonnet: *R. Savioz.*

## Betrachtung über die Natur

Erster Teil

*Von Gott und dem Weltgebäude überhaupt*

Einleitung

Ich erhebe mich zu der ewigen Vernunft, ich forsche in ihren Gesetzen und bete sie an. Ich betrachte das Weltgebäude mit einem philosophischen Auge. Ich suche nach den Verhältnissen, welche diese unermeß-

liche Kette zu einem einzigen Ganzen haben: ich bleibe
bei einigen Gliedern derselben mit meinen Gedanken
stehen; und, durch einige Züge der Macht, der Weisheit und der darin entdeckten Größe gerührt, versuche
ich es, sie abzuschildern, ohne sie zu schwächen.

## I. Hauptstück
### Von der ersten Ursache

Von sich selbst sein, alles können und mit einer unendlichen Weisheit wollen, sind die anbetungswürdigen Vollkommenheiten der ersten Ursache. Das Weltgebäude kommt wesentlich von dieser Ursache her.
Vergebens suchen wir anderswo den Grund von dem,
was da ist. Wir sehen überall Ordnung und Absichten.
Diese Ordnungen und Absichten sind eine Wirkung;
welches ist davon die Quelle?

Das Weltgebäude für ewig ausgeben, heißt eine unendliche Folge der endlichen Dinge annehmen. Zur
Ewigkeit der Bewegung seine Zuflucht nehmen, heißt
eine ewige Wirkung zum Grunde setzen. Behaupten,
daß der Verstand von der Materie und der Bewegung
herkomme, heißt so viel sagen, daß Newtons Optik das
Werk eines Blindgeborenen sei.

Laßt uns demnach gestehen, da das Weltgebäude
vorhanden ist, daß es außer demselben einen ewigen
Grund seines Daseins geben müsse.

## II. Hauptstück
### Die Schöpfung

Welcher Verstand kann in die Tiefen dieses Abgrundes dringen? Welcher Gedanke kann die Macht
ausdrücken, welche den Dingen, die da nicht waren,
rief, daß sie wurden? Gott will, daß die Welt sei, und
sie ist.

Kann diese göttliche Kraft, diese unbegreifliche
Macht, wohl irgend mitgeteilt werden? Und wenn sie
es kann, welches sind die Gesetze dieser Mitteilung?

Fleisch gewordenes Wort, Erstgeborener unter den

Kreaturen, wenn diese Kraft jemandem hat zugeteilt werden können, so hast du sie empfangen, und die Himmel sind durch dich gemacht.

### III. Hauptstück
*Einheit und Vollkommenheit des Weltgebäudes*

Die Einheit des Entwurfes leitet uns zur Einheit des Verstandes, der ihn erdacht hat. Die Harmonie in der Welt oder die Beziehung der mancherlei Teile dieses ungeheuren Gebäudes unter sich beweisen, daß nur eine Ursache desselben ist. Ihre Wirkung ist daher auch eine allein; und die Welt ist diese Wirkung.

Dasjenige, was vorhanden ist, ist alles, und auch alles, was sein konnte. Das Mögliche heißt hier nicht dasjenige, was entweder an sich oder in Gedanken möglich ist, sondern dasjenige, was in Absicht auf die sämtlichen Eigenschaften der hervorbringenden Ursache möglich ist. Der Gegenstand der Macht war auch der Gegenstand der Weisheit.

Der wirkende Wille hat daher allem, was sein konnte, eine Wirklichkeit gegeben. Eine einzige Tathandlung dieses Willens hat das Weltgebäude hervorgebracht und erhält es auch. Gott ist derjenige, der er gewesen und der er sein wird. Was er gewollt hat, das will er noch jetzt.

Der Verstand, welcher sich alle Verbindungen der möglichen Dinge auf einmal vorstellte, hat von Ewigkeit her das wahre Gute erkannt und nicht erst darüber beratschlagt. Er hat gleich gewirkt und seine unumschränkte Freiheit angewandt, und das Weltgebäude ist zum Vorschein gekommen. Folglich hat die Welt alle Vollkommenheit, deren sie nur fähig war, von einer Ursache bekommen, deren vornehmste Eigenschaft die Weisheit und bei der selbst die Güte Weisheit war.

Es gibt also kein eigentliches Übel in der Welt. Denn man trifft nichts darinnen an, das nicht die Wirkung oder die Ursache von etwas Gutem sein könnte, welches ohne diese Sache, die wir ein Übel nennen, nicht zur Wirklichkeit gelangt wäre. Wäre alles einsam, ohne Verbindung geblieben, so würde in der Welt keine Harmonie geworden sein. Wäre eine oder die andere Sache weggelassen worden, so hätte in der Kette ein Glied gefehlt, und die allgemeine Verknüpfung verursachte, daß die Dinge einander untergeordnet wurden und ihre Verhältnisse in Hinsicht auf Raum und Zeit bekamen.

Das Getriebe einer Maschine beklagt sich, daß es kein Rad geworden; dieses, zum Getriebe gemacht, würde dieselbe Klage führen; man müßte die Maschinen selbst vernichten, wenn man diese unvernünftigen Klagen vernichten wollte.

Ihr sagt, warum ist der Mensch nicht so vollkommen wie der Engel? Ihr wollt ohne Zweifel sagen, warum ist der Mensch nicht ein Engel? Fragt ihr auch, warum der Hirsch kein Mensch geworden ist? Aber die Existenz des Hirsches setzte die Existenz der Kräuter voraus, die ihm zur Speise dienen sollten. Wünscht ihr daher noch, daß diese Kräuter ebenso viele kleine Menschen geworden wären? Ihre Erhaltung und Vermehrung wäre von Erde, Wasser, Luft und Feuer hergekommen – würdet ihr aber fortfahren und zuletzt fragen, warum die Bestandteile dieser Elemente nicht kleine Menschlein sind?

Gesteht daher euren Irrtum ein und erkennt, daß jegliches Wesen die seiner Absicht gemäße Vollkommenheit hat. Es würde aufhören, diese zu erfüllen, wenn es aufhörte, dasjenige zu sein, was es ist. Mit der Natur würde es die Stelle ändern, und diese Stelle, welche es in der allgemeinen Hierarchie einnahm, müßte durch ein anderes ihm ähnliches Wesen wiederum besetzt werden, wenn die Harmonie nicht aufhören sollte.

Wir wollen nicht über die Dinge an und für sich

betrachtet urteilen; wir wollen sie hinsichtlich der Stelle einschätzen, welche sie in dem System einnehmen müssen. Gewisse Folgen aus ihrer Natur sind ein Übel. Um das Dasein dieses Übels zu verhindern, hätten diese Wesen in dem Nichts bleiben müssen oder eine andere Welt geschaffen werden müssen. Aus der Wirkung der festen und flüssigen Teile aufeinander entspringt das Leben; und eben diese Wirkung fortgesetzt, ist die natürliche Ursache des Todes. Die Unsterblichkeit hätte demnach einen anderen Plan erfordert, denn unser Planet schickt sich nicht für unsterbliche Wesen.

Der Inbegriff aller Ordnungen der relativen Vollkommenheiten macht die absolute Vollkommenheit des Ganzen aus, von dem Gott gesagt hat, daß es gut wäre.

Dieses unermeßliche System von zugleich vorhandenen und aufeinander folgenden Dingen ist ebensowohl eines in der Folge wie in dem Zugleichsein. Denn das erste Glied ist mit dem letzten durch die mittleren Glieder verbunden. Die gegenwärtigen Begebenheiten sind Vorbereitungen zu den allerentferntesten. Der Keim, der sich in dem Schoße der Sara entwickelte, war die Grundlage zu einem großen Volke und zur Wohlfahrt ganzer Nationen.

IV. Hauptstück

*Das Weltgebäude in seinen großen Teilen betrachtet*

Wenn die dunkle Nacht ihren Teppich über die blauen Flächen des Himmels gezogen hat, so zeigt das Firmament unsern Augen seine Größe. Die funkelnden Punkte, mit denen es besät ist, sind die Sonnen, welche der Allmächtige in diesen ungeheuren Raum gehängt hat, damit sie die um sie herlaufenden Welten erleuchten und erwärmen möchten.

Die Himmel erzählen die Ehre des Herrn, und die Feste verkündet seiner Hände Werk. Dieser erhabene Geist, welcher sich mit soviel Anstand ausdrückte, wußte doch noch nicht, daß die Gestirne, die er betrachtete, Sonnen wären. Er kam der Zeit zuvor und stimmte zuerst den majestätischen Lobgesang an, den die künftigen, mehr erleuchteten Jahrhunderte nach ihm zum Lobe des Herrn der Welten zu singen hatten.

Es war der heutigen Sternenkunde vorbehalten, nicht nur unseren Himmel mit neuen Planeten zu bereichern, sondern auch die Grenzen unseres Sonnenwirbels viel weiter hinauszusetzen. Die Kometen, welche ihres trügerischen Anblicks halber, ihres Schweifes, ihres haarigen Kerns, ihrer den Planeten oft entgegengesetzten und von ihnen verschiedenen Richtung, ihres Erscheinens und Verschwindens wegen für Erscheinungen gehalten wurden, die eine erzürnte Macht in der Luft angezündet hatte, diese Kometen sind zu planetischen Körpern geworden, deren lange Laufbahnen unsere Sternenkundigen berechnen, ihre entfernten Rückkehren vorhersagen und ihren Ort, ihre Annäherung und Entfernung bestimmen. Vierzig dieser Körper anerkennen jetzt schon die Herrschaft unserer Sonne, und die Bahnen, welche einige von ihnen um dieselbe beschreiben, sind so sehr ausgedehnt, daß sie sie erst nach einer langen Reise von Jahren oder wohl gar in vielen Jahrhunderten einmal durchlaufen.

Endlich sollte auch die neuere Sternenkunde den Menschen zeigen, daß die Sterne wirklich unzählbar sind und daß die Sternbilder, worin die Alten nur wenige Sterne zählten, ihrer einige Tausend enthalten. Der Himmel des Thales und des Hipparchus war ziemlich arm, wenn man ihn mit dem vergleicht, den uns Huygens, Cassini und Halley entdeckt haben.

Stolzer und unwissender Sterblicher! Hebe deine Augen nunmehr gen Himmel und antworte mir: wenn man einige von diesen Lichtern am Sterngewölbe wegnähme, würden deine Nächte wohl dunkler werden? Sage daher nicht, die Sterne sind für mich gemacht, und das mit so majestätischem Glanze blitzende Firmament ist meinetwegen da. Unsinniger! Du warst keineswegs der erste Gegenstand der Mildtätigkeiten des Schöpfers, als er den Sirius stellte und ihm seine Sphären zumaß ⟨folgen weitere astronomische Darlegungen nach dem Stande des Zeitwissens⟩.

## V. Hauptstück
*Vielheit der Welten*

Wenn einige Kugeln, so groß und noch viel größer als unsere Erde, sich gleich ihr um die Sonne und um sich selbst wälzen, wenn sie dabei der gemeinsame Mittelpunkt des Umlaufes eines oder mehrerer Monate sind und man auf ihnen vieles unserer Erde ähnlich antrifft, wenn diese Kugeln, sage ich, ohne Bewohner wären, welches würde dann wohl ihre Bestimmung, ihre Absicht sein?

Wie schlecht und wie unwürdig würde das Weltgebäude der anbetungswürdigen Majestät des Schöpfers scheinen, wenn es in die engen Grenzen dieses Haufens Kot, auf dem wir kriechen, eingeschlossen wäre. Laßt uns unsern Geist erweitern, indem wir die Grenzen des Weltgebäudes ausdehnen. Die Sterne, welche man nur mit dem Fernrohr erblickt, sind unzählig: ihr Funkeln beweist, daß sie mit ihrem eigenen Licht glänzen, und da sie in diesen unbeschreiblich größeren Entfernungen, als es die des Saturn ist, noch gesehen werden, so können wir daraus schließen, daß sie Sonnen sind. Unsere Sonne von einem Fixstern gesehen, würde nur als ein Fixstern erscheinen. Es ist daher eine unzählige Menge von Sonnen vorhanden. Wozu würden sie aber nützen, wenn keine Dinge vorhanden wären, die von ihrem Licht und ihrer Wärme Vorteil zögen? Ist es also nicht natürlich zu glauben, daß sie andere Weltkörper erleuchten, welche ihres erstaunlichen Abstandes wegen uns unsichtbar sind, und die, wie unsere Erde, ihre Produkte und Bewohner haben?

Die Einbildung erliegt unter dem Gewicht der Schöpfung. Sie sucht die Erde und findet sie nicht. Die Erde verliert sich in diesem entsetzlichen Haufen himmlischer Körper wie ein Sandkorn in einem großen Berge. Indessen, wer weiß es, ob in dem Mittelpunkte jeglicher dieser Welten nicht noch ein Wirbel befindlich ist, der seine Sonne, seine Planeten, seine Trabanten, seine Bewohner hat? Wer weiß es, ob in dem Mittelpunkte eines jeglichen dieser kleinen Planeten nicht noch ein proportionierlicher Wirbel befindlich ist? Und wer weiß endlich, wo diese absteigende Stufenfolge aufhört?

Jedoch wir wollen uns höher erheben und mit den majestätischen Flügeln der Offenbarung, über diese Myriaden von Welten aufgeschwungen, uns dem Himmel nähern, wo Gott selbst wohnt.

Glänzende Vorhöfe der himmlischen Herrlichkeit, ewige Wohnungen der seligen Geister, Allerheiligstes der Schöpfung, Licht, wozu niemand kommen kann, erhabener Thron dessen, der da ist, wie könnte dich ein Wurm beschreiben!

Zweiter Teil

*Von der Vollkommenheit der Dinge im Verhältnis zueinander*

VIII. Hauptstück

*Die reinen Geister*

Sind die reinen Geister, deren Möglichkeit wir wenigstens einsehen, wirklich vorhanden? Und wenn sie es sind, halten sie sich nur in einer besonderen Gegend auf, oder sind sie in allen Welten zerstreut? Ist ihre Natur vortrefflicher als die der vermischten Wesen, oder gibt es welche unter ihnen, die so weit unter anderen stehen wie die Muschelseele unter der menschlichen steht? Wenn die reinen Geister vortrefflicher als die vermischten Wesen sind, kommt dies z. T. daher, weil sie keinen Körper haben? Was haben die reinen Geister für Begriffe von der Materie und ihren

Veränderungen, vom Raume, von der Dauer, von der Bewegung? Wie teilen sie sich ihre Gedanken mit? Haben sie mit Seelen, die mit Körpern vereint sind, Gemeinschaft? Jedoch laßt uns diese eitle Neugier mäßigen. Wird wohl ein vermischtes Wesen, das bloß durch Hilfe seines Körpers erkennt und das ein jeder Schatten irre macht, jemals einsehen, was ein reiner Verstand ist?

## IX. Hauptstück
### Unermeßliche Kette der Dinge

Zwischen der niedrigsten und der höchsten Stufe der körperlichen oder geistigen Vollkommenheit sind unzählige mittlere Stufen vorhanden. Aus der Reihe dieser Stufen besteht die allgemeine Kette. Sie vereinigt alle Wesen, verbindet alle Welten und umgibt alle Sphären. Bloß ein einziges Wesen ist außerhalb dieser Kette, dasjenige nämlich, welches sie hervorgebracht hat.

Eine dicke Wolke verbirgt uns die schönsten Teile dieser unermeßlichen Kette und läßt uns nur einige übel verbundene, unterbrochene und in sehr verschiedentlicher Ordnung befindliche Glieder zu Gesicht kommen. Diese sind ohne Zweifel aus der natürlichen Ordnung.

Wir sehen, wie sich diese Kette über die Oberfläche unserer Erdkugel hinschlingt, wie sie ins Eingeweide derselben dringt, in die Tiefe des Meeres herabgeht, sich wieder in die Atmosphäre erhebt und in den Räumen des Himmels verliert, wo wir sie nur noch in einigen feurigen Zügen entdecken, die sie hin und wieder von sich blicken läßt. Obgleich nun unsere Kenntnis von dieser Kette der Dinge sehr unvollkommen ist, so ist sie dennoch zureichend, von dieser herrlichen Stufenfolge und der Mannigfaltigkeit der Dinge im Weltgebäude uns einen sehr hohen Begriff zu machen.

Die Natur leidet keinen Sprung, alles geht in ihr stufenweise und gleichsam durch Schattierungen. Wenn zwischen zwei Dingen irgend ein Leeres wäre, was hätte wohl der Übergang des einen zum andern für einen Grund. Es ist daher kein Wesen vorhanden, das nicht über oder unter sich andere hätte, welche sich ihm durch einige Charaktere nähern oder durch andere von ihm entfernten. Von diesen Charakteren, welche die Dinge unterscheiden, entdecken wir nun die mehr oder weniger allgemeinen. Daraus entstehen unsere Einteilungen in Klassen, in Geschlechter, in Arten.

Diese Einteilungen lassen sich inzwischen nicht trennen. Denn es finden sich allemal zwischen zwei Klassen oder zwischen zwei angrenzenden Geschlechtern mittlere Naturstücke, die weder zu einem, noch zum andern zu gehören, sondern sie nur zu verbinden scheinen. Der Polyp verbindet die Pflanze mit dem Tier, das fliegende Eichhorn verknüpft den Vogel mit dem vierfüßigen Tier, und der Affe hat vieles vom vierfüßigen Tiere und vom Menschen an sich.
⟨Nach vierzig Hauptstücken und rund 600 Seiten schließt die Arbeit:⟩

### Beschluß

Und so beschließe ich hiermit meine Arbeit. Ich habe genug Begebenheiten, und zwar wichtige Begebenheiten, vorgestellt, woraus meine Leser über das Vergnügen ⟨= Ver-ge-nügen⟩ urteilen können, das mit der Betrachtung der Natur verknüpft ist. Es würde aber diese Betrachtung sehr unfruchtbar sein, wenn sie uns nicht zu dem Urheber der Natur leitete.

Diesen anbetungswürdigen Schöpfer muß man in der unermeßlichen Kette der mancherlei Naturwerke unaufhörlich suchen, wo seine Macht und Weisheit mit so viel Wahrheit und Glanz abgebildet sind. Er offenbart sich uns nicht unmittelbar, dies litte der Plan nicht, den er ausgeführt hat. Er hat aber dem Himmel und der Erde anbefohlen, uns zu verkündigen, was er ist. Er hat unsere Einsichten nach dieser göttlichen Sprache eingerichtet und erhabene Seelen erweckt, welche die Schönheit derselben erforschten und derselben Ausleger würden. Wir sind einige Zeit lang auf einen kleinen, ziemlich dunklen Planeten verwiesen und haben nur den Teil vom Lichte, der sich für unsern gegenwärtigen Zustand schickt. Laßt uns alle Strahlen dieses Lichtes aufs sorgfältigste sammeln, laßt uns keinen einzigen davon verlieren und bei dessen Klarheit fortwandeln. Es kommt ein Tag, da wir anstatt den Werkmeister in seinem Werke zu betrachten, das Werk in dem Werkmeister erkennen werden. Jetzt sehen wir undeutlich und wie in einem dunklen Spiegel, dann aber von Angesicht zu Angesicht.

# DER PHILOSEMITISMUS

Über die Bewegung des Philosemitismus und seine Bedeutung im Hinblick auf die Überwindung der Barockreligiosität ist einleitend gesprochen worden (s. S. LV ff. und S. LXIX ff.). Das erste der beiden nachstehenden Manuskripte, die wohl geeignet sind, den Geist der Bewegung zu illustrieren, stammt aus den Akten des Geistlichen Ministeriums zu Hamburg. Sein Verfasser, der Hamburger Bürger Sebastian Benedikt Sperling, trat in Amsterdam zum Judentum über, nahm den Namen Israel Benedeti an und rechtfertigte seiner Familie gegenüber seinen Schritt mit diesem Credo (1682). Wenn Sperling davon spricht, daß das „Zweite Wesen" der Göttlichen Majestät „Fleisch" an sich genommen habe, so ist an das „Himmlische Fleisch Christi" gedacht, wie es auch Paul Felgenhauer (s. o. S. 46) lehrte und u. a. in I. Kor. 15,47 und Röm. 8,3 ausdrücklich belegt fand.

Das zweite Manuskript, das aus den Beständen der Hamburger Staatsbibliothek stammt, ist von Johann Peter Späth (1696) verfaßt, der nach einem wechselvollen Leben ebenfalls in Amsterdam zum Judentum übertrat und eine Frankfurter Jüdin heiratete. Den Namen Moses Germanus führte er bereits vor der offiziellen Konversion. Späth war zu der Meinung gelangt, was am Christentum göttlich sei, stamme aus dem Judentum, alles andere sei heidnischer Herkunft. Manche Fragen der modernen Kritik des Neuen Testamentes nahm er vorweg. Die Gestalt Jesu leitete er aus der Schechinah (s. S. LXXII) ab, den Glauben an den Hl. Geist aus der jüdischen Verehrung der Chokma (Weisheit Gottes). Er beschwört in dem vorliegenden Brief seinen Gönner F. M. van Helmont (s. o. S. LI), zur „rechten Tür des Stuhles Moses, da die Schriftgelehrten sitzen", zurückzukehren, sich von der Beschäftigung mit der jüdischen Mystik zu lösen und alle Versuche zu unterlassen, über diese Mystik hinweg Brücken zwischen Judentum und Christentum zu schlagen. Späth polemisiert gegen den Helmont geistesverwandten, bereits 7 Jahre vorher verstorbenen Philosemiten Knorr von Rosenroth (den Verfasser des Liedes „Morgenglanz der Ewigkeit"). Späth möchte die eigenartige Mystik und Theosophie sprengen, mit denen die beiden philosemitischen Freiherren gleichsam eine Barockisierung des Glaubens Is-

raels versuchen und sie zur gesunden Lehre des Moses und
der Propheten zurückführen.

Über Späth: *H. J. Schoeps*; über Helmont: *J. Broeckx*.

## BENEDIKT SPERLING (ISRAEL BENEDETI)

### *Glaubensbekenntnis*

Ich glauben an Gott, der Himmel, Erde, Meer und
alles, was da ist, geschaffen hat, an den Herrn der
Heerscharen, an den Herrn Alles in Allen. O dreian-
fängliches Wesen! O Einiger Gott, erbarme dich meiner! Ich weiß und bekenne, daß Gott einer ist, wie
Mose der Mann Gottes die Kinder Israel gelehrt hat:
Höre Israel, der Herr unser Gott ist ein einiger Gott.
Ich bin der Herr, dein Gott, der dich aus Ägyptenland
geführt hat. Nun weiß und bekenne ich einfältiger-
weise, daß Gott ewig ist. So weiß und bekenne ich
auch, daß das Zweite Wesen der Göttlichen Majestät
Fleisch an sich genommen hat. Und das dritte ist die
Heiligkeit Gottes, die aus dem Herzen Gottes ent-
springt; nämlich der Geist der Weissagung. Dieser
Gott Abrahams und Isaacs und Jakobs, dessen Woh-
nung im Feuer besteht, hat den Kindern Israel ein
Gesetz gegeben, daß sie danach leben sollen.

Jesus Christus hat das Gesetz nicht abgetan, sondern hat es bekräftigt und geschärft (Matth. 5): Ihr
sollt nicht wähnen, daß ich gekommen bin, das Gesetz
oder die Propheten aufzulösen, sondern zu erfüllen.
Ich sage euch wahrlich, bis Himmel und Erde vergehen, wird nicht vergehen der kleinste Titel vom Gesetz, bis daß es alles geschehe usf. (Luk. 16). Es ist
leichter, daß Himmel und Erde vergehen, denn daß
ein Titel vom Gesetz falle.

Nun ist die Frage, ob ich nicht im Lutherischen
Glauben hätte selig werden können, oder ob andere
Lutheraner verdammt sind. Ich antworte und bekenne,

daß die aufrichtigen Lutheraner und Reformierten alle selig werden und große Seligkeit erlangen. Schreibe ich solches aus Heuchelei, so stehe meine Seele für die ihre. Denn an dem Ewigen Evangelium oder an der Ewigen Gnade, die der Mann Gottes, der Doctor Martinus Luther, über die, die da sitzen und wohnen auf Erden, zu bringen hatte, an der werden weder Teufel, Neid noch Tod etwas verletzen können. Unaussprechliche Gnade, Gloria und Seligkeit hat dieser Mann Gottes über seine Gemeinde gebracht. Eben solch große Gnade, Gloria und Seligkeit hat der Mann Gottes, der Doctor Johannes Calvinus, auch durch Gott über seine Gemeinde gebracht. Ich erwarte aber noch den dritten Engel und hoffe noch auf große Seligkeit. Ich habe beim Propheten Daniel von dem König gelesen, daß er tun soll, was er will, und in der Offenbarung des Johannes von dem Tier und der Babylonischen Hure, was D. Lutherus dem Papst zugeschrieben und zugeeignet hat. Ich glaube, er hat den Rechten getroffen. Tier und Babylonische Hure sollen nach der Weissagung (Offb. 14) durch drei Engel gefällt werden.

Meinem Verständnis nach und, wie ich's auch in den Predigten gehört habe, ist der erste Engel, der mitten durch den Himmel geflogen ist und ein Ewiges Evangelium denen, die da sitzen und wohnen auf Erden, zu verkünden gehabt hat, das ist der Mann Gottes, der große Engel und Erzengel, der D. Martinus Lutherus gewesen. Der zweite Engel aber, der dem ersten nachgefolgt ist und geschrieben hat: Sie ist gefallen Babylon, die große Stadt, das ist der Mann Gottes, der große Engel und Erzengel, der D. Johannes Calvinus. Der dritte Engel aber, der mit großer Stimme soll sagen: So jemand das Tier anbetet und sein Bild und nimmt an sein Malzeichen an seiner Stirn und des Malzeichen seines Namens (worauf das Papsttum wird vergehen) – dieser Engel, nämlich der

Dritte meine ich, der ist noch nicht gekommen. Ich erwarte den dritten Engel, hoffe, das soll der Messias sein, sein und aller Menschen Erlösung soll zu der Zeit kommen und alles Übel soll ausgerottet werden können.

Gott hat sich schon auf seinen Richterstuhl gesetzt, um die Welt, d. h. das Papsttum, zu richten zu der Zeit, wenn er den dritten Engel, nämlich den Messias, senden wird.

So werden die zwei Gemeinden, nämlich die Lutheraner und Reformierten, den Juden wie zwei Flügel eines großen Adlers sein. Und sie werden sie bringen in das verwüstete Land an ihren Ort, nämlich ins Gelobte Land. Daß die heilige Stadt Jerusalem und der Tempel Gottes und das Land, das so lange wüste gelegen hat, jetzt wieder gebaut werden. Der Türken Sultan wird ihnen eine reinliche Straße machen, zu reisen den Weg. Und die drei Gemeinden, nämlich die Türken, Lutheraner und Reformierten, sind vertraute Freunde Israels.

Der Papst mit seinen Kardinälen, Bischöfen, Äbten, Prälaten, Monsignors und was dazu gehört, das ist die Finsternacht, die Mutter alles Übels, aller Hurerei und Abgötterei, ja die Finsternacht, die keines Menschen Freund ist. Papst, deine Gewalt ist leichtfertig, Mercurius, das ist dein Stern.

Da möchte mancher fragen, wie weißt du das. Die Weisheit, die aller Künste Richter ist, hat es mich gelehrt. Es ist ihr nichts unmöglich, denn sie weiß alles und versteht alles. Sie weiß Gottes Willen und Rat, denn sie ist dabei gewesen, als Gott die Welt gemacht hat. Nach den Worten des weisen Königs Salomo wird sie auch bleiben in Ewigkeit. Sie wird zerschmeißen das Papsttum und wird machen aus „Rom" einen „Raum". Und Wittenberg wird *weit* ausgebaut werden. Zu der Zeit wird Jerusalem wieder gebaut werden.

O barmherziger Gott, erbarme dich doch. Denn an dir ist nichts denn lauter Barmherzigkeit. Du bist lauter Barmherzigkeit. Eile und sende doch bald den dritten Engel, nämlich Silo, deinen Gesalbten, deines Knechtes David Sohn. Daß dein armes Volk Israel aus dem Mitternächtigsten Lande und aus den vier Ecken der Erde gesammelt werde, auf daß aller Menschen Erlösung komme nach der Prophezeiung. Auf daß dein Heiliger Tempel und deine Heilige Stadt Jerusalem wieder gebaut werden, auf daß die Völker gen Jerusalem kommen zu deinem Heiligen Tempel, um deinen allerheiligsten Namen anzubeten. So werden nach Prophezeiung des Propheten Zachariae (Kap. 8) zehn Männer aus allerlei Sprachen der Heiden kommen und einen jüdischen Mann bei dem Zipfel ergreifen und sagen, wir wollen mit euch gehen, denn wir hören, daß Gott mit Euch ist. Alsdann wird man dir bringen reine Opfer nach deinem Wohlgefallen.

Komm HErr Jesu! Komm, o Geist der Weissagung, so sagt der Engel in der Offenbarung Johannis im 19. Kapitel. Das Zeugnis aber Jesu ist der Geist der Weissagung. Komm, o Geist der Weissagung, und erwecke Silo, Deinen Knecht, Davids Sohn.

Benedictus Sebastian Sperling
und jetzt genannt

Israel Benedeti

JOHANN PETER SPÄTH (MOSES GERMANUS)

*An Franciscus Mercurius Freiherrn v. Helmont*

Wohledler, Hochgelehrter und Seelengeliebter
Herrn von Helmont!
Erstlich danke ich noch einmal und tausendmal für
Ew. Liebe und Treue, Liberalität und Wohltat, so

Ew. Edlen mir verschiedene Male erwiesen haben. Dero wohlgemeinte Lehre und Unterweisung habe ich aber späterhin als sehr falsch und schädlich gefunden. Deshalb bringe ich Ew. Edlen folgendes in Erinnerung: Zum ersten: Betrifft den *Sohar*, der durch Herrn ⟨Knorr v.⟩ Rosenroth mit Ew. Edlen Handanlegung und Förderung herausgegeben wurde ⟨Kabbalae denudatae tomus secundus: id est Liber Sohar, 1684⟩. Ich bitte um der Furcht und Liebe Gottes willen, Sie bedenken, was für Greuel, Sünde und Unrecht damit angestellt wurde. Stellt er sich in der Gestalt einer reinen Matrone dar (wie in der Einleitung gesagt) – und zwar einer Matrone von edelstem Geschlecht, höchstem Alter und Palästinischer Geburt, also einer aufrichtigen reinen Jüdin – so kann ihr kein größeres Unrecht und kein größerer Schaden zugefügt werden, als dem Römisch-konstantinischen ⟨Kirchen-⟩Volk oder Geistlichen Zigeunerhaufen übergeben und prostituiert zu werden. Dies auf der Seite des Sohar, der Mystischen Gesetzeslehre selbst. Auf Seiten der Leser, in deren Hände sie fällt, ist der Schaden noch viel größer. Sie werden meinen, daß sie etwas haben – sind seiner aber in Wirklichkeit unfähig und also im höchsten Grad betrogen. Sie werden ihr armes Hirnchen mit vorgefaßten Phantasien erfüllen und ein Büschel Binsen ergreifen. Aber diese himmlische Nymphe selbst sollen sie unangetastet lassen und keinen Teil daran haben.

Zum zweiten: Gleiches ist von der *Cabbala denudata* zu bedenken ⟨Kabbala denudata seu doctrina Hebraeorum transcendentalis, 1677⟩. Keine entsetzlichere Schmach kann einer ehrlichen Matrone oder Tochter wiederfahren, als entblößt zu werden. Von solch einem greulichen und abscheulichen Beginnen hat sich alle alte ehrliche Heiden-Priesterschaft Ägyptischer, Chaldäischer, Griechischer, Etruskischer, Römischer Art gehütet und gescheut, so daß sie ihre göttlichen

Geheimnisse dem wilden Pöbel und den Unmündigen nicht offenbarten. Auch hier ist auf Seiten der Leser das Verderben größer. Sie vermeinen, eine Kabbala zu haben, die es aber auf keine Weise und nicht im geringsten ist. Sie stellt einen Haufen zusammengeraffter und mehr heidnischer als jüdischer Scharteken dar. Es stehe meine Seele gegen Ew. Edlen Seele vor dem Richterstuhl des Allerhöchsten solange im Gericht, bis Sie die Personen in der Gottheit aus der Kabbala beweisen. Es ist absolut nicht wahr, daß in Psalm 50 durch die Worte „EL ELOHIM JAHWEH" ⟨Ps. 50, 1: „Gott, Gott, Herr" oder „Der Gott der Götter, der Herr"⟩ eine Dreiheit der Personen in der Gottheit oder ein Dreimänner-Gerichtshof gemeint ist, wie Ew. Edlen mir ⟨einst⟩ in den Griffel diktierten, und ich es mir zu meiner Schande in mein Hand-Psalterlein notierte.

Zum dritten: Was mich eigentlich und endlich mehr als alles Vorige berührt, ist die „Hecatombe oder Hundert Lob-Sprüche", die mir Ew. Edlen damals in Frankfurt überreicht und noch Randbemerkungen dazu diktiert haben ⟨In: Neuer Helikon, 1684, 2. Aufl. 1694⟩. Als mir hernach Barmherzigkeit und Gnade widerfuhren, habe ich den Betrug mit Schmerz und Herzeleid herausgefunden. Herr Knorr v. Rosenroth wird wohl noch lange an seiner gotteslästerlichen Hecatombe singen müssen, auch deswegen hier zu seinem stinkenden Kadaver täglich abgewiesen und von Gottes klarem Angesicht verstoßen werden. Ich wollte wohl zu dero Fußbad meine Tränen offerieren, aber eine Wahrheit als Wort des Herrn habe ich wider Sie. Es ist nicht wahr, daß jemals eine solche Hecatombe unter den Hebräern in Brauch gewesen ist, und darum ist's nicht recht, daß man die Welt mit solch eitlen Phantasien betrügt.

Zum vierten: Noch um der Gleichheit der Materie willen und aus redlicher Zuneigung bemerke ich, daß

Ew. Edlen jüngst herausgegebenen *Cogitationes* eine große Gotteslästerung enthalten und, abgesehen von rabbinischen Traditionen, per tout nichts als unbegründete eitle Hirn-Spekulationen sind ⟨Cogitationes super quatuor prima capitula Geneseos, 1695⟩. Wenn doch Ew. Edlen sehen möchten, daß Sie allerlei alten Heidengreuel mit neuen Farben produzieren! Die rechte Tür ist der Stuhl Moses, da die Schriftgelehrten sitzen. So wollte Gott, daß diese meine treuen Warnungsworte Euch nicht zu verächtlich wären. So stoßt mich denn nun nicht so ganz ungerecht von Euch weg. Ach, lacht mich nicht absolut aus: wie soll dieser uns zeigen, was gut ist. Bedenkt doch, so ungestalt, verächtlich, jämmerlich, von Gott geschlagen ich scheine, so bin ich doch ein Glied am Leibe jenes Mannes der Schmerzen (Jes. 53), des Gottes Israels, zu dem noch endlich alle Heiden werden kommen und bezeugen müssen, daß sie von ihren Vätern und tausend Lehrmeistern Torheit und Betrug erworben haben – alsdann werden sie den sehen, in den sie gestochen haben. Hört endlich aus dem lieben Sirach meinen Herzenswunsch, den ich oft für gute Freunde zum Himmel sende (Kap. 17, 20 ff.): So bekehre dich nun zum Herrn und laß die Sünden fahren – das unbefugte Arbeiten in einem fremden und verbotenen Garten, tue dein Gebot vor IHM und nicht vor weiß nicht was für unerkannten kabbalistischen Sephira.

Verwirf, zerreiße, verbrenne den falschen 1. Sohar, 2. scandaleuse Cabbala denudata, 3. gotteslästerliche Hecatombe, 4. heidnisch unreine Cogitationes, auch die Observationes circa hominem (wo der Jüdischen Frauen Baden im Fundament der Christentaufe gesucht wird und was dergleichen mehr) ⟨De revolutione animarum humanarum, 1684⟩. ER selbst wird dich aus der Finsternis in ein heilsames Licht leiten. Er selbst, nicht eine andere „Person", „Charakter", „Qualität" oder „Glanz" oder welchen Namen es haben mag. Nicht schiebt er Christus vor. Er selbst ist gnädig, barmherzig, langsam zu erzürnen, reich an Erbarmen. Seine Eigenschaft ist es, sich zu erbarmen und zu verschonen. ER, ER tilget unsere Sünden um seiner selbst willen, weder im Himmel noch auf Erden, sondern um seines Heiligen Namens willen. Er selbst erbarmt sich, wie sich ein Vater erbarmt über seine Kinder, und haßt zum Erschrecken heftig allen Greuel, den ich Euch hiermit vor Augen stelle. Ich will Euch aber noch einen köstlicheren Weg zeigen: Strebet nach der Liebe, welche das von Gott an Israel gegebene particulare und eigene Kleinod ist. Trachtet danach, daß ihr mich in Liebe tragen und behalten könnt, der ich Euch, weil mich die Liebe Gottes dringt, mit solcher Liebe, Redlichkeit und Einfalt suche und auch zu finden wünsche. Amen!

Ew. Edlen und aller derjenigen,
welche Gott in Einfalt ihres Herzens ehrlich suchen,
treuer Freund und Diener
Moses Germanus
ehemals Johann Peter Späth
Exul. etc.

# DIE CHRISTUS-DOXOLOGIE

Die von der deutschen Literaturwissenschaft sog. Christuslyrik, unter der der sich die düstere Wolkendecke des barocken Gewitterhimmels öffnet, um Christus, das Himmelslicht und die Gnadensonne, erscheinen zu lassen, verdeutlicht man sich wohl am besten in einem kleinen Querschnitt durch diese Literaturgattung. Sie variiert unablässig das Wort Joh. 1.14: „Wir sahen Seine Doxa(-Kabod)!" Daß sie ein Gegenstück der Schechinah-Christologie und der Christus-Sonnen und -Gloriolen der ausübenden Kunst der Aufklärungsepoche darstellt, muß betont werden (s. S. LXXI f.). Über die Christuslyrik: *K. Berger* (Lit.).

## J. M. DILHERR († 1669)

Die helle Sonne ist dahin,
Das Licht verblichen ist,
Doch glänzt meim Herzen ein Rubin,
Der heißet JESUS CHRIST!

O Diamant, O Du Saphir,
O Du Ophirisch Gold,
O Perle mein, O höchste Zier,
O Alles, was ich wollt'!

Wie könnte es doch finster sein,
Wo Du noch gibest Licht?
Bei Dir ist alles hell und rein,
Bei Dir kein Tag gebricht!

## L. E. GRÄFIN SCHWARZBURG-RUDOLSTADT († 1672)

Du magst sein in den tiefen Gründen,
Ich laß Dich, liebster JESU! nicht:
Du magst im Finstern sein zu finden,
Bei Dir ist Finsternis nur Licht,
Du magst wohl auch im Regen sein,
Der ist bei Dir nur Sonnenschein!

## J. W. SIMLER († 1672)

Wie leuchtet doch mein Bräutigam,
HERR JESUS, dessen süßer Nam'

Mein Seelenhort alleine,
Viel klarer als die güldne Sonn',
Der Himmelsleuchter Ehrenthron,
Ja aller Sternen Scheine!

## J. Franck († 1677)

Dieses ist der Tag der Wonne,
Dieses ist das Freudenfest,
Da der HERR, die Lebens-Sonne,
Sein Strahlen schießen läßt.

Schmücke Dich, o liebe Seele,
Laß die dunkle Sündenhöhle,
Komm ans helle Licht gegangen,
Fange herrlich an zu prangen!

JESU, meine Lebens-Sonne,
JESU, meine Freud und Wonne,
JESU, Du mein ganz Beginnen,
Lebensquell und Licht der Sinnen!

Es glänzet Deiner Krippen Strahl,
Ein Licht bricht durch das finstre Tal,
Es gibt die Nacht so hellen Schein,
Der da wird unverlöschlich sein!

## J. Scheffler († 1677)

Ich will durch alle Wolken dringen
Und meinem süßen JESU singen,
Daß Er mich hat ans Licht gebracht:
Er ist die Sonne, deren Strahlen
Mehr als sonst tausend Sonnen prahlen,
Er ist das wesentliche Licht,
Er ist der Schein, der in die Herzen
Vor allem Heer der Himmels-Kerzen
Wie ein gewünschter Blitz einbricht.

Morgenstern der finstern Nacht,
Der die Welt voll Freude macht,
Deines Glanzes Herrlichkeit
Übertrifft die Sonne weit!
Du erleuchtest alles gar,
Was jetzt ist und kommt und war:
Voller Pracht
Wird die Nacht,
Weil Dein Glanz sie angelacht.

Geh auf, meins Herzens Morgenstern
Und werde mir zur Sonne,
Geh auf und sei nunmehr nicht fern,
Du wahre Seelen-Wonne.
Du bist der Glanz der Herrlichkeit,
Du gibst der Welt das Leben,
Dein Anblick macht noch in der Zeit
Mich in den Himmel schweben!

## CHR. HOFFMANN V. HOFFMANSWALDAU († 1679)

Mein JESUS, bleib mein klares Licht,
Entzünd in meinem Herzen,
Wenn mir der Sonne Glanz gebricht,
Der Andacht reine Kerzen!

## J. H. HIPPE († ca. 1680)

Komm, o Sonne meiner Seele!
Du, mein JESU! komm zu mir
Und beglänze mir die Höhle,
Die mein Herz gewidmet Dir!
Komm und gib uns Deine Strahl',
Daß wir jetzund allzumal
Deine Wunder mögen weisen
Und mit reinem Herzen preisen!

## W. H. FREIHERR V. HOHENBERG († ca. 1680)

Du Gnaden-Sonn', HERR JESU CHRIST,
Der Du mir Licht und Helfer bist,
Laß wie die Sonnen-Blume mich
Mit Glaubens-Augen sehn auf Dich.

## J. NEANDER († 1680)

Der Tag ist hin, mein JESUS bei mir bleibe.
O Seelenlicht, der Sünden Nacht vertreibe,
Geh auf in mir, Glanz der Gerechtigkeit,
Erleuchte mich, ach HERR, denn es ist Zeit!

## S. V. BIRKEN († 1681)

Ja DU
JESU,
DU bist Wonne,

DU bist Sonne,
Licht der Erden,
Laß auch mich erleuchtet werden!

Ja, Ewigs Licht, erleuchte mich,
Laß mich in Deinem Worte Dich,
Mein Schönster, heut ersehen.
Dein Geist beglänze meinen Geist,
Daß ich, was Gott-gefällig heißt,
Mög' fassen und verstehen.

## T. CLAUSNITZER († 1684)

O Du Glanz der Herrlichkeit,
Licht vom Licht, aus Gott geboren,
Mach uns allesamt bereit,
Öffne Herzen, Mund und Ohren;
Unser Bitten, Flehn und Singen
Laß, HERR JESU, wohl gelingen.

## J. HERBART († 1686)

Drum JESU, schöne Weihnachtssonne,
Bestrahle mich mit Deiner Gunst!
Dein Licht sei meine Weihnachts-Wonne!
Und lehre mich die Weihnachts-Kunst,
Wie ich im Lichte wandeln soll
Und sei des Weihnachts-Glanzes voll.

## J. QUIRSFELD († 1686)

O irdische Sonne, du brennest zwar sehr,
Wenn du uns bestrahlest
Und prächtig herprahlest.
Doch brennen die Augen des Bräutgams viel mehr,
Wenn er uns beblicket
Und Feuer abschicket,
Das heftiger sticht,
Als, Sonne! dein Licht.

## S. BORNMEISTER († 1688)

JESU, meines Herzens Wonne:
Nunmehr bist Du mir vertraut.
JESU, Deine Gnaden-Sonne
Mich mit vollem Glanz anschaut.

## D. E. Heidenreich († 1688)

Jakobs Stern, Du Licht der Heiden,
Gehe doch in mir auch auf,
Daß ich meines Glaubens Lauf
Führe selig und mit Freuden.

Meine Finsternis verschwindet,
Wenn Dein Glanz mich lichte macht,
Daß mein Herz auch bei der Nacht,
Deine klare Wohnung findet.

Schau, ich bringe Dir Geschenke,
Buße, Beten, Lob und Dank
Und ein Herz in Liebe krank,
Wenn ich, JESU, Dein gedenke!

## G. v. Mengden († 1688)

JESU, Glanz und Ewigkeit,
Licht und Sonne aller Frommen,
Laß auch Deine Gütigkeit
Zu mir armem Sünder kommen.
Löse meiner Augen Stricke
Und mir Licht und Leben schicke.

## J. Saubert jun. († 1688)

Das güldne Licht, das blitzt heut aus dem Dunkeln
Viel güldner als der Perser Sand,
Viel funkelnder als der Karfunkel Funkeln,
Viel blitzender als Diamant.
Sein Himmelsglanz ist uns nicht ganz verschwunden:
Triumph, Triumph, GOTT, GOTT, hat überwunden.

## Chr. A. Ph. Knorr v. Rosenroth († 1689)

Morgen-Glanz der Ewigkeit,
Licht vom unerschöpften Lichte,
Schick' uns diese Morgenzeit
Deine Strahlen zu Gesichte
Und vertreib durch Deine Macht
Unsre Nacht.

Die bewölkte Finsternis
Müsse Deinem Glanz entfliegen,
Die durch Adams Apfel-Biß
Uns, die kleine Welt, bestiegen,

Daß wir, HERR, durch Deinen Schein
Selig sein.

Der Höchste sei gelobt jetzt und zu jeder Zeit,
Daß uns die Sonn' aufgeht zur Unverweslichkeit!
Dies ist der Sieges-Fürst, der Heiland JESUS CHRIST,
Der nach der Kreuzes-Angst vom Tod erstanden ist.

## J. GEUDER († 1693)

Wohlan! Es weichet mit der Nacht
Der Sünden-Dunst und kommt mit Macht
Mein JESUS, meine Sonne.
Eil', Seele, in das Gottes-Haus,
Allwo der Gnaden-Blitz geht aus,
O Wonne über Wonne!

## CHR. SCRIVER († 1693)

O Himmlische Klarheit! O Ewiges Leben!
Wann wirst Du doch endlich mich Armen umgeben?
O JESU! wie lange? wie lang doch, o Sonne!
Muß ich noch entbehren der seligen Wonne?

## E. FINX († 1694)

Hie sitz' ich im finstern Tal,
Aber meiner Seelen Sonne,
CHRISTUS, macht mit seinem Strahl
Mein betrübtes Herz voll Wonne,
Wenn er tröstend mir verspricht
Sein verlangtes Angesicht.

Also scheint bei Mitternacht
Mir der Mittag in den Sinnen.
Ach! der Aufgang ist erwacht:
Heb dich, aller Schlaf, von hinnen!
Weich, du Nebel eitler Zeit,
Weich dem Glanz der Seligkeit!

## CATH. R. V. GREIFFENBERG († 1694)

JESU, meine Freud und Wonne,
Meiner Hoffnung fester Hort,
JESU, meines Glückes-Sonne,
Meine Hoffnung hie und dort.

## J. CHR. ARNSCHWANGER († 1696)

JESUS, unser Licht und Sonne,
Seines Vaters Glanz und Zier
Und der Engel Lustbegier,
Aller Menschen Freud und Wonne,
Bricht mit Freuden wieder für.

Es wird uns schon der Morgenstern
Herfürgegeben von dem HERRN
Und unser Herz bestrahlen,
Bis dort in Vollkommenheit
Die Sonne der Gerechtigkeit
Uns ganz wird übermalen.

Ja wohl, HERR JESU! hilf, daß wir
Auf Dein Wort achten für und für
Und Deines Lichts uns freuen!

## A. FRITSCH († 1701)

JESU, meine Sonne,
Meines Herzens Wonne,
JESU, meine Lust!
JESU, meine Liebe,
Wie ich mich betrübe,
Ist Dir wohl bewußt.

JESU, Sonn' des Herzens,
JESU, Freund in Schmerzen,
JESU, Seelen-Lust.
Ach, wo bist Du blieben
In meinem Betrüben,
JESU unbewußt?
Ach, komm bald,
Mein Herz ist kalt!

## CHR. GRYPHIUS († 1706)

O Glanz, vor dem die Sterne weichen,
O Sonne der Gerechtigkeit!
Ach! scheine, wenn ich soll erbleichen,
Bestrahle mich im Todesstreit.

Das Licht ist nunmehr aufgegangen,
Vor dem der Höllen Nacht erblaßt;
Willkommen sehnliches Verlangen,
Willkommen angenehmer Gast.

Jetzt wird mir alle Qual versüßt,
Weil Du, mein Heil, zugegen bist,
Du süßer JESUS CHRIST.

## E. STOCKMANN († 1712)

Mein JESUS ist's: der funkelt in den Herzen
Und stecket an die Sonnen-klaren Kerzen;
Er streuet uns das Glaubens-Feuer ein,
Vor ihm muß auch das Dunkle lichte sein.

Drum lasset uns zu dieser Sonne finden,
Ihr Glanz vertreibt den Nebel unsrer Sünden.
Was liegt daran, ob jene Sonne weicht,
Wenn diese nur die Strahlen zu uns neigt.

## W. CHR. DESSLER († 1722)

Du reine Sonne meiner Seele!
So will ich denn ein Adler werden,
Der durch den Glauben von der Erden
Sich schwingt aus seiner Fleisches-Höhle.
Umglänze mich, mein Licht,
Und schärfe mein Gesicht.

Mein JESU, dem die Seraphinen
Im Glanz der höchsten Majestät
Selbst mit bedecktem Antlitz dienen,
Wie sollten blöde Fleischesaugen
Dein helles Licht zu schauen taugen?

# DIE BEWEGUNG DER NEOLOGIE

## THOMAS BURNET (1635-1715)

Die Brunnen der Tiefe brechen auf (1. Mose 7,11), die Erde zerspringt wie ein platzendes Ei, dessen berstende Schalen die Gebirge bilden – so stellt Burnet, der erste „Diluvianist", in seiner „Heiligen Theorie der Erde" die Verwandlung der paradiesischen Welt in ihren heutigen Zustand dar.

Angesichts der Zertrümmerung des alten dreistöckigen Welthauses entwarf der Hofprediger und Geheime Kabinettssekretär König Williams von England († 1702) sein Doxologisches Entmythisierungsprogramm (s. o. S. LXXIV). Es kostete ihn nicht nur seine Hofämter, sondern auch die Würde des Primas von England, in der er dem befreundeten Erzbischof von Canterbury, John Tillotson († 1694), nachfolgen sollte. Die Volksballade der Zeit ließ ihn sprechen:

> That all the books of Moses
> Were nothing but supposes,
> That as for Father Adam
> And Mrs. Eve, his Madame,
> And what the devil spoke, Sir,
> Twas nothing but a joke, Sir,
> And well-invented flam (= fauler Zauber).

Fast alle Probleme der modernen Debatte um „Entmythologisierung" und „Interpretation" biblischer Texte und vor allem die Fragen der Neologie des 18. Jahrhunderts sind bei Burnet ausdrücklich oder kernhaft vorweggenommen. Burnet verwendet die Begriffe „Mythos" und „Fabula" synonym; neben Mythen, die „figmenta" sind, gibt es unentbehrliche Mythen, die transeunte oder transzendente Wirklichkeiten umschreiben. Schon Mose entmythisierte die Gestirngötter der Umwelt. Der Text der „Archaeologiae Philosophicae" (1692 – das Programm Rudolf Bultmanns erschien 1941) macht Burnets Ruf, einer der besten Latinisten der Zeit zu sein, keine Unehre.

# Doxologische Entmythisierung

*(Archaeologiae Philosophicae)*

Dies ist die Summe der Mosaischen Erzählung über das Paradies und das Geschick der ersten Menschen. Fast alle erkennen an, daß etwas Parabelhaftes in dieser Erzählung steckt und daß sie nicht genau nach dem Buchstaben auszulegen ist. Einige wollen auch, daß der ganze Sermon eine kunstvolle Hypotypose sei, um reale Sachlagen zu erklären: Die tatsächliche Neuheit des Menschengeschlechtes und seine Generation – ferner den ersten paradiesischen Zustand der Natur und ihre Entartung. Obwohl nämlich nach dem Grundzug des Sermons dieser paradiesische Zustand auf eine einzige Region (die „Garten Eden" genannt wird) beschränkt zu sein scheint, kommt nachher, als der Fluch der Unfruchtbarkeit ausgesprochen worden ist, die ganze Erde in solchen Zustand. Fernerhin bringt die Erde nicht mehr von selbst Ernten dar; es gibt keine Früchte mehr ohne Ackerbau und Bodenbearbeitung. Gott sprach: „Im Schweiße deines Angesichtes wirst du dir weiterhin das zum Leben und zur Nahrung Notwendige schaffen". Demgemäß trug vor dieser Mutation oder Verfluchung die Erde von selbst Baum- und Feldfrüchte ohne Saat und Arbeit. Außerdem zeigt sich an anderer Stelle, daß nicht nur irgend ein kleiner Fleck oder ein paar Morgen Land, wie sie einen Garten ausmachen, diese Fruchtbarkeit und die übrigen Vorzüge des Bodens und Klimas besaßen, sondern daß der ganze Erdkreis von Anbeginn an bewohnbar war. Was wäre aus Adam geworden, wenn er unschuldig geblieben wäre? Welcher Raum wäre seinen Nachkommen innerhalb eines Gartenzaunes geblieben? Oder wenn du sie alle dort einschließen willst wie nackte Vögelchen im Nest, was sollte mit den übrigen Gefilden der großen Erde werden? Würden sie nicht leer, wüst und ohne Bewohner dastehen? So etwas duldet die Natur und ziert die göttliche Weisheit nicht!

Hieraus ergibt sich eine Folgerung, die auch mit der Vernunft übereinstimmt: Wir müssen annehmen, daß Mose den Teil für das Ganze und ein Beispiel für alles andere dem Volke vor Augen stellte. Denn es war ihrem Geist und Fassungsvermögen angemessener ["akkommodierter"], sich einen einzelnen lieblichen Garten oder Acker vorzustellen, als sich den ganzen Erdkreis mit neuem Aussehen und neuen Möglichkeiten, die von dem heutigen Naturzustand ganz und gar verschieden waren, zu denken. Aber laßt uns auf dem begonnenen Wege fortschreiten!

Gewohnheit und vorgefaßte Meinung haben große Macht über die Geister der Menschen. Diese kurzen Kommentare oder Histörchen über die Anfänge des Menschen und der Dinge nehmen wir aus dem Munde des Mose ohne Prüfung und ohne Verzug an und schätzen sie hoch ein. Würden wir aber dieselben Lehren bei einem anderen lesen, z. B. bei einem griechischen Philosophen, einem rabbinischen oder islamischen Gelehrten, würde unser Geist – voll von Zweifeln und Einwänden – an jedem Satze hängen bleiben. Dieser Unterschied entsteht nicht aus der Natur der Sache oder aus dem zugrunde liegenden Gegenstand, sondern aus unserer Einschätzung der Glaubwürdigkeit und Autorität des Schriftstellers als eines von der Gottheit Inspirierten. Dies erkennen wir gerne an. An dieser Stelle wird nicht über die Autorität des Verfassers disputiert, sondern darüber, in welchem Geiste, aus welchem Entschluß heraus er dies schrieb und von welcher Stilart er Gebrauch machte, der volkstümlichen oder der philosophischen. Ich sage von der „volkstümlichen", nicht von der „mythischen" [fabulosen], obwohl es erlaubt ist, diesen Begriff zu gebrauchen, wenn es sich um einen exotischen Verfasser handelt. Andere der „Mythen" [Fabulae] z. B. sind reine

Erdichtungen [figmenta], noch andere stützen sich auf reale Grundlagen, werden aber mit Zutaten und anspruchsvollem Schmuck ausstaffiert. Daneben gibt es gewisse Erzählungen, denen Wahrheit zugrunde liegt – freilich nicht im Hinblick auf einzelne Punkte, sondern im Hinblick auf das, was das Gesamtanliegen und die Grundabsicht des Verfassers betrifft. Ein Beispiel dafür ist die Parabel Christi von Lazarus und dem reichen Mann und vieles davon, was vom Tage des ⟨Jüngsten⟩ Gerichtes erzählt wird – was nämlich die „Rinde" und die äußere Form anbelangt. Ich glaube, daß Erzählungen dieser Art nicht als Mythen [Fabulae], sondern manchmal als Parabeln, manchmal als volkstümliche Hypothesen zu bezeichnen sind. Und ich werde nicht zürnen, wenn du eine Erzählung, die vor Generationen spielte, in diese Klasse einreihst und dabei Namen und Ehre des Verfassers nicht antastest. Hierzu aber wollen wir, wenn es recht ist, einige Gesichtspunkte erwägen.

Den zeitlichen Ursprung des Menschengeschlechtes zum ersten habe ich immer für gesichert und unbezweifelbar gehalten und ihn fünf oder mehr Jahrtausende (nach dem Glauben der Hl. Chronologie) zurückdatiert. Aber aus welcher Materie der erste Mensch – Mann oder Frau – gemacht wurde, ist nicht so leicht zu erkennen, und es kommt auch nicht so sehr darauf an. Wenn Gott eine Frau aus der Rippe Adams hervorbringen wollte, so erscheint die Materie weniger geeignet – indessen, Gott kann aus jedem beliebigen Holz, Stein oder was auch immer eine Frau erschaffen. Hier fragen nun die Neugierigen, ob diese Rippe für Adam überflüssig oder überzählig gegenüber der Rippenzahl, die man im normalen Körper findet, war. Wenn nicht, so wäre Adam nach ihrer Entfernung gebrechlich und eines notwendigen Organs beraubt gewesen. Ich sage „notwendigen", denn wir setzen voraus, daß im Gefüge des menschlichen Körpers nichts überflüssig ist. Kein Knochen (welcher Art auch) kann ohne den Zusammensturz des Ganzen oder eine Verletzung seiner Ganzheit entfernt werden. Alles nämlich war nach Zahl, Gewicht und Maß von Anfang an geschaffen.

Der Gottesgarten Eden wird von vier aus einer Quelle entsprungenen Flüssen bewässert. Manche wollen, daß dieser Gottesgarten dasselbe sei wie der „Garten des Zeus" [Jupiter] bei Plato. Jene Flüsse werden von Mose Pishon, Gishon, Hiddekel, Perath genannt und von alten Autoren als Ganges, Nil, Tigris und Euphrat interpretiert. Dies ist meiner Meinung nach richtig. Denn Mose scheint sich nichts anderes vorgenommen zu haben, als die vier berühmtesten und fruchtbringendsten Flüsse der Erde zu diesem Garten zu führen, um ihn zu bewässern.

So stellt sich die räumliche und zeitliche Ordnung in der Geschichte des ersten Menschen und des Paradieses dar. Wenn ich mir das Einzelne mit gleichmütigem Geist, der allen Seiten gerecht wird und unter der Führung der Vernunft und der Wahrheitsliebe steht, überlege, kann ich den Vätern und alten Autoren nicht böse sein, die sich bemühten, dies als Gleichnisse, Parabeln oder volkstümliche Predigten zu interpretieren. Ich bin aber Celsus böse, der diese Erzählung einen „Altweiber-Mythos" nennt. Mit Recht gibt Origenes die rügende Antwort, daß dies alles als bildliche Redewendung [tropologia] gemeint sei. Und auch Celsus gibt im Folgenden zu, daß vorurteilslose Interpreten, sowohl Juden wie Christen, den wörtlichen Sinn scheuen und sich zu Allegorien bequemen (Orig. contra Cels. l. 4. p. 186, 187, 191). Hieraus ersiehst du, daß in den ersten Jahrhunderten der christlichen Kirche, in denen Celsus lebte, und daß selbst bei den Juden vor Christi Geburt von vorurteilslosen Interpreten der Buchstabe der Mosaischen Erzählung verlassen wurde.

Es erscheint durchaus schwerwiegend und äußerst hart, daß Gott das Menschengeschlecht wegen einer durch weiblichen Leichtsinn verursachten Bagatelle verurteilt und sogar dem Verderben ausgeliefert haben soll. Deshalb meinen einige, denen ich nicht widerspreche, Mose habe offenbar deshalb auf eine so überaus leichte Sünde eine so schwere Strafe folgen lassen, um seinen ⟨Mosaischen⟩ Geboten Kraft und Autorität zukommen zu lassen – Geboten, die über unwichtige und ethisch indifferente Dinge schwerwiegende Entscheide fällen. Denn wer würde sich nicht scheuen, das allerkleinste Gebotlein, das im Namen Gottes daherkommt, zu verletzen, wenn schon das Essen eines einzigen verbotenen Apfels dem Menschengeschlecht das Verderben einbrachte. Aber von diesem und den übrigen Artikeln des Mosaischen Berichtes möge jeder nach seinem Sinn Gebrauch machen – nur das Fundament möge er nicht einreißen. Dies aber nenne ich das Fundament: Die Lehre von der zeitlichen Entstehung des Menschengeschlechtes und dieser Erde, von der Degeneration beider und von der Erlösung der Menschen durch Weibessamen. Wir alle neigen in diesem blinden Zustande der Sterblichkeit zum Irrtum und unter den Pflichten der Liebe ist es nicht die kleinste, daß die einen mit den anderen, den Strauchelnden, Nachsicht haben und ihnen zu Hilfe kommen. Ich indessen – Gott, der Herzen und Gedanken erforscht, sei mein Zeuge – habe mir in dieser und welch anderer Schrift auch immer nichts anderes vorgenommen, als eine Frömmigkeit zu fördern, die in der Liebe gegründet ist. In dieser Dissertation über die ersten Menschen und das Paradies sage ich nichts mit Gewißheit und Nachdruck, sondern in Bescheidenheit und Demut, damit ich das Urteil der Verständigen erfahren möge. Wenn sie doch mit mir Brauch und Geist der ersten Jahrhunderte erwägen möchten, insbesondere Brauch und Sitte der Orientalischen Völker, die die Sitte hatten, durch Symbole, Analogien und Parabeln ihre Bekenntnisse und Lehren zu übermitteln und die ältesten Zustände nach dieser Weise darzulegen! Wenn sie nicht damit einverstanden sind, mögen sie wenigstens nicht zürnen.

Das, was wir im voraufgehenden Kapitel über den Ursprung der Dinge erörtert haben, betrifft vorwiegend das Menschengeschlecht. Aber nicht minder widerstrebend erscheint die Tellurische Theorie der unbelebten Dinge und der Ursprung des Universums. Diese Mosaische Kosmogonie, die im Kreise aller übrigen Kosmogonien als die ältere gilt, müssen wir sorgfältig darstellen und die strittigen Punkte so zurechtlegen oder durch wohlwollende Interpretation [amica Interpretatio] so entschärfen, daß dabei die Wahrheit heil und ganz erhalten bleibt, woran beiden Teilen gleichermaßen gelegen ist.

Sechstagewerk und ⟨wissenschaftliche⟩ Theorie stimmen freilich in den Hauptfäden ⟨des Gedankengewebes⟩ überein. Ich möchte sagen, daß beide ein Chaos vor der Materie, die der Welt zugrunde liegt, voraussetzen. Sie stimmen auch in der grundsätzlichen Ordnung überein, indem sie zuerst die unbelebte, dann die belebte Welt zustande kommen lassen. Im übrigen aber, im Hinblick auf Gestalt und Grenzen der geschaffenen Welt, auf Wesen, Zeit und anderes weichen sie nicht unbeträchtlich voneinander ab.

Zuerst ist darauf zu achten, welche Form und welche Grenzen der Welt das Sechstagewerk voraussetzt. Es ist bekannt, daß zwischen Gebildeten und Ungebildeten zwei Weltsysteme hin und her geworfen werden, von denen das eine die Sonne, das andere die Erde als Mittelpunkt hat. Es ist deshalb zu fragen, auf welches System sich das Mosaische Sechstagewerk stützt. Offensichtlich steht fest, daß Mose beim Schöpfungswerk von der Erde als Basis und Fundament der ganzen Maschine ausgeht. Die Sonne läßt er erst am vierten Tage, wie er sagt, hervorgehen, nachdem Erde und Meer schon geschaffen und vollendet sind. Daher ist die Sonne nicht Mittelpunkt des ganzen Werkes, da sie erst hervortrat, nachdem das Werk halb vollendet war.

Außerdem werden sowohl die Sonne wie die übrigen Gestirne als zum Nutzen der Erde geschaffen vorgestellt. Sie sind dienende Körper, die für uns Tage, Jahre und sonstige Zeiten messen sollen. Nach der anderen Hypothese sind Sonne und Fixsterne nicht nur riesenhafte Körper, sondern auch die allervornehmsten, die primären Teile des gesamten Weltalls und die Fundamente der ungeheuren Masse.

Aus vielen Gründen ergibt sich, daß Mose dem System der Ungebildeten folgte, dem, was dem Volke gefällt, was den Sinnen schmeichelt, was von vielen begriffen wird oder begriffen zu werden scheint. Er kümmerte sich in dieser Sache mit Recht um das allgemeine Wohl. Indessen, daß die unkörperliche wie die körperliche Welt älter ist als diese bewohnbare Erde, kann auf andere Weise aus den Kirchenautoritäten bewiesen werden, wenn wir die Sache genauer durchgehen. Zahlreiche von den christlichen Vätern behaupten, daß die Engel vor der Erde oder der Mosaischen Welt durch uns unbekannte Saecula hindurch existierten. Andere behaupten das auch von den höchsten Himmeln oder dem Himmel des Empyreum. Die Worte des Herrn an Hiob lassen noch weniger an dieser Präexistenz der Engel zweifeln (38,4 ff.): „Wo warst du, als ich die Fundamente der Erde legte, als mich die Morgensterne lobten und alle Söhne Gottes jubelten?" Aus diesen Worten steht tatsächlich fest, daß die Engel vor der Grundlegung der Fundamente der Erde existierten und das Lob Gottes bei dem ersten Ins-Werk-Setzen unseres Erdenkreises sangen. Ferner: wenn du „Morgensterne" wörtlich nimmst, steht fest, daß Erde und Himmel vor der Grundlegung unserer

Erde vorhanden waren. Ebenso verhält es sich mit dem Wort „bevor der Welt Grund gelegt war" (1. Petr. 1, 20; Eph. 1,4; Joh. 17,5 u. 24). Das meint nicht eine nackte Ewigkeit, sondern Weltzeitalter und Gründung dieser Welt. Vor beiden existierte die Seele des Messias und das Geheimnis der christlichen Heilsökonomie. Der größte Teil der Menschen hält die übrige Natur und das Universum für eine Art Appendix unseres Erdkreises oder der Erde, der an sich keinen Wert hat, für den Bedarf des Menschengeschlechtes bereitgestellt ist und unseren Bedürfnissen dient. Mit Recht überließ daher der allerweiseste Gesetzgeber den Philosophen, die Werke Gottes auf eine andere Weise zu beschreiben, die den Vollkommenheiten Gottes und der Natur der Dinge angemessen ist, als das Menschengeschlecht nach Alter, Erfahrung und Beobachtungsgabe zur Reife gekommen war.

Die kurzen Anmerkungen zu der von Mose dargestellten Entstehung der Dinge scheinen zu beweisen, daß es dem hl. Autor nicht darum ging, die Entstehung der Welt unter dem Gesichtspunkt des physikalisch Wahren zu erklären. Es wäre bei einem wissenschaftlich ungeschulten Volke auch unnütz gewesen. Er wollte den Ursprung der Dinge nach einer Methode darbieten, die leicht zu fassen war und den Herzen der Menschen fromme Ehrfurcht und rechte Verehrung der wahren Gottheit einpflanzte. Die alten Völker, Ägypter, Phönizier, Babylonier und andere, hatten Kosmogonien, die meist ihrer Geschichtsschreibung oder ihrer Theologie vorangestellt wurden. Daher schien es Mose angemessen, den Geboten und Gesetzen, die er für die Israeliten schreiben wollte, eine Urgeschichte nicht nur ihres Stammes, sondern der ganzen Welt voranzustellen und vorauszuschicken. Da aber die Kosmogonien dieser Völker mit einer Unzahl von Mythen und – ich weiß nicht wieviel – Göttern und Göttinnen ausgestattet waren und dies nicht ohne tiefgehende Zerstörung der Religion, eliminierte [expungere] er dies alles und behandelte den Gegenstand keusch [caste] und unschuldig [innocue]. Und um den Götzendienst mit der Wurzel auszurotten, stellte er Himmel, Sonne, Mond, Gestirne, die größten Gottheiten anderer Völker, nicht als ewig oder aus eigener Vollmacht entstanden dar, sondern ließ sie dieser sublunarischen Welt und den menschlichen Bedürfnissen dienstbar sein.

Dies scheint mir die Absicht des hl. Verfassers gewesen zu sein. Wenn wir nackte physikalische Wahrheit und Theorie anstreben, müssen wir ein anderes Gewebe weben. Wenn ich recht urteile, muß man nämlich feststellen, daß die Welt, die vor ungefähr 6000 Jahren entstand, nur die sublunarische Welt war, u n s e r e Erde mit i h r e m Himmel. Und jenes Chaos, aus dem sie entstand, war kein universales, das sich durch unendliche Weltenräume ausbreitete, sondern war innerhalb vorherbestimmter Grenzen, im Sublunarischen natürlich, gegeben. Darauf ging aus diesem Chaos die primigene Erde hervor und nicht in der Gestalt, die Mose gezeichnet hat. Er gab nämlich jene Erscheinung wieder, die sich den Augen des Volkes darbot, d. h. die heutige und postdiluvianische. Schließlich sind aus diesem irdischen Chaos weder Sonne noch Gestirne entstanden. Mose aber war überzeugt, daß der Mensch gleichsam der Gipfelpunkt aller Dinge und nach Gott der höchste Herr sei und darum legte er dar, wie um seinetwillen das ganze Universum gegründet und konstruiert sei. Dies scheint mir der Sinn der beiden Arten von Urweltgeschichte, der physikalischen und der ethischen, zu sein. „Ethisch" nenne ich die Mosaische Urgeschichtsschreibung, weil sie nicht so sehr physikalisch, sondern ethisch aufgebaut und entfaltet zu sein scheint. Indessen quäle ich niemand, wenn andere andere Gesichtspunkte entwickeln, und trage kein Verlangen danach, jemand in seinen Überzeugungen in Verwirrung zu bringen. Jeder möge sich seines Lichtes und seiner Sinngebung freuen. So wollen wir alle danach trachten, von der Vernunft Gebrauch zu machen, die Gott einem jeden geschenkt hat, bis größere Klarheit [clarius] vom Himmel niederstrahlt [affulgere].

Es wird uns entgegengehalten, was Form, Anordnung und Art des Geschaffenen betrifft, sei Mose nach unserer Annahme von der Wahrheit und der Natur der Dinge abgewichen, um sich, wie angenommen wird, um den Nutzen für das Volk und den Maßstab volkstümlichen Fassungsvermögens zu kümmern. Aber die Wahrheit, sagen sie, ist eine heilige und unverletzliche Sache, die unter keinem Vorwand versehrt, von deren Würde nichts abgebrochen, die um keiner Motive willen wirklich verlassen werden darf – am allerwenigsten von einem heiligen Manne und bei der Behandlung heiliger Dinge. Das ist ein Gegenargument, das das Gewicht von zehn anderen hat und fast die Kraft aller übrigen in sich vereint. Wenn wir hier fähig sind, zu widerstehen oder die Oberhand zu behalten, wird von den übrigen nicht mehr viel zu fürchten sein.

Wir gestehen zunächst, daß Mose in seiner Weltschöpfungslehre von der physikalischen Wahrheit abgewichen ist. Wir gestehen auch, daß die Wahrheit heilig ist. Aber es gibt in heiligen Dingen verschiedene Grade und Gefüge, von denen die einen mehr oder minder unverletzlich sind als andere. Es geht hier um physikalische Wahrheit, nicht um moralische oder göttliche. Nichts ist in den Hl. Schriften üblicher, als die Natur der Dinge „laodogmatikōs" darzustellen, d. h. nach der Meinung, den Gefühlen, dem Urteil des Volkes.

So schildert die Hl. Schrift die Erde als ebenes Viereck, den Himmel als fest und nach Art eines Zeltes aufgespannt, den Mond als eines der größten Gestirne, die Sonne als täglich von Osten nach Westen laufend, den Ozean höher als seine Gestade – dies in der körperlichen Welt. Die Engel schildert sie als geflügelt und mit Zungen begabt, die Seelen als Blut-Seelen, die nach dem Tode schlafen. Schließlich gedenkt sie der Ohren, Augen, Hände, Finger und übrigen Glieder Gottes selbst, des Höchsten und Besten, und außerdem der Ortsbewegung der Unendlichen Gottheit, ihrer Gemütsbewegungen und Leidenschaften. Sagst du nun „das ist wahr" oder ist es an das Fassungsvermögen des Volkes akkommodiert [accomodatus]? Wenn nun in so vielen und so wichtigen Bereichen die Hl. Schrift sich nicht davor drückt oder davor zurückschreckt, von der Wahrheit abzuweichen, weshalb soll Mose nicht von der gleichen Freiheit Gebrauch machen dürfen, wenn er über Urgeschichte berichtet? Auf ihre Weise war sie durchaus wahr. Die nackte physikalische Erklärung hätte das Volk nicht fassen und ertragen können.

Nicht nur bei den Hl. Schriftstellern, sondern auch bei den heidnischen Philosophen bestand die Sitte, das Volk in volkstümlicher Ausdrucksweise oder die Schüler nach Weise der Neophyten, hausbacken nämlich, zu unterrichten. Aber nicht auf ein und dieselbe Weise verhüllten die Alten die Wahrheit – bald durch symbolische, parabolische oder anderswie figürliche Verkündigung, bald durch volkstümliche und plebejische Rede, bald durch eine Auslegung nach der „Weise des Göttlichen" oder der „Vorsehung", nicht jedoch nach Naturgesetzen. Von allen diesen Verfahren haben wir Beispiele in den Hl. Schriften. Es ist kein großes Wunder, wenn Mose diesem oder jenem Verfahren Folge leistete, wenn er die natürliche Welt oder ihren Ursprung erklären wollte.

Wir haben oben gesagt, daß in hl. Dingen manche heiliger sind als andere, und wieviel von der Wahrheit, der wir nachfolgen, wir verhüllen oder verbergen, hängt von dem Gewicht der Gründe ab. Wird nicht jeder rechtschaffene und fromme Mann es einmal für Pflicht halten, Kranke, Kinder, Geistesschwache zu ihrem eigenen Vorteil zu täuschen? Müssen wir es nicht unter dem gleichen Vorzeichen betrachten, wenn ein rohes und ungelehrtes Volk in gleicher Weise behandelt wird, wenn es die Lage erfordert und höhere Werte auf dem Spiel stehen? Es ist frevelhaft, von schlechter List zum Schaden eines anderen Gebrauch zu machen – aber um des allgemeinen Wohls willen und, um den Schwachen zu Hilfe zu kommen, täuschen wir schuldlos und werden ohne Schuld getäuscht. Im Wesen des Guten liegt größere Weihe, Heiligkeit und Unverletzlichkeit als im Wesen des Wahren. Wenn wir beiden Werten nicht gleichermaßen gerecht werden können, muß das Wahre hinter dem Guten zurückstehen.

Um das auf unseren Gegenstand und unseren Mose anzuwenden: Wir bekennen gern, daß man nicht oder nicht aus leichten Gründen von der Wahrheit abweichen darf. Aber eine Wahrheit, die ohne Frucht verkündet wird, ist überflüssig, und wenn sie große Zerstörung anrichtet, ist sie schädlich. Unser Mose stand mit seinem Volk so da, daß er weder mit Frucht noch ohne Schaden die schwierigen Ursprünge der Dinge hatte darlegen können. Hätte es sich für Mose der Mühe verlohnt oder wäre es für einen Propheten und Gesetzgeber ein würdiges Werk gewesen, dem Volk eine minutiöse Physik darzubieten? Wo sie doch ein gegossenes Kalb von dem höchsten, besten Gott nicht zu unterscheiden vermochten.

Es wird uns entgegengehalten: Wenn Mose das Volk für unfähig hielt, eine Weltschöpfungslehre nach physikalischer Wahrheit zu begreifen, so wäre es ehrenhafter und ratsamer gewesen, über das Kapitel von der Schöpfung zu schweigen oder es ganz zu übergehen, als es mit List in Angriff zu nehmen und Falsches als Wahres auszugeben. Ich antworte: Hätte Mose den Gegenstand des Ursprungs der Welt oder der Schöpfung der Dinge ganz übergangen, so hätte er sich an sich selbst und an der religiösen Gewißheit vergangen. Die benachbarten Völker hatten ihre Kosmogonien, ihre Urgeschichte, ihre Physik, die alle in den meisten Bereichen falsch und der wahren Religion feindlich waren. Und dergleichen Traditionen oder Mythologien [Mythologiae] wären die Israeliten gefolgt, hätten sie keinen anderen Unterricht bekommen. Wenn du der Tochter keinen Bräutigam gibst, sucht sie sich selbst einen Mann, einen Knecht vielleicht oder einen Proletarier. Und wenn du dem Volk nicht seinen Glauben gibst, Dogmen und Einsichten, bilden sich die Leute selbst welche, ein jeder nach seinem Gefallen, seinem Gefühl und seinen Lastern.

Außerdem kann das, was du hier Mose entgegenhalten willst, gleichermaßen Christus und den Aposteln entgegengehalten werden. Das Zukünftige Leben, sei es im Himmel oder in der Hölle, und das Höchste ⟨Jüngste⟩ Gericht können vom Menschenvolk nicht richtig und der wirklichen Wahrheit entsprechend erfaßt werden. Hätten Christus und die Apostel die Sache deshalb mit Schweigen unterdrücken oder eilenden Fußes umgehen sollen? Die Evangelischen und Apostolischen Schriften bezeugen anderes deutlich; oft werden die Dinge nicht wissenschaftlich [accurate] dargestellt, sondern durch volkstümliche Bilder, die sich dem Gedächtnis fest einprägen und den Gefühlen, die sie erregen sollen, angepaßt [accomodatae] sind, ausgemalt. So wenn denen, die des Paradieses oder der Ehrenkrone beraubt sind, der Himmel verdunkelt wird. Die Hölle wiederum wird mit unauslöschlichem Feuer und Eiseskälte und schwärzester Finsternis, mit Gewürm, das Haut und Fleisch zerfrißt, dargestellt. Nicht weniger wird der Jüngste Tag durch Posaunenklang, geöffnete Gräber, aufgeschlagene Bücher der Anklage und aufgerichtete Gerichtshöfe beschrieben. So hat es dem Hl. Geist gefallen, auch im höchsten Licht des Evangeliums die hl. Dinge auf menschliche Weise [humanitus] zu behandeln. Und was nackt nicht vorgestellt und nach exakter Rationalität von uns nicht begriffen werden kann, meinte er deshalb nicht schweigend übergehen, sondern in neue Formen umwandeln zu sollen [in novas formas mutare]. In andere Formen, sage ich, die allen lebendiger und einsichtiger waren, die Menschen zur Frömmigkeit anregten und nachdrücklich vom Bösen zurückschreckten. Man kann das leicht so drehen, daß Mose damit vor Gericht gezerrt wird, weil er nach gleichem Ratschluß verfuhr.

Zum Letzten wird eingewandt: Wenn es erlaubt ist, in den ersten Kapiteln der Genesis vom Buchstaben des Mose abzuweichen, warum nicht auch in den übrigen? Wo soll man aufhören? Wo ist die Grenze, wo das Gesetz? Wie verhindern, daß durch Leichtfertigkeit der historische und wörtliche Sinn zugrunde geht? Ich antworte: Das allgemeine und durchaus bekannte Gesetz für den Interpreten [Interpres] ist dies, daß er nirgendwo ohne Notwendigkeit vom Buchstaben abweichen darf. Halte dich daran, und wir werden sicher sein, und wenn ich irgendwo dies Gesetz verletzt haben sollte, so möchte ich, es sei ungesagt, was ich gesagt habe. Daneben ist folgendes zu beachten: Sobald es in der Hl. Schrift um die natürliche Welt geht, kann man an solchen Stellen leichter vom wörtlichen Sinne abgehen als an anderen – zumal es sich an 1000 Beispielen zeigt, daß die hl. Autoren diese Materie mit Berücksichtigung menschlicher Schwächen und volkstümlicher Meinungen behandeln. Das Lumen Naturale ist eine Gabe Gottes und darf weder unter dem Scheffel noch im Schweißtuch verborgen werden. Sondern wann immer die Gelegenheit dazu besteht, sollen wir mit Macht von diesem Licht Gebrauch machen, um die hl. Geheimnisse zu entwickeln [enucleare]. „Die Philosophie ist Interpretin der Schrift in natürlichen Dingen", scheint mir kein schlechtes Wort zu sein. Aber ich verstehe darunter keine trockene und nüchterne Philosophie, kein Wahngebilde eines müßigen Hirns, sondern das, was aus den Erscheinungen der Natur, aus wiederholten Experimenten, aus unerschütterlichen Gründen heraus antwortet. Schließlich behandeln wir in allem das Anliegen der Theologen wie der Philosophen mit gleichmütigem und mäßigem Sinn und sind gehalten, von höchster Verehrung und Frömmigkeit gegenüber der Gottheit Gebrauch zu machen.

Diejenigen, die in allem hartnäckig am Buchstaben und an den Mosaischen Worten hängen, müssen ermahnt werden, daß sie nicht etwas zulassen, was Gottes unwürdig ist oder unseres Glaubens unwürdig ist. Im anderen Falle verletzen sie durch ihre Ehrfurchtslosigkeit die Majestät der Gottheit Gottes. Gerade wir Christen sind es doch, die die höchste Gottheit verehren, den besten und größten Gott oder, wie man zu sagen pflegt, das unendlich Vollkommene Sein. Nichts darf in unserer Theologie Gott zugeschrieben werden, was der Ehre des unendlich Vollkommenen Seins abträglich ist. Willst du aber, daß wir sagen, das unendlich Vollkommene Sein sei vom Himmel heruntergestiegen und sei abends im Garten spazierengegangen und habe nach Adam gerufen, der sich hinter Bäumen versteckte? Oder daß das unendlich Vollkommene Sein Hemden aus Fell anfertigte und sie einem Mann und einer Frau überstreifte – oder all das übrige, was in jener bekannten Unterhaltung des unendlich Vollkommenen Seins mit Adam, mit der Frau, mit der Schlange berichtet wird?

Wenn wir Gott wahrhaftig und wirklich – und nicht nur mit Worten – anhangen, versündigen sich solche Behauptungen, die der Natur Gottes widerstreiten, gegen die Herrlichkeit der Gottheit. Das stellt nicht nur eine Schändung dar, sondern gewinnt die Erscheinungsweise der Gotteslästerung, wenn es aus übler Gesinnung und am wichtigen ⟨Verkündigungs-⟩ Gegenstand sich vollzieht. Nach zwei Seiten hin muß man sich daher in acht nehmen: Einerseits dürfen wir nicht leichtfertig und ohne Recht vom Wortlaut und vom Buchstaben abspringen. Andererseits dürfen wir das, was volkstümlich [idiotikos] gesagt ist, nicht aus abergläubischer Geistesschwäche heraus zur Schändung der Gottheit interpretieren. Mit Recht sagte Clemens Alexandrinus: „Einzig der ist Gottes Freund, der für Gott über dem wacht, was Gottes Wesen würdig ist!" (Strom. 7. p. m. 701).

Und nicht weniger ist die Würde unseres Glaubens zu wahren! Denn die Feinde des Christentums pflegen sich aus den kraß dargestellten Mosaischen Schriften das Werkzeug zu holen, um gemeinsam mit dem jüdischen auch unseren Glauben als idiotisch und fabulös zu beschimpfen und lächerlich zu machen. Schon oben gaben wir Beispiele aus Simplicius und Celsus, die u. a. die mosaische Weltschöpfung als „überaus albern" bezeichnen (Orig. contra Cels. l. 6. p. 309). Jetzt wollen wir ⟨Kaiser⟩ Julian hören, der auf derselben Saite spielt: Als er sich über das Gespräch Evas mit der Schlange aufhält (Cyr. contra Jul. l. 3. obj. 2), sagt er: „Was unterscheidet denn diese Mythen von denen, die die Griechen erdichtet haben?" Und im Hinblick auf den Garten Eden und die Frau, die Adam als Beistand gegeben wurde und ihn trotzdem noch vor dem Abend enttäuschte, sagt er frech und offen: „Das ist ganz und gar mythisch!" (obj. 1) Über die Vertreibung Adams wegen des verzehrten Apfels aus dem Paradies (damit er nicht vom Holz des Lebens kosten und Gott werden sollte) findet sich bei ihm die Feststellung (obj. 4): „Wenn das keine Mythen sind, was ich annehme, Mythen, die mit geheimem Sinn gefüllt sind, ist aber auch jegliches in diesen Sermonen mit Lästerung gegen

Gott angefüllt!" Du siehst also, ein wie großer Anstoß bei Außenstehenden entsteht, weil sie das, was von Mose in seinen Erzählungen geschrieben wurde, unangemessen und des vom Himmel gegebenen Glaubens bar, ganz und gar unwürdig beurteilen. Natürlich muß es ja so kommen, wenn wir an der Haut und an der Rinde der Worte haften bleiben. Daher scheint mir jene Interpretation lobenswert zu sein, die solche Skandale und solchen Haß von unserem Glauben fernhält. Schließlich ist Mose so zu interpretieren, daß er weder mit sich selbst in Widerspruch steht noch mit den anderen hl. Verfassern in den Grundsätzen ihrer Überlieferung. Notwendigerweise läuft es auf Schaden und Unehre für unseren Glauben hinaus, wenn seine eigenen Aussagen voneinander abweichen. So wenn Mose uns in seinem Sechstagewerk als Urwelt eine heutige Welt vorstellen will, darauf aber in sie Erscheinungen einführen möchte, die sich mit einer heutigen Welt nicht in Einklang bringen lassen – wie die lange menschliche Lebenserwartung vor der Sintflut, das Aufbrechen ⟨der Brunnen⟩ des Abgrundes in der Sintflut und die Entstehung des Regenbogens nach der Sintflut. Das Sechstagewerk muß so dargeboten werden, daß Mose sich selbst nicht untreu wird und nicht widersprechende Meinungen äußert. Ebenso steht es, wenn der Königliche Prophet ⟨David⟩ unter den Wundertaten Gottes rühmt, daß ER die Erde über den Wassern gegründet habe (Ps. 24,2), die Erde auf den Wassern ausgebreitet habe (Ps. 136,6) und die „Weisheit" ebenso rühmt, daß ER den Erdkreis um den Abgrund herumgeführt habe (Sprüche 8,27). Schließlich behauptet St. Petrus, daß die Erde vor der Sintflut so aus Wasser und in Wasser bestand, daß sie hernach wehrlos den Wassern der Sintflut ausgesetzt war (2. Petr. 3,5 f.). Dies alles, sage ich, muß so behandelt und zusammengestellt werden, daß es die volkstümliche Aussageweise des Sechstagewerkes nicht zunichte macht und mit ihm seinen Autor und die vielen anderen desselben heiligen Ranges. Durch die angemessene Interpretation besonders eines Kapitels, die in vieler Namen notwendig ist, kann Moses mit sich selbst und den übrigen in Einklang gebracht werden.

Ich habe diese Dinge vor aller Augen gestellt, ja gleichsam wie eine angreifende Schlachtreihe aufmarschieren lassen – aber nicht deshalb, weil es mir ein Vergnügen machte, die Hl. Schriftsteller, Propheten und Apostel miteinander ins Handgemenge zu bringen, damit ich selbst unterdessen entwischte und mich in Sicherheit brächte, nachdem ich den Staub des Kampfplatzes zwischen solchen Männern aufwirbelte. Aber wenn man uns mit dem Gewicht einer Schriftstelle oder eines Verfassers erdrückt, scheint es billig zu sein, eine andere Stelle oder viele andere Verfasser, die dazu in Gegensatz stehen, auftreten zu lassen, damit die Sache wenigstens ins Gleichgewicht kommt, falls sie nicht zu unseren Gunsten ⟨d. h. zur doxologischen Interpretation⟩ ausschlägt. Aber genug von diesen Dingen!

Was wir – für uns überzeugend – über die Mosaischen Ursprünge gesagt haben, möchten wir von anderen wie auch immer nur als Versuch angesehen wissen. Wir sind oft blind im Erkennen eigener, aber scharfsichtig im Bemerken fremder Irrtümer. Daher werde ich weitere Erwägungen oder Bedenken anderer weder vernachlässigen noch verschmähen. Indessen bleibt uns noch, alles damit zu beschließen, daß wir unsere Gebete zu Gott senden, er möge unsere Irrtümer in Gnaden übersehen, so wie wir andere Irrtümer anderer übersehen. Er möge gedenken und sich erbarmen aller Wirrnisse und Finsternisse, die in diesem Fleisch, in diesem Kerker der menschlichen Seele auf uns lasten, auf daß er uns mit seinem Licht von Tag zu Tag mehr und mehr erleuchte und uns unter

seiner Leitung endlich zu seinem Himmlischen Reich
führe durch unsern Herrn Jesum Christum.


## Johann Friedrich Wilhelm Jerusalem (1709-1789)

Im Grase liegend betrachtet Goethes junger Werther hingerissen die winzigsten Wunder dessen, „der uns nach seinem Bilde schuf": „Aber ich gehe darüber zugrunde, ich
erliege unter der Gewalt der Herrlichkeit dieser Erscheinungen!" (Werke, ed. Weichert, VII 2 f.). Werthers Urbild ist
Karl Wilhelm Jerusalem, der sich 1772 in Wetzlar erschoß –
Sohn des berühmten Wolffenbüttler Hofpredigers und Abtes J. F. W. Jerusalem, eines Weltmannes mit europäischem
Weitblick, dem u. a. auch die Technische Hochschule zu
Braunschweig ihre Existenz verdankt. Aber nicht nur in
Goethes Jugendwerk, sondern auch noch am Schluß des
Faustdramas, wo Faust durch die Engelhierarchien hin-
durch nach oben entrückt wird, finden wir die Theologie des
Abtes Jerusalem wieder, die der der anderen großen Neologen entspricht.
Jerusalem betrachtete den in Schichten aufgelösten Bibel-
text und den Dogmenbestand historisch-kritisch, ohne zu
zersetzen, rückte von Erbsünden- und Satisfaktionslehre ab
und setzte in der Dogmenbildung die Einwirkung der heidnischen Antike voraus.
Das Gegenstück dazu ist der glühende neuplatonisch-
scholastisch-brunoïsch gefärbte Glaube der Neologie (s. o.
S. LXXVI) an die Ketten der Wesen, der Lichtengel, der höheren Welten in ihrer leuchtenden Fülle. In der Jesusnach-
folge vollzieht sich die Vervollkommnung des Lebens, die
sich im kosmologisch-ethischen Zirkel höherer herrlicherer
Seinsstufen entgegenreckt. Alle Kräfte und Tiefen der Seele
sollen an diesem Werk der dynamischen Fülle-entfaltung
des Lebens mitwirken. Wert aller Werte, ohne dessen Umfassen kein anderer Wert Wert sein kann, ist die liebende,
selbstlose, selbstverleugnende Güte des „Menschenfreun-
des", in deren Vollzug jene beglückende theonome „Seligkeit" *erfahren* wird, die Jesus in den Makarismen der Bergpredigt verhieß. Die „Betrachtungen über die vornehmsten
Wahrheiten der Religion" sind ein „Fürstenspiegel" für den
Erbprinzen von Braunschweig-Lüneburg, ein Spiegel, der

(anders als in Renaissance und Barock) zugleich in großen
Auflagen dem Volke in die Hand gegeben wurde.

### Betrachtungen über die vornehmsten Wahrheiten
### der Religion

In der ersten Anlage finde ich alles ungebildet und
roh; dies ist der Vorrat der Natur. Aber gehe ich nur
eine Stufe hinauf, so finde ich die Materie in Metallen,
Salzen, Steinen und Kristallen schon unendlich schön
gebildet. Ich gehe noch eine Stufe höher, und meine
Aussicht wird noch unendlich wunderbarer. Alles lebt,
alles bewegt sich selbst, alles empfindet, und diese
Vollkommenheit steigt, wie in den Pflanzen, in unzähligen sich immer gleichen Stufen. Die niedrigste
Pflanze war noch halb Stein; das niedrigste Tier ist
sichtbarlich mit der Pflanze noch verwandt; Halbtiere,
die noch in Ästen fortwachsen, die noch auf der Stelle
sterben, worauf sie geboren werden, denen ihre Schale
noch die ganze Welt ist; andere, die durch ihren Geruch, das Gehör, die Sehorgane die entferntesten Dinge
wahrnehmen; Tiere ungeheuer wie Berge; Tiere,
denen der Raum von einem Sandkorn, ein Tropfen
Wasser, ein Blatt, eine Welt ist. Und alles ist in seiner
Art vollkommen. Und alle diese Mannigfaltigkeit ist
nur eine Kette; vom Stein zur Pflanze, von der Pflanze
bis zum Affen; es sind alles Glieder, die sich berühren.
Es ist alles voll, nirgends ein Raum, nichts sich vollkommen gleich, alles stufenweise. Wo ich mit meinen
Augen am Ende bin, da entdecken mir die Vergröße-
rungs- und Ferngläser neue Welten, und vielleicht
bin ich auch mit diesen in der Hand noch immer auf
den Mittelstufen dieser unendlichen Leiter. Die Verbindung bleibt indessen immer dieselbe. Pflanzen,
Tiere, Wasser, die Planeten, die Sonne selbst, alles ist
nur um des andern willen da; es macht alles nur ein
Ganzes, ein vollkommenes Ganzes aus.

Ich selbst bin mir noch ein unendlich größeres Wunder. Auf der einen Seite gehöre ich noch mit zur Pflanze, der nächsten Anverwandten der Tiere. Ich entstehe wie sie, ich nähre mich wie sie, ich habe mit ihnen einerlei Dauer, dieselben Triebe, den gleichen Tod. Auf der anderen Seite habe ich in meiner Gestalt, in meinen Gliedern, in meinen Fähigkeiten, unendliche Vorzüge. Ich bin ein Gott gegen sie. Ich habe eine Vernunft, einen freien Willen; ich herrsche über alles, es wächst alles nur für mich, von der Zeder bis zum Grase, vom Elefanten bis zum Seidenwurm, es ist alles nur für mich da. Ohne mich ist die ganze Natur tot, alle ihre Ordnung nichts besser als ein Chaos. Der Weinstock genießt sich selbst nicht; die Blume empfindet ihre eigene Schönheit nicht; dem Seidenwurm ist sein Gewebe nichts als ein Grab; ohne mich liegt der Diamant ohne Wert unter den Kieseln. In mir vereinigt sich alles; durch mich wird alles Vernunft, alles Harmonie, alles erst wahre Schönheit. Ohne mich ist die Natur arm; ich schaffe ihr alle Augenblicke neue Gestalten, ich dringe in ihre innerste Werkstatt, ich entdecke ihre geheimsten Gesetze; ich messe die Himmel, ich wiege die Planeten, ich berechne ihren Lauf, ich mache mir das Vergangene und Zukünftige gegenwärtig; meine Aussichten, meine Fähigkeiten, meine Triebe haben nirgends ihre Grenzen; es ist alles in mir ewig. Noch mehr, die Quelle meines Vergnügens und Mißvergnügens habe ich in mir selbst; ich bin mein eigener Gesetzgeber, mein eigener Richter; ich lobe und tadle und strafe und belohne mich selbst, und mein Beifall ist mir wichtiger als die Lobsprüche von tausend Schmeichlern.

Aber was sehe ich in allem diesem Reichtum, in dieser Ordnung, wenn kein Gott, kein vernünftiges freies Wesen ist, welches dies alles hervorgebracht und diese herrliche Ordnung veranstaltet hat?

Ist dies alles von ungefähr, kommt es alles aus einer

blinden toten Notwendigkeit, so weiß ich nicht, was ich sehe. Wenn kein Gott ist, so ist die Erfüllung meiner Begierden das höchste Gut, das ich erreichen kann; wenn ich sterbe, ist alles eins; ich dünge den Kirchhof und nähre durch meinen Moder wieder andere Tiere. Aber wie hell, wie heiter, wie ruhig wird alles in meiner Seele, sobald der Gedanke in ihr aufgeht, daß die Welt von einem höchsten vernünftigen Wesen ihren Ursprung hat! Was die Sonne meinen Augen ist, das ist dieser erquickende Gedanke meiner Vernunft; in diesem Lichte wird alles auf einmal um mich hell. Ich sehe überall den Vater der Natur. Alle Geschöpfe empfinden und denken nur durch ihn. Von der Schnecke bis zum Engel, der mit einem Blicke ganze Welten übersieht, teilt er nach Wohlgefallen das Maß der Empfindungen aus. Meine Empfindungen, so stumpf sie auch sind, müßten der Muschel schon unbegreifliche Allgegenwart, und meine kurzsichtigen Schlüsse gegen ihr stumpfes Gefühl schon Weissagungen und Allwissenheit sein. Meine Erkenntnis steht mit der Erkenntnis eines Engels vielleicht im gleichen Verhältnis; und was bin ich, was ist der Engel gegen den Unendlichen? Unendlich eingeschränkter als die Muschel in ihrer Schale.

Da die Vernunft Gründe genug hat, noch unzählige höhere Klassen von vernünftigen Geschöpfen anzunehmen, die die Schrift unter dem allgemeinen Namen von Engeln zusammenfaßt und dienstbare Geister, starke Helden nennt, die des Schöpfers Befehle ausrichten, so können wir auch nicht bestimmen, was Gott diesen höheren und vollkommenen Wesen für Grade von Kräften hat anerschaffen können und wo überhaupt die mögliche Kraft aller endlichen Wesen aufhört.

Denn was wir nach dem Maß unserer Kräfte für ein wahres Wunder halten müßten, das wird dem niedrigsten Engel vielleicht noch sehr natürlich sein;

und was diesem nach dem Maß seiner Kräfte wieder übernatürlich scheinen muß, das würde eine andere über ihn erhabene Intelligenz mit ihrer Kraft noch wieder bewirken können. Überhaupt können wir uns außer der Schöpfung aus Nichts, dem einzigen absoluten Wunder, keine Kraft denken, die der Schöpfer einem dieser höheren Wesen nicht hat anerschaffen können. Und gesetzt, eine solche uns unsichtbare Intelligenz hätte auch kein höheres Maß von Kraft, als wir selber haben, so würde dieselbe bloß durch ihre Unsichtbarkeit schon Wirkungen hervorbringen können, die wir von den größten Wundern nie würden unterscheiden können.

Das unansehnlichste Tier, ein Wurm, eine Blume, ein gemeines Kraut, macht uns Gottes Weisheit und Allmacht schon unbegreiflich. Wie groß, wie anbetungswürdig muß uns aber dieser Schöpfer werden, wenn wir diese Erde nur als einen geringen Teil seiner Werke ansehen! Wenn wir uns die unzählbare Menge so vieler edler Kreaturen, so vieler vollkommener Geister vorstellen, die den unermeßlichen Raum, der noch über uns ist, erfüllen! ⟨vgl. Giordano Bruno⟩

Wieviel neue Geschöpfe habe ich entdeckt, wie viel herrliche Geschöpfe, wie viel Klassen dieser glücklichen Geschöpfe haben sich meinen Augen in diesem unermeßlichen Raum dargestellt? Und in welcher Majestät, in welch einem entzückenden Glanze habe ich meinen Gott selbst, an der Spitze dieser Leiter aller Wesen, als den Herrn, unendlich über dieselbe erhaben erblickt?

Dies fällt uns gleich in die Augen, daß wir uns gegen das höchste Wesen so zu verhalten schuldig sind, wie dessen Vollkommenheiten und die Verbindung, worin wir durch die Schöpfung und Vorsehung mit demselben stehen, es erfordern. Wir nennen es Anbetung, Verehrung, Glauben, Dienst, Liebe; es sind aber alles nur verschiedene Arten, wodurch wir die

Empfindungen dieses großen und glücklichen Verhältnisses tätig beweisen.

Wie könnten aber diese Empfindungen bei uns wahr und lebhaft sein, wenn wir uns von dem Verlangen, seine weisen Absichten, seinen heiligen Willen zu erfüllen, nicht zugleich belebt fühlten? Die Ähnlichkeit der Gesinnungen macht allein das Wesen einer vernünftigen Liebe aus, und ohne diese ist alle angebliche Freude in Gott, alle gesuchte Vereinigung mit ihm, nichts wie Schwärmerei, blinde, gefährliche Schwärmerei. In dem freudigen Triebe, seinen Willen zu erfüllen, fließen alle Empfindungen von seinen Vollkommenheiten zusammen.

Die Erfüllung seines Willens würde auch schon unsere erste und heiligste Pflicht sein, wenn wir auch kein anderes Verhältnis mit diesem höchsten Wesen hätten als dieses, daß er durch die Schöpfung unser oberster Herr ist. Aber nach der glücklichen Verbindung, worin wir zugleich mit diesem unserem Schöpfer durch seine unendliche Weisheit und Güte stehen, würde ein blinder Gehorsam, wozu die bloße Erkenntnis seiner unumschränkten Herrschaft uns antriebe, zu niedrig und zu unanständig sein. Zu unanständig für diesen Gott, denn so dienten wir ihm wie einem Tyrannen. Und auch zu niedrig für uns, denn so dienten wir ihm bloß als Knechte, die der Herr der Offenbarung der weisen Absichten seiner Befehle nicht würdigt. Ein solcher Gehorsam würde nie rein, nie vollkommen sein, es könnte noch ein heimlicher Haß des Guten dabei sein, wir würden für eine jede Pflicht einen besonderen Befehl erwarten; unsere Tugenden würden nie die wohltätige harmonische Allgemeinheit haben; wir würden dabei nie die heitere, freudige Beruhigung empfinden; ein jeder Verführer würde unserer vernünftigen Natur spotten und, unter dem Namen göttlicher Befehle, uns ein unnützes, beschwerliches Gesetz nach dem anderen aufbürden können.

Wie erniedrigend für Menschen, die Gott gewürdigt hat, sie seinem Bilde ähnlich zu machen! Sehen Sie dies nicht als leeres Wortspiel an. Es ist die erste Urkunde aller Vorzüge Ihrer Natur, der Grund Ihrer ganzen Bestimmung. Denn Ihre Vernunft ist die Seine, Ihre Empfindungen sind Sein unveränderlicher Wille; Ihr Gutes und Sein Gutes sind eins; Sein Gesetz und Ihre Natur sind eins; das Gesetz, das Sie in sich fühlen, ist der Abdruck Seiner eigenen allerhöchsten Vollkommenheiten. Das Verlangen, Ihrem Gotte in seinen Vollkommenheiten, in seiner Liebe zum Guten, ähnlich zu werden, kann also Ihrem Gehorsam allein die rechte Würde geben. Und zugleich ist diese Ähnlichkeit Ihre vollkommenste und sicherste Richtschnur. Bei allen anderen Vorschriften, die Ihnen unter dem Namen von Heiligkeit oder Gesetz Gottes gegeben würden und bei denen diese Ähnlichkeit nicht der deutlichste Grund wäre, wären sie stets in Gefahr, verführt zu werden. Der Aberglaube würde Ihnen zu enge und der Leichtsinn und Unglaube zu weite Grenzen setzen; jener würde Ihnen knechtische Lasten aufbürden, worunter Ihre vernünftige Natur seufzte; dieser würde Ihnen unter dem Vorwande, die Rechte Ihrer Natur zu schützen, alles Gefühl für die Tugend nehmen und Sie bis zur Ähnlichkeit mit dem Tier erniedrigen. Alle übrigen Anweisungen sind auch zu unbestimmt. Erziehung, Gewohnheit, herrschende Grundsätze der eingeführten Religion, des Wohlstandes, der Staatsklugheit, können den heiligsten Gesetzen nach und nach ihre Verbindlichkeit nehmen, dem schwärzesten Laster eine blendende Gestalt geben und gegen die grausamsten Ungerechtigkeiten so unempfindlich machen, daß endlich auch ein sonst noch nicht verhärtetes Herz sie ohne Empfindung ausübt und der unglückliche Sklave selbst, ihrer gewohnt, darüber nicht mehr schreit.

Aber bei dieser Ähnlichkeit mit Gott hört alles Verjährungsrecht der Laster auf, und Sie sind dabei vor allen Verführungen des knechtischen Fanatismus und der tyrannischen Staatsklugheit zugleich gesichert. Und denken Sie nicht, daß diese Ähnlichkeit auch noch zu unbestimmt sei; nichts ist deutlicher. Alle Vollkommenheiten in Gott vereinigen sich in einer unveränderlichen allgemeinen Liebe zum Guten. Die übrige Natur ist so vollkommen, wie sie werden kann; an unseren vernünftigen Mitgeschöpfen können wir diese Liebe allein beweisen; seien sie also wohltätig wie Gott, mit der Weisheit wohltätig wie Er, so sind sie vollkommen, wie Gott vollkommen ist. Diese weise Wohltätigkeit ist das große Gesetz des Himmels und das einzige Gesetz hier auf der Erde. Ein einziger Blick in die Schöpfung, eine jede vernünftige Empfindung der Mannigfaltigkeit, der Schönheit und Harmonie der Natur, muß uns davon überzeugen. Ein jeder einzige Lichtstrahl faßt alle mögliche Schönheit der Farben in sich; die Lilie verdunkelt mit ihrem blendenden Schmuck alle Pracht der Könige; ein jedes Insekt ist in seiner Art so vollkommen, als es nach den Fähigkeiten seiner Natur nur sein kann. Aber der Mittelpunkt aller dieser Vollkommenheit ist der Mensch. Denn der Mensch hat allein die ausgebreitete glückliche Fähigkeit, daß er sie erkennen, daß er sie ganz empfinden und zur Vermehrung seiner Glückseligkeit ganz brauchen kann. Aber der bloße einseitige sinnliche Genuß kann unmöglich noch der ganze Endzweck dieser großen Bestimmung sein. So hätte der Mensch diese Vorzüge nur, um ein um so unersättlicher reißendes Tier zu sein. In seiner Vernunft trägt er das erhabene Bild seines Schöpfers selbst. Er soll ein Gott hier auf der Erde sein; er soll alles zu seiner Glückseligkeit beherrschen, aber er soll auch alles zur allgemeinen Glückseligkeit seiner vernünftigen Mitgeschöpfe anwenden; er hat die Fähigkeit, er hat in jedem Zustand das Vermögen hierzu; dies ist also sein großer Beruf, und wenn er diesen erfüllt, so trägt er das Bild seines Schöpfers würdig. Denn durch diese allgemeine Wohltätigkeit ist Gott selbst nur der Gegenstand unserer Anbetung, unseres Vertrauens, unserer Liebe. Trennen Sie diese in Ihren Gedanken von seiner Größe, so sind alle Ihre Empfindungen für ihn tot; denken Sie sich ihn aber als einen unendlich weisen und wohltätigen Geist, so ist Ihre Religion in ihrer vollen Gestalt in Ihnen wieder lebendig. Ein unendlicher Verstand, eine unumschränkte Freiheit, eine grenzenlose Macht; was wäre fürchterlicher? Ich würde mit meinen Gedanken einer solchen Größe zu entfliehen suchen. In dieser Unendlichkeit bete ich nichts als die Wohltätigkeit an. Ich kann nichts anderes darin anbeten. Sie bestimmt allein von allen Dingen den Wert.

Finden wir sie in einem vernünftigen Wesen, so zieht dasselbe dadurch unmittelbar alle unsere Hochachtung und Liebe auf sich; finden wir sie in einem leblosen Werke, so lieben wir darin den Urheber. Wir sind auch selbst keiner anderen Vollkommenheit fähig. Unsere Vernunft, unsere Fähigkeiten, unsere Erkenntnis, an und für sich sind sie alle gleichgültig, sie können ebenso sehr den Abscheu der Welt als ihre Hochachtung verdienen. Durch eine überlegte Wohltätigkeit werden sie allein veredelt. Ohne sie ist der Heilige ein Schwärmer, der Weise ein Marktschreier, der schöne Geist ein Komödiant, ohne sie ist der Held nichts mehr als ein starker Mann. Aber dadurch, daß der Held die Größe seines Geistes und seines Mutes zur Schonung der Menschlichkeit, zur Erhaltung der Freiheit, zur Beschützung des Eigentums, zur Befestigung der allgemeinen Ruhe anwendet, dadurch daß der Weise seine Scharfsinnigkeit und seine Nächte zur Bestätigung der Wahrheit und Tugend, zur Erfindung nützlicher Wissenschaften und Künste, zur Bereicherung der Erde anzuwenden sucht, dadurch verdienen sie allein die Vorzüge einer allgemeinen Hochachtung und Liebe. Auch das Allerheiligste, die Religion und die Tugend, sind uns durch diese Wohltätigkeit allein nur heilig. Denn eine Religion, die uns nicht in unserem Berufe redlich, in unseren Verbindungen getreu, gegen die Obrigkeit gehorsam, gegen Niedrige liebreich, gegen Elende mitleidig, gegen unsere Beleidiger sanftmütig, gegen Schwache gelinde, gegen alle wohltätig macht; eine Religion, die uns nicht lehrt, wie wir einen jeden Menschen in uns selbst empfinden sollen, und die Liebe zu unserem Nächsten nicht zur einzigen Probe unserer Liebe zu Gott macht; eine solche Religion ist nichts als Enthusiasmus, der leerste, der gefährlichste, der fürchterlichste Enthusiasmus, der die weisesten Absichten Gottes in der Natur zerstört, die Würde der Menschen erniedrigt, die heiligsten Bande des gesellschaftlichen Lebens trennt, Menschen gegen Menschen zu Tigern und die Altäre entweder zu Schaubühnen der Eitelkeit oder zu den schrecklichsten Mordgerüsten macht.

Und so auch alles, was wir uns unter dem Namen der Tugend denken. Tugend, die das Elend der Menschen nicht mindert, die die Zufriedenheit, die Sicherheit, die Gefälligkeit nicht allgemeiner macht, ist ein leeres Wort. Die Wohltätigkeit macht auch ihren ganzen Charakter aus. Ohne sie ist Klugheit Arglist, Freigebigkeit Verschwendung, Großmut Wucher, Leutseligkeit Grimasse. Ohne sie ist auch die Gerechtigkeit keine Tugend. Die wahre Gerechtigkeit bleibt allemal wesentliche Güte.

Menschenfreund zu sein, dies ist unser Beruf, der edelste, wozu unsere Natur erhoben werden kann; das einzige Gesetz, das alle anderen Tugenden in sich begreift, das uns allein mit Sicherheit tugendhaft sein läßt und zu der wahren Ähnlichkeit mit unserem Schöpfer führt, zugleich das allerheiligste und verbindlichste Gesetz, worin das ganze Verhältnis sich

vereint, in welchem wir nach unserer Fähigkeit mit
Gott und unsern vernünftigen Mitgeschöpfen stehen,
das erste Grundgesetz der ganzen Natur, worauf die
Ehre des Schöpfers, die Ordnung und Vollkommenheit der ganzen Schöpfung beruht.

Denn der Zustand der Menschen gibt der ganzen
Natur ihre Gestalt. Wo diese glücklich sind, da leuchten die Weisheit und Güte des Schöpfers überall hervor, da ist die ganze Natur vollkommen, in allen
ihren Teilen noch paradiesisch schön, da werden die
einzelnen Geschöpfe die Werkzeuge einer allgemeinen
Vollkommenheit. Aber wo die Menschlichkeit unter
der Tyrannei, unter dem harten Stolze und dem
Druck verschwenderischer Üppigkeit seufzt, da trau-
ert auch die ganze Natur, da ist die Erde ein Kerker,
da blüht ihre Schönheit umsonst, da ist ihr Reichtum ein Fluch, da kann man sie nicht arm genug
wünschen (denn je mehr Geschöpfe, desto mehr Werkzeuge des Elends); da ist Gott gleichsam verbannt,
da sind alle freudigen Empfindungen auf ihn hin
erstickt, die Menschlichkeit fühlt sich selbst nicht
mehr.

## Johann August Ernesti (1707–1781)

Ernesti, eine in sich ruhende, gesammelte und geschlossene Persönlichkeit, brachte in die Leipziger Theologische
Professur (1759) eine jahrzehntelange Praxis als Klassischer
Philologe mit. Die Aussage der Hl. Schrift bedeutet für ihn
Wirklichkeitserhellung, die man exakt historisch und philo-
logisch erheben muß. Barocke Allegorie, pietistischer Sub-
jektivismus, Barockscholastik und das hochbarocke Heilsziel
der Unio Mystica sind sämtlich Fluchtwege einer insgeheim
glaubenslosen Zeit, die es zu überwinden gilt. Die redlich
erschlossene Schrift ist auch die Richterin über dogmatische
Fündlein.

Auf der anderen Seite ist die durch die Schrift verkündete Gottes- und Glaubenswirklichkeit keineswegs einfach rationalisierbar – sie ist, einschließlich des Wunders und der Engelordnungen, eine Welt von Fakten, die doxologisch, in der „Begierde, die Größe der Macht, Weisheit und Güte Gottes zu suchen", darzulegen ist.

Aus der Spannung beider Pole, die Ernesti erträgt und die ihn trägt, wächst ihm die Möglichkeit zu, auf seine Weise für die „zufälligen Geschichtswahrheiten" gegen die „notwendigen Vernunftwahrheiten" mit einem von Gegnern gefürchteten Nachdruck einzutreten. In seiner „Verteidigung des Willkürlichen in der Religion" (1765) wendet er sich gezielt gegen jene Chrysippisten, offenen und geheimen Deisten, die nachweisen möchten, daß das Christentum eine rein rationale Sache ist, die, verständig betrachtet, nichts anderes darstellt als einen Ausdruck der drei altstoischen Menschheitsideen Gott–Tugend–Unsterblichkeit.


### Verteidigung des Willkürlichen in der Religion


Wenn wir, wie wir es beabsichtigen, die Sakramente betrachten, so befindet sich in allen eine willkürliche Religions-Verordnung, die die menschliche Vernunft für sich keineswegs erreichen kann und die keine notwendige Verbindung mit der göttlichen oder menschlichen Natur hat. Wir finden auch in der ganzen christlichen Religion nicht leicht eine Sache, bei der sich das Willkürliche in der Religion mehr an den Tag legt, als die Taufe. Denn es ist offenbar, daß sie – insofern der Mensch mit Wasser besprengt wird – nichts enthält, das für sich eine Wirkung auf die menschlichen Seelen haben und zu ihrem Heil dienen kann. Dennoch hat es Gott gefallen, durch sein Gebot und seine Verheißung diese so geringen Sachen zu einem Mittel der Seligkeit zu machen (um von anderen Absichten zu schweigen) und dadurch sein Recht in der Religion zu erweisen und zu bestätigen. Denn diese Besprengung mit Wasser ist nicht eine bloße Zeremonie, die lediglich die Bedeutung hat, dem Menschen als Erinnerung zu dienen (wie manche glauben), obwohl auch dies dabei ist. Ja, wenn sie auch dies wäre, so würde man sie doch als eine zur Übung des Glaubens und der Gottseligkeit dienende Verordnung annehmen müssen. Allein sie ist ein Stück der christlichen Religion, das zur Seligkeit notwendig ist, und diese Notwendigkeit rührt einzig und allein von dem Willen Gottes und seinem Ratschluß her. Daher wird sie auch ausdrücklich zu dem freien Willen Gottes (Luk. 7,30) oder, wie Paulus sich ausdrückt (obschon in einer anderen Sache; Eph. 1,2), zum freien Ratschluß Gottes gerechnet. Diese Stelle beweist unsern Satz sehr deutlich. Es wird dort (Luk. 7,29 f.) gesagt, das Volk und die sündhafteste Gattung der Menschen, die Zöllner, hätten die Lehre des Johannes angenommen, sich taufen lassen und dadurch Gott sein Recht zugestanden. Indem sie sich taufen ließen, bekannten sie sich zu Gottes Recht und gaben Gott Recht. Wie haben sie dieses getan? Dadurch, daß sie bei der Erlangung der Seligkeit den freien Willen Gottes anerkannten, sich seinem Willen und seinem Ratschluß unterwarfen und das, was er ihnen in der Taufe mitteilte, als göttliche Wohltat betrachteten. Was haben aber die jüdischen Lehrer getan? Sie verwarfen die Taufe. Was begingen sie dadurch? Eine Verachtung des göttlichen Ratschlusses hinsichtlich der Seligkeit der Menschen: Sie entrissen, soviel an ihnen lag, Gott das Recht, die Religion zu verordnen. Denn der Wille Gottes (boulè theou) ist in der Sache der Religion nicht ein bloßer Rat Gottes, wie es in unserer Sprache lautet, sondern die von Gott vorgeschriebene Art und Weise, die Seligkeit zu hoffen und zu erlangen, der freie Ratschluß Gottes darüber, auf welche Art die Seligkeit zu suchen ist. So sagt Paulus ebenfalls bei Lukas (Apg. 20,27), er habe den ganzen Rat Gottes, d. h. alle zur Seligkeit notwendigen Teile der christlichen Religion, hauptsächlich die Bekehrung zu Gott und den Glauben an unsern Herrn Jesus Christus, gepredigt (v. 21). Das Wort aber (athetein = brechen, verwerfen), dessen sich Lukas (7,30) bedient hat, wird eigentlich im Hinblick auf Gesetze und auf die, die das Recht haben, Gesetze zu geben, deren Verordnungen man gehorchen muß, gebraucht (Hebr. 10,28; Jud. 8). Was wir nun von der Taufe gesagt haben, das hat sie mit dem ersten Sakrament des Alten Bundes gemein, dessen Äußeres in der Beschneidung der männlichen Vorhaut bestand.

Was aber das Sakrament des Leibes und Blutes Jesu Christi als das zweite im Neuen Bunde betrifft, so ist es nicht von der gleichen Notwendigkeit wie die Taufe, weil es mehr eine Übung und Beförderung des Glaubens und der Liebe gegen Gott und die Menschen und ein liebenswürdiges Pfand der Hoffnung unserer Seligkeit ist als ein Vorschlag und eine Weise, die durch Christus erworbene Seligkeit zu erlangen. Aber es liegt doch die Notwendigkeit in ihm, daß der weder Glauben noch Hoffnung auf Seligkeit haben kann, der sich dieses Sakramentes bedienen kann, es aber nicht gebraucht. Darin ist es jenem Sakrament des Alten Testamentes ⟨d. h. dem Osterlamm⟩ vollkommen ähnlich.

Alle solche Anordnungen besitzen ihrer Beschaffenheit nach keine natürliche Notwendigkeit. Sie leiten ihre Notwendigkeit vom Willen ihres Stifters her und gehören unter die Zahl der willkürlichen Dinge. Diese Notwendigkeit besteht nicht in der Einsetzung, sondern im Gebrauch. Auf Grund der göttlichen Vorschriften muß der Mensch diese Verordnungen fleißig beobachten. Aber weder die göttliche noch die menschliche Natur besitzen etwas, wodurch Gott genötigt worden wäre, ⟨gerade⟩ diese Stücke der Religion zu verordnen. Sie haben also vermöge der göttlichen Einsetzung eine notwendige Verbindung mit der Religion, aber keineswegs mit der göttlichen oder menschlichen Natur. Wäre dies der Fall, so hätte die menschliche Vernunft an sich diese Dinge einsehen können. Jeder weiß, daß das Gegenteil richtig ist.

Niemand darf einwenden, solche Stücke der jüdischen oder christlichen Religion seien nicht willkürlich, weil sie erstens den göttlichen Vollkommenheiten gemäß sind und zweitens der menschlichen Natur angemessen sind. Alle diese willkürlichen Stücke der Religion enthalten nichts, das der göttlichen und menschlichen Natur entgegensteht. Aber darum liegt in ihnen nicht eine solche Notwendigkeit, daß man einsehen und zwingend beweisen kann, Gott habe diese Dinge vorschreiben und unter die Stücke der Religion setzen müssen, wenn er seine Güte und Heiligkeit erhalten wollte. Solch eine Notwendigkeit gibt es nur in der natürlichen Religion, die völlig notwendig ⟨folgerichtig⟩ ist. Daher kommt es, daß der Mensch mit seiner Vernunft alle Stücke der natürlichen Religion begreifen kann und begriffen hat.

Diese beiden Fragen sind von den neueren Streitern ohne allen Grund verwechselt worden. Man sehe sich die Verordnungen in einer Republik, in den Künsten, im Unterricht an. Man wird finden, daß sie alle eine gewisse Verbindung mit der Sache, um deretwillen sie angeordnet wurden, gemein haben. Aber niemand hält sie deswegen für notwendig, sondern erkennt das Willkürliche. Gott konnte die Anordnung der Sakramente auch fortfallen lassen, denn er hatte den Menschen schon vor ihrer Einsetzung die Seligkeit erteilt. Er konnte sich auch anderer Sekramente bedienen. Wer mag sich erkühnen, der göttlichen Weisheit so enge Grenzen zu setzen, daß sie außer diesen nichts anderes hätte erdenken können. Daß Gott die Sakramente in die Religion eingeführt hat, daß er diese anstatt anderer erwählt hat, darin muß man Freiheit des göttlichen Willens erkennen,

Freiheit, die zwar weise, gütig und heilig, aber doch Freiheit ist, die man ihm, ohne sein Wesen zu verletzen, nicht absprechen kann.

Und dieses kann auch leicht auf den anderen willkürlichen Teil der christlichen Religion, d. h. auf den Glauben, angewendet werden. Denn auch er wird zum Ratschluß Gottes gerechnet (Apg. 20,21). Er ist der Schwachheit der menschlichen Natur so angemessen, daß die Gnade Gottes gegen die Menschen nirgends mehr in die Augen leuchtet als hier. Aber trotzdem kann doch auf keine Weise eine Notwendigkeit festgestellt werden, um deretwillen Gott ⟨gerade⟩ diese Weise, die Seligkeit zu suchen, verordnet hat. Es hat Gott gefallen, sagt Paulus (1. Kor. 1,21) durch törichte Predigt selig zu machen, die daran glauben. Es ist also ein freier göttlicher Wille (eudokía) in der ganzen Ordnung des Heils – dergestalt, daß er Menschen, die von eitler Weisheit aufgeblasen sind und alles nach ihren eigenen Meinungen abmessen, töricht scheint, denen aber, die recht und bescheiden urteilen und die Geheimnisse der göttlichen Weisheit ehrfurchtsvoll beurteilen, reich an Weisheit ist.

Sofern die christliche Lehre den Menschen vorschreibt, wie sie die Seligkeit suchen und erlangen sollen, hat sie nichts Willkürliches als den Glauben und die Sakramente. Dies ist denen, die in der christlichen Lehre überall eine göttliche Hoheit erblicken, so offenbar, daß gar keine Erklärung nötig zu sein scheint. Trotzdem ist dies durch die unnütze Spitzfindigkeit oder gezwungene Künstelei derer, die einen Demonstrationskitzel aus den Schulen der Weltweisen in die Gottesgelehrtheit mitgebracht haben, so verdunkelt worden, daß man wenigstens die Dunkelheit der metaphysischen Demonstrationen vertreiben muß. Solch ein Kitzel befällt Leute, die in den Geisteswissenschaften unerfahren sind, leicht. Wir wollen nur den Hauptinhalt ihrer Beweise angeben. Ihre

Urheber gehen uns nichts an, denn wir tadeln die Sache, nicht die Personen. Der Inhalt läuft darauf hinaus, daß sie behaupten wollen, alles, was Gott beschlossen und getan habe, damit der vom Verderben erlöste Mensch die ewige Glückseligkeit erlangen könne, stehe in solcher Verbindung mit seiner Güte und Weisheit, daß er kaum, ja gar nicht anders handeln konnte. Wie es kleinen Geistern gewöhnlich zu begegnen pflegt, haben sie, vom Schein der Kunst und Scharfsinnigkeit geblendet, die ganze Beschaffenheit des Streites verwirrt.

Sie haben nicht eingesehen, daß zwei Dinge himmelweit unterschieden sind:

Erstens: Gott hat dieses also gemacht, beschlossen, gewollt, also ist es gut, weise, seiner Herrlichkeit angemessen und zu rühmen. Zweitens: Dies scheint mir nicht gegen die göttliche Güte und Weisheit zu sein, ich und andere wissen nichts, das besser ist, also hat er oder wird er nichts anderes tun können, denn er erwählt notwendig, vermöge der Vollkommenheit seiner Natur, das Beste.

Der erste Schluß ist vollkommen wahr und standhaft zu behaupten, und wenn jemand hier die Beweise der göttlichen Gütigkeit und Weisheit ⟨a posteriori und induktiv⟩ erforschen und andere lehren wollte, so wie es Naturforscher in diesem unserem Jahrhundert besonders in natürlichen Dingen getan haben, der würde eine durchaus lobenswerte Sache tun, die man allen empfehlen kann. Denn Gott hat durch die von ihm verordnete Art, das menschliche Geschlecht selig zu machen, den Menschen den Reichtum seiner Güte und seine mannigfaltige Weisheit beweisen wollen (Eph. 1,7; 2,7; 3,10f.), die wir also genau aufzusuchen und zu erkennen haben.

Der zweite Schluß aber ist höchst betrüglich und einfältig, wie wir kurz zeigen werden.

Zunächst: Wer bist du, o Mensch, wie groß ist

dein Verstand, daß du dich unterstehst, mit schwachen Vernunftschlüssen ⟨a priori deduktiv⟩ zu bestimmen, was in jeder oder in einer so großen und wichtigen Sache die göttliche Güte und Weisheit erfordert? Wer bist du, daß du so dreist dein Urteil fällst, was Gott tun muß und warum Gott so gehandelt hat oder handeln mußte? Nicht einmal die Engel glauben es einzusehen oder haben es (im großen Werk des menschlichen Heils) eingesehen. Gesetzt, es sei etwas der Größe der göttlichen Güte gemäß. Folgt daraus, daß es Gott tun muß oder getan hat? Diese Güte hat dich zu einem scharfsinnigen Gelehrten gemacht. Viele andere Dinge könnten ebenso angemessen sein.

Ferner: Hat Gott etwas beschlossen, angeordnet und getan, so ist es gut, und wir müssen bekennen, er habe gütig und weise gehandelt. Aber hat er es deswegen notwendig getan oder beschlossen? Hat er notwendig eben d i e s beschließen müssen? Sollte wohl jemand so kühn sein zu sagen, Gott habe nichts anderes gesehen, worin er ebenso weise und so gütig hätte handeln können? Wieviel bescheidener und dankbarer ist es, in der ganzen Einrichtung und Ordnung der wieder erstatteten Seligkeit der Menschen einen göttlichen freien Willen zu erkennen, der von allen Fesseln frei ist, die ihm die menschliche Vernunft durch ihre Spitzfindigkeit anzulegen sucht. Denn das ist ein in unsere Gemüter eingepflanzter Grundsatz, daß wir die Wohltat um so höher achten, je freier der Wohltäter bei der Erzeigung besonders einer großen Wohltat ist.

Dies kann mit deutlichen Sprüchen der Heiligen Schrift bestätigt werden, in denen diese ganze erneuerte Hoffnung der Seligkeit, Gnade, Menschenliebe, Erbarmung, Freundlichkeit genannt und ganz als eine Wohltat bezeichnet wird.

Nachdem wir nun den göttlichen freien Willen bei

der allgemeinen Wohltat des erlösten menschlichen Geschlechtes gerettet haben, bleibt noch ein letztes. Wir müssen erweisen, daß Gott sich desselben freien Willens in der Gnadenordnung bedient hat, nach der die Seligkeit durch seinen in die Welt gesandten Sohn, der für die Sünden der Welt so grausam getötet wurde und unter den heftigsten Leiden der Seele und des Leibes starb, bestimmt ist. Hier entsteht die Frage, ob Gott auf keine andere Weise als auf diese den Menschen helfen konnte? Wäre dies der Fall, dann hätte Gott in der Weise, die Menschen zu erlösen, keine Freiheit gehabt. Wir wollen uns nicht anmaßen, das eine oder das andere zuversichtlich zu behaupten. Man muß die göttlichen Wohltaten so annehmen, daß man mehr die Größe derselben erwägt und preist, als daß man untersucht, ob er eine andere Wohltat oder auf eine andere Weise erzeigen konnte. Ich weiß aber doch einige große Gottesgelehrte, die der Meinung sind, es hindere nichts zu glauben, daß Gott vermöge seiner unendlichen Weisheit auf mehrere Weisen seine Güte und Heiligkeit vereinen und dadurch das Heil der Menschen schaffen konnte. Nehmen wir dies an, so folgt daraus, daß die Art, derer sich Gott wirklich bedient hat, unter allen die vorzüglichste ist, der er sich bedienen konnte (was kann man sich Erhaberenes vorstellen als den Sohn Gottes), daß aber dabei auch das liebenswerte freie Wohlgefallen Gottes erkannt wird.

Ich folge dieser Meinung um so williger, als sie der Heiligen Schrift gemäß ist und sich also auf göttliches Ansehen gründet. Wenn Paulus (Eph. 1,5) sagt: Gott hat uns das Recht der Kindschaft durch Jesus Christus bestimmt, so setzt er hinzu: nach dem freien Ratschluß seines Willens, damit seine wunderbare Güte verherrlicht würde. Bald darauf (v. 7 ff.) nennt er die Erneuerung der Seligkeit durch den Tod Christi einen geheimen Ratschluß seines gütigen Willens. Daraus kann man schließen, daß ihm diese Art am besten gefallen hat, den Menschen den überschwenglichen Reichtum seiner Gnade zu zeigen, indem er uns seine Wohltaten durch Jesus Christus erteilte. Nicht schließen kann man daraus, daß ihm keine andere Art möglich gewesen wäre.

Es ist umsonst, wenn uns jemand die bekannten philosophischen Lehrsätze vorwerfen wollte, die da lauten: Ein Weiser und noch weit mehr Gott tut nichts umsonst, er wählt allemal den kürzesten Weg; was durch geringe und wenige Dinge geschehen kann, das tut er nicht durch große und durch viele. Umsonst auch hält man uns jenes Gesetz der körperlichen Natur entgegen, das das „Gesetz vom Kleinsten" heißt und das der Witz der Franzosen la loi d'Epargne, das Gesetz der Sparsamkeit, genannt hat. Denn alle diese Sätze betreffen die körperlichen Dinge und die Einrichtung im Reiche der Natur insofern sie aus unvernünftigen Dingen besteht, nicht aber das Reich Gottes, das das menschliche Geschlecht betrifft – es sei nun das natürliche und sichtbare Reich oder das unsichtbare Reich, das durch Jesus Christus gestiftet ist. Daß Gott im sichtbaren Reich der Natur nicht nur für die Bedürfnisse der Menschen gesorgt hat oder einem Gesetz der Sparsamkeit folgte, sondern auch auf unsern Überfluß und die Annehmlichkeiten des Lebens bedacht war, das ist bekannt. Jene Einschränkung, die nichts gestattet, als was notwendig ist, und jeder Art ein gewisses und zwar geringes Maß zuteilt, schickt sich nicht für vernünftige und freie Geschöpfe und ist wider die angeborenen Begriffe.

Diejenigen vergreifen sich demnach allerdings an der Majestät Gottes, die seinem freien Willen selbst in der Religion und der Art des wieder zu erneuernden Heils der Menschen durch ihre schwachen Vernunftschlüsse Grenzen setzen und ihm zeigen wollen, was er nach den Gesetzen seiner Weisheit er-

wählen und tun muß, wo er mehr oder weniger, wo
er dieses und nichts anderes tun, warum er endlich
dieses oder jenes erwählen muß, wenn er seiner
Güte und Weisheit gemäß handeln will.

Wir glauben fest, daß Gott in allen den Dingen,
die er um unserer Seligkeit willen getan und in der
Religion angeordnet und befohlen hat, seine allerhöchste Weisheit und Güte bewiesen, daß er aber
auch bei allen diesen Dingen sich seiner Freiheit auf
eine seiner Herrlichkeit angemessene Weise bedient
hat und um so mehr zu lieben und zu rühmen ist, je
mehr er sich derselben zu unserem Heil und zu unserm Besten bedient hat.

## JOHANN SALOMO SEMLER (1725–1791)

Der Umfang der literarischen Produktion des Hallensers
(250 Schriften) hat oft zu einer Überschätzung seiner Bedeutung geführt. Er ist nicht der Begründer historischer
Textkritik, da er nichts erschütterte, was nicht schon erschüttert war, und nichts lehrte, was nicht schon bekannt
und in Gebrauch gewesen wäre. Auch als „Vater der Neologie" kann er nicht betrachtet werden, da er dazu zu jung
und zudem von der typischen Kosmologie, Angelologie und
dem damit zusammenhängenden personalen Vervollkomm-
nungshumanismus der Neologie nicht ergriffen ist. Die Zeitgenossen bereits meinten, daß Semler nie deutsch gelernt
habe – er schreibt den Nominalstil der Mystik, bei dem sich
die Verben seiner Beherrschung entziehen, die Sätze sich
auflösen und er nur durch Fettdruck andeuten kann, was er
sagen will. Der Hermetik, der Alchemie, dem Goldmachen
war er so verfallen, wie es nur einem sich von Raum und
Zeit lösenden Geist möglich ist. In seiner Wendung gegen
exegetische, dogmatische, kirchengeschichtliche Schemata ist
er durch Einflüsse von pietistischer und latitudinaristischer
Seite bestärkt worden. Er liebte Quellenveröffentlichungen,
die solche Schemata ins Gleiten brachten. Manches – auch
seine starke Abneigung gegen Altes Testament und Juden-

tum – verbindet ihn mit manchen Deisten und ihrer Neigung, alles in Religion und Religionen als relativ zu betrachten und persönlich abzuwerfen, was über die Maxime Gott-Tugend-Unsterblichkeit hinausgeht. Im Alten Testament begegnet die national begrenzte, zeremonielle, im Grunde ägyptische Religion der israelitischen Masse. Auch im Neuen Testament ist die eig. Religion „lokalisiert", „temporalisiert", „ökonomisch" eingekleidet. Jesus lehrte doktrinär für ängstliche Petriner, religiös für gebildete Hellenisten, „akkommodiert" für abergläubisches Volk. Dem Volk wollte Semler die ihm gemäße „öffentliche Religion", die der Staat zu garantieren hat, erhalten wissen. Ihre Erschütterung durch Reimarus und Bahrdt (s. S. 210) hat er bekämpft, das Wöllnersche Religionsedikt von 1788, das Kant traf, verteidigt. Andererseits bindet nur die „Private Religion" das selbsteigene Gewissen. Seine Scheidung von Theologie und Religion, von Schrift und Wort Gottes entspricht dieser Auffassung.

Über Semler: *L. Zscharnack, G. Hornig.*


## *Abhandlung von freier Untersuchung des Kanon*

Welch ein Zwang wird seither angewendet, wenn man die Göttlichkeit und allgemeine Unentbehrlichkeit aller einzelnen Bücher ⟨der Bibel⟩ uns heutzutage mit aller zugehörigen großen Verbindlichkeit auf immer beweisen will! Ruth, Esther, Nehemia, Esra, die sämtlichen historischen Bücher, das sogenannte Hohelied! Ich überlasse gern all den Gelehrten und Ungelehrten ⟨das Problem⟩, daß alle Menschen ohne Unterschied ihrer schon erlangten Fähigkeiten solche Anfangsgründe (denn was soll ich für ein glimpflicheres Wort gebrauchen?) immerfort nötig haben sollen, die ehedem ein Teil der wirklich sehr unfähigen und unkultivierten Juden, die nicht einmal mit manchen redlichen Griechen und Römern verglichen werden können, unter dem Namen Heilige Schrift in der bürgerlichen, ehemaligen Gesellschaft angenommen hat.

Ich streite gegen niemand. Ich versichere nur, daß

ich in redlichster Gesinnung, in ehrlicher innerer Furcht Gottes die alte und allgemeine Lehre jetzt nicht mehr fortsetzen kann, nach der alle diese Bücher, die im kirchlichen Kanon wegen der öffentlichen ⟨dogmatischen⟩ Lehrordnung stehen, wirklich 1. gleichermaßen einen göttlichen Ursprung haben, 2. zu einem unmittelbaren gleichmäßig guten Nutzen für alle Leser aller Zeiten ihres würdigen Inhaltes wegen noch immer bestimmt seien und also den steten Erkenntnisgrund heilsamer Wahrheiten unaufhörlich ausmachen.

Was soll ich denn jemanden für heilsame Wahrheiten aus dem Buch oder jüdischen Roman von der Königin Esther beweisen? Oder aus der kleinen Erzählung von der Ruth oder der Historie vom Zustand des Volkes der 12 Stämme unter den sog. Richtern oder aus den Heldentaten Simsons oder aus dem Hohenliede? Das Hohe Lied hat noch kein Ausleger (ohne willkürlich und gebieterisch zu handeln) so erklärt, daß man die klare hermeneutische Sicherheit hätte, Salomo (oder wer es auf ihn und in seiner Person schrieb) habe 1. moralisch allgemeine erhabene Wahrheiten für alle Menschen in diesem Gedicht ausdrücken wollen, 2. er habe dazu besonders die physischen Beschreibungen einer fast ganz nackten Braut gewählt (die wirklich zu moralischen Wirkungen sowohl bei ernsthaften wie bei leichtsinnigen Lesern sehr ungeeignet sein dürften), 3. er habe namentlich diese und jene Eigenschaften einer ganzen Gesellschaft, der Kirche oder, wie manche Rabbinen angeben, der Synagoge (eine würdige Braut! zur steten Bewunderung der ganzen Welt!) ausdrücken wollen und 4. diese Vorstellungen seien in besonderer Weise gleich nützlich für alle Leser aller Zeiten.

An andre gar fanatische Ideen und Hypothesen will ich nicht weiter denken, wonach auch Prophezeiungen von künftigen Begebenheiten teils in der alten

Zeit, teils aus dem 16. und 17. Jahrhundert für Deutschland in diesem Liede enthalten sein sollen. Mit welcher Rechtschaffenheit könnte ich meinen Hörern kaltsinnig oder in angenommener ernsthafter Pose einen Beweis des göttlichen Ursprunges dieses Gedichtes vortragen, da ich selbst keinen habe? Daß andere Gelehrte sich einen Beweis leicht einfallen ließen, weil sie die allgemeine ehedem vorgeschriebene Lehrordnung und die alte Gewohnheit sehr in Rechnung stellten, reicht nicht aus, um mich für weniger gewissenhaft und redlich oder fleißig in meinem Beruf zu erklären.

Wer hat denn jemals sog. Beweisstellen irgendeiner Lehrwahrheit aus diesem Gedicht angeführt? Es handelt sich um poetische Bilder, die eine orientalische Schönheit vorstellen, aber keine Grundsätze der Moral mitteilen. Daß man in der lateinischen Kirche den locum ⟨dogmatischen Artikel⟩ von der Kirche aus diesem Liede so schön aufgeputzt hat und damit eine dem Staat überall Nachteil bringende christliche Kirche geschaffen hat, ergibt auch keinen rechten Grund dafür, gesunde Lehrsätze zur geistlichen Besserung und moralischen Wohlfahrt aller Menschen darin zu suchen. Ich halte es also für pflichtmäßig und der Denkungsart eines wahren Christen sehr angemessen, mein Urteil aufrichtig herauszusagen und meine Hörer weder zu täuschen noch durch meine dogmatische Pose in eine heimliche Unruhe und Not zu setzen – wenn ich ihre Gemüter sonst so rühren und gewinnen kann, daß sie sich entschließen, gesunde und heilsame Wahrheiten, die in anderen Büchern viel deutlicher vorkommen, aufrichtig selbst zu lieben und anderen ernstlich zu empfehlen. Das Übrige aber, das diese Beschaffenheit und gemeinnützige Art nicht hat, mögen sie liegen lassen. Andern steht es frei, anders zu handeln, wenn sie geistlichen Nutzen dabei haben.

Ich gestehe es also, daß ich es nicht für gut halte, alle Bücher der sogenannten Heil. Schrift ohne Unterschied, der Reihe nach, in Predigten jährlich vorzulesen oder bei Hausandachten als eine göttliche Ordnung für alle Menschen einzuführen – wenn man es womöglich noch mit Anfängern zu tun hat. Ein gesunder Auszug aus den Büchern des Alten Testamentes, worin die Erzählungen und die Stellen weggelassen werden, welche nur die Juden angehen und den Stempel der Zeit oder der Provinz deutlich zeigen, würde die christliche Lehre und Religion viel leichter überzeugend empfehlen und durch Erfahrung empfehlen als die kalten Wiederholungen der Beschreibung von Begebenheiten, die ganz und gar ausländisch, ganz fremd und unbekannt für uns und unsern ganz anderen Geschmack in der Erkenntnis und Moral sind und bleiben. Noch so viel Bemühungen emsiger Ausleger werden es nicht dahin bringen, daß fähige Leser wirkliche Vorteile, moralischen Zuwachs und geistliche Erbauung in den Reisen der Israeliten durch die Wüste, in den Beschreibungen der Priester und Stiftshütte, Erzählungen über Anzahl und Stärke des Volkes, über die Einteilung der 12 Stämme usw. finden sollten. Eine viel kürzere Darstellung der bloß einheimischen Historie der Juden wäre ganz und gar zulänglich. Eine getreue Erklärung hingegen der natürlichen und allgemeinen Wahrheiten, welche allen Menschen zur Besserung dienen (ohne Zeitgebundenheit, die nur Art und Einrichtung des Vortrages verändern kann), ist viel notwendiger, wenn unsere Zeitgenossen einen heilsamen Unterricht bekommen und seine Früchte nicht schuldig bleiben sollen. Ein Erfolg dieser Art kann aber aus solchem – ohne allen Unterschied, Buch für Buch – vorgenommenen Bibellesen freilich nicht erwartet werden.

Der Christ erkältet sich gleichsam oder steht sich in dem sonst leichten Fortschreiten seines Wachstums selbst im Wege – und noch so viel wissensschwere Unterstützung der Gelehrten ändert die Sache nicht.

## Die Nation der Christen

So bekannt es unter den Christen ist, daß die Juden sich von allen anderen Nationen so unterscheiden, daß diese Nationen unter dem allgemeinen Namen Goim ⟨Heiden⟩ begriffen wurden, sie selbst sich aber als ein Volk Gottes mit besonderer, stolzer Einbildung ansahen (das allein eine Verehrung Gottes kennt und durch seine Priester und Leviten ausübt, die allen anderen Völkern zu ihrem Nachteil unbekannt ist) – ebenso ausgemacht ist es doch der allererste Grundsatz der neuen christlichen Religion, daß ein und derselbe Gott aller Menschen und Völker Herr und Vater ist, daß er nicht auf die äußerlichen Umstände sieht, wodurch sich Juden von anderen Völkern ganz unmoralisch unterscheiden, sondern das Tun und Lassen der Menschen nach dem Maße ihrer Erkenntnis vom Guten und Bösen beurteilt.

In Christo oder nach der reinen Lehre Christi von dem allgemeinen, gleichen Verhältnis Gottes zu allen Menschen war nun der falsche Unterschied, den die Juden zum Vorteil ihrer Nation eingeführt hatten, ganz aufgehoben. Jude, Hellene, Skythe, alle Nationen haben ebensowenig schon einen moralischen Vorzug wie Mann und Frau, Herr und Knecht. Dies wissen wir aus den christlichen Urkunden, welche jetzt das Neue Testament oder der Neue Bund, die Grundstütze der neuen besseren Verehrung Gottes, heißen. Sie sind nun fast in jedermanns Händen und können in allen Sprachen gelesen werden, um einen Inhalt der christlichen öffentlichen oder besonderen Privat-Religion daraus zusammenzustellen.

Desto sonderbarer und auffallender ist es für uns,

daß schon Tertullian am Ende des zweiten christlichen Jahrhunderts (und nach ihm andere christliche Lehrer) von einer dritten Nation reden und daß sie die neue Nation der Christen neben Juden und Heiden stellen. Sie setzen also jenen jüdischen, bloß jüdischen, Unterschied nun fort und stellen Juden, Heiden und Christen nebeneinander, um alle Menschen unter diese drei Hauptklassen zu bringen. Da nun Juden und Heiden eine öffentliche National-Religion hatten, welche mit der bürgerlichen Gesellschaft allemal zusammenhing und bloß eine politische Absicht hatte, so legte man eben hiermit den Grund zu einer neuen politischen Gesellschaft. Die ganz andere moralische Natur der christlichen Religion, welche auf alle einzelnen Menschen sich bezog, und eine bessere moralische Verehrung des besser erkannten Gottes mit sich brachte, wurde wieder in eine ebenso unmoralische, bloß politische Religion verwandelt.

Wenn man diese neue Religion einer dritten, von nun an sich ausbreitenden Nation beschreiben will, so muß man sagen, diese neue christliche Religion gibt sich neue historische Grundsätze, welche sich von der politischen Historie der Juden und aller anderen Nationen unterscheiden – damit die Menschen durch Aussicht auf größere äußerliche oder sinnliche Wohlfahrt sich von ihrer bisherigen bürgerlichen Gesellschaft losmachen und in diese vorteilhaftere Gesellschaft der neuen christlichen Partei sich begeben. Daß dieser Endzweck keineswegs in der Lehre Christi und seiner Apostel begründet ist, wissen wir sogleich, weil wir die christlichen Urkunden oder neuen Bücher selbst lesen und ihren ganz gemeinnützigen Inhalt deutlich genug feststellen können. Allein eben diese christlichen Urkunden waren in den ersten zwei und drei Jahrhunderten noch nicht in den Händen aller Menschen, welche zu einer neuen christlichen Religionsgesellschaft eingeladen wurden.

## Die Privat-Religion

Alle christlichen Religionsparteien legen sich die wahre christliche Religion ausschließender Weise durch besondere Lehrartikel bei. Sie – verfluchen und verdammen sogar einander oder verlautbaren öffentlich, daß die andern an dem unendlichen Gott und seiner moralischen unermeßlich herrlichen Gnade keinen Anteil haben können. Wo ist denn nun die *wahre christliche Religion* bei so vielerlei Religionsformen?

Sie ist durchaus in den Gemütern aller wahren Christen unter allen Parteien. Nur die Vermischung der äußerlichen Religionsordnung (welche freilich in jeder Gesellschaft immer nur eine einzige ist, aber nur durch gesellschaftliche Verabredung, zu gesellschaftlichem Zweck und Verbindung aller dieser Mitglieder eine solche Ordnung geworden ist) mit der innern stets relativen wahren christlichen Religion (welche den Stufen nach eine immer größere oder kleinere, also nie eine allereinzige Fertigkeit und ohne äußerliche Einheit ist) hat jenen falschen Eifer unter den Christen ausgebreitet und so lange unterhalten, wie diese Vermischung dauert.

Der Vorsatz listiger Menschen (den schon die Apostel damals vorfanden) hat dies politisch gemischte Religionssystem erschaffen – sie haben ihren Schülern diesen Geist des Hasses und Neides unter der Gestalt der wahren Religion notwendig mitgeteilt, um durch eine große Volksmenge, die zu eigenen Kenntnissen nicht fähig oder gewillt ist, ihren politischen Zweck stets ganz leicht zu erreichen.

Christus hatte sich und das moralische Reich Gottes von allen Königen und Fürsten in äußerlich politischen Staaten durchaus unterschieden. Er machte es seinen Schülern zur Pflicht, alles selbst für sich zu prüfen und sich vor falschen Propheten zu hüten, die die wahre Religion im Schilde führen, jede Überprüfung ihrer selbst aber verhindern. Christus sagte voraus, man würde behaupten „hier ist Christus!" –„da ist Christus!" Ebenso ließen die Apostel alle bürgerliche Obrigkeit, alle äußerliche Ordnung stehen und drängten sich nirgendwo auf, um alle Menschen zu Einer und Derselben christlichen Religion (womöglich noch dazu in gleicher äußerer Form und Vorschrift) zu zwingen.

Es steht also sicher fest, daß die Bischöfe nach und nach sich einen ganz andern, neuen Endzweck vorgenommen und unter Einwilligung des Staates (der Nutzen davon haben sollte, wie sie vorspiegelten) zunehmend erreicht haben, als es der große moralische Zweck war, den Christus und die Apostel wirklich allein vor Augen hatten, als sie eine bessere, vollkommenere, eigene Privat-Verehrung Gottes lehrten. Diese Privat-Verehrung sieht alle Menschen als Kinder Eines unendlichen Vaters an. Sie findet in der Lehre und Geschichte Christi die freie unendliche Begründung dafür, daß alle Menschen, Juden und Heiden, für solche gehalten werden müssen, die an der moralischen Gnade und Güte Gottes ebenso Anteil haben können wie an den Wohltaten der physischen Welt (freilich immer in ungleichen Stufen und Verhältnissen). Sie findet hier ferner die Begründung dafür, daß eben derselbe unendliche Geist Gottes in allen Menschen diesen moralischen, guten Zustand (ebenfalls in ungleichem Maße) befördern kann, – daß Gott, der nun besser erkannte Gott, keine äußerlichen Opfer oder einheitlichen Zeremonien, Kultsprache und Vorstellung der Menschen in seiner Verehrung fordert und erwartet, sondern daß die Menschen sich selbst ihm zu Ehren in höherer Bedeutung ganz aufopfern und einander alle als ältere oder jüngere Brüder lieben können.

Wenn man also irgend eine äußerliche Religionsform schon für die allein wahre christliche Religion selber angibt, die doch ⟨in Wahrheit⟩ eines jeden Christen besondere Privatübung und immer ungleiche Fertigkeit erst werden und sein muß: so begeht man einen groben Irrtum, der dem Wesen und dem unendlichen Gegenstande (Gott) dieser wahren Religion ganz entgegen ist. Die äußerliche Religionsordnung bezieht sich stets auf eine öffentliche versammelte Menge, die zu einer einzelnen Zeit und an einem Orte je zusammenkommt, um gemeinschaftliche Begehungen miteinander vorzunehmen, die immerfort feierliche, öffentliche Merkmale der allgemeinen christlichen Religion sind.

Diese gemeinschaftliche Religionsform macht nun für die Christen selbst keineswegs schon ihre Privat-Religion aus. Diese üben sie selbst zu aller Zeit, in ihrem gesamten bürgerlichen und privaten Verhalten (jeder in dem schon bestehenden Maße und Unterschiede) unaufhörlich allein aus, ohne daß Religionsdiener dazu gehörten wie zu jenen öffentlichen Begehungen. Diese eigene Religionsausübung kann an ihrer Stelle kein Bischof oder Priester oder Religionsbedienter vornehmen. Denn er ist eben nur zu allen feierlichen und gemeinschaftlichen Religionsgeschäften bestellt, welche kein anderer Christ zu besorgen oder zu leisten hat. Aber die Privat-Religion gehört durchaus allen Christen und hat kein vorgeschriebenes Maß, der Christ, Lehrer und Zuhörer, übt sie nach seinem eigenen Gewissen. Wenn es nun auch vielerlei christliche Religionsgesellschaften und also auch öffentliche Religionsformen gibt, so sind doch diese Religionsgesellschaften, dem wesentlichen Grunde und Inhalte nach, der sowohl dem Juden – und Heidentum wie der eigenen moralischen Zerrüttung entgegensteht, nicht ganz andere oder unchristliche Religionsparteien. Alle miteinander bleiben christliche Religionsparteien, die Gott nach der Bibel erkennen und verehren. Es ist eben dieselbe neue christliche Religion durch die Ausbreitung unter Völker und Staaten, die voneinander schon verschieden waren, unumgänglich mit einer solchen Modifikation verbunden. Außer dieser öffentlichen, politischen oder historischen Wahrheit dieser nun eingeführten christlichen Religion, welche mit der Ungleichheit der jedesmaligen bürgerlichen Verfassung immer zusammenhängt, kann es nun zu gleicher Zeit (nach der ebenso großen Ungleichheit des moralischen Zustandes dieser bürgerlichen Christen) bei ihnen allen auch eine wahre christliche eigene Privatreligion geben, wenn sie selbst der neuen christlichen Erkenntnis, die sie von Vater, Sohn und Geist Gottes sammeln, praktisch ergeben sind. Wie sich nun die ganze Gesellschaft in der feststehenden, äußerlichen, sichtbaren Religionsgemeinschaft wissentlich vereinigt hat und kein einzelnes Mitglied etwas daran ohne die andern wieder ändern kann, so ist umgekehrt die Privat-Religion aller fähigeren Christen stets frei, denn die öffentliche Religionsform betrifft nur alle feierlichen oder gemeinschaftlichen Religionshandlungen. Wenn nun diese Mitglieder ihre eigene Religions-Erkenntnis und Übung zu Hause hintansetzen und jene gemeinschaftliche Religionshandlung als eine Sache betrachten, in der die höchste Stufe der christlichen Verehrung Gottes enthalten und von ihnen öffentlich schon geleistet sei, so wäre dieses der alte jüdische Irrtum. Die Ungleichheit der Menschen, die schon voraufgeht und immer fortdauert, bringt eine Ungleichheit in der christlichen öffentlichen wie in der Privat-Religion mit sich. Da nun weder Christus noch ein Apostel ein allgemeines Maß der christlichen Religion für alle Christen festgesetzt und vorgeschrieben hat, teils, weil sie nicht Monarchen waren, teils, weil dies in sich selbst unmöglich ist, wenn die Verehrung Gottes eine moralische Natur behalten und der Teilung und Verschiedenheit der Menschen angemessen sein soll, so kann es auch hinter und nach den Aposteln keine solche allgemeine allereinzige Religionsform für alle Christen geben, welche alle anderen christlichen Religionsformen nun für ganz falsche, unwahre christliche Religionsformen erklärt. Wer recht tut oder seiner Erkenntnis von Gott ehrlich folgt, ist Gott unter allem Volk angenehm, mußte auch Petrus endlich lernen und einsehen. Die immer größere (äußerliche oder auch innerliche) Vielheit und Ungleichheit der Menschen, die nun Christen werden, macht es unmöglich, daß sie über den Begriff und das Verhältnis Gottes, Christi, des Geistes Gottes usw. eine und dieselbe Summe von Vorstellungen und Urteilen annehmen und immer behalten sollen.

Zu irgend einer einzigen Stufe christlicher eigener moralischer Besserung und Wohlfahrt ist dergleichen völlige Einheit einer Religionsform gar nicht nötig. Zu einer und derselben Stufe eigener christlicher Religion sind alle jene so ungleichen Menschen von dem unendlichen Gott nicht berufen oder verpflichtet. Die Bischöfe haben also sehr zu Unrecht die wahre christliche Religion nur an ihre katholische Partei gebunden. Wenn mehrere Christen eine einzige Religionsordnung bei sich einführten, so war diese (stets äußerliche) Einheit um ihrer gesellschaftlichen Verbindung willen entstanden. Wenn nun die Lehrer oder Vorsteher dieser Gesellschaft behaupten, sie hätten ganz allein die wahre christliche Religion in ihrer Partei und also auch ganz allein das Recht, eine ewige Seligkeit von Gott zu erwarten, alle anderen Menschen aber, auch alle anderen christlichen Familien oder Parteien, hätten keine wahre christliche Religion, keinen Anspruch an Gottes moralische Liebe und Gnade, so ist diese Behauptung weiter nichts als eine sehr rohe, ganz unmoralische Anmaßung, an welche verständige Menschen und Christen sich gar nicht kehren. Es ist dies ein so grober Irrtum, eine so grobe Unwissenheit hinsichtlich der allerersten christlichen Grundsätze, daß solcher Christen so unrichtige Meinung von der Verehrung des unendlichen Gottes gar keine moralische Empfehlung haben kann. Wenn sie aber gar andere Christen zu eben dieser Religionsform mit äußerlicher Gewalt zwingen wollen, so beweisen sie, daß sie selbst die wahre geistliche oder vollkommene Verehrung Gottes wissentlich verleugnen und unterdrücken wollen.

### JOHANN JOACHIM SPALDING (1714–1804)

Edelster unter den Menschen, der fern am Baltischen Ufer
  Einsam, ein Licht in der Finsternis, wohnt,
Seliger als auf Thronen, umströmt von jauchzenden Freuden
  Angebetete Könige sind ...
O wie freudig werd' ich am Tage meines Erlösers
  Stehn vor dem ewigen Richterstuhl dann,
Sagen: „Hier sind die Schafe, die Du zu weiden mir gabest;
  So hat mich Spalding sie weiden gelehrt."

Spalding, in Vorpommern geboren, wie Kant aus schottisch-ostpreußischer Familie stammend, zuletzt Propst und Oberkonsistorialrat in Berlin, kann man im Hinblick auf die gesammelte Kraft und Geschlossenheit seiner Persönlichkeit als den König der Neologen bezeichnen. Seine Hauptgegner waren der Materialismus der (in Wirklichkeit ein verlängertes Barock darstellenden) sog. „Französischen Aufklärung" und jene „kalte" stoische Mystik (Gott-Tugend-Unsterblichkeit), die ihm unter dem Namen „Natürliche Religion" (s. o. S. LXXX) begegnete. Wirksame Waffen entnahm Spalding den Arsenalen des Britischen Anti-Deismus, mit dem er lebenslänglich Verbindung hielt und dessen Gedanken er der deutschen Theologie übermittelte. Seine bekanntesten Kampfschriften sind „Gedanken über die Bestimmung des Menschen" (1748), „Gedanken über den Wert der Gefühle im Christentum" (1761), „Vertraute Briefe die Religion betreffend" (1784). Der Siebente Brief der letztgenannten Schrift faßt wesentliche Anliegen Spaldings kurz zusammen. Das gleiche Wöllnersche Religionsedikt, das Semler verteidigte, war für Spalding ein Anlaß, dem König von Preußen seine Ämter zurückzugeben.

Lavater, von dem die oben stehenden Zeilen der Spalding-Ode stammen, war überzeugt, im Himmel nach Paulus und Johannes an dritter Stelle Spalding anzutreffen:

> Wie wird das Licht der Ewigkeiten,
> Mein Spalding! Sich in Dir verbreiten!
> Was wird Dein Mund, Dein Blick erzählen,
> Wirst Du im Anschaun Gottes satt,
> Nach dem Dich, redlichste der Seelen,
> so oft mit mir gedürstet hat?

Über Spalding: *H. Nordmann.*

## Vertraute Briefe die Religion betreffend

Ich möchte den Menschen von dem Gedanken, der mir so vernunftgemäß und natürlich erscheint, erfüllt sehen, was eigentlich für ihn festes, zuverlässiges, befriedigendes Gut sei, wohin er am Ende nach allen unendlich zersplitterten Ausflügen, Tendenzen und Strebungen seines Geistes als zu seinem eigentlichen einfachen Ziel und Ruhepunkt zurückkommen muß, wovon er sagen kann, daß ihm da innerlich wohl ist.

Wenn es nun damit nicht auf ernsthafte Sammlung des Gemüts, auf Festhalten der Seele an Ordnung, Wahrheit und Harmonie ankommt, wenn das Wohlgefallen, an dem, was gut und recht ist, nicht unsere größte Freude und das Sehnen und Streben nach Wachstum hierin nicht unsere tätigste Aufgabe darstellt, so weiß ich nichts in der Welt, was würdig wäre, Zweck der vernünftigen Menschheit und ihr wirkliches, ganzes Glück zu heißen.

Bei einer solchen einmal vorhandenen Richtung der Seele führt uns der recht gebrauchte Verstand gerade und mit lebhafter Teilnahme des Herzens auf die Erkenntnis des Wesens, welches Quell und Inbegriff alles jenes Guten, Großen und Schönen ist. Daraus wird dann Gottesverehrung, Gottergebenheit, Gottesliebe, mit einem Worte, Religion im Menschen. Sie ist die erhabenste, beruhigendste Empfindung für den denkenden Geist, weil sie ihn ganz beschäftigt und ausfüllt, allen seinen Tätigkeiten Spannung, allen seinen Absichten Zusammenklang und allen Beweggründen zur Tugend, zur Gerechtigkeit, zur Redlichkeit, zur Menschenliebe Verbindung und Stärke gibt. So sammelt und erhöht sich das geteilte, zerstreute Gefühl vom einzelnen Wahren und Guten zu dem großen, alles umfassenden Gefühl von Gott, und da erst ist Einfachheit, Sicherheit und Ruhe.

Lassen Sie also einen Menschen mit dieser Denkungsart, aus dieser Stellung seines Herzens die Verhältnisse der Dinge betrachten, dann werden sie ihn auf eine ganz andere Art interessieren, einen ganz anderen Wert in seinen Augen bekommen, als wenn kleine vereitelte Gesinnungen ihn auf eine unrichtige Stelle schieben, wo alles und die Wahrheit selbst sich ihm schief darstellt.

Die richtige Schätzung seiner Hauptabsicht wird ihn lehren, mit Begierde alles aufzufassen, wodurch er weiser, edelgesinnter, Gott ähnlich und so zugleich glücklicher werden kann und ihm desto mehr Freude verschaffen, je mehr er Wahrheit findet, die ihm zu diesem seinem höchsten Ziel weiterhilft. Mit so gearteten Gemütern ist erst, was Religion und Auffassung von der Religion betrifft, etwas wirkliches anzufangen, und so lange sie diese Empfindungsart bei einem Widersacher nicht aus der Betäubung ins Leben zurückzurufen vermögen, möchte ich Ihnen nicht raten, mit ihm über irgend etwas, was Religion heißt, zu streiten.

Ich werde oft in meinen Erfahrungen daran erinnert, daß die Wahrheit zu sehen und sie zu genießen, zwei sehr verschiedene Dinge sind – und so werden Sie, mein Teurer, es gewiß auch finden. Sie werden Leute finden, die es zugeben, daß dies und das, was

Ihnen wichtig ist, nicht zu leugnen ist. Die Wahrheit steht ihnen also im Blickfeld, aber sie schlüpfen mit einem so schnellen und kalten Blick darüber hin, als fürchteten sie, daß ihnen bei tieferem Anschauen die Augen davon wehtun würden. Reden Sie zu einem Denker dieser Gattung von der Gewißheit der göttlichen Regierung, und jener wird Ihnen mit einem kurzen trockenen Beifall sagen, daß die Sache wohl ihre Richtigkeit habe. Aber schon in diesem Augenblick wird er Ihnen entwischen und sich mit seiner ganzen Redekunst auf die abergläubischen Vorstellungen werfen, die seiner Meinung nach unter den Christen herrschen und von denen sie eine fast wundertätige Kraft ihrer Gebete herleiten. Fragen Sie ihn, ob er nicht an die Fortdauer des Lebens nach dem Tode glaube. Er wird auch dazu Ja sagen, aber Ihnen sofort ein Referat über den großen Schaden halten, der entsteht, wenn die Leute über fromme Gedanken an den Himmel die Erde vergessen und aufhören, gute, fleißige Bürger zu sein. Bringen Sie ihn auf die Hoheit und Liebenswertheit der Sittenlehre Jesu, auf die Reinheit der darin gebotenen Gottesverehrung, auf die edlen Grundsätze im Bereich der gesellschaftlichen Tugenden. Er wird Ihnen auch das zugestehen, aber so wenig dadurch gerührt werden, daß Sie bald genug seinen wortreichen Tadel und – wenn er Sie nicht aus Achtung schont – seinen lustigen Witz über mißverstandene Vorschriften des Evangeliums, über mönchische Moralitäten und absurde theologische Streitigkeiten werden anhören müssen. Das nenne ich Wahrheit sehen und nicht genießen. Sie mag stehen bleiben, diese überlästige Wahrheit und sich möglichst tief in ihren Winkel verkriechen. Aber auf sie zu schauen, sich an ihren Strahlen zu erquicken, das gehört nicht zur Weisheit dieser frostigen Denker, die, wenn es sich um Religion handelt, nur zu Tadeln und Schmähen heiß werden. Hiergegen, gegen diese Kälte und Verschlossenheit der Herzen, wären wohl immer zuerst und hauptsächlich die Bemühungen zu richten, mit welchen wir Gott Verehrer und dem Christentum Freunde schaffen wollen.

Und nun noch etwas über den Punkt der Schwärmerei. Man weiß sie, wie es Ihnen auch aufgefallen sein wird, in unseren Tagen überall zu erblicken. Es ist ein Bedürfnis der menschlichen Natur, nicht nur zu erkennen, sondern auch zu empfinden, nicht bloß erleuchtet, sondern auch erwärmt zu werden. Die Menschen nun, die den großen Gedanken von Gott und ihrer Verbindung mit ihm in sich noch nicht ausgetilgt haben, können – ohne den schmerzlichsten Verlust zu fühlen – die Bewegung nicht entbehren, mit der jener Gedanke ihr Herz erfüllte und erhob, jener Gedanke, der ihrer frommen Liebe soviel Feuer, ihrem Tugendeifer soviel Aktivität, Ihrem Trost soviel Sicherheit und Stärke gab. Sie mögen in ihren Glauben zu viel eingeschlossen, ihre Aktivität und ihre Freuden teilweise auf Stützen aufgerichtet haben, die nicht feststehen – das bedeutet keine Änderung in dem Gemütszustand, von dem hier die Rede ist. Ihnen war es bisher Wahrheit, belebende, erfreuende Wahrheit. Sie sehen nun, wie sich um sie her alles auf das Wegräumen, Bestreiten, auch wohl Verlachen dessen richtet, was ihre Seele bewegte. Um Erkenntnisse zu berichtigen, wird ihnen eine Quelle der Liebe und des Trostes nach der anderen verstopft, ohne ihnen zum Ersatz eine zu öffnen, die ihnen ebensoviel Stärke und Erquickung geben kann. So erschrecken sie dann vor der toten Leere der Seele, die ihnen droht, so werfen sie sich desto eifriger auf jede sinnliche Religiosität, und so werden sie Schwärmer, um nicht ohne Empfindung von Gott zu leben.

Der Aufklärer selbst mag sich für den Verlust dieser Empfindung mit der Freude entschädigt wissen, da Licht zu sehen, wo andere im Finsteren tappen, und wohl auch mit der Freude, hoch über den großen, blinden Haufen erhaben und wegen seiner Kühnheit im Erleuchten bewundert oder gefürchtet zu sein. Dies aber ist keine sättigende Nahrung für den, dessen Seele die höheren, belebenden Gefühle der Religion gewohnt ist und braucht und der zu jenen anderen Freuden teils zu schwach, teils zu gut ist. Wir wollen den Fall annehmen, daß uns nur die eigentliche reine Vernunftreligion noch übrig bleiben soll. Auch diese Religion enthält schon unstreitig Erkenntnisse und Überzeugungen, die mittels einer anschauenden Betrachtung notwendig anrühren, große Empfindungen erwecken, Bewunderung, Andacht, Freude, Zuversicht und Hoffnung, überhaupt Bewegung, Erhebung und Veredelung der Seele bewirken müssen. Ich für meinen Teil will mich zum mindesten ebenso gern und hoffentlich mit eben so viel Ehre von dem wohltätigen Segen des Herrn der Natur auf meinem Erntefelde wie von einem vatikanischen Torso, ebenso gern von der Größe meines Schöpfers in einem gestirnten Himmel wie der Anordnung und Schönheit einer Epopöe begeistern und entzücken lassen. Dergleichen religiöse Bewegungen scheinen mir der menschlichen Natur so gemäß zu sein, daß ich nicht wissen würde, was ich aus mir selber machen sollte, wenn es mir daran fehlte.

Warum denn nun von diesem Allem das durchaus tote Schweigen bei denen, welche noch die Religion der Natur zu glauben vorgeben? Warum unter dem ewigen Aufräumen, Bestreiten und Wegschaffen (wirklicher oder eingebildeter) religiöser Vorurteile nie ein lebendiges Wort von jenen seligen Wirkungen, nie eine eindringende Darstellung, durch welche die Gottesbeziehung dem gesunden Menschenverstande und -gefühl fesselnd, aufmunternd und voll Freude werden könnte? Man muß diese sonderbaren Bekenner der natürlichen Religion selbst fragen, was die

Gottesbeziehung für ihr eigenes Herz bedeutet, was sie da tut, welcher Kraft sie sich von ihr bewußt sind. Denn so gar nichts dergleichen leuchtet aus ihren Äußerungen und ihren vorgeblichen Bemühungen zur Beglückung der Menschheit. Und da sollte es einem Beobachter der menschlichen Natur noch befremdlich erscheinen, daß die Furcht vor solch lebloser Kälte, vor einem solchen Wegreißen alles Rührenden und Erweckenden in dem Glauben an Gott eine Menge wohlmeinender Gemüter unausbleiblich zur Schwärmerei hinübertreibt! "Gebt doch", möchte ich den unbarmherzigen kalten Aufklärern sagen, "diesem Teil eurer Brüder etwas wieder für das, was ihr ihnen mit einer so sorglosen Gleichgültigkeit nehmt. Gebt ihnen Nahrung für ihr Herz in dem, was ihr, eurem Vorgeben nach, nicht leugnet. Macht es ihnen fühlbar, daß sie durch eure sonst grausamen Erleuchtungen nicht alles verlieren, daß das, was ihr ihnen noch laßt, auch seine Kraft hat, die Seele an sich zu ziehen, zu bewegen, zu erwärmen. Zeigt dies an euch selbst. Redet darüber mit der wahren Sprache der Empfindung, vorausgesetzt, daß Empfindung davon in euch ist. Auf diese Art werdet ihr es bei vielen verhüten, daß sie das, was bei euren Belehrungen bisher gänzlich mangelt und ihnen doch so unentbehrlich ist, auf Abwegen suchen und Schwärmer werden."

Und in der Tat, solange dies nicht geschieht, solange die Religion, die gereinigt heißen soll, nicht mit Lebhaftigkeit und Ernst von ihrer antreibenden, tröstenden und erfreuenden Seite dargestellt wird, solange sind die anmaßenden Bekämpfer religiöser Vorurteile in hohem Grade selbst Schuld daran, daß der religiöse Fanatismus sich immer weiter ausbreitet und immer tiefere Wurzeln schlägt. Auch in der Geisterwelt gleicht lauter kaltes Licht, wenn es überhaupt wirkliches Licht und nicht bloß Blendwerk und Schimmer ist, sehr einem Wintertage. Solch ein Tag kann bis zum Glänzen hell sein und doch, wie es oft geschieht, einen so unerträglichen schneidenden Frost mit sich bringen, daß es gar nicht zu verwundern ist, wenn viele, denen keine bequemere und gesündere Erwärmung dargeboten wird, noch immer lieber zu einem schwindlig machenden Kohlenfeuer ihre Zuflucht nehmen, als daß sie sich der Gefahr einer unmittelbaren tödlichen Erstarrung aussetzen.

Ich finde Ähnliches in dem seinerzeitigen Gegensatz der trockenen Scholastik und der empfindsamen Mystik im Mittelalter. Die grübelnden Köpfe fädelten sich in das spitzfindige Spinnengewebe einer aristotelisch-metaphysischen Theologie hinein und verloren über dem unaufhörlichen Spalten und Zusammensetzen ihrer Begriffe alles Gefühl für Andacht und Frömmigkeit. Bei anderen, deren Herz und Empfindungsfähigkeit nach etwas Nahrhafterem verlangte, erregte das einen solchen Ekel, daß sie sich nicht weit genug von aller Arbeit des forschenden Verstandes entfernen zu können glaubten, um Gott und sich selbst desto vollkommener zu genießen. Daher ihre Zurückgezogenheit von der Welt, ihre Versenkung in sich selber, ihr passives Sichhingeben an religiöse, von der Einbildungskraft versinnlichte Eindrücke und ihr Wohlgefühl in einem Zustand, wo nicht angestrengt gedacht, sondern alles nur in träger Ruhe beschaut oder in verzückter Hitze gefühlt wird. Die Schwächen und Ausschweifungen, die dabei vorkamen, lassen sich nicht leugnen. Aber ein großer Teil davon kam auf die Rechnung derer, die sich zu tief in unfruchtbare Subtilitäten verirrten und nie daran dachten, bei sich selbst Einsichten und Empfindungen zu verbinden oder andere diese Verbindung zu lehren. Das Gemeinwohl litt nicht wenig bei jedem dieser beiden Extreme, aber die innerliche Moralität und Verbesserung der Seele doch unstreitig weniger bei dem andächtigen Mystiker als bei dem spekulierenden Scholastiker.

# ERGRIFFENHEIT IM STROM DER ZEIT

## JOHANN KASPAR LAVATER (1741–1801)

Die oft kolportierte Vorstellung, Geister wie der reformierte Theologe, Dichter und Schriftsteller Lavater in Zürich gehörten zu den völlig isolierten „Außenseitern der Aufklärung", verrät Unkenntnis der Epoche. Schon dreißig Jahre vor Lavaters Geburt verkündete der Astrotheolog Derham: „Mit was für Freuden werden nun die abgeschiedenen Seelen die weit entlegensten Örter des ganzen Weltgebäudes beschauen, alle die prächtigen Kugeln derselben in Augenschein nehmen und ihre edlen Anstalten und Einrichtungen näher betrachten? Allein das Vornehmste ist, alle Sorge anzuwenden, daß wir lieben und suchen, was droben ist!" Blicken wir neben vielen anderen ähnlichen Zeugnissen vollends auf die Glaubenswelt der Neologie mit ihren leuchtenden höheren Welten und Engelreichen und ihrem Drang, die künftige Vervollkommnung schon jetzt im Bilde des auf Erden lebenden Menschen zu aktualisieren, so unterscheidet sich Lavater nur durch den größeren dichterischen Schwung von den Neologen seiner Zeit oder Bonnets Kosmologie. Auch seine Vorliebe für parapsychologische, spiritistische, mediale und magnetische(-hypnotische) Phänomene liegt noch in der Verlängerung jener humanistisch-personalistischen Struktur, von der die Neologie ergriffen ist. Thomas Burnet war ihm bekannt.

So wie sich Brockes gegen die Zerschneidung von Leib und Seele wendet und Nieuwentyt die (biblische) Ganzheitsgestalt des Menschen entdeckt, will auch Lavater in den „Physiognomischen Fragmenten" eine solche Ganzheitsgestalt festhalten. Wie jetzt Staub durch diese Gestalt rinnt, wird sie einst von göttlichem Licht durchflutet werden.

Lavater hat auf seine Zeitgenossen bezaubernd gewirkt; der junge Goethe war ihm jahrelang verfallen. Die Kugel eines französischen Marodeurs (oder Meuchelmörders) in der sich zersetzenden Lunge, trug Lavater sein langes qualvolles Ende in einer menschliches Maß überschreitenden Leidenskraft und besiegelte damit auf einem so nicht vorausgesehenen Wege seine Verkündigung christlichen „Übermenschentums".

Über Lavater: *J. Forssmann, Th. Hasler, F. Enderlin.*

## Aussichten in die Ewigkeit

Mir scheinen wenige Sekunden
Wie tausend neugefühlte Stunden
Der schnell entflohnen Prüfungszeit!
Was einer Welt kaum denkbar wäre,
Es drängen sich Gedankenmeere
In jeden Punkt der Ewigkeit.
Ich seh' auf alle Augenblicke,
(So reich floß jeder vor mir hin)
Wie auf Jahrhunderte zurücke!
Heil! Halleluja! daß ich bin!

O Zukunft, die ich vor mir sehe!
O Lust, der ich entgegen gehe!
O tiefer Freudenozean!
Fließt Welten weg, gleich Augenblicken,
Unendlich stets bleibt mein Entzücken,
Weil ich nicht mehr vergehen kann!
Ich seh die Reiche mancher Erden
Entstehn und blühn und nicht mehr sein,
Und andre, was sie waren, werden,
Und was sie worden, nicht mehr sein.

Einst seh' unter meinen Füßen
Dich ruhig, meine Welt, zerfließen.
Ich bin noch, wenn du nicht mehr bist.
Die, die nach ihr sich wird erheben,
Dich werd ich sehn und überleben,
Wenn auch dein Alter maßlos ist.
Zehntausend, die dir folgen sollen,
Werd' ich mit meinen Augen sehn
Centillionen Jahre rollen
Und endlich müde stille stehn.

O Wonne, daß ich bin, zu denken,
Ganz in mein Sein mich zu versenken,
Das ewig kein Gedanke mißt.
Gott, Gott, wie alle Kräfte ringen,
Ein Jubellied dir zuzusingen,
Das meiner Dauer würdig ist.
Doch matt und kalt sind alle Lieder,
Die ein Unsterblicher ergeußt!
Ich bin, bin ewig! Falle nieder,
Fühl und verstumme tief, mein Geist!

Mein Herz schwillt von unaussprechlichen Empfindungen auf, meine ganze Natur fühlt sich mit einer gesättigten Heiterkeit und betet die Religion an, die der Sohn des Unendlichen vom Himmel gebracht hat, wenn sie die allgenugsame Bestimmung des Menschen denkt, die eben diese Religion ihr als Ziel und Kleinod aller ihrer Bestrebungen vorhält. Wie tief bleibt hier die erhabenste Vernunft mit allen ihren kühnsten Forschungen hinter dem zurück, was uns die göttlichen Schriften so einfältig und so bestimmt sagen, und wie sehr nötigt doch eben diese Religion der reinsten und umfassendsten Vernunft ihren ganzen Beifall ab, so bald sie ihr dasselbe vorgelegt hat!

Mit der Freude kann keine auf Erden verglichen werden, die das Herz des Christen durchströmt, wenn er Wahrheit, Erleuchtung, Tugend, Erquickung und Segen um sich verbreiten kann, wenn er hie und da bessere Gesinnungen und mehr Zufriedenheit durch seine Veranstaltungen aufblühen sieht. Und er kennt eigentlich keinen anderen Schmerz als den, der daraus entsteht, daß er nicht mehr Gutes tun kann, daß er von so vielen tausend Hindernissen seines Wohlwollens umringt ist und in seiner eigenen irdischen Natur so viele Schwachheiten finden muß, die ihn ermüden und zerstreuen.

Ist etwas in den göttlichen Schriften klar, deutlich, bestimmt und häufig gesagt, so ist es die Lehre von der allmächtigen Kraft des Glaubens und des Gebetes, und insonderheit des Glaubens an Jesum und des Gebetes in seinem Namen. Nun stellen Sie sich, mein Freund, einen Menschen vor, voll der edelsten, uneigennützigsten, menschenliebendsten Gesinnung – einen Menschen, der Christum gleichsam auf Erden verträte, im Glauben an ihn die Werke und noch größere Werke tun könnte, als er getan hat, der im biblischen, nicht im sinnlos mystischen Sinne Eines mit Christo wäre, in welchem Christus lebte, der sich bei allen seinen Handlungen und Gesinnungen steif hielte, als ob er den sähe, der unsichtbar ist, nichts suchte und wünschte, als daß Christus, zur Glückseligkeit aller, verherrlicht, geliebt, geglaubt und befolgt würde, und dann sich ebenfalls die Macht Christi zu eigen machte und zu allen guten, moralischen Zwecken als seine eigene Macht brauchen könnte – können Sie sich einen glückseligeren Menschen auf Erden denken? Und darin, mein Freund, setze ich das Wesen der künftigen Glückseligkeit der vollendeten Gerechten.

Genau nach dem Maß und der Erhabenheit unserer moralischen Kräfte wird sich das Maß unserer intellektuellen, physischen und politischen Kräfte bestimmen. Wie unaussprechlich luminös wird mir bei dieser Voraussetzung der Grund der zwei großen Gebote, des Glaubens und der Liebe! Welch eine natürliche und gleichwohl so unaussprechlich erhabene Frucht aus diesem kleinen Samen, so natürlich, wie der himmlische Leib aus dem irdischen entspringt, aber ebenso unendlich über die Eingeschränktheit dieses Lebens erhaben, wie dieser über unsere jetzige Staubheit!

Aber vielleicht ist diese Erwartung viel zu träumerisch, vielleicht darf das höchstens für eine dem menschlichen Stolz schmeichelnde, bloß poetische Erfindung angesehen werden? Ich denke anders, mein Freund! Mir kommt es nach den einmütigen Lehren der Schrift unwidersprechlich vor, daß uns diese würdige Seligkeit im Himmel aufbehalten sei. Es wäre allerdings der Gedanke viel zu kühn und der menschlichen Natur zu überlegen, daß wir Christo an Herrlichkeit ähnlich werden sollen, wenn ihn Christus selbst nicht im Namen Gottes laut gepredigt hätte.

Allenthalben wird der Körper Christi herrlich genannt: ihm wird ein Glanz zugeschrieben, der den Glanz der Sonne verdunkelt, den kein menschliches

Auge auszuhalten vermag. Ich bin sehr weit davon entfernt, diese Beschreibungen für bloß poetisch zu halten. Ich soll Christo ähnlich werden. Ist sein Körper ein Lichtkörper, glänzt er in buchstäblichem Sinn, so mag ich auf einen ähnlichen Glanz nicht Verzicht tun. Die Verklärung Christi auf Tabor ist mir Bürge dafür, daß die Beschreibungen der Schrift von dem Glanze oder der Lichtheit des Körpers Christi nicht bloß poetisch sind. Das Licht, welches Jesum umgab, da er dem Paulus erschien, war ein eigentliches Licht, ein wirklicher Glanz, wovon er erblindete.

Wenn wir die drei Stücke zusammennehmen, daß der verklärte Leib Christi schon auf Erden gleichsam lauter Licht gewesen; daß die Engel, denen wir überhaupt ähnlich werden sollen, in der Gestalt des Blitzes erschienen und mit einem Körper bekleidet sind, dessen Natur der Natur des Lichtes so ähnlich zu sein scheint, daß endlich der Leib Christi und unser künftiger Leib so ausdrücklich ein pneumatischer ⟨geistlicher⟩, epuranischer ⟨himmlischer⟩ Leib genannt wird, so werden wir nicht mehr sehr weit von der Wahrheit abweichen, wenn wir die Natur des Lichtes zum Leitfaden bei unserer Untersuchung von der Vollkommenheit unseres künftigen Leibes nehmen.

Ich rede aber nicht nur von den Gesichtszügen, wenn ich von der Gestalt unseres künftigen Körpers rede. Ich vermute eine Ähnlichkeit mit der ganzen gegenwärtigen Gestalt. Die ganze menschliche Gestalt ist einer solchen unendlichen Verschönerung fähig, ohne eine wesentliche Veränderung zu erleiden, daß ich mir beinahe nichts Schöneres denken kann, als einen Engel von Guido ⟨Reni † 1642⟩ oder einen antiken Apoll, obwohl gewiß auch diese noch schlechte Kopien der schönsten menschlichen Schönheit sein müssen.

Nun werden Sie es merken, mein Freund, warum mir meine Vermutung von der Gestaltsamkeit unseres künftigen himmlischen Körpers ins unendlich Große und ins unendlich Kleine so sehr gefällt. Denn, wenn sie gegründet ist, so können wir nicht nur mit allen unendlich großen und unendlich kleinen vernünftigen Geschöpfen einen vertraulichen Umgang haben, sondern auch alle Werke Gottes, so groß oder klein sie auch immer sein mögen, von innen und außen erforschen und beschauen; wir haben das Bürgerrecht in allen Welten, weil wir das Bürgerrecht im Himmel der Himmel haben. In der Sonne sind wir die schönsten Bürger der Sonne und in den Planeten die vollkommensten und schönsten Bürger der Planeten. Jetzt breiten wir uns aus, daß ganze Sonnensysteme kaum bemerkte Stäubchen in unseren Augen sind; jetzt ziehen wir uns zusammen, daß die Elemente der Körper Welten für uns werden. Bald durchwandeln wir Welten an Welten wie ein Lichtstrahl Sonnenstäubchen durcheilt, und bald besuchen wir die Einwohner eines Samenkorns und ruhen unter dem Schatten seiner Bäume. Für uns ist die ganze Schöpfung offen, und die geheimnisreiche Natur hat keine Geheimnisse mehr für uns. Welch ein unerschöpflicher Gedanke! O mein Freund, mein Freund, was stehet uns bevor? Was wird aus uns werden? Sei im voraus für die Herrlichkeit angebetet, o ewiger Vater und menschenliebender Mittler, die du uns bestimmt hast.

Zu den wesentlichen Eigenschaften unseres künftigen himmlischen Körpers rechne ich ferner die Beweglichkeit und Schnelligkeit. Wie unendlich weit wird er das schnellste Sonnenlicht hinter sich zurück lassen. Mehr als hunderttausend Millionen Jahre hätte eine Kanonenkugel, die jede Sekunde 600 Schritt zurücklegen würde, bis zum nächsten Fixstern fortzueilen. Aber in einem Augenblick durcheilt der Engel und der engelgleiche Christ im zukünftigen Leben eine Weite, wogegen die Entfernung des Sirius von dem Mittelpunkt der Erde ein Punkt ist. Ich halte mich immer an den deutlichsten Aussprüchen der göttlichen Offenbarung fest: Unser Leib wird dem Leibe Christi gleichförmig sein (Phil. 3,21). Welche Vollkommenheit! Welche Aussicht!

> Ich werde Millionen Meilen
> In Einem Augenblick durcheilen,
> Wenn ich aus Licht gebildet bin!
> Ich überschreite die Planeten,
> Geh von Kometen zu Kometen,
> Von Sonne schnell zu Sonne hin!
> Mir fliehn zehnmal zehntausend Sterne
> Zurück, gewehten Funken gleich.
> Seid, Freunde, mir unendlich ferne;
> Ich will – und bin bei Euch!

Was ist der Mensch – ein Wesen, das dem vollkommensten Wesen in dem unermeßlichen Reiche der Gottheit, dem Gottmenschen, ähnlich werden soll; und ein solches Wesen zu zeugen oder nicht zu zeugen, steht in der Gewalt und in der Freiheit eines Erdenwurms, und seine Hervorbringung ist das Werk eines Augenblicks! Er, dieser Erdenwurm, kann sagen: „Ich will!", und ein Mensch entsteht, dessen Dasein alle Ewigkeiten durchschneidet.

> Ich leite selber tausend Welten,
> Mit Einem Wink, wohin ich will;
> Und plötzlich stehen auf mein Schelten
> Die rollenden Systeme still!
> Leicht ist es, sie im Kreis zu führen,
> Mir, der ich Geister selbst regieren
> Und ihre Körper bilden kann.
> Ich zünde hunderttausend Sonnen,
> Die auf mein Wort zusammenronnen,
> So leicht wie eine Kerze an.
> Ich baue Welten und zernichte
> Den Bau nach vieler Zeiten Lauf;
> Sie brennen aus, und ich, ich richte
> Sie neu aus ihrer Asche auf.
> Und wenn einst wieder sie veralten,
> Schmelz ich in herrliche Gestalten
> Mit meines Mundes Hauch sie um!
> Stets wird sich meine Kraft vermehren;

Ich dränge immer neue Sphären
In mein unendlich Fürstentum,
Die ich verwandle und versetze,
Bis mir mein ganzer Plan gelingt,
So leicht ich einen Vers versetze,
Bis er dem Ohr harmonisch klingt.

Denken Sie ja nicht, mein Freund, daß ich auf diese Weise den Menschen Gott gleich mache; nicht nur bleibt er ewig von der Gottheit ganz abhängig; nicht nur ist alle Kraft, die er besitzt, ihr freies Geschenk; nicht nur wird eben dadurch die Ehre der Gottheit um so viel mehr verherrlicht, je mächtiger die Wesen sind, die sie hervorbringt; sondern über dies alles müssen Sie das wohlbemerken, daß alle diese Kräfte immer unendlich geringer sind als die Kraft, den Keim eines einzigen Wurmes oder das kleinste Kügelchen Materie aus Nichts hervorzubringen, und daß hiermit auch die scheinbare Allmacht des verklärten Christen von der dem Schöpfer eigentümlichen Allmacht immer unendlich entfernt bleiben wird.

Es gab Menschen, die Berge aus ihrer Stelle versetzen, Tote wieder lebendig machen, Flüsse zerteilen, dem Donner gebieten, die Sonne selber mit einem Worte stillstellen, den Himmel zu- und wieder aufschließen konnten, sterbliche Menschen, Menschen von derselben Natur, wie wir sind. Daß es solche Menschen gegeben hat, das wissen Sie, das glauben Sie, mein Freund, so gewiß ich es weiß und glaube. Sie waren Depositärs, Haushalter der göttlichen Macht. „Der Herr gehorchte der Stimme eines einzigen Mannes", heißt es in der Geschichte von der Stillstehung der Sonne (Josua 10,14). Die Allmacht stand ihnen gewissermaßen zu Gebot. Sie hatte ihnen *Charte Blanche* auf sich selbst gegeben: „Alles, was ihr im Gebete begehren werdet, glaubet nur, und ihr werdet es erlangen" (Matth. 21,22). Es ist also nicht unmöglich, daß der verklärte Mensch mit und in Gott allmächtig sein kann, wodurch abermal der Gottheit so wenig zu nahe getreten wird, als ihr durch die Wunder bei der Stiftung des Christentums, welche alle durch Menschen geschahen, zu nahe getreten ward.

Unaussprechlich glänzende Aussicht, die alle Nerven des Leibes und der Seele mit süßer Entzückung erschüttert! Ich, ich werde einst tun können, was ich tun will. Die Hand, die diese Feder führt, wird, so oft ich es nötig finde, sich über Welten ausbreiten und Sonnen ihre Bahnen weisen. Meines Gottes und Erlösers voll werde ich alle Gedanken meiner Seele denen er seinen Beifall zuwinken wird, wirklich machen, zu gleicher Zeit, in tausend Welten, die verschiedensten Wirkungen mittelbar und unmittelbar hervorbringen können! Pläne, die ganze Weltsysteme umfassen, Jahrtausenden ihr Schicksal bestimmen, können uns nicht mehr erschrecken, nachdem wir uns einmal einer unendlichen Kraft bewußt sind, die uns entweder eingepflanzt ist oder zu Gebot steht. Kurz, alles ist uns möglich; denn wir sind auch in diesem Sinn Mitgenossen und Teilhaber der göttlichen Natur. Ich umarme Sie!

Den 10. Hornung 1769.                    L⟨avater⟩


*Physiognomische Fragmente zur Beförderung der*
*Menschenkenntnis und Menschenliebe*

Herr, unser Herrscher! Wie herrlich ist allweit dein Name!
Du, dessen Loblied dort droben schallet über den Himmeln;
Und der sich hier den Mund des Säuglings zur Feste bereitet!
Herr! wenn ich deine Himmel ansehe, deiner Finger Werk,
Den Mond, die Sterne, die du gemacht hast!
Was ist der Mensch, daß du sein gedenkest,
Des Menschen Sohn, daß du dich also sein annimmst?
Kaum hast du ihn etwas unter die Engel erniedert;

Aber mit Ehre und Schmuck krönest du ihn!
Du hast ihn zum Herrn gesetzt über deiner Hände Werk,
Alles hast du unter seine Füße getan,
Schaf' und Ochsen und wilde Tiere,
Vögel in der Luft! Fische im Meer, und was im Meer gehet.
Herr! unser Herrscher! Wie herrlich ist allweit dein Name!

*Die Würde der menschlichen Natur*

Und Gott sprach:

> Lasset uns Menschen machen, unser Bild,
> Gestalt der Ähnlichkeit, die uns gleiche.

Wie hier die Schöpfung stille steht und wartet!
Wasser und Luft und Erde und Staub, alles erfüllt,
belebt, wimmelnd und wogend! Aber wo ist sinnlicher Zweck des Allen? Einheit? Jedes für sich eine
Insel! Jedes ein genießendes Geschöpf auf einem
Punkte! Wo etwas, das gewissermaßen alle genieße?
Blick, der sie alle sammle? Herz, das sie alle fühle?
Die ganze Schöpfung scheint zu trauern, zwecklos
zu genießen und nicht genossen zu werden! Wüste!
Ödes Gewimmel! Der Puls der Schöpfung harret!

Ist's möglich ein solches Geschöpf, die Krone, die
höchste sinnliche Einheit alles Sichtbaren! Wär's, es
wäre gleichsam ein Nachbild, ein Repräsentant der
Gottheit in sichtbarer Gestalt, ein Untergott, ein
Statthalter, ein Herrscher, die Gottheit in seinem
Bilde! Welch Geschöpf!

Die Gottheit beratschlagt – noch schlafen die Kräfte dieser neuen Schöpfung! Diese Gestalt im Bilde
wäre sodann innig, unendlich schöner und lebender
als Fluren, Hain und Gebirg und Elysium! Innig,
schöner und lebender als Fisch und Vögel, Gewürm
und Tier aller Gattungen und Arten! In ihn gleichsam der Gedanke, die Schöpfers- und Herrschungsgabe des Unsichtbaren gesenkt! Wie würde sein Blick,
wie Tat, Leben, Gestalt! Was wäre die ganze Natur
gegen diese menschliche Seele! Was wäre ratschla-

gend wie Er! Schaffend, herrschend, das sichtbare
Ebenbild der Gottheit!

Der Ratschlag ist vollendet:

> Gott schuf den Menschen, Sein Bild;
> Zum Gleichnis Gottes schuf er ihn,
> Er schuf sie, Einen Mann! und Ein Weib!

Konnte in aller Welt mehr das Menschengeschöpf
geehrt und gleichsam vergöttert werden als durch
diese Pause, durch diesen Ratschlag Gottes, durch
Prägung zum Bilde Seiner?

> Gott schuf den Menschen, Sein Bild!
> Er schuf ihn zum Gleichnis Gottes.

Einfältig, edel und aufschließend für die Natur des
Menschen!

Siehe da, seinen Körper, die aufgerichtete, schöne
erhabene Gestalt! Nur Hülle und Bild der Seele!
Schleier und Werkzeug der abgebildeten Gottheit!
Wie spricht sie von diesem menschlichen Antlitz in
tausend Sprachen herunter! Offenbart sich mit tausend Winken, Regungen und Trieben nicht darin,
wie in einem Zauberspiegel, die gegenwärtige, aber
verborgene Gottheit? So ein unnennbar Himmlisches
im menschlichen Auge, das Zusammengesetzte aller
Züge und Mienen! So zeichnet sich die unanschau-
liche Sonne im kleinen trüben Wassertropfen! Die
Gottheit in eine grobe Erdgestalt verschattet! Gottheit, wie kräftig und freundlich hast du dich im
Menschen offenbart!

Betrachte dies göttliche seelenvolle Menschenant-
litz! Mannigfaltigkeit und Einheit! Einheit und
Mannigfaltigkeit! Der Gedanke dieser Stirn, Blick des
Auges, Hauch des Mundes, Miene der Wange! Wie
alles spricht und zusammenfließt! Einklang! alle Farben in Einem Strahl der Sonne! Gemälde des sanf-
testen, unermeßlichsten Inhaltes!

Da dieses Wort so oft in dieser Schrift vorkommt, so muß ich vor allen Dingen sagen, was ich darunter verstehe, nämlich: die Fertigkeit, durch das Äußerliche eines Menschen sein Inneres zu erkennen, das, was nicht unmittelbar in die Sinne fällt, vermittels irgend eines natürlichen Ausdrucks wahrzunehmen. Insofern ich von der Physiognomik als einer Wissenschaft rede, begreife ich unter Physiognomie alle unmittelbaren Äußerungen des Menschen. Alle Züge, Umrisse, alle passiven und aktiven Bewegungen, alle Lagen und Stellungen des menschlichen Körpers, alles, wodurch der leidende oder handelnde Mensch unmittelbar bemerkt werden kann, wodurch er seine Person zeigt, ist der Gegenstand der Physiognomik. Im engeren Verstande ist Physiognomie die Gesichtsbildung und Physiognomik Kenntnis der Gesichtszüge und ihrer Bedeutung.

Das allerwichtigste und bemerkenswerteste Wesen, das sich auf Erden unserer Beobachtung darstellt, ist der Mensch. Auf jeder Seite möcht ich dieses sagen: welchem Menschen der Mensch, wem seine Menschheit nicht das Wichtigste ist, der hört auf, ein Mensch zu sein. Vollkommeneres, Höheres hat die Natur nicht aufzuweisen. Der würdigste Gegenstand der Beobachtung und der einzige Beobachter ist der Mensch.

Es fragt sich: „Ist eine sichtbare, erweisliche Harmonie und Zusammenstimmung der moralischen und körperlichen Schönheit, eine Harmonie zwischen moralischer und körperlicher Häßlichkeit?"

Von Millionen Stimmen der Natur wird diese Frage laut bejaht; wie könnte ich sie verneinen?

Es wird auf Beweise ankommen. Möchte der Leser mit der Geduld sie hören und prüfen, mit welcher ich sie vorlegen will. Es wird eine Zeit kommen, hoffe ich – fast möcht ich sagen, ich verheiß es – eine bessere Zeit, wo mich jedes Kind auslachen wird, daß ich dieses noch erst bewiesen habe, vielleicht auch das Zeitalter auslachen – oder edler: beweinen wird, wo es Menschen gab, denen man dieses noch beweisen mußte!

Höre die Stimme der Wahrheit, wer will! Ich kann nur etwas von dem nachstammeln, was ich aus ihrem Munde vernehme.

Also faß' ich diese Sätze zusammen, und sie lauten in einem Satz also:

„Die Schönheit und Häßlichkeit des Angesichts hat ein richtiges und genaues Verhältnis zur Schönheit und Häßlichkeit der moralischen Beschaffenheit des Menschen."

Je moralisch besser, desto schöner.

Je moralisch schlimmer, desto häßlicher.

Nun brechen Einwendungen hervor wie Waldwasser. Ich höre sie rauschen. Mit furchtbarem Sturze stürzen sie daher, pfeilgerade gegen das arme Hüttchen, das ich mir gebaut hatte und worin mir so wohl war. Nicht so verächtlich, liebe Leute! Etwas Geduld! Nicht ein armes Strohhüttchen auf einem Sandbänkchen, ein massiver Palast auf Felsen erbaut! Und die furchtbaren Waldströme zerschäumen, und ihre Wut wird sich legen am Fuße des Felsens! Man mag's mir verzeihen, wenn ich zuversichtlich spreche! Zuversicht ist nicht Stolz. Ich will mich demütigen lassen, wenn ich Unrecht habe. Man spricht hoch und laut: „daß dies tausend täglichen Erfahrungen zuwiderlaufe; wie viele häßliche Tugendhafte und schöne Lasterhafte es nicht gebe!" Schöne Lasterhafte? Lasterhafte mit schönen Farben, schönem Fleische oder schönen Dingen?

1. Für's erste trifft diese Einwendung meinen Satz nicht recht. Ich sage nur: Tugend verschönert, Laster macht häßlich. Ich behaupte wohl nicht: Tugend allein ist's, von der alle Schönheit des menschlichen

Angesichts gewirkt wird, Laster allein ist's, das häßlich macht. Wer wollte das behaupten?

2. Für's zweite: Bei der Untersuchung findet sich's, daß gerade jene Schönheit, die wir nicht ausstehen können, und jene Häßlichkeit, die wir lieben müssen, durch die häßlichen oder liebenswürdigen Eigenschaften, die sich auf ihrem Antlitz ausdrücken, diese Antipathie und Sympathie erwecken.

An einem einjährigen Kinde habe ich von beidem in einer halben Stunde den frappantesten Beweis gesehen. Ein Bauerngreis, eingefallenen Angesichts, krumm und dabei wohl tölpisch in Schritt und Manier – seine grauen glatten Haare fielen ihm unordentlich über die Stirne herunter – der tritt herein. Kaum sieht er das Kind an, nähert's sich ihm, stammelt sehr gesprächig, was es im Vermögen hatte, tut freundlich und legt sich mit seinem Arme über seine Knie. Es war, wie ich ihn schon lange gekannt hatte, ein guter, frommer Alter. In derselben halben Stunde tritt ein junger herrischer Müllers- oder Schulzensohn herein, wohl geputzt, mit rotem Kamisol und silbernen Knöpfchen, ein hübsches Gesicht und gute Gestalt. Das Kind wirft einen Blick auf den Kerl, recht so mitten ins Angesicht, kehrt sich sachte um und entfernt sich. Man mußte ihm befehlen: geh hin, biet ihm das Händchen. Es geht langsam, tut's kurz und kehrt schnell zurück, und ein Seufzer verriet zurückgehaltenes Weinen. Der hübsche Bauernsohn war aber auch stadt- und landbekanntermaßen ein stolzer, harter, hitziger, frecher Mann und sein Gesicht ein zu treuer Ausdruck davon.

Nehmt die schönsten, herrlichsten Menschen; setzt voraus, daß sie und ihre Kinder sich moralisch verschlimmern, unbändigen Leidenschaften sich überlassen: o wie sich diese Menschen, wenigstens ihre Physiognomien, von Geschlecht zu Geschlecht verunstalten werden. Welch aufgeschwollene, tiefgedrückte, verfleischlichte, plumpgewordene, verzogene, neid-hagere, rohe Gesichter! Welch tausendfältige gröbere und weniger grobe, pöbelhafte Karikaturen nach und nach entstehen! Gott! wie tief sinkt der Mensch von der Schönheit, die deine väterliche Milde ihm so reichlich anschuf! Dein Ebenbild, wie tief sinkt es in den Sumpf der Häßlichkeit, verwandelt sich bisweilen gar in Teufelsgestalten, daß der Menschenfreund nicht aufsehen darf vor Wehmut! Laster, Leiden-schaft welche Gräßlichkeiten bringst du vor mein Gesicht! Wie verunstaltest du meine Brüder!

Allein der Mensch ist nicht nur gemacht, daß er fallen kann, er kann auch wieder zurücksteigen; er kann auch wohl höher steigen, als wovon er gefallen ist. Denn wahrlich in Gesellschaft der anderen Tu-genden und Gemütsruhe erzeugt ordentliche Arbeit-samkeit, Mäßigkeit, Reinlichkeit und einige Sorgfalt für diese Dinge bei der Erziehung wirkliche Schön-heit des Fleisches, der Farbe, Wohlgestalt, Freiheit, Heiterkeit. Und diejenigen Häßlichkeiten, die von Krankheiten, Kränklichkeit usf. herkommen, müssen ja auch abnehmen. Kurz: Es ist keine Art körperli-cher Schönheit, wohin guter oder schlimmer Ein-druck der Tugend oder des Lasters nicht hinreiche.

Welchem Menschenfreunde wallt bei diesen Aus-sichten das Herz nicht! Hat doch Gott der Schönheit des menschlichen Angesichts und der menschlichen Gestalt eine so hohe Kraft auf das menschliche Herz gegeben! Was fühlst du, empfindsamer Menschen-freund, wenn du vor des Altertums herrlichen Idealen, wenn du vor Raphaels, Guidos, Wests, Mengs', Füeß-lins herrlichen Menschen- und Engelsgeschöpfen stehst! Sprich, o welche Triebe, welche Reize, wel-che Sehnsucht nach der Veredlung und Verschönerung unserer gesunkenen Natur wandeln dich an und bringen deine Seele in Bewegung?

O ihr Erfinder, Beförderer und Liebhaber der

schönen Wissenschaften, der edelsten Künste, vom schöpferischen Genie bis zu dem Reichen, der sich mit dem Ankauf eurer Werke verdient macht, hört die wichtige Lehre: Ihr wollt alles verschönen? Gut, dies danken wir euch! Und das Schönste unter allen, den Menschen, wollt ihr häßlich machen? Das wollt ihr doch nicht? So hindert es nicht, daß er gut werde; so braucht die göttlichen Kräfte, die in euren Künsten liegen, den Menschen gut zu machen, und er wird auch schön werden!

Ich ende mit einem hohen Trostwort für mich und alle, die wir noch Ursache genug haben, über manches Stück unserer Physiognomie und Bildung, die vielleicht hienieden nicht mehr zu tilgen sind, unzufrieden zu sein, und die dennoch emporstreben nach Vervollkommnung des inneren Menschen:

„Es wird in Unehre gesät und herrlich auferweckt."

Wer sich nun noch eigentlicher von dem Nutzen der Physiognomik überzeugen will, der stelle sich einen Augenblick vor, daß alle, auch die undeutlichen physiognomischen Kenntnisse aus der Welt fortgenommen würden, welche Verwirrung, welche Unsicherheit würden nicht in tausend und Millionen menschlicher Handlungen entstehen? Man bedenke nur, wie mancherlei Eigenschaften eines Menschen ich in so manchen Fällen, wo ich etwas mit ihm zu tun habe, wo ich ihn zu etwas brauchen, ihm etwas auftragen soll, kennen muß. Mit den unbestimmten Wörtern „gut„ und „böse", „verständig" oder „schwach", wie wenig ist noch mit diesen gesagt, wenn es darum zu tun ist, einen Menschen zu kennen!

Die Physiognomik ist eine Quelle der feinsten und erhabensten Empfindungen, ein neues Auge, die tausendfältigen Ausdrücke der göttlichen Weisheit und Güte zu bemerken, um den anbetungswürdigen Urheber der menschlichen Natur, der so unausseprechlich viel Wahrheit und Harmonie in dieselbe gelegt hat, in neuen Liebenswürdigkeiten zu erblicken. Wo das stumpfe, das ungeübte Auge des Unaufmerksamen nichts vermutet, da entdeckt das geübte des Gesichtskenners unerschöpfliche Quellen des geistigsten, sittlichsten und zärtlichsten Vergnügens. Nur er versteht die schönste, beredetste, richtigste, unwillkürlichste und bedeutungsvollste aller Sprachen, die Natursprache des moralischen und intellektuellen Genies, die Natursprache der Weisheit und Tugend. Er versteht sie im Gesichte derjenigen, die selbst nicht wissen, daß sie dieselbe sprechen. Er kennt die Tugend, so versteckt sie immer sein mag. Mit geheimer Entzückung durchdringt der menschenfreundliche Physiognomist das Innere eines Menschen und erblickt da die erhabensten Anlagen, die sich vielleicht erst in der zukünftigen Welt entwickeln werden. Er trennt das Feste in dem Charakter von dem Habituellen, das Habituelle von dem Zufälligen. Mithin beurteilt er den Menschen richtiger: er beurteilt ihn bloß nach sich selbst.

Ich kann das Vergnügen nicht beschreiben, das ich so oft, das ich beinahe täglich empfinde, wenn ich unter einem Haufen unbekannter Menschen Gesichter erblicke, die, wenn ich so sagen darf, das Siegel Gottes auf ihrer Stirn tragen, wenn ein Fremder in mein Zimmer tritt, dessen Gesicht mich durch seine leuchtende Redlichkeit, seinen triumphierenden Verstand sogleich ergreift! Wie da Menschenseligkeit gefühlt, Sinn und Geist und Herz aufgeschlossen, wie da Kraft gegen Kraft rege wird, wie da die Seele emporgetragen, begeistert, um einige Stufen höher geführt wird! O du Menschen durch Menschen segnender Gott! In einer solchen Stunde sollt' ich vom Nutzen der Physiognomik schreiben!

Die Physiognomik reißt Herzen zu Herzen; sie allein stiftet die dauerhaftesten, die göttlichsten

Freundschaften. Auf keinem unumstößlicheren Grunde, keinem festeren Felsen kann die Freundschaft ruhen als auf der Wölbung einer Stirne, dem Rücken einer Nase, dem Umriß eines Mundes, dem Blick eines Auges!

Die Physiognomik ist die Seele aller Klugheit. Indem sie das Vergnügen des Umgangs über allen Ausdruck erhöht, sagt sie zugleich dem Herzen, wo es reden und schweigen, warnen und ermuntern, trösten und strafen soll.

Furchtbar ist die Physiognomik dem Laster! Laßt physiognomischen Sinn erwachen und wirken in den Menschen, und da stehen sie gebrandmarkt, die Kammern und Konsistorien und Klöster und Kirchen voll heuchlerischer Tyrannei, Geizhälse, Schmeerbäuche und Schalksknechte, die unter der Larve der Religion Vergifter der menschlichen Wohlfahrt waren. Abfallen wie welkes Herbstlaub wird alle Ehrfurcht Hochachtung und Zuneigung, die das betrogene Volk zu ihnen hatte. Man wird empfinden lernen, daß es Lästerung ist, solche bedauernswürdigen Figuren für Heilige, für Säulen der Kirche und des Staates, für Menschenfreunde und Religionslehrer zu halten.

## Johann Georg Hamann (1730–1788)

Neben dem „Magier aus Zürich" (Lavater) pflegt der „Magus des Nordens", der große Königsberger Laientheologe Hamann, als krasser Außenseiter der Aufklärungsepoche betrachtet zu werden. Aber auch Hamann, auf dessen Bedeutung für die neuere und gegenwärtige Theologie hier nicht eingegangen werden kann, steht mitten im Strom der tragenden Ergriffenheit des 18. Jahrhunderts. Da er sich mit Hingabe an der Bibel orientiert, ist es nicht erstaunlich, daß er geistig den Ursprüngen der Aufklärung besonders nahe steht. Von großem Interesse sind das kleine Einzelblatt über die Auslegung der Hl. Schrift und die Biblischen Betrachtungen eines Christen, die Hamanns Bekehrung zeitlich und sachlich am nächsten stehen. Wenn Hamann im zweiten Dokument, das in einer elenden Dachkammer im großen fremden London entstand, bekennt, daß er seine Erweckung Hervey verdankt, so ist daran zu erinnern, daß James Hervey einer der berühmtesten Physikotheologen der Zeit war, dessen Schriften im Original und in deutschen Übersetzungen weit verbreitet waren. Ebenso sind auch die Erwägungen Hamanns über die Offenbarung aus Bibel und Schöpfung von hohem Interesse. Mit Recht hat Fritz Blanke erwiesen, wie Hamann die „apriorischen Elemente" der „Glaubensbestandteile" im Naturbegriff der Aufklärung nachweist: Hamann „führt also, ähnlich wie auf seinem Gebiet Kant, einen transzendentalen Beweis. Er zeigt einfach ..., daß der Naturbegriff der Aufklärung nicht autonom, sondern theonom ist." Alle wesentlichen Gedanken Hamanns liegen implizit in den beiden Dokumenten vor – vor allem das beglückte Staunen über die Erniedrigung, Akkommodation, Kondeszendenz Gottes, seine Selbsthingabe in der Niedrigkeit von Buchstaben, Chiffern, Symbolen und die Rolle der Sprache als einer göttlich-menschlichen Mittlerin. Wenn Hamann sich gegen das antike Heidentum der (chrysippischen) Freigeister, Spötter usw. wendet, deren Front überall im Hintergrund steht, so darf er in dieser Wendung nicht isoliert gesehen werden. Er gliedert sich in eine Gemeinschaft biblischen Glaubens ein, die schon hundert Jahre vor seiner Bekehrung gegen die gleichen Gegner anzutreten gezwungen war.

Über Hamann: *J. Nadler, F. Blanke, M. Seils.*


## Über die Auslegung der Heiligen Schrift

Gott ein Schriftsteller! – Die Eingebung dieses Buches ist eine eben so große Erniedrigung und Herablassung Gottes wie die Schöpfung durch den Vater und die Menschwerdung des Sohnes. Die Demut des Herzens ist daher die einzige Gemütsverfassung, die zur Lesung der Bibel gehört und die unentbehrlichste Vorbereitung dafür.

Der Schöpfer ist geleugnet, der Erlöser gekreuzigt und der Geist der Weisheit gelästert worden. Das

Wort dieses Geistes ist ein ebenso großes Werk wie die Schöpfung und ein ebenso großes Geheimnis, wie es die Erlösung der Menschen ist – ja dies Wort ist der Schlüssel zu den Werken der ersteren und den Geheimnissen der letzteren. Der Gipfel der Atheisterei und die größte Zauberei des Unglaubens ist daher die Blindheit, Gott in der Offenbarung zu erkennen, und der Frevel, dieses Gnadenmittel zu verschmähen.

Ein Tier ist nicht fähig, die Fabeln eines Äsop, eines Phädrus und la Fontaine zu lesen. Aber wenn es fähig sein sollte, sie zu lesen, so würde es nicht imstande sein, so tierische Urteile über den Sinn der Erzählungen und die Angemessenheit derselben zu fällen, wie es der Mensch tat, der das Buch Gottes kritisiert und über es philosophiert hat.

Wir liegen alle in einem so sumpfigen Gefängnis, wie es das war, in dem sich Jeremia befand. Alte Lumpen dienten als Seile, um ihn herauszuziehen; ihnen sollte er seine Rettung zu danken haben. Nicht das Aussehen derselben, sondern die Dienste, die sie ihm taten, und der Gebrauch, den er davon machte, erlösten ihn aus der Lebensgefahr (Jer. 38,11–13).

Unser Erlöser gebrauchte einen Teig, den er aus seinem Speichel und dem Staub der Erde zubereitete, als Augensalbe, um einen Blindgeborenen sehend zu machen (Joh. 9,6).

Und wer kann ohne das Zittern der Ehrfurcht die Geschichte Davids am Hofe des Königs zu Gath lesen, wie er seine Gebärde verstellte, einen Unsinnigen spielte und die Pforten des Tores bewachte, seinen Bart begeiferte, ohne in dem Urteil Achis die Denkungsart eines ungläubigen Witzlings und Sophisten unserer Zeit wiederschallen zu hören (1. Sam. 21, 13–15).

Welcher Mensch würde sich unterstehen, wie Paulus von der Torheit Gottes, von der Schwäche Gottes zu reden (1. Kor. 1,25). Niemand als der Geist, der die Tiefen der Gottheit erforscht, hätte uns diese Prophezeiungen entdecken können, deren Erfüllung zu unserer Zeit stärker als je eintrifft – die Prophezeiungen, daß nicht viele Weise nach dem Fleisch, viele Mächtige, viele Edle zum Himmelreich berufen sind und daß der große Gott seine Weisheit und Macht eben dadurch offenbaren wollte, daß er die törichten Dinge der Welt erwählte, um die Weisen zuschanden zu machen, daß Gott die schwachen Dinge der Welt erwählte, um die Mächtigen zuschanden zu machen, die niedrigen und verächtlichen Dinge erwählte, ja Dinge erwählte, die nichts sind, um Dinge, die sind, die sich ihres Daseins rühmen können, zu Nichts zu bringen.

### Biblische Betrachtungen eines Christen

Ich habe heute mit Gott den Anfang gemacht, zum zweitenmal die heilige Schrift zu lesen. Da mich meine Umstände in die größte Einöde hineinzwingen, in der ich wie ein Sperling auf der Spitze des Daches sitze und wache, so finde ich gegen die Bitterkeit manch trauriger Betrachtungen über meine vergangenen Torheiten, über den Mißbrauch der Wohltaten und Umstände, mit denen mich die Vorsehung so gnädig auszeichnen wollte, ein Gegengift in der Gesellschaft meiner Bücher, in der Beschäftigung und Übung, die sie meinen Gedanken geben. Die Aussicht, in eine dürre Wüste versetzt zu werden, in der ich mich von Wasser und Ähren verlassen sehe, ist mir jetzt näher als jemals. Die Wissenschaften und jene Freunde meiner Vernunft scheinen gleich Hiobs Freunden mehr meine Geduld auf die Probe zu stellen, statt mich zu trösten, und mehr die Wunden meiner Erfahrung bluten zu lassen, als ihren Schmerz zu lindern. Die Natur hat in alle Körper ein Salz gelegt, daß die Chemiker auszuziehen verstehen, und, wie es scheint, die Vorsehung in alle Widerwärtigkeiten einen moralischen Urstoff, den wir aufzulösen und abzusondern haben und den wir mit Nutzen als Heilmittel gegen die Krankheiten unserer Natur und gegen unsere Gemütsübel verwenden können. Wenn wir Gott bei Sonnenschein in der Wolkensäule übersehen, so erscheint uns seine Gegenwart des Nachts in der Feuersäule sichtbarer und nachdrücklicher. Ich bin zu dem größten Vertrauen auf seine Gnade im Hinblick auf mein ganzes Leben berechtigt. Ich erkenne selbst in meinen gegenwärtigen Verhältnissen einen liebreichen Vater, der mit ernsthaften Blicken warnt, der mich wie den verlorenen Sohn in mich gehen ließ und der meine bußfertige Rückkehr zu ihm nicht nur mit dem Erlaß meiner verdienten Strafe, sondern auch mit einer huldreichen Vergebung und unerwarteten Aufnahme beantworten wird. Es hat weder an meinem bösen Willen gelegen, noch mir an Gelegenheit gefehlt, in ein weit tieferes Elend, in weit schwerere Schulden zu fallen, als es die sind, worinnen ich mich befinde. Gott! wir sind solch armselige Geschöpfe, daß selbst ein geringerer Grad unserer Bosheit ein Grund unserer Dankbarkeit gegen dich werden muß! Gott! wir sind solch unwürdige Geschöpfe, daß nichts als unser Unglaube deinen Arm verkürzen und deiner Freigebigkeit zu segnen Grenzen setzen und gegen ihren Willen einschränken kann!

Wenn mich Anfechtung auf das Wort aufmerksam gemacht hat, so kann ich angesichts der Schrift des geistreichen Hervey bezeugen, was er den Nachtgedanken des ehrwürdigen Schwans dieser Insel schuldig gewesen ist. Die Lesung dieses frommen Schriftgelehrten hat die Göttlichkeit der Bibel so oft dem Gefühl meiner Seele mit eben derselben Lebhaftigkeit aufgedrungen, mit der das neugepflanzte Jerusalem das Gesetz des Mose von den Lippen Esras hörte. Er hat mir zu dem Vorsatz Anlaß gegeben, meine Betrachtungen bei dieser wiederholten Lesung der heiligen Schrift aufzuschreiben und die Eindrücke zu sammeln, welche diese oder jene Stelle in mir erwecken und hervorrufen wird. Die Unparteilichkeit der Kritik und die ehrfurchtsvolle Einfalt eines christlichen Herzens mögen mich hierin gleichfalls begleiten.

Der große Urheber dieser heiligen Bücher hat die Absicht, jeden aufrichtigen Leser derselben durch den Glauben an seinen Erlöser weise zur Seligkeit zu machen. Die heiligen Männer, unter deren Namen sie erhalten worden sind, wurden getrieben durch den heiligen Geist. Die göttliche Eingebung wurde ihnen bei der Verfertigung ihrer Schriften mitgeteilt, damit sie uns zur Lehre, zur Strafe, zur Züchtigung und zum Unterricht in der Gerechtigkeit nützlich sein sollten (2. Tim. 3,15 f.; 2. Petr. 1,21). Diese Wirkung kann Gott keinem entziehen, der um sie betet, weil der heilige Geist allen denjenigen verheißen ist, die den himmlischen Vater darum bitten. Die Notwendigkeit, uns als Leser in die Empfindungen des Schriftstellers, den wir vor uns haben, zu versetzen, uns seiner Verfassung so weit wie möglich zu nähern, einer Verfassung, die wir uns durch glückliche Einbildungskraft zu geben vermögen, wobei uns der Dichter oder Geschichtsschreiber möglichst viel zu helfen sucht, das ist eine Regel, die unter ihrer Bestimmung ebenso nötig wie bei anderen Büchern ist.

Ich will einige allgemeine Anmerkungen über die göttliche Offenbarung machen, die mir einfallen. Gott hat sich den Menschen in der Natur und in seinem Wort geoffenbart. Man hat die Ähnlichkeit und die Beziehung dieser beiden Offenbarungen zueinander noch nicht weit genug erörtert und weder deutlich genug erklärt noch auf ihre Harmonie Gewicht gelegt, worin sich einer gesunden Philosophie ein weites Feld eröffnen könnte. Beide Offenbarungen müssen in unzähligen Fällen auf gleiche Art gegen die schwersten Angriffe geschützt werden, beide Offenbarungen erklären, unterstützen einander und können sich nicht widersprechen, so sehr es auch die Auslegungen tun mögen, die unsere Vernunft hierzu erzeugt. Es bedeutet größten Widerspruch und Mißbrauch der Vernunft, wenn sie selbst offenbaren will. Ein Philosoph, der das göttliche Wort aus dem Blickfeld räumt, um der Vernunft zu gefallen, befindet sich in der Lage der Juden, die das Neue Testament um so hartnäckiger verwerfen, je fester sie am Alten Testament zu hängen scheinen. An ihnen wurde die Prophezeiung erfüllt, daß dasjenige Ärgernis und Torheit in ihren Augen wurde, was zur Bestätigung und zur Erfüllung ihrer früheren Einsichten dienen sollte. Die Naturkunde und die Geschichte sind die beiden Teile, auf denen die wahre Religion beruht. Der Unglaube und der Aberglaube gründen sich auf eine seichte Physik ⟨Naturwissenschaft⟩ und eine seichte Historie. Die Natur ist ebensowenig einem blinden Ungefähr wie ewigen Gesetzen unterworfen, und ebensowenig lassen sich alle ⟨geschichtlichen⟩ Begebenheiten aus ⟨determinierten⟩ Charakteren und Staatsgründungen erschließen (und herleiten). Ein Newton wird als Naturwissenschaftler von der weisen Allmacht und als Geschichtsschreiber von der weisen Regierung Gottes gleich stark angerührt werden.

Gott offenbart sich – der Schöpfer der Welt ein Schriftsteller – was für ein Schicksal werden seine Bücher erfahren müssen, was für strengen Urteilen, was für scharfsinnigen Kunstrichtern werden seine Bücher unterworfen sein! Wie viele armselige Religionsspötter haben ihr täglich Brot aus seiner Hand genossen; wie viele „starke Geister" ⟨Freigeister⟩ haben wie Herostratus in der Verwegenheit sich selbst Unsterblichkeit verschaffen wollen und dann in der Todesangst um eine bessere gefleht.

Gott ist gewohnt, seine Weisheit von den Kindern der Menschen getadelt zu sehen. Der Stab des Mose war nicht in Gefahr, obwohl ihn die Zauberstäbe der weisen Ägypter umzingelten und auszischten. Diese Tausendkünstler waren schließlich gezwungen, den Finger Gottes in dem verächtlichsten Ungeziefer zu erkennen und vor dem Propheten des wahren Gottes zu weichen. Der Gedanke, daß das höchste Wesen selbst die Menschen einer besonderen Offenbarung gewürdigt hat, scheint den Witzlingen so fremd und außerordentlich zu sein, daß sie mit Pharao fragen, was dieser Gott haben will und worin sein Gebot besteht. Mit diesem Gedanken sollte man aber notwendigerweise eine Betrachtung derjenigen Wesen verbinden, denen zugut diese Offenbarung geschah. Gott hat sich *Menschen* offenbaren wollen; er hat sich *durch Menschen* offenbart. Diese Offenbarung sollte den Menschen nützen, sie fesseln, unter ihnen ausgebreitet, fortgepflanzt und erhalten werden – die Mittel hierzu mußte Gott auf die Natur des Menschen und auf das, was seiner Weisheit am gemessensten war, gründen. Ein Philosoph, der Gott in der Wahl aller dieser Umstände und Wege, mittels derer Gott seine Offenbarung mitteilen wollte, tadeln oder verbessern will, würde immer vernünftiger handeln, wenn er seinem Urteil hierin nicht zu viel zutraut. Er könnte sonst wie jener gekrönte Sternkundige in die Gefahr kommen, das Ptolemäische System oder seine Erklärung des Sternenlaufes als den wahren Himmelsbau anzusehen.

Hat Gott die Absicht gehabt, sich den Menschen und dem ganzen menschlichen Geschlecht zu offenbaren, so fällt die Torheit derjenigen um so mehr in die Augen, die einen eingeschränkten Geschmack und ihr eigenes Urteil zum Probierstein des göttlichen Wortes machen wollen. Es ist nicht die Rede von einer Offenbarung, die ein Voltaire, ein Bolingbroke, ein Shaftesbury annehmbar finden würden, die ihren Vorurteilen, ihrem Witz, ihren moralischen, politischen und magischen Grillen am meisten Genüge tut, sondern von einer Entdeckung solcher Wahrheiten, an deren Gewißheit, Glaubwürdigkeit und Richtigkeit dem ganzen menschlichen Geschlecht gelegen ist. Leute, die sich soviel Einsicht zutrauen, daß sie einen göttlichen Unterricht entbehren können, würden in jeder anderen Offenbarung Fehler gefunden haben und haben keine nötig. Sie sind die Gesunden, die des Arztes nicht bedürfen.

Gott hat es unbestritten seiner Weisheit am angemessensten gefunden, diese nähere Offenbarung seiner selbst erst an einen einzigen Menschen, hierauf an sein Geschlecht und endlich an ein besonderes Volk zu binden, ehe er erlauben wollte, sie allgemeiner zu verbreiten. Die Gründe dieser Wahl lassen sich ebensowenig von uns erforschen, wie die Frage, warum es ihm gefiel, in sechs Tagen zu schaffen, was sein Wille ebensogut in einem einzigen Zeitpunkt hätte wirklich machen können.

Ferner: Gott hat sich, so weit es möglich war, anbequemt und sich zu den Neigungen und Begriffen, ja selbst den Vorurteilen und Schwachheiten der Menschen herabgelassen. Dies besondere Merkmal seiner Menschenliebe, von dem die ganze heilige Schrift erfüllt ist, dient jenen schwachen Köpfen zum Spott, die menschliche Weisheit, Befriedigung ihrer Neugierde und des Vorwitzes, Übereinstimmung mit dem Geschmack der Zeit, in der sie leben, oder der Sekte, zu der sie sich bekennen, als Voraussetzung des göttlichen Wortes betrachten. Kein Wunder, wenn sie sich in ihrer Vorstellung enttäuscht sehen und wenn der Geist der Schrift ⟨von ihnen⟩ mit entsprechender Gleichgültigkeit verworfen wird, ja, wenn dieser Geist ebenso stumm und unnütz erscheint wie der Heiland dem Herodes. Trotz der großen Neugierde und Erwartung des Herodes, den Heiland zu sehen, schickte er ihn bald mit mehr als kalter Gesinnung zu Pilatus zurück.

Die Begierde, Dinge zu wissen, die uns zu hoch sind, die über unserem Gesichtskreis stehen, die für uns aus der gleichen Schwäche, die uns die Zukunft so dunkel macht, unerforschlich sind, hat die Menschen in viele ähnlich lächerliche Methoden und Irrtümer geführt. Solche Leute verdienen mit ebensoviel Recht, Weltweise und Philosophen zu heißen, wie man Zigeuner, Astrologen usw. Wahrsager genannt hat.

Laßt uns natürliche Begebenheiten mit natürlichen und Wunder mit Wundern vergleichen, wenn wir über sie urteilen wollen.

Daß Moses die Natur nach aristotelischen, cartesianischen oder newtonianischen Begriffen hätte erklären sollen, würde eine ebenso lächerliche Forderung sein wie die, daß Gott sich in der allgemeinen philosophischen Sprache hätte offenbaren sollen, die der Stein der Weisen in so manchen gelehrten Köpfen war.

Daß Moses für den Pöbel allein geschrieben habe, ist entweder ohne allen Sinn oder eine lächerliche Art zu urteilen. Geht die Sonne im Sommer für den Bauern allein so früh auf, weil der faule Bürger oder der wollüstige Höfling ihren Schein so manche Stunde länger entbehren können oder denselben unnötig finden?

Paulus wurde entzückt, er fand keine Worte, um seine Begriffe, die er vom dritten Himmel mitbrachte, erzählen und deutlich machen zu können. So wie unsere Ohren, ohne vom Schall der Luft angerührt zu werden, nicht hören können, so ist es mit unseren Vorstellungen. Sie hängen von körperlichen Bildern ab. Man sieht, wie schwer es ist, die Figuren und Eigenheiten einer Sprache in die andere zu übertragen. Je mehr die Denkweise der Völker verschieden ist, zu um so mehr Abweichungen und Ersatzworten oder Aequationen ist man gezwungen. Wie soll daher eine

Erzählung beschaffen sein, in der uns Dinge verständlich und vernehmbar gemacht werden sollen, die so weit jenseits des ganzen Umfanges unserer Begriffe liegen.

Mit was für Demut, mit was für stummer Aufmerksamkeit und tiefer Ehrfurcht müssen wir dasjenige annehmen, was uns der Schöpfer der Welt von den Geheimnissen der großen Woche, in der er an unserer Erde arbeitete, kund machen will. So kurz die Erzählung von der Hervorbringung eines Wesens ist, das seinen Beifall fand, da es da war, das er würdig fand, es so lange zu erhalten, und das er als ein bloßes Gerüst eines höheren Gebäudes auf die feierlichste Art zu erschaffen sich vorbehalten hat, so wichtig muß sie in unseren Augen sein. So sehr er sich herabgelassen hat, um uns das wenige, was uns davon zu verstehen möglich, nötig und nützlich ist, zu übermitteln, so weit steht er gleichwohl jenseits unserer Geisteskräfte.

# DIE BEWEGUNG DES RATIONALISMUS

## KARL FRIEDRICH BAHRDT (1741–1792)

Bahrdt, der „weltbekannte theologische Wildfang" (P. Tschackert), das „Enfant terrible der Aufklärung" (H. Hoffmann) oder ihr „Thersites" war genial und universal begabt und wurde, wie manch andere Gestalt der Theologiegeschichte, durch Umstände und Widerstände in immer radikalere Positionen gedrängt. Er war Dozent, dann Professor in Leipzig, in Erfurt, in Gießen, Philanthropinumsdirektor in Graubünden, Generalsuperintendent in Dürkheim (Hardt) und Philanthropinumsdirektor in Heidesheim, wurde wegen Ketzerei durch Konklusum des Kaiserlichen Reichshofrats abgesetzt, war Dozent in Halle, nach dem Tod Friedrichs d. Gr. von der Universität vertrieben, ebendort Gastwirt, erlitt wegen Verspottung des Wöllnerschen Religionsediktes Festungshaft, gründete die freimaurerische „Deutsche Union" und starb als Vorkämpfer der Französischen Revolution.

Um Bahrdts Person zu erfassen, muß man dem Urteil der Zeitgenossen ebenso kritisch begegnen wie seiner, um des buchhändlerischen Absatzes willen, romanhaft gesteigerten Autobiographie. Man erkennt dann, daß Bahrdt zum ersten den Wunderglauben als die Quelle alles Grauenhaften in der Menschheit mit einer geistigen Leidenschaft bekämpft, die zu jedem Opfer bereit war. Zweitens wird man seiner tiefen Ergriffenheit von der Idee eines Menschheits-Bruderbundes im Sinne der Freimaurerei der Zeit ansichtig. Wie viele Zeitgenossen faßt er den Orden der Essener als solch einen Bund auf, der schon über dem Kinde Jesus die Hand hält, seinen Scheintod am Kreuz (durch den der Messias-Aberglaube des Volkes tödlich getroffen wird) organisiert und mit ihm und durch ihn von der Essenischen Mutterloge aus die Verbreitung der wahren Religion und Menschlichkeit besorgt. Alle „Wunder" des Neuen Testamentes werden durch Essener des Dritten Grades manipuliert – sie sind an die Stelle der Engel getreten, die bei den Neologen sämtliche echten Wunder der Schrift bewerkstelligen.

Zum dritten schließlich wird die Hingabe erkennbar, mit der Bahrdt den philanthropischen Idealen diente. In der Verkündigung des (legitim wunderhaften) neuen Lebens im

Jesusgeist ist er oft von einer überraschenden Zartsinnigkeit (etwa in der Darstellung der Kindheit Jesu). So sehr man ihm in der Zeit die (uns geschickt und modern anmutende) Kolportierung seiner Ideale verdacht hat, so groß ist ihre Wirkung in der Breite gewesen. Der Text gibt einen kennzeichnenden Dialog zwischen Jesus, Johannes und dem Pharisäer Gamaliel wieder. Das Credo Bahrdts ist seine Antwort auf seine reichsgerichtliche Ächtung als Ketzer.

Über Bahrdt: *J. Leyser, N. Bassewitz.*

## Briefe über die Bibel im Volkston

*Johannes.* Unsere Essener – diese Stillen im Lande sind unstreitig auf dem besseren Wege.

*Jesus.* Unstreitig – wenigstens was ihre Sittenlehre betrifft.

*Joh.* Sie suchen nicht wie die Pharisäer ihre Gerechtigkeit in Beobachtung des Tempelgesetzes, nicht in Lippengeplärr, Fasten und Opfern, nicht im Geräusch prahlender Andächtelei, sondern in Enthaltsamkeit vom Laster, in einem stillen Umgang mit Gott und in der Ausübung einer tätigen Menschenliebe.

*Gamaliel.* Ich habe diese Leute von dieser Seite immer geschätzt und ihre bescheidene Tugend bewundert. Und besonders hat es mir ausnehmend gefallen, daß sie mit ihrer Andacht so wenig prahlen.

*Je.* Gewiß sind unter ihnen die aufgeklärtesten und besten Menschen. Und wenn du das selbst eingestehst, Gamaliel, so bist du schon auf dem Punkte, wohin der Messias einst alle Menschen führen muß, wenn seine Bestimmung ist, die Welt zu beseligen.

*Gam.* Und dieser Punkt ist –

*Je.* Die große Wahrheit, daß Religion und äußerer Gottesdienst ganz verschiedene Dinge sind – daß Religion nichts als allgemein erkennbare Anweisung zur Glückseligkeit ist – daß sie also die Sache der Vernunft ist – daß folglich –

*Gam.* (einfallend) Aber folgt das letztere?

*Je.* Vergiß doch nicht, worüber wir schon längst einig waren. Religion ist ja für alle Menschen, nicht wahr? Und sie m u ß für alle sein, weil sie glücklich macht und Gott alle glücklich haben will. Sonach muß sie allen – den Klugen und Dummen, den wilden und kultivierten Nationen – allen – faßlich, erkennbar und – mit der bloßen Vernunft erkennbar sein. Kannst du das leugnen?

*Gam.* Nein.

*Je.* Nun, so laß mich fortfahren. Der Messias also muß, wenn er ein echter Sohn Gottes, des allgemeinen Vaters aller Menschen, sein soll, alles verdrängen, was nicht allgemein erkennbar, allgemein beseligend ist – muß folglich die Religion des gesunden Menschenverstandes einführen – muß der Vernunft ihre Rechte wiedergeben – muß den Aberglauben – dazu der Glaube ans Wunderbare gehört, stürzen – muß die schalen Sittenlehren verbannen, welche die Gerechtigkeit vor Gott in Beobachtung willkürlicher Gesetze suchen heißen – mit einem Wort, er muß euch lehren, was ihr nicht wußtet: daß nichts in der Welt den Menschen Gott angenehm und wohlgefällig macht als Gutes tun, daß Tugend allein die Gerechtigkeit vor Gott ist, daß nur die Ausübung des allgemeinen Willens Gottes, den auch die schwächste Vernunft erkennt, der Weg zur Glückseligkeit ist.

*Gam.* Ich kann deinen Belehrungen nichts mehr entgegensetzen. Fahre fort, mein Sohn, mir nun noch bestimmter zu sagen, was du eigentlich Gutes tun oder Tugend nennst.

*Je.* Gutes tun und Tugend ist nicht ganz einerlei. Tugend ist die Vollkommenheit der Seele – der Inbegriff ihrer auf Erkenntnisse des Guten gegründeten Vorsätze und Neigungen, das Gute zu vollbringen. Laß uns also das Gute selbst näher kennen lernen, das der Tugendhafte auszuüben strebt.

*Gam.* Eben das ist es, was ich noch von dir zu hören

wünsche. Gut ist überhaupt, was das Glück der Menschheit befördert. Nun fragt sich aber, was das ist?

*Je.* Denke selbst nach. – Fasten, opfern – macht die Menschen nicht glücklich?

*Gam.* Nein.

*Je.* Essen und trinken auch nicht?

*Gam.* Nein.

*Je.* Beten?

*Gam.* (nachdenkend) Allein wohl nicht: aber – es trägt doch viel zu meiner Glückseligkeit bei, weil ich dadurch viel Gutes von Gott erlange.

*Je.* Gerade das ist mein Gesichtspunkt nicht, warum ich das Gebet für heilsam halte. Man sollte es nie als Mittel ansehen, um etwas von Gott zu erhalten.

*Gam.* Aber warum nicht? Gott hat doch selbst Erhörung verheißen.

*Je.* O Gamaliel – siehe die schönste, die ehrwürdigste Religionshandlung kennt ihr noch nicht von ihrer wahren Seite. Gebet, Gamaliel, ist das schönste Heilmittel der verdorbenen, das süßeste Labsal der kranken Seele. Das Gebet ist nicht – soll nicht Gesuch irdischer Wünsche sein. Es soll vertraulicher Umgang mit dem Allvater sein, dem wir mit kindlichem Herzen alle unsere Anliegen entdecken, alle unsere Empfindungen mitteilen, alle unsere Wünsche vortragen sollen, nicht um sie erfüllt zu sehen, sondern bloß um Gott unser Vertrauen und unsere Ergebung in seinen Willen zu erklären – um diese Gefühle durch den Gedanken seiner Allgegenwart zu stärken und zu erwärmen – um unsern Geist von dem Geräusch der Welt loszureißen – um unsern Leichtsinn zu mindern und uns an das ernste Andenken an Gott zu gewöhnen – um bei stiller Eingießung unsers Herzens in den Schoß eines Vaters, dessen Liebe so unbegrenzt wie seine Macht ist, mit Hoffnung, Freudigkeit und Trost erfüllt zu werden, um unserer Tugend Wärme und Festigkeit zu geben.

*Gam.* Du entzückst mich, mein Sohn. Wie ganz anders erscheint jetzt in meinen Augen diese ehrwürdige Handlung!

*Je.* Aber laß uns nun zurückkehren. Besteht die Glückseligkeit des Menschen im Beten?

*Gam.* Ich begreife jetzt deine Frage viel besser als vorher, und ich bin gewiß, daß sie verneint werden muß. Glückseligkeit besteht nicht im Beten, so wie die Gesundheit nicht in der Arznei besteht.

*Je.* Ein vortreffliches Bild, Gamaliel. Laß uns das immer im Auge behalten. – Besteht sie in Reichtum oder Ehre?

*Gam.* Noch viel weniger. Alle solche Dinge können viel zur Glückseligkeit mitwirken. Aber sie sind das Kleinod nicht selbst, nach dem wir streben sollen.

*Je.* Aber worin sollen wir die Glückseligkeit sonst setzen?

*Gam.* Ich – würde sie in die Zufriedenheit setzen.

*Johannes.* Du hast meinen Gedanken.

*Je.* Und ich würde noch etwas hinzufügen.

*Gam.* Du machst mich begierig.

*Je.* Ich fühle, daß ich nicht bloß zufrieden, sondern sogar fröhlich bin.

*Gam.* Aber kann das immer sein?

*Je.* Immer nicht – wie eine Kraft durch Ruhe gestärkt wird, so wächst auch die Kraft, sich zu freuen, durch Unterbrechung ihrer Wirksamkeit. Und dazu braucht der Vater im Himmel die Leiden dieser Zeit.

*Gam.* So wäre doch aber in solchen Augenblicken der Mensch unglücklich.

*Je.* Sage lieber: minder glücklich. Denn das erste Gefühl, die Zufriedenheit, bleibt immer, sie ist in dem Herzen so mächtig geworden, daß sie zwar gemindert, aber nie verdrängt, nie vom Schmerz besiegt, nie verloren werden kann – daß sie sich immer wieder empor kämpft und alle entgegengesetzten Empfindungen überwiegt.

*Gam.* Also Glückseligkeit wäre Ruhe und Zufriedenheit und herrschende Fröhlichkeit des Gemüts. Aber sage mir, mein Sohn, was sind nun eigentlich die rechten Gegenstände der Freude?

*Je.* Alles, was diese Erde Schönes und Genießbares hat – Speisen, Getränke, Ruhe, Schlaf, Bewegung – alles, was in der Natur durch die Sinne uns ergötzt –

*Gam.* Nichts mehr?

*Je.* Umgang, Freundschaft – Reichtum, Ehre –

*Gam.* Sollten diese Dinge hinreichen, den Menschen in dem festgesetzten Sinne glücklich zu machen?

*Je.* Warum zweifelst du?

*Gam.* Weil ich Menschen kenne, die das alles haben und genießen und doch nicht vollkommen glücklich sind.

*Je.* Du hast recht Gamaliel. Diese Dinge stillen den Durst nach Glückseligkeit nicht.

*Gam.* Aber warum zögerst du, mir alles zu sagen? Was ist das größte, das edelste Vergnügen, das der Mensch genießen kann, um ganz fröhlich und zufrieden zu werden? Welche Freuden gibt es, die kein Leeres in der Seele zurücklassen, die den Geist befriedigen und sättigen? Welches ist die höchste Seligkeit, die Gott seinen Menschen bereitet hat?

*Je.* Ich will dir ihr Zeichen angeben. Das höchste Glück ist dasjenige, das nicht nur die größten und reinsten Wonnegefühle hervorbringt, sondern das auch zugleich die Seele veredelt und zur Freude immer fähiger und empfänglicher macht.

*Gam.* Du quälst mich durch dein Zaudern.

*Je.* Aber Gamaliel, du bemerkst nicht, was dem Menschen so nahe liegt, was die Natur seinem Herzen zum Bedürfnis gemacht hat, dessen Trieb nur der verdorbenste Mensch schwächen, aber nie ausrotten kann: – kennst das nicht, wodurch die Gottheit selbst selig ist?

*Gam.* (einfallend) Die Freuden des Beglückens. –

Fast schäme ich mich, daß ich nicht eher das fand.

*Je.* Wir sind also einig, daß die Freuden der Liebe die edelsten und reinsten Freuden des Menschen sind, in deren Genuß er sich üben muß, um zur herrschenden Ruhe und Heiterkeit der Seele zu gelangen. Laß uns sehen, ob dieser Gedanke nicht verdient, die Grundlage der ganzen Religion zu werden.

*Gam.* Ich glaube es. Denn Liebe ist das Ebenbild Gottes.

*Je.* Du hast einen der stärksten Beweise gefunden. Nichts erhebt das Herz so sehr wie der Gedanke, vollkommen zu sein, wie unser Vater im Himmel vollkommen ist. Und so wirkt die Liebe zweifach auf unsere Glückseligkeit. Einmal, sofern sie uns an sich selbst die entzückendsten Freuden gewährt, und dann, sofern sie uns durch das Bewußtsein beseligt, daß wir Gottes Kinder sind, die ganz den Sinn ihres Vaters haben und – ihm in seiner Vollkommenheit ähnlich – auch einst jenseits des Grabes in seiner Seligkeit ähnlich sein werden.

*Gam.* Dieser Gedanke entzückt mich.

*Je.* Nimm noch dies hinzu, daß Liebe das einzige ist, dessen Bedürfnis alle Menschen fühlen, deren Verpflichtung die Vernunft aller Menschen erkennt, deren Befriedigung alle im höchsten Grade beseligt, so hast du alle Kennzeichen eines höchsten Grundsatzes der Religion zusammen.

*Gam.* Ich bin völlig mit dir einig und wünsche, diese Wahrheit mit dir bis in ihr Innerstes zu verfolgen – sage mir, welchen Umfang du den Freuden der Liebe anweist.

*Je.* Du wirst diesen Umfang selbst finden, wenn du weißt, was Liebe ist.

*Gam.* In Gott ist sie – nichts anders als die Freude, die ihm die Beseligung seiner Geschöpfe verschafft.

*Je.* Und in dem durch Religion oder Vernunft veredelten Menschen kann sie nichts anderes sein. Sie ist ja das Ebenbild Gottes, das der Mensch an sich trägt.

*Gam.* Noch jetzt?

*Je.* Laß dich durch keine Vorurteile irre machen. Der Mensch war und ist das Ebenbild Gottes. Es ist seiner Seele eingeprägt, und er wird mit demselben geboren. Sein Wesen ist Vernunft und Naturgefühl.

*Gam.* Was willst du mit dem Naturgefühl sagen?

*Je.* Dies, daß alle Menschen von Natur das Vermögen haben mitzuempfinden – d. h. sich zu freuen, wenn sie ihre Mitmenschen fröhlich sehen, und mit zu leiden, wenn sie andere leiden sehen. Das, Gamaliel, ist die große Anlage der menschlichen Natur zur Tugend und Glückseligkeit. Diese Anlage kann durch Erziehung, Beispiel, Verwöhnung gemindert und verdorben, aber nie ganz ausgerottet werden. Der Mensch muß seine Freude an der Beseligung anderer nicht auf wenige einschränken, sondern seinen Wirkungskreis erweitern und womöglich über die ganze Menschheit ausbreiten.

*Gam.* Ich bin davon vollkommen überzeugt.

*Je.* Und wenn der Mensch so unbeschränkt liebt wie Gott, dann erst kann er sagen, daß er seine Bestimmung erreiche. Denn dazu sind wir auf der Welt, daß wir Gottes Mitarbeiter werden, daß wir sein Werk betreiben und daß jeder in seinem Stande, so viel er kann, zum Bau des Ganzen, zum Wohl der Menschen das Seinige beitrage. – Und hier, Gamaliel, öffnet sich nun deinen Augen der große Umfang der Freuden der Liebe. Ich kann – ich soll – aller Menschen Glück und Zufriedenheit – mit allem, was in meiner Gewalt steht – befördern. Mit allem! – Ich habe Verstand und Einsichten: ich soll sie mitteilen – Geld und Gut: ich soll wohltätig sein – Ehre und Ansehen: ich soll das Verdienst unterstützen, dem Verlassenen beistehen, die Unschuld verteidigen, den Verfolgten schützen. Kurz – alles, alles, was ich habe und was ich bin, soll ich zum Besten meiner Mitmenschen anwenden –

und wohl zu merken, in diesem Geschäft meine höchste Freude finden – wie Gott. Sprich, Gamaliel, ob
eine erhabenere Religion gedacht werden kann? Sprich,
ob etwas den Menschen heiliger und gottgefälliger
machen kann? Sprich, ob diese Religion, allgemein
ausgeübt, die Erde nicht zum Paradiese machen würde: und ob man nicht, wenn die Menschen nach solchen Grundsätzen denken und handeln lernten, mit
Recht sagen könnte: „Das Himmelreich sei da?"

## An Seine Römisch-Kaiserliche auch in Germanien und zu Jerusalem Königliche Majestät

### Was ich glaube und nicht glaube

1. Ich glaube, daß ich und alle Menschen Sünder
sind, welche der Gnade und Erbarmung Gottes bedürfen. Daß aber dieses (daß wir Sünder sind) uns angeboren sei und daß alle Menschen mit der Neigung
zu allem Bösen auf die Welt kommen, daran zweifle
ich. Vielmehr scheinen mir die Menschen an ihrem
Verderben selbst Schuld zu haben. Denn ich bemerke
in ihnen von Natur so viel herrliche Anlagen zur Tugend, so viel angeborene, edle Gefühle und Neigungen, daß vielleicht nur eine andere Erziehungsmethode
und von Tyrannei und Luxus mehr entfernte Lebensart nötig wäre, um der Menschheit ihre ursprüngliche
Güte wiederzugeben.

2. Ich glaube, daß der Mensch, so wie er alles Gute
Gott zu verdanken hat, auch all sein moralisches Gutes,
was in ihm ist, der Gnade Gottes schuldig sei. Daß aber
Gott die Besserung der Menschen selbst wirke und der
Mensch nichts tue, als Gott stille zu halten, ist wider
die Schrift, und es beruht dieser Irrtum größtenteils
auf dem Wort „Gnade", welches die meisten Lehrer
der Kirche bisher falsch gedeutet haben.

3. Ich glaube, daß uns Gott aus bloßer Gnade unsere
Sünden vergibt und daß unsere Tugend und unser

Eifer im Guten (da er selbst im Grunde Wohltat Gottes und mit so viel Mängeln und Unvollkommenheiten befleckt ist) einer ganzen Ewigkeit voll Lohn und Seligkeit nicht wert sei. Daß aber doch unsere Besserung und Tugend auf der einen Seite die Bedingung sei, unter welcher uns Gott Vergebung der Sünde und ewige Seligkeit um Christi willen (d. h. weil er diese Gnadengeschenke allen Tugendhaften durch Jesum Christum verheißen und versiegelt hat) erteilt – und daß sie auf der anderen Seite die natürliche Quelle der höchsten Seligkeit ist, aus welcher dieselbe von selbst erfolgt. Daß aber Gott bloß um eines Menschenopfers willen mir meine Sünden vergibt und um einer fremden Tugend willen die Flecken der meinigen übersieht, das ist wider die Vernunft, und ich habe auch nie etwas davon in der Hl. Schrift gefunden.

4. Ich glaube, daß Gott den Aposteln seinen Geist gegeben hat. Daß aber dieser Geist eine dritte Person in der Gottheit sei, davon bin ich nicht überzeugt. Vielmehr finde ich in der Hl. Schrift keine andere Bedeutung von dem pneuma hagion ⟨Hl. Geist⟩ als diese beiden: daß es entweder göttlich gewirkte Gaben, Talente und Kräfte anzeigt oder das nomen Dei ⟨den Namen Gottes⟩ selbst, welcher diese Gaben mitteilt.

5. Ich glaube, daß Gott in und mit Christo war und daß wir folglich alle den Sohn zu ehren verbunden sind, wie wir den Vater ehren. Allein wie Gott in Christo war, ob nach Athanasius' Vorstellungsart (welche ich gerade für die schlechteste halte) oder nach Arius' oder Sabellius' oder eines anderen Meinung, das ist für den Zweck der Religion, d. h. für Besserung und Beruhigung der Menschen, sehr gleichgültig und sollte nie mit kirchlicher Autorität entschieden, sondern jedem überlassen werden, wie er sich's denken will. Indessen scheint mir soviel aus Vernunft und Schrift bis zur höchsten Evidenz erweislich, daß Christus und der einige Gott Jehovah, den er seinen Vater

nennt, sehr verschieden sind, und daß wenigstens Christus nicht in dem nämlichen Sinne Gott heiße, in welchem es der einige Gott Jehovah heißt.

6. Daß für Christen der Glaube an Jesum Christum die unausbleibliche Bedingung der Seligkeit sei, ist unleugbar. Allein daß sich diese Verbindlichkeit auch auf die Nichtchristen erstrecke, halte ich für unvernünftig, unmenschlich und schriftwidrig. Und daß dieser Glaube in einer Ergreifung und Zueignung des Verdienstes Christi bestehe, halte ich ebenso für falsch. Wenigstens steht im Neuen Testament so wenig von diesem Begriff des Glaubens, daß es mir ein Rätsel ist, wie die Lehrer der Kirche je haben darauf fallen können. Der Glaube an Christum ist Annehmung und Befolgung der Lehre Jesu und festes Vertrauen auf seine mit seinem Tode besiegelten Verheißungen einer künftigen Seligkeit der Tugendhaften.

7. Daß Gott alle Tugendhaften in einem anderen Leben höchst selig machen werde, glaube ich. Daß er aber ebenso geneigt sei, die Bösen in alle Ewigkeit zu martern und dem Teufel zu übergeben, glaube ich nicht. Denn er selbst sagt: ich bin ein eifriger Gott, der über die, so mich hassen, die Sünde der Väter heimsucht bis ins dritte und vierte Glied, aber denen, so mich lieben und meine Gebote halten, denen tue ich wohl bis ins tausendste Glied. Daraus schließe ich gegen die, welche Gott gern ebenso strafgierig als gütig machen möchten: Wie sich 4 gegen 1000 verhält, so verhält sich Gottes Neigung zu strafen gegen seine Neigung zu belohnen.

8. Daß es Engel und Teufel gibt, mag wahr sein. Daß sie aber das sind, wofür das Kirchensystem sie ausgibt – daß sie leiblich die Menschen besitzen, daß sie sich als Gespenster zeigen, daß sie in den Seelen der Menschen wirken und böse Gedanken und Vorsätze hervorbringen können, dazu habe ich nie einen

zureichenden Grund gefunden, es zu glauben.

9. Daß die göttlichen Schriften des Neuen Testaments göttliche Belehrungen der Menschen zur Glückseligkeit enthalten, denen wir alles Vertrauen und allen Gehorsam schuldig sind, dessen bin ich gewiß. Daß aber Gott alle in diesen Schriften erhaltenen Worte eingegeben habe, davon habe ich noch nie einen befriedigenden Beweis gelesen.

10. Daß alle Christen die Religionslehren der Schrift, welche ohne Kunstauslegung darinnen zu finden sind, zu glauben und zu befolgen verbunden sind, ist gewiß. Daß aber der Kirche (darunter ich mir doch eigentlich nichts als den großen Haufen der Geistlichkeit denke, die, wie schon oben gesagt wurde, zu keiner Zeit das Vorurteil der tiefen Einsicht, Gelehrsamkeit und unparteiischen Prüfungsgabe gehabt hat) das Recht zustehe, mir aus den Sätzen der Schrift künstlich gefolgerte Lehren und Begriffe aufzudringen, das glaube ich nicht. Wenigstens wäre dies ganz gegen die Grundsätze des Protestantismus, welcher im Deutschen Reich mit dem Katholizismus gleiche Herrschaft und Rechte besitzt. Denn nach diesen Grundsätzen bin ich in Hinsicht auf meinen Glauben an keines Menschen Ansehen gebunden, sondern habe das Recht, alles zu prüfen und nur das zu behalten, wovon ich mich aus Gottes Wort überzeugt fühle. Und dieses Recht erstreckt sich bei protestantischen Lehrern noch weiter als bei allgemeinen Protestanten. Denn als ein solcher bin ich ein Teil der repräsentierenden Kirche und bin daher nicht nur verpflichtet, die Lehrsätze meiner Kirche zu prüfen, sondern auch das Resultat meiner Prüfung, wenn es von Wichtigkeit ist, meinen Glaubensbrüdern vorzulegen, wie ich bisher in einigen meiner Schriften getan habe, auch fernerhin tun werde und in diesem meinem öffentlichen Bekenntnis jetzt zum erstenmale vor dem allerhöchsten Richterstuhl tun zu können gewürdigt bin.

Ew. Kaiserliche Majestät gestatten mir allergnädigst, nun dieser meiner Erklärung und Bekenntnis nur dieses einzige noch hinzuzufügen, was in der Tat der allergrößten Aufmerksamkeit wert ist: Daß es mir höchstwahrscheinlich ist, es sei dies zugleich das Bekenntnis eines sehr großen und ansehnlichen Teiles der Deutschen Nation.

Tausend und aber Tausend denken so wie ich, nur daß sie keine Gelegenheit oder Verbindlichkeit oder auch nicht genug Freimütigkeit haben mögen, es laut zu sagen.

Tausend und aber Tausend wünschen, sehnen sich mit mir nach Reform, nach Freiheit – weil sie sehen, daß diese Freiheit das sichere und entscheidende Mittel sein wird, den Sieg der Religion Jesu allgemein zu machen, allen Unglauben zu beschämen und in kurzem eine allgemeine Verbrüderung aller Religionsparteien zu stiften.

Tausend und aber Tausend flehen mit mir um die Rechte der Menschheit und des Gewissens und stimmen in meine alleruntertänigste Bitte ein, daß Ew. Kaiserliche Majestät mit Zuziehung der Stände des Reichs ein Mittel ausfindig machen möchten, wodurch die beiden Stützen der öffentlichen Glückseligkeit – Gewissensfreiheit und Kirchenfriede – vereinigt und in ewiger Verbindung erhalten werden könnten.

### Johann Friedrich Röhr (1777–1848)

Röhr, als Oberkonsistorialrat, Oberhofprediger und Generalsuperintendent in Weimar mit Würden und Ämtern überhäuft, ist der konsequenteste Vertreter des kirchlichen Rationalismus, den wir kennen – wobei nicht zu vergessen ist, daß er das innere Leitbild Gott-Tugend-Unsterblichkeit mit evangelischer Wärme und besonderer Hochschätzung der Person Jesu überkleidete. Redlichkeit und Konsequenz seines Predigens hat Goethe betont. Die höheren Vervollkommnungswelten der Neologen und die Glaubenswelt der Physikotheologie waren für Röhr legitim, noch in den Grabreden für Goethe und Großherzog Carl August erscheinen ihre Motive. Dagegen kämpfte er mit ähnlichem Nachdruck und instinktivem Spürsinn wie später Albrecht Ritschl (der Kirchenvater des prot. Personalismus) gegen Mystik, Mirakel, Magie, Erweckung, Idealismus, Neuorthodoxie, Romanismus. In eigenem Idealismus an den Geist glaubend, „der sich über seinen göttlichen Ursprung mit sich selbst verständigen kann", nimmt Röhr es Hegel, Schelling, Schleiermacher und den ihnen folgenden Theologen übel, daß sie auf ihre Weise die alten Dogmen zu neuem Glanz bringen wollen. Daß er seinen Anschauungen mit personalpolitischem und publizistischem Geschick in Thüringen zur Breitenwirkung verhalf, hat sich bis in die jüngste Vergangenheit hinein auch kirchenpolitisch ausgewirkt. Als ökumenische Maßnahme war sein (scheiternder) Versuch gedacht, seinen „Grund- und Glaubenssätzen der evg.-prot. Kirche" kircheneinende Geltung in immer weiterem Umfang zu verschaffen. Zwischen Dogmatismus und Rationalismus sollten sie den Grundgehalt des Christenglaubens wahren.

## Briefe über den Rationalismus

Ihr letzter Brief, teurer Freund, war mir in mehr als einer Hinsicht sehr erfreulich. Weit entfernt, Ihren akademischen Kursus nur nach hergebrachter Weise zu machen, nichts weiter als den Augenblick der künftigen Kandidatenprüfung ins Auge zu fassen, die zweckmäßige Anwendung Ihrer Zeit nach der Zahl und Stärke Ihrer aufgeschichteten Kolleghefte zu messen und im Vertrauen auf diese oft so armseligen literarischen Speicher alles von sich zu weisen, was Selbstdenken und Selbstforschen heißt – veredeln Sie vielmehr den Fleiß, der Sie beseelt, durch ein warmes Interesse für die Wahrheit selbst.

Ich kann mir daher recht gut vorstellen, welchen

Einfluß die neuesten dogmatischen Streitigkeiten unter uns Protestanten auf Sie gehabt haben mögen, die Fehden, die seit einiger Zeit über Supranaturalismus und Rationalismus geführt worden sind. Denn es ist wahrlich kein Kleines, ein Herz voll warmer Liebe zur Religion in sich zu tragen und rings um sich her die gelehrtesten und scharfsinnigsten Männer über die echte Erkenntnisquelle derselben streiten zu sehen.

Sie sind einverstanden, daß sich nur der ein folgerichtiges System von Glaubenswahrheiten bilden kann, der sich hinsichtlich ihrer Erkenntnisquelle entweder ganz an die Hl. Schrift oder ganz an die Vernunft hält. Alles, was man bisher zur Aufhebung oder gütlichen Vermittlung des strengen Gegensatzes vorgebracht hat, konnte auch Sie nicht befriedigen. Denn wie Sie richtig bemerken, die Frage nach der möglichen Anzahl dogmatisch-konsequenter Denkarten hängt unmittelbar mit der disjunktiven Frage zusammen: gibt es eine übernatürliche Offenbarung oder nicht? So wie nun hier außer Ja oder Nein kein Drittes Statt findet, so kann es auch außer der supranaturalistischen und rationalistischen Denkart keine dritte geben, nach welcher man sich ein System bilden kann, dessen einzelne Sätze mit dem obersten Prinzip in Einklang stehen.

Beginnt nämlich der Rationalist den Bau seines christlich-religiösen Glaubenssystems damit, daß er die Idee einer unmittelbaren Offenbarung als unzulässig und unhaltbar ausgibt, hält er keinen ihm dargebotenen Glaubenssatz für annehmbar, der seiner eigenen vernünftigen Einsicht widerspricht und in keinem direkten Bezug zur Beförderung der Moralität steht – so müssen sich die einzelnen Dogmen, denen er huldigt, (im Gegensatze gegen das System des Supranaturalisten) nur auf wenige und sehr einfache beschränken.

224

So betrachtet der Rationalist zuvörderst den großen Stifter des Christentums selbst als eine rein-menschliche Erscheinung, bei deren Erklärung er seine Zuflucht durchaus nicht zu einer übernatürlichen Kausalität nehmen zu müssen glaubt. Jesus, spricht er, war in der vollsten, umfassendsten Bedeutung des Wortes *Mensch* wie wir; ein natürliches Produkt seines Volkes und Zeitalters; aber mit Hinsicht auf Geist, Weisheit, Tugend und Religiosität von keinem Sterblichen der Vor- und Nachwelt übertroffen; ein Heros der Menschheit im erhabensten Sinne; eine, wenn mir dieser uneigentliche Ausdruck erlaubt ist, himmlische Erscheinung auf dieser sublunarischen Welt. Sein Ursprung, seine Bildung, seine Taten und Schicksale sind in ein, mir jetzt unerklärliches, Dunkel gehüllt, und die Schriften, die davon Meldung tun, im Geiste der damaligen Welt und so unbestimmt und rhapsodisch abgefaßt, daß ich mir wohl meine Gedanken darüber erlauben, sie aber nicht für die eigentliche historische Wahrheit ausgeben und gegen alle Einwürfe und Zweifel vindizieren kann.*

*Geburt Jesu*

Sein Ursprung namentlich war gewiß der natürliche Ursprung aller Menschen, und wenn sich jene Schriften anders darüber äußern, so glaube ich berechtigt zu sein, ihre Nachrichten in das Gebiet historischer Sagen und Mythen zu verweisen, weil die alte Welt ihre Heroen stets auf diese Weise zu verherrli-

---

* Der echte Rationalist wird also keine natürliche Geschichte des großen Propheten v. Nazareth, noch weniger Briefe über die Bibel im Volkston (wie Carl Bahrdt) schreiben – auch nicht als Interpret des N. T. sich mit einer natürlichen Erklärung der Wunder Jesu befassen (wie H. E. G. Paulus) und seine Ansicht dieser Tatsachen den Evangelisten unterschieben.

chen suchte, und weil ich von einem übernatürlichen Ursprung des Menschen durchaus keinen Begriff habe.

### Taten Jesu

Seine Schicksale und Taten haben in der Hauptsache für mich völlige historische Glaubwürdigkeit, und wenn sie von seinen Geschichtsschreibern in einem wunderbaren Licht dargestellt werden, so leugne ich das eigentliche Faktum, das dabei zu Grunde liegen mag, durchaus nicht, ob ich mich gleich nicht auf den Standpunkt stellen kann, von welchem aus seine Zeitgenossen und Vertrauten sie als Wirkungen in der Sinnenwelt darstellen, deren Ursache in der transzendentalen Welt liegt. Ich kann mir wohl einige derselben sehr natürlich erklären, lege aber auf dergleichen Erklärungen keinen weiteren Wert; ich lasse die Tatsache, wie so viele andere der grauen Vorzeit, auf sich selbst beruhen, ohne zu leugnen, daß sich die Providenz solcher Tatsachen und der damals gewöhnlichen Ansicht derselben sehr weise bediente, um auf diesen seltenen Lehrer der Wahrheit aufmerksam zu machen.

### Wiederbelebung Jesu

Was besonders sein Wiedererwachen aus dem Grabe, die wichtigste Begebenheit seines ganzen Lebens, den großen Stützpunkt seiner ganzen irdischen Wirksamkeit, betrifft, so ist mir diese historisch beglaubigter und unzweifelhafter als vielleicht irgend ein anderes wichtiges Ereignis des Altertums, denn das Dasein und Fortwirken der Religionsanstalt, die er unter Leitung der Providenz stiftete, ist der unwiderleglichste Beweis derselben. So wie damals die Sachen standen, mußte er und seine Lehre völlig vergessen werden und sich als eine unwirksame Erscheinung verlieren, wenn nicht seine durch den Verlust des

226

Meisters um alle Besinnung gebrachten Jünger durch jenes Ereignis zur Fortsetzung seines Werkes den mächtigen Impuls erhielten, der in ihrer Lage dazu erforderlich war. W i e seine Wiederbelebung vor sich ging, weiß ich nicht; aber Trug und Gaukelspiel von Seiten seiner Freunde hatte gewiß keinen Anteil daran, denn sonst konnte die wohltätige Wirkung, die sie auf diese selbst hatte, nicht stattfinden; und ob Gott dieselbe mittelbar oder unmittelbar veranstaltete, kann mir insofern auch gleich gelten, als dieses Ereignis in jedem Fall ein Akt seiner Weltregierung bleibt. Doch nehme ich das erstere als das Wahrscheinlichste an, weil ich einmal und überhaupt von übernatürlichen Wirkungen keinen Begriff habe.

### Himmelfahrt

Gleiche Bewandtnis hat es mit seinem Ausgange aus dieser Welt oder seiner Himmelfahrt. Ich kann nicht angeben, was wohl eigentlich an dieser, nur von entfernteren Freunden, nicht aber von seinen eigentlichen Vertrauten erzählten Begebenheit rein historisch oder mythisch sein möge; genug, die Seinen waren von dem Augenblicke seines völligen Abschiedes von ihnen überzeugt, er sei bei Gott, in einen besseren Zustand der Dinge übergegangen, und diese Überzeugung genügt mir als das Natürlichste und Entschiedenste bei der ganzen Sache.

### Gottessohn und Menschensohn

Um so weniger nimmt mich dann Wunder, wenn die näheren Freunde dieses seltenen Mannes in ihren Schriften mit der höchsten Ehrerbietung von ihm sprechen und sein Dasein, seine Lehren, seine Taten immer unmittelbar auf Gott zurückführen, ihn selbst einen Sohn Gottes nennen, ihm die höchste Würde nach Gott beilegen, ihm als König der ganzen sittlichen Welt huldigen und den weitesten über Zeit und

Raum ausgedehnten Einfluß auf die Schicksale seiner
Anhänger zuschreiben.

## Kritische Prediger-Bibliothek

(über die Dogmatik ⟨1819⟩ des Hegelianers
Philipp Konrad Marheinecke ⟨† 1846⟩)

Nach unserer Ansicht ist nämlich diese christliche
Dogmatik ein evidenter Beweis, daß Schwärmerei
und Mystik nicht bloß, wie man sich bisher noch trösten konnte, eine gewisse Anzahl von Gemütern, die
von religiöser Nervenschwäche affiziert sind, in einzelnen isolierten Zuckungen durchdringt und nur gewisse, für eine weibisch-empfindsame Lesewelt ge-
schriebene, ephemere Produkte influenziert, sondern
daß sie sich selbst in das Heiligtum der Wissenschaft
hineindrängt, um ihre ewigen Grundlagen, die ern-
stesten und heiligsten von allen, ruhige Besonnenheit,
wägenden Verstand und kalte Vernunft, zu untergraben, um auf lockerem und sandigem Boden Dunst
und Nebelgebäude aufzuführen, welche beim ersten
Hauche des Geistes, der da wahrhaft aus Gott ist, weil
er sich über seinen göttlichen Ursprung mit sich selbst
verständigen kann, über den Haufen stürzen. Dies
leere Wort- und Formelspiel ist genau betrachtet
nichts weiter als ein aus Judaismus, Gnostizismus,
Augustinismus, Scholastizismus, Kritizismus, Schel-
lingianismus, Supernaturalismus, Rationalismus und
Jacobiismus wunderbar zusammengetragenes Aggre-
gat von rechtgläubig klingenden Dogmen, das in der
unprotestantischen Grundannahme aller Schwärmerei
von einem „inneren Lichte und Worte" seinen Stütz-
und Mittelpunkt hat.

## FRIEDRICH DER GROSSE VON PREUSSEN (1712–1786)

Eine weite Skala des Empfindens spannt sich zwischen dem physikotheologischen Credo des Prinzen und den Todesgedanken des Königs aus, die dem schottischen Freunde Jacob Keith gewidmet sind. Die Spannung wiederholt sich zwischen dem Vorsehungsglauben Friedrichs und seiner Scheu vor „Vater Zufall", zwischen der Wendung zu Wolffs Substanzseele und der zu Lockes verlöschendem „Anhängsel des Körpers", zwischen der Bewunderung der „herrlichen Bergpredigt" des „Essäers Jesus" und der Abwertung der christlichen „Chekers" und „Fafen". Spannung besteht zwischen der Erscheinung des 31. Gliedes der Loge d'Hambourg, des Patrons der Rheinsberger Schloßloge, der Berliner Logen „Aux trois Globes" und „Royal York de l'Amitié" und der des Feldherren, der zu Zeiten überzeugt war, „für die Sache des Protestantismus" zu fechten. Nicht unbeträchtlich erscheint der Gegensatz zwischen dem Bewunderer der weltschöpferischen „Intelligence de l'Ouvrier" oder dem schon Todgeweihten, der in der Ergriffenheit der Neologie die Sonne anredet: „Vielleicht werde ich dir bald näher sein" und dem Verfasser der theologischen Streitschriften, die im „Traum" gipfeln – jenem Traum, in dem Religionsstifter als Gaukler auftreten, von denen jeder einen Harlekin mit sich bringt, Thomas von Aquin den Augustin, Mohammed den tanzenden Derwisch usf. Groß war schon die Diskrepanz zwischen dem erschreckenden (orthodoxpietistischen) religionspädagogischen Druck der Kinderzeit und jener Welt der Wolff, Voltaire, Descartes, Locke, Shaftesbury, Bayle, die der Zwanzigjährige sich zunehmend erschloß.

Daß es trotz dieser Vielfalt eine Mitte der religiösen Person gab, scheint bei der Betrachtung jener Apologie sichtbar zu werden, mit der Friedrich 1770 Religion und Christentum gegen den französischen Materialismus P. D. v. Holbachs († 1798) verteidigte.

Hier wird mit Konsequenz auch die anti-religiöse und anti-christliche Metaphysik angegriffen. Holbachs Gedankenwelt ist aktualisierter Spinozismus des 18. Jahrhunderts, und in Friedrichs Kritik wiederholt sich der Vorgang, in dem 50 Jahre vorher Nieuwentyt Spinozas System zerschlug. Auch die Waffen sind die gleichen, nüchterne Fakten, die die Gehirngeometrie der totalitären Materialität, Zufälligkeit, Wirkkausalität sprengen – wie die metabiologische, transrationale, zielgerichtete Physiologie der Organismen, das Experiment, das den Mythus von der Urzeugung zerstört, anthropologische Tatsachen, wie die unaufhebbare Bosheit des Menschen usf. Die sog. „Systemwut", die metaphysischen Denkzwänge Holbachs, werden entlarvt. Sie wollen die Wirklichkeit vergewaltigen, und um dieses „blinden" Strukturrausches willen hat Friedrich die Enzyklopädisten ebenso verachtet wie Rousseau.

Ist damit Wirklichkeit und damit auch letzte, transrationale göttliche Wirklichkeit freigekämpft, so ist es offensichtlich nicht möglich, sie wieder in die Fesseln anderer Kategorien zu schlagen – es bleibt jenes perspektivische Umkreisen des Letzten, Höchsten, das wir oft in Friedrichs Äußerungen bemerken. Um es vereinfacht zu sagen: Auch der „Philosoph von Sanscouci" vertritt offenbar auf seine Weise und in seiner Sphäre etwas von dem „Vorkantischen Kantianismus", der seinen Weg durch die Epoche nahm, seit der Hebraismus der Britischen Aufklärung die Metaphysik des Barock zu sprengen begann. Damit wurde auch Friedrich von Preußen schließlich notwendig zum Gegner des „verlängerten Französischen Barock" des 18. Jahrhunderts.

Über Friedrich II.: *W. Bussmann, W. Andreas.*


*Rechtfertigung der Güte Gottes*

Der Du in scheu verehrtem Walten
Das Weltenganze ausgedacht,
Der Du, aus Nichts es zu gestalten,
Nur brauchtest e i n e s Wortes Macht –
Göttlicher Schöpfer dieser Erde!
Daß meinem Dank Genüge werde,
Laß mich, von reiner Glut erfüllt,
Bis aufwärts zu des Himmels Pforten
Verkünden laut an allen Orten,
Wie Du so gütig und so mild.

Nur Du in nimmermüder Gnade
Erfandest würdig mich des Seins

Und riefest mich, nach ew'gem Rate,
Zum Leben in die Welt des Scheins.
Auf gingen meine Augensterne
Durch Dich allein der Strahlenferne;
Doch ohne Dich im Urnachtschoß,
In geist- und körperloser Stille,
Empfing ich niemals Wesensfülle,
Der Liebe nimmer ich entsproß.

Wie mir das ungetrübte Denken
Die besten Deiner Gaben nennt,
So weiß es auch den Sinn zu lenken
Vom Erdenstaub zum Firmament.
Noch im geringsten Deiner Werke
Enthüllt es mir des Gottes Stärke
Den Abglanz seiner Schöpferpracht.
Mein Knie will sich vor einem Wurme
Fast tiefer als im Donnersturme
Anbetend beugen Deiner Macht.


### An Feldmarschall Jakob Keith

Mit unserm letzten Hauche hat alle Pein ein End,
Wie sollte vor dem Tode der bangen, der ihn kennt?
Glaubt mir, er ist mitnichten des Malers Schreckgebild,
Der knochendürre Würger, der Schwelger, nie gestillt,
Der unermeßne Ernten in allen Welten rafft
Und nur dem ew'gen Abgrund ewige Nahrung schafft.
Traumbilder sind die Schatten, die ohne Wiederkehr
Dem dunklen Reich verfallen, ein klagend Geisterheer;
Ein Traum der Ort der Schmerzen, wo, jeder Hoffnung bar,
Endlose Strafen abbüßt die bleiche Sünderschar.
Ägyptens Wundermärchen sind gleicher Art wie die,
So unsre Väter glaubten, ein Werk der Phantasie,
Ein sinnlos Durcheinander, gestalt- und farbenreich,
Von Todesangst geschaffen und Pfaffenlist zugleich.
Mein lieber Keith, so laß uns mit dem unwürd'gen Spuk
Einmal zu Ende kommen, der Wahrheit Stunde schlug.
Verfällt der Leib den Würmern, das macht uns wenig
                                          Kummer:
Wir denken uns das Totsein als einen tiefen Schlummer,
Traumlos und ohn' Erwachen in Leidgeborenheit;
Und sollt' ein glimmend Fünklein später, nach unsrer Zeit,
Ein Etwas – nennt's die Seele, unsterblich nennt's dazu –

Wirklich noch einmal aufglühn aus kalter Schlackenruh,
Dem Weltgesetze trotzend, das die Vernichtung will –
Sei's drum, was mag's uns kümmern? Wir ruhen stumm und
still.
Was hätt' ich zu befahren in jener Welt, sag' an?
Ist Gott, den ich verehre, ein Wütrich, ein Tyrann?
Sollt' ich nach meinem Tode ein schuldlos Opfer sein
Des, der den Lebensodem uns gab und obendrein
All jene süßen Triebe, der Sinne Lustverlangen?
Ist einst aus Götterhänden der Mensch hervorgegangen
Mit seinem Geist und Wesen, wie sollten Götter dann
Ihr Werk drum strafen wollen, weil noch gar viel daran
Des Unvollkommnen bliebe? Dergleichen anzunehmen
Kann mein vernünftig Denken sich nimmermehr bequemen.

Was ist an diesem Leben zuletzt denn auch verloren?
Was ist des Menschen Dasein? Zum Leid sind wir geboren.
Wir bauen und zerstören, wir lieben, und wir sehen
Hinsterben, was wir lieben, möchten vor Schmerz vergehen,
Trösten uns neu und fahren zum Schlusse selbst dahin –
Und dies, ihr Ärmsten, ist noch der lohnendste Gewinn!
Die Welt, die wir verlassen, war nur ein Unterstand,
Ein Zwischenort; wir leben wie fremd in fremdem Land,
Wie'n Wandersmann, der gern wohl sein Aug' an Feld und
Wald
Erlabt im Weiterziehen, doch ohne Aufenthalt.

So wolln wir, Keith, im Kommen und Gehen dieser Welt
Mittraben unsre Strecke, solang es Gott gefällt ...
Doch nichts soll uns gemein sein mit jener Gläubigkeit,
Der feigen, die vor Sünde die Höllenangst nur feit,
Die gern die Schranken bräche verderblichster Gelüste,
Wenn sie in ihrem Jenseits die ew'ge Glut nicht wüßte;
All ihre Tugendstrenge ist ja nur Schein und Hohn.
Wir ohne Furcht und Hoffen erwarten keinen Lohn;
Wir wissen nichts von Strafen der ew'gen Höllenpein,
Von niedrem Eigennutze bleibt unser Denken rein.
Der Menschheit Wohl, die Tugend ist unsrer Tage Licht,
Was von der Schuld uns fernhält, die Liebe ist's zur Pflicht.
Wir wollen ohne Reue ruhvoll von hinnen fahren,
Gewiß, daß unsre Taten der Welt ein Segen waren.
So flammt der Stern des Tages, eh' er hinabsinkt ganz,
Am Horizont noch einmal in heitrem Feierglanz;
Und seiner Strahlen letzte, sie sind sein Abschiedsgruß,
Ein Seufzer an die Erde, die er nun lassen muß.

Das „System der Natur" gehört zu den Werken, die beim ersten Lesen bestechen und deren Fehler man, da sie mit viel Kunst verhüllt sind, erst nach mehrfachem Wiederlesen entdeckt. Der Verfasser verstand es geschickt, bei seinen Lehrsätzen die Folgerungen zu übergehen, um die nachprüfenden Kritiker irrezuführen.

### Gott und die Natur

Was den ersten Punkt betrifft, so ist man angesichts seiner Bedeutung ein wenig überrascht von den Gründen, die der Verfasser anführt, um die Gottheit zu verneinen. Er sagt, es falle ihm nicht so schwer, eine blinde Materie anzunehmen, die durch die Bewegung zum Handeln gelangt, als seine Zuflucht bei einer intelligenten Urkraft zu suchen, die aus sich selber handelt. Als ob das, was er mit geringer Mühe einordnet, wahrer sei als das, was ohne Anstrengung nicht aufzuklären ist! Er gibt zu, daß die Empörung über die Religionsverfolgungen ihn zum Atheisten gemacht hat. Sind dies nun Gründe, die Anschauung von Philosophen zu bestimmen: Trägheit und Leidenschaften? Ein so naives Eingeständnis kann in seinen Lesern nur Mißtrauen erwecken – wie soll man ihm Glauben schenken, wenn er sich durch so leichtfertige Gründe leiten läßt? Ich vermute, unser Philosoph überläßt sich mitunter allzu gefällig seiner Einbildungskraft. Befremdet von den widerspruchsvollen Gottheitdefinitionen der Theologen, verwechselt er diese Definitionen, die dem gesunden Menschenverstand nicht standhalten, mit einer intelligenten Natur, die notwendigermaßen über der Erhaltung des Weltalls waltet. Die ganze Schöpfung beweist diese Intelligenz. Man braucht nur die Augen zu öffnen, um sich davon zu überzeugen. Der Mensch ist ein vernunftbegabtes Wesen, hervorgebracht von der Natur. Die Natur muß unendlich intelligenter sein als er. Sonst müßte sie ihm ja Vorzüge mitgeteilt haben, die sie selber nicht besitzt. Das wäre ein Widerspruch in aller Form.

Wenn der Gedanke eine Folge unserer Organisation ist, so muß die Natur, da sie unvergleichlich reicher als der Mensch organisiert ist und er einen nicht wahrnehmbaren Teil des großen Alls bildet, sicherlich die Intelligenz im höchsten Grade der Vollkommenheit besitzen. Eine blinde Natur könnte mit Hilfe der Bewegung nur Verwirrung stiften. Da sie ohne Berechnung verfahren würde, könnte sie niemals bestimmte Ziele erreichen, noch solche Meisterwerke schaffen, die der menschliche Scharfsinn im unendlich Kleinen wie im unendlich Großen bewundern muß. Die Ziele, welche sich die Natur in ihren Werken gesetzt hat, offenbaren sich so augenscheinlich, daß man gezwungen ist, eine selbstherrliche und überlegen intelligente Ursache anzuerkennen, die mit Notwendigkeit darüber waltet. Fasse ich den Menschen ins Auge, so sehe ich, daß er als schwächstes aller Lebewesen geboren wird, bar aller Schutz- und Trutzwaffen, unfähig, den Unbilden der Witterung zu widerstehen, unablässig der Gefahr ausgesetzt, von wilden Tieren zerrissen zu werden. Zum Ersatz für die Schwächen seines Körpers und zur Erhaltung der Art hat die Natur ihn reicher mit Intelligenz begabt als alle anderen Geschöpfe. Ein Vorzug, kraft dessen er sich auf künstlichem Wege das verschafft, was die Natur ihm sonst, scheint es, nicht vergönnte. Das allerniedrigste Lebewesen umschließt in seinem Körper ein Laboratorium, das kunstvoller hergestellt ist als das des geschicktesten Chemikers. Darin bereitet es die Säfte, die sein Wesen erneuern, sich seinen Bestandteilen einfügen und sein Dasein verlängern. Wie vermöchte diese wunderbaren Organisation, die allem

Lebendigen zu seiner Erhaltung so nötig ist, von einer vernunftlosen Ursache auszugehen, die ihre größten Wunder vollbrächte, ohne es wahrzunehmen? Soviel braucht es aber nicht einmal, um unsern Philosophen zu widerlegen und sein System zu stürzen. Das Auge einer Milbe, ein Grashalm reichen hin, ihm die Intelligenz ihres Urhebers zu beweisen.

Ich gehe noch weiter. Ich glaube sogar, wenn man wie er eine blinde erste Ursache annähme, könnte man ihm den Beweis liefern, daß dann die Fortpflanzung der Arten unsicher werden und, wie es der Zufall fügt, zu unterschiedlichen, absonderlichen Wesen entarten würden. Einzig die unwandelbaren Gesetze einer intelligenten Natur können also inmitten der zahllosen Erscheinungen die einzelnen Arten in ihrer vollen Reinheit erhalten. Vergebens versucht der Autor sich darüber hinwegzutäuschen. Die Wahrheit ist stärker als er; sie zwingt ihn zu sagen, daß die Natur in ihrer unermeßlichen Werkstatt die Stoffe sammelt, um neue Geschöpfe zu bilden. Sie setzt sich also einen Zweck; folglich ist sie intelligent. Wenn man nur irgend aufrichtig ist, kann man sich unmöglich dieser Wahrheit verschließen. Selbst die Einwände, die von dem physisch und moralisch Schlechten hergeleitet werden, vermöchten sie nicht umzustoßen: Die Ewigkeit der Welt überwältigt dieses Hemmnis. Die Natur ist demnach unbestreitbar intelligent. Sie handelt immer im Einklang mit den ewigen Gesetzen der Schwere, der Bewegung, der Trägheit usw., die sie weder aufheben noch ändern kann. Wiewohl unsere Vernunft uns dieses Wesen nachweist, wiewohl wir etwas davon sehen und etliches von seiner Tätigkeit ahnen, werden wir es doch niemals genügend erkennen, um es zu definieren. Jeder Philosoph, der das von den Theologen geschaffene Phantom angreift, kämpft in Wirklichkeit gegen die Wolke des Ixion ⟨Dem Verehrer seiner Gattin sandte

Zeus ein Wolkenbild in Heras Gestalt. Pind. Pyth.
2,21 ff.⟩. Er reicht nicht an jenes Wesen, dem das
ganze Weltall zu Beweis und Zeugnis dient.

Man wird ohne Zweifel sehr erstaunt sein, daß
ein so aufgeklärter Philosoph wie unser Autor sich
einfallen läßt, die alten Irrtümer von einer künst-
lichen Zeugung zu verbreiten. Er zitiert ⟨John Tuber-
ville⟩ Needham, jenen englischen Arzt ⟨† 1781⟩, der
sich durch ein falsches Experiment irreführen ließ
und glaubte, er habe Aale hergestellt. Wären der-
artige Vorgänge wahr, so könnten sie wohl mit dem
Wirken einer blinden Natur übereinstimmen; allein
sie sind durch alle Versuche Lügen gestraft worden.
Sollte man es ferner glauben, daß derselbe Autor
eine allgemeine Sintflut annimmt? eine Absurdität,
ein Wunder, das bei einem Mathematiker nicht zu-
lässig und mit seinem System auf keine Weise ver-
einbar ist. Sind die Wasser, die unseren Erdball über-
schwemmten, eigens dazu hervorgebracht worden?
Was für gewaltige Massen mußten das sein, die höher
als die höchsten Berge emporstiegen! Wurden sie
dann in Nichts aufgelöst? Oder was wurde aus ihnen?
Wie? er schließt die Augen, um nicht ein intelligen-
tes Wesen zu sehen, das über das Weltall herrscht
und von der ganzen Natur ihm verkündet wird, und
dann glaubt er an das Wunder, das der Vernunft
mehr widerstrebt als alle, die man je erdichtet hat?
Ich gestehe, daß ich es nicht fasse, wie so viel Widersprüche sich in einem philosophischen Kopf miteinander vertragen konnten und wie der Autor dessen
nicht gewahr wurde, als er sein Werk verfaßte.

### Die Fatalität

Er hat das System der Fatalität, wie Leibniz es
darstellte und Wolff es erläuterte, beinahe buchstäblich abgeschrieben. Zur besseren Verständigung glaube ich, die Idee, die man mit dem Worte Freiheit ver-

bindet, definieren zu sollen. Ich verstehe darunter jeden Akt unseres Willens, der aus diesem allein und ohne Zwang erfolgt. Man denke nicht, daß ich von diesem Grundbegriff aus beabsichtige, das System der Fatalität im allgemeinen und in jeder Einzelheit zu bekämpfen. Ich suche nur die Wahrheit, ich achte sie, wo immer ich sie finde, und unterwerfe mich ihr, sobald man sie mir zeigt. Um die Frage richtig zu beurteilen, geben wir das Hauptargument des Verfassers wieder. All unsere Begriffe, sagt er, werden uns durch die Sinne zugeführt und sind eine Folge unserer Organisation; demnach sind alle unsere Handlungen notwendig. Daß wir unseren Sinnen als unseren Organen alles verdanken, wird man ihm ohne weiteres zugeben. Der Autor sollte aber merken, daß die Begriffe, die wir empfangen, Anlaß zu neuen Kombinationen geben. Bei der ersten dieser Verrichtungen ist die Seele passiv, bei der zweiten aktiv. Erfindungsgabe und Einbildungskraft betätigen sich an den Objekten, die die Sinne uns erkennen lehrten: als z. B. Newton die Geometrie lernte, verhielt sein Geist sich passiv; als er aber zu seinen staunenswerten Entdeckungen gelangte, war er mehr als tätig, er war schöpferisch. Im Menschen sind die verschiedenen Geistesbetätigungen sehr wohl voneinander zu unterscheiden. Wo der äußere Antrieb vorherrscht, ist er Sklave, ganz frei dagegen, wo seine Einbildungskraft am Werke ist. Darin stimme ich also mit dem Verfasser überein, daß es eine gewisse Verkettung der Ursachen gibt, deren Einfluß auf den Menschen einwirkt und in wiederholter Wirkung Herr über ihn wird. Der Mensch empfängt mit der Geburt sein Temperament, seinen Charakter mit dem Keim seiner Fehler und Tugenden, sein zugemessen Teil Geist, das er weder verringern noch erweitern kann, Talente oder Genie, oder aber Schwerfälligkeit und Unfähigkeit. So oft wir uns vom Aufwallen unserer Leidenschaften fortreißen lassen, triumphiert die Fatalität siegreich über unsere Freiheit. So oft die Macht der Vernunft die Leidenschaften zügelt, trägt die Freiheit den Sieg davon.

Ist aber der Mensch nicht völlig frei, wenn man ihm verschiedenartige Entschließungen vorschlägt, die er prüft, zwischen denen er schwankt und über die er schließlich nach seiner Wahl entscheidet? Der Autor wird mir ohne Zweifel erwidern, die Notwendigkeit lenke diese Wahl. Ich glaube jedoch in dieser Antwort einen Mißbrauch des Ausdrucks Notwendigkeit zu erblicken, eine Verwechslung mit Ursache, Motiv, Grund. Ganz gewiß geschieht nichts ohne Ursache, aber nicht jede Ursache ist notwendig. Ganz gewiß entscheidet sich jeder Mensch, der nicht von Sinnen ist, nach Gründen, die von seiner Eigenliebe abhängen; er wäre nicht frei, ich wiederhole es, sondern wahnwitzig, wenn er anders handelte. Mit der Freiheit verhält es sich demnach ebenso wie mit Weisheit, Vernunft, Tugend, Gesundheit: der Sterbliche besitzt sie nicht uneingeschränkt, sondern nur zuzeiten. In manchen Dingen stehen wir als der leidende Teil unter der Herrschaft der Fatalität, in anderen sind wir unabhängig und frei. Halten wir uns hierin an den Philosophen Locke. Er ist durchaus überzeugt, daß er bei verschlossener Tür nicht imstande ist, sich nach Belieben zu entfernen, daß er hingegen bei offener Tür die Freiheit hat, nach seinem Gutdünken zu handeln. Je mehr man dieser Materie auf den Grund zu kommen sucht, desto verwickelter wird sie. Mit allen Spitzfindigkeiten macht man sie am Ende nur so dunkel, daß man sich selbst nicht mehr zurecht findet. Namentlich ist es für die Anhänger des Fatalismus unangenehm, daß ihr tätiges Leben sich beständig in Widerspruch zu ihren theoretischen Grundanschauungen setzt.

Der Verfasser des „Systems der Natur" hat zuvörderst alle Gründe, die sein Vorstellungsvermögen ihm lieferte, erschöpft, um zu beweisen, daß eine Schicksalsnotwendigkeit die Menschen bei allen Handlungen durchaus binde und leite. Daraus hätte er doch folgern müssen, daß wir nichts als eine Art von Maschinen oder, wenn man will, Marionetten seien, die durch eine blinde Triebkraft bewegt würden. Statt dessen eifert er gegen die Priester, gegen die Regierungen und die Erziehung. Er setzt also voraus, die Menschen, die diese Ämter innehaben, seien frei, während er ihnen doch beweist, daß sie Sklaven seien. Wie abgeschmackt, wie unvereinbar! Wird alles durch notwendige Ursachen bewegt, so werden Ratschläge, Unterweisungen, Gesetze, Strafen, Belohnungen überflüssig und unnütz. All das hieße nur einem gefesselten Mann sagen: sprenge deine Ketten! Gerade so gut könnte man eine Eiche durch Predigen überreden wollen, sich in einen Orangenbaum zu verwandeln. Die Erfahrung bezeugt uns jedoch, daß es gelingen kann, Menschen zu bessern; also muß mit Notwendigkeit geschlossen werden, daß sie wenigstens teilweise der Freiheit genießen. Bleiben wir bei den Lehren dieser Erfahrung und lassen wir uns keinesfalls auf eine Weltanschauung ein, der wir ohne Unterlaß durch unsere Handlungen widersprechen.

Aus der Grundanschauung der Fatalität ergeben sich die unheilvollsten Folgen für die menschliche Gesellschaft. Hätte sie Geltung, so wären Mark Aurel und Catilina, der Präsident de Thou ⟨† 1617⟩ und Ravaillac ⟨Mörder König Heinrichs IV. von Frankreich⟩ an Verdiensten einander gleich. Die Menschen würden nur noch als Maschinen anzusehen sein, die teils für das Laster, teils für die Tugend bestimmt wären. Auf jeden Fall wären sie unfähig, aus sich heraus verdienstlich zu handeln oder zu sündigen und so Strafe oder Lohn zu ernten. Das würde die Moral, die guten Sitten und alle Grundlagen der Gesellschaft untergraben. Woher kommt dann aber die Liebe zur Freiheit, die gemeiniglich in allen Menschen lebt? Wenn sie nur in der Vorstellung existiert, woher wüßten sie dann von ihr? Sie müssen sie also durch Erfahrung, durch ihr Gefühl kennengelernt haben; folglich muß Freiheit wirklich bestehen, oder es wäre unwahrscheinlich, daß sie Liebe für sie empfinden könnten. Was immer Calvin, Leibniz, die Arminianer und der Verfasser des „Systems der Natur" darüber sagen mögen, sie werden uns niemals überzeugen, daß wir Mühlenräder seien, die von einer notwendigen, unwiderstehlichen Ursache nach Laune in Bewegung gesetzt würden.

Alle diese Fehler, in die unser Autor verfiel, kommen von seiner Systemwut her; er hat sich in seine Meinungen verrannt. Er traf Phänomene, Umstände und Einzelheiten, die zu seiner Lehre trefflich stimmten. Als er aber daran ging, seine Ideen zu verallgemeinern, fand er andere Kombinationen und Erfahrungswahrheiten, die ihr zuwiderliefen. Diese nun hat er verbogen und vergewaltigt, um sie, so gut es ging, den übrigen Teilen seines Systems anzupassen. Sicher ist, daß er keinen der Beweise, die das Dogma der Fatalität stärken können, übersehen hat. Zugleich aber ist es auch klar, daß er dieses sein ganzes Werk hindurch widerlegt. Ich für mein Teil denke, ein wahrer Philosoph sollte in solchem Fall auf Kosten seiner Eigenliebe die Liebe zur Wahrheit betätigen.

### Die Religion

Man könnte dem Verfasser Geistesarmut und vor allem Ungeschicklichkeit vorwerfen, weil er die christliche Religion verleumdet, indem er ihr Fehler nachsagt, die sie nicht hat. Wie kann er im Ernst behaupten, sie sei an allem Unglück der Menschheit schuld? Um sich mit Genauigkeit auszudrücken, hätte er einfach sagen können, daß Ehrgeiz und Eigennutz der

Menschen die Religion zum Vorwand nehmen, um Unruhe über die Welt zu bringen und die eigenen Leidenschaften zu befriedigen. Was kann man ehrlicherweise an der Moral aussetzen, die im Dekalog enthalten ist? Fände sich im Evangelium nichts als diese einzige Vorschrift: „Tut den andern nicht, was ihr nicht wollt, daß man euch tue" ⟨Mth. 7,12⟩ – man wäre verpflichtet zu gestehen, daß diese wenigen Worte die Quintessenz aller Moral enthalten. Und hat nicht Jesus in seiner herrlichen Bergpredigt die Verzeihung der Beleidigungen, die Barmherzigkeit, die Menschlichkeit verkündet?

Es durfte also keine Verwechslung vorkommen zwischen Gesetz und Mißbrauch, zwischen Schriftwort und Verwirklichung, zwischen der echten christlichen Moral und derjenigen, die von den Priestern herabgewürdigt ward. Wie darf da der Autor die christliche Religion an sich beschuldigen, die Ursache der Sittenverderbnis zu sein? Wohl aber könnte er die Geistlichen anklagen, daß sie die bürgerlichen Tugenden durch den Glauben ersetzten, die guten Werke durch äußerliche Bräuche, die Gewissensbisse durch leichtwiegende Bußübungen, die unerläßliche Besserung durch verkäufliche Ablässe. Er könnte ihnen vorwerfen, daß sie von Eidespflicht entbinden und gewaltsam Gewissenszwang ausüben. Diese strafbaren Mißbräuche verdienen es freilich, daß man gegen diejenigen vorgeht, die sie einführen, und gegen jene, die sie anerkennen. Mit welchem Recht jedoch will das einer tun, der die Menschen für Maschinen ansieht? Wie vermag er eine tonsurierte Maschine zu tadeln, die von Notwendigkeit wegen betrügt, schwindelt und mit der Gläubigkeit der Menge ein freches Spiel treibt?

Indessen lassen wir für einen Augenblick das System der Fatalität beiseite und nehmen wir die Dinge, wie sie in der Welt wirklich sind. Der Autor müßte wissen, daß die Religion, die Gesetze, die Regierungsgewalt gleichviel welcher Art niemals das mehr oder minder häufige Auftreten von Verbrechernaturen inmitten der großen Staatsbürgerzahl verhindern werden. Überall ist die breite Volksmasse wenig vernünftig, läßt sich leicht im Strom der Leidenschaften treiben, ist mehr zum Laster geneigt als des Guten beflissen. Alles, was man von einer guten Regierung erwarten kann, ist dies: daß unter ihr die schweren Verbrechen seltener seien als unter einer schlechten. Unser Autor mußte ferner wissen, daß Verleumdungen nicht Gründe sind, daß Verleumdungen einen Philosophen gleichwie jeden anderen Schriftsteller unglaubwürdig machen und daß von ihm im Zustand der Erbosung, in den er etliche Male gerät, das Wort gelten könnte, das Menipp zu Jupiter spricht: „Du greifst zum Blitzstrahl; also bist Du im Unrecht!"

Ohne Zweifel gibt es nur eine Moral. Sie umfaßt alles, was die einzelnen Menschen einander schulden, sie ist die Grundlage der Gesellschaft. Unter jedweder Regierung, in jedweder Religion muß sie dieselbe sein. Die des Evangeliums würde, wenn man sie in all ihrer Reinheit nähme, nutzbringend auf das Leben anzuwenden sein. Sobald wir aber das Dogma der Fatalität annehmen, gibt es nicht Moral und Tugend mehr, und der ganze Bau der menschlichen Gesellschaft bricht zusammen. Das Ziel unseres Autors ist es unbestreitbar, die Religion zu stürzen; doch hat er den abseitigsten und schwierigsten Weg gewählt. Mir scheint, das natürlichste Vorgehen für ihn wäre dieses gewesen: Ein Angriff auf die geschichtliche Seite der Religion, auf die absurden Fabeln, über denen man ihr Gebäude errichtet hat, auf die Überlieferungen, die absurder, närrischer, lächerlicher sind als das Allertollste, was das Heidentum geleistet hat. Dies wäre das Mittel gewesen zu beweisen, daß Gott nicht gesprochen hat; das Mittel, die Menschen von ihrer einfältigen, stumpfen Leichtgläubigkeit abzubringen. Noch einen kürzeren Weg hatte der Verfasser zur Erreichung desselben Ziels. Er mußte die Argumente gegen die Unsterblichkeit der Seele vorführen, die Lukrez in seinem dritten Buch mit soviel Kraft auseinandersetzt, und mußte dann hieraus den Schluß ziehen: da mit diesem Leben für den Menschen alles zu Ende geht und nach dem Tod ihm nichts mehr zu fürchten noch zu hoffen bleibt, so kann auch keinerlei Zusammenhang zwischen ihm und der Gottheit bestehen, und diese vermag weder zu strafen noch zu belohnen. Ohne diesen Zusammenhang kann von Kultus, von Religion nicht mehr die Rede sein, und die Gottheit sinkt für den Menschen zum Gegenstand der Untersuchung, der Wißbegier herab.

Welche Seltsamkeiten und Widersprüche gibt es demgegenüber im Werk dieses Philosophen! Nachdem er mühselig zwei Bände mit Beweisen für sein System gefüllt hat, gesteht er, daß wenig Menschen fähig seien, es zu erfassen und sich hinein zu vertiefen. Man sollte also glauben, daß er mit derselben Blindheit, die er der Natur nachsagt, ohne Ursache handle und unter dem Zwang einer unwiderstehlichen Notwendigkeit ein Werk schreibt, das geeignet ist, ihn in die größten Gefahren zu stürzen, ohne daß er selbst oder ein anderer je auch nur die geringste Frucht davon ernten könnte.

## HERMANN SAMUEL REIMARUS (1694–1768)

Der Philosoph, Philologe und Theologe Reimarus war Professor der Orientalischen Sprachen am Johanneum in Hamburg und gehörte als Schwiegersohn des berühmten J. A. Fabricius zum Brockes-Kreis (s. o. S. LX). Eine Reihe von physikotheologischen Werken, in denen er die zielgerichteten Verhaltensweisen der tierischen Instinkte in bis heute nahezu unübertroffener Weise darstellt, entstammen seiner Feder. Moses Mendelssohn hat im gleichen Jahrgang seiner Literaturbriefe, in denen er die Dichtung Friedrichs d. Gr. scharf kritisierte (1760), die Physikotheologie des Reimarus gerühmt und später in seinem „Morgenstunden" (1785), in denen er die Physikotheologie gegen Spinoza einsetzte, auf Gedanken des Reimarus zurückgegriffen.

Unbemerkt von der Öffentlichkeit vollzog sich in Reimarus ein Wandel zum radikalen Naturalismus hin – die Maximen des Stoikers Chrysipp (s. S. LXXX) wurden sein Credo, sie sind von der Natur eingesenkte Ideen, neben denen alle darüber hinausgehende „positive Religion" verwerflich erscheint. Reimarus verfaßte jene „Apologie oder Schutzschrift für die vernünftigen Verehrer Gottes", aus der Lessing postum die 7 „Fragmente eines Ungenannten" veröffentlichte, die den bekannten „Fragmentenstreit" entfesselten. Der Text der Apologie liegt in letzter Fassung in zwei (gleichlautenden) Handschriften in Göttingen und Hamburg vor. Die Hamburger Handschrift umfaßt im I. Teil 972, im II. Teil 1072 Seiten. Unser bisher unveröffentlichter Text entstammt dem 5. Buch des II. Teils, der die Kritik des protestantischen Lehrsystems enthält, und bringt zwei drastische dogmenkritische Parabeln. Der ebenfalls unbekannte Schluß des Werkes zeigt etwas von dem scharfen Antijudaismus, den Reimarus mit manchen Deisten teilte, der schon in den Fragmenten sichtbar wurde und eine Gegenströmung des Hebraismus und Philosemitismus unserer Epoche darstellt.

Über Reimarus: *H. Köstlin, M. Loeser, P. Grapin.*

Es ist ein gewaltiger Fehler in der ersten Grundlage dieses christlichen Systems. Anstatt daß der Ursprung des moralischen Bösen von des Menschen eigenem freien Willen hergeleitet wird, müßte man ihn nach dieser Beschreibung lediglich auf Gott als eine moralische Ursache desselben schieben. Laßt uns nur alle Umstände genauer betrachten. Gott pflanzt einen Garten in Eden und darin unter anderen Fruchtbäumen zu des Menschen Nahrung auch einen mit vielen Äpfeln trächtigen Baum, davon er nicht essen sollte. Der listige Satan wird in das Paradies hinein und zu der Eva gelassen. Was hatte er doch in der Natur zu schaffen? Kann er doch jetzt aus der Welt bleiben und spricht weder in Bocks- noch Schlangen-Gestalt ein einzig Wörtchen mit uns. Wußte es aber Gott, daß er die Eva verführen würde? Freilich, er ist ja allwissend. Nun kommt erst Gott dazu, nachdem die Sache schon geschehen war, kündigt jedem seine bevorstehende Strafe an, jagt sie aus dem Garten und pflanzt Cherubim davor, daß sie nicht wieder hineinkommen sollen. Würden die Cherubim mit ihren blitzenden Schwertern nicht bessere Dienste bei dem verbotenen Baum getan haben?

Sagt mir aufrichtig: wird Gott nicht in dieser Erzählung als die moralische Ursache des Sündenfalls der Menschen dargestellt? Ich will die Sache mit einem Beispiel erläutern, das diesem Falle vollkommen ähnlich sein soll.

Gesetzt, ich weiß voraus, daß *Simplicius* ⟨d. h. „Herr Einfalt"⟩ sich vollsaufen und sich sowohl wie seinen Nachkommen eine unheilbare Krankheit, die Schwere Not ⟨d. h. die Epilepsie⟩, zuziehen wird*, wenn man

---

* Die Aufklärung beobachtet anthropologisch sehr scharf, verwechselt aber oft Phänomenologie und Ätiologie. So

ihm einen schönen Römer mit Wein vor Augen setzt und einen schlauen Menschen dazu stellt, der ihn zum Trunk nötigen wird.

Ich mache mein bestes Zimmer im Hause zurecht. Ich setze zwar hin und wieder allerlei Eßwaren, auch Wasser, Bier, Tee, Kaffee herum – in der Mitte aber setze ich einen großen Römer auf den Tisch, dessen Wein mit seinem glühenden Glanze und erquickenden Geruch einen desto angenehmeren Geschmack verspricht. Unter dem Tisch liegt ein Stückfäßchen von demselben Weine, woraus mehr zu zapfen ist; ich gebe ihm den Namen Vin de joie ⟨„Freudenwein"⟩. Nun lasse ich Simplicius zu mir bitten, führe ihn in dies Zimmer und spreche: „Hört, ich kann für eine Weile nicht bei Euch sein. Wenn ihr aber unterdessen Appetit bekommt, so steht da allerlei Essen und Trinken zur Erfrischung im Zimmer herum. Aber nehmt Euch in acht vor dem Vin de joie in der Mitte, daß Ihr nicht davon trinkt. Denn wenn ihr das tut, so werdet Ihr Euch eine unheilbare Krankheit zuziehen."

Hierauf gehe ich weg, lasse aber *Cacochartus* ⟨d. h. „Herrn Schadenfroh"⟩ alsbald hinein, ohne daß der da was zu schaffen hat. Ich weiß es inzwischen wohl, daß der eine Freude daran zu haben pflegt, wenn er jemand zum Argen verleiten kann und daß er für den Simplicius viel zu schlau ist. Dieser fängt ein freundschaftliches Gespräch mit Simplicius an, kommt endlich auf den Wein und nötigt ihn zum Trinken. Simplicius weigert sich mit Hinweis auf die wiederholte Warnung des Wirts. „Ei", sagt Cacochartus, „merkt Ihr denn nicht, daß der Wirt diesen Wein nur für

stellte sie u. a. fest, daß Geisteskranke oft exzessiv Selbstbefriedigung trieben und Epileptiker nicht selten dem Alkoholismus verfielen. Ihre Meinung, daß das erste Laster zum Irrsinn, das zweite zur Fallsucht führe, findet sich als „sinkendes Gut" noch heute überall im Volksglauben.

sich allein behalten will? Riecht nur den Wein einmal und seht, wie er im Glase spielt. Er heißt nicht umsonst Vin de joie. Wenn man den trinkt, so wird man so vergnügt, wie immer ein König sein kann. Laßt uns heute lustig sein! Ich will den ersten Trunk tun; Ihr sollt sehen, daß es mir nicht schadet."

Mein Simplicius läßt sich bereden, trinkt, kommt auf den Geschmack, berauscht sich, daß er den Verstand verliert und kriegt die schwere Not. Da liegt er! Nun komme ich wieder dazu. Wie Simplicius sich wieder etwas erholt, schelte ich sowohl Cacochartus wie Simplicius, daß sie beide ihr Unglück als Strafe davon tragen werden. Endlich jage ich Simplicius aus dem Zimmer und dem Hause, verschließe das Zimmer und stelle ein Paar Diener mit bloßem Degen davor, damit niemand weiter hineinkommen und von dem Wein trinken soll.

Sagt mir: Würde ich nicht meine Unschuld trefflich gerettet haben? Die Handlung und deren Umstände sind in beiden Fällen einerlei. Und die moralischen Regeln, wonach Recht und Billigkeit, Vollkommenheit und Tugend, Liebe und Güte zu beurteilen ist, sind ewige, unwandelbare Regeln in der ganzen Geisterwelt, so daß Gottes Betragen gegen die Menschen uns keine Hochachtung und Ehrfurcht gegen ihn geben kann, wofern es nicht diesen Regeln gemäß ist. Da nun die Mosaische Beschreibung des Sündenfalles nach der christlichen Auslegung in der Tat Gott zur moralischen Ursache der Sünde unserer ersten Eltern macht – welches unmöglich in dem allervollkommensten Wesen eine Stätte findet – so müssen Sünde und Tod eine andere Ursache haben, die mit der göttlichen und menschlichen Natur besser übereinstimmt. So fallen die beiden ersten Grundsätze des christlichen Lehrgebäudes weg.

Wir kommen zu dem dritten Satz, daß alle Nachkommen Adams in Adam gesündigt haben, daß wir eine angeerbte Sünde mit auf die Welt bringen, daß wir von Natur Kinder des Zornes sind und daß Gott recht hat, alle Menschen auch schon ihrer angeerbten Schuld wegen mit zeitlichem und ewigem Tode zu bestrafen. Ich muß gestehen, mir sind dies lauter unverständliche Worte, bei denen sich nichts ohne klaren Widerspruch denken läßt.

Es ist wahr, daß sich oft physische leibliche Gebrechen und Krankheiten auf Kind und Kindeskind vererben. Aber ein jeder wird doch gestehen, daß diese dergleichen Ungemach, welches die menschliche Natur in der Zeugung fortpflanzt, unverschuldet tragen. Und wenn auch die Eltern sich solches Ungemach durch ihren bösen Wandel zugezogen hätten, so würden doch die Kinder nicht des Zorns und der Strafe, sondern bloß des Mitleids und des Bedauerns würdig erachtet werden.

Wie nun die uns aufgebürdete Erb-Sünde alle Begriffe und Grundsätze einer menschlichen Moral umkehrt, so läßt sich auch ohne Gotteslästerung nicht denken, daß Gott allen Menschen eine fremde Schuld anrechnen und sie darum zur Strafe ziehen sollte. Wo bliebe dann seine Wahrheit, Weisheit, Güte, Gerechtigkeit, Heiligkeit, Liebe und Erbarmen? Wir armen Adamskinder hätten bei unserer Geburt noch nichts Böses getan, wären auch in der zarten Kindheit nicht einmal fähig zu sündigen, und Gott wollte uns eine Tat, die Adam rund 6000 Jahre vor unserer Geburt wider sein Gebot beging, als unsere eigene wissentliche und vorsätzliche Freveltat anrechnen und uns darum voller Zorn zu unaufhörlicher Strafe verdammen?

Ein solches ungerechtes, grausames Wesen ist erschrecklich, abscheulich und mehr als teuflisch. Behüte uns Gott vor solchen entsetzlichen Vorstellungen von unserem Schöpfer und himmlischen Vater, der die Güte und Liebe selber ist! Wir sind als Menschen, vermöge der Schranken unserer Naturkräfte, doch schon vielen Mängeln und vielem schmerzhaftem Bösen ohne unsere Schuld unterworfen. Da liegen wir von Mutterleibe an jammernd, nackt und bloß vor den Anfällen einer ungewohnten Luft – in Gefahr, uns zu verbluten, zu erfrieren, zu verhungern, von Mücken, Fliegen, Wespen zu Tode gequält, von Tieren gefressen zu werden. Sind wir denn nicht zum Mitleid und Erbarmen geschaffene Kreaturen? Und was rettet uns anders von dem nahen Verderben als Mitleid und Erbarmen anderer Menschen? Und der, der uns so geschaffen und fremder Liebe und gütiger Sorgfalt bedürftig gemacht hat, sollte selbst so lieblos und ungerecht sein, daß er uns das Elend unserer Natur als Sündenschuld imputierte ⟨anrechnete⟩, uns mit erdichteter Zumutung eines fremden Verbrechens belästigte, nach diesem kümmerlichen Leben zu einer ewigen Qual verdammte und uns schon im voraus eine Hölle bereitete, aus der keine Errettung sein würde? Es muß uns ja wohl die von zarter Kindheit an eingejagte Furcht vor solch unverdienter Hölle alles Verstandes und Nachdenkens beraubt haben, daß wir diese abscheulichen Gotteslästerungen in heiliger Einfalt nachbeten. Es würde nicht möglich sein, einen Gott zu lieben und zu verehren, der so unendlich ungerecht und so erschrecklich grausam mit uns verführe.

Ferne sei es von dir, du Liebenswürdigster, du Liebreichster, du gütigster, gnädigster, barmherzigster Gott, daß du ein so ungerechtes Gericht über deine armen Geschöpfe hieltest, der du aller Welt Richter bist! Wie gliche dieses Verfahren dem Allervollkommensten Wesen? Und wie könnte das Bild des unsaubersten, bösartigsten Feindes Gottes und der Menschen scheußlicher vorgestellt werden? Mich wundert noch anbei, daß man es bei der Zurechnung der Sünde Adams bewenden läßt und daß man uns nicht mit gleichem Recht die Sünde des Noah und aller unserer Vorfahren zur Vergrößerung unseres unerwünschten Erbgutes auf den Hals gebürdet hat.

Gewiß, die späterhin in diesem System eingeführte Erbarmung Gottes über die Menschen durch die Zurechnung eines fremden Verdienstes ⟨Jesu Christi⟩ kann die vorige Ungerechtigkeit nicht wieder gutmachen, sondern würde nur eine neue darauf häufen. Denn wenn einer, der von keiner Sünde wußte, aller Menschen Schuld, Sünde und Strafe an deren Statt tragen und wenn wiederum jenes Gerechtigkeit diesen, die lauter Böses getan, zuerkannt werden sollte, wie kann das mit dem Begriff der Gerechtigkeit bestehen? Wie kann das mit den Begriffen der Schrift selbst gereimt werden, da es heißt: „Die Seele, die da sündigt, dieselbe soll sterben. Der Sohn soll nicht tragen die Missetat des Vaters. Desgleichen der Vater soll nicht tragen die Missetat des Sohnes. Sondern des Gerechten Gerechtigkeit soll über ihm sein. Desgleichen des Gottlosen Gottlosigkeit soll auch über ihm sein!"

Die Zurechnung fremder Gerechtigkeit ist demnach ebenso ungerecht wie die Zurechnung fremder Sünden; und beide sind gleich eitel. Jene bessert uns selbst nicht an unserer Seele, sondern schmeichelt uns nur mit vergeblicher Einbildung. Diese aber quält und ängstet unsere Seele umsonst mit höllischen Schrecken.

Aber man versuche es, ob nicht der einfachste natürliche Verstand, wenn er nur unverrückt ist, zureiche einzusehen, was in dergleichem Falle wahr und recht ist. Es ist bekanntermaßen auch zu einem bürgerlichen Gesetze gediehen, daß wer eine Mordtat begeht, wiederum des Todes sterben solle. Nun hat ein ehrlicher, einfältiger Bauer einen Urahnen gehabt, der jemand ermordete. Die Tat wird lange nachher durch einen besonderen Zufall entdeckt, und der Amtmann läßt diesen Bauern als den einzigen Erben, auf dem die Blutschuld hafte, gefänglich einziehen. „Bauer", spricht er, „du mußt des Todes sterben!" Der Bauer in der größten Bestürzung sagt, er sei sich ja nicht bewußt, etwas getan zu haben, was eine Todesstrafe verdient hätte. „Ja", spricht der Amtmann, „du hast einen Erb-Mord auf dir." – „Gestrenger Herr, der liebe Gott hat mich bisher davor behütet, daß ich niemand ums Leben gebracht, und wird mich auch davor in Zukunft bewahren, ich bin kein Mörder." – „Aber Erb-Mord, Erb-Mord!" – „Das verstehe ich gar nicht, was es heiße." – „Wie? Hast du nicht einen Urahnen gehabt, der den und den Mord begangen hat?" – „Mein Gott!" schreit der Bauer, „Das müßte lange vor meiner Zeit geschehen sein: ich wäre ja doch nicht schuld daran, ich wäre ja nicht der Mörder, ich hätte die Strafe des Mordes nicht verdient." – „Genug", versetzt der Amtmann, „der Mord ist so gewiß, als gewiß ist, daß du ein Urenkel des Täters bist. Folglich hast du in deinem Urahnen schon gemordet, die Blutschuld und deren Strafe haftet erblich auf dir." – „O Himmel! welche Zumutung? Ich soll schon in meinem Urahnen gemordet haben! Ich bin ja damals noch nicht auf der Welt gewesen. Wie kann ich denn, ehe ich noch selbst gelebt, andere ums Leben gebracht haben? Oder wie kann ich nur meine Einwilligung zu einer solchen Tat gegeben oder das Geringste dazu beigetragen haben? Bin ich doch so unschuldig daran wie ein Kind, das damals erst geboren werden sollte. Was kann ich dafür, daß ich solch einen Urahnen gehabt habe? Hätte er mich fragen können, so würde ich ihm auf alle Weise abgeraten haben, dergleichen Bosheit an seinem Nebenmenschen zu verüben. Wie kann ich denn an dem Morde, von welchem ich jetzt nach so langer Zeit zum ersten Male etwas höre, schuld sein und deswegen den Tod verwirkt haben?" – „Das macht deine Einfalt", erwidert der Richter, „daß du das nicht begreifen kannst. Verstehst du die Rechte, weißt du sie zu erklären? Kannst du Latein? So mußt du ja bekennen, daß dir die Sache viel zu hoch ist. Dein Bauernverstand vernimmt nichts von dem, was Recht und Gerechtigkeit heißt. Ich muß sie als Richter handhaben, und dir bleibt nichts übrig, als zu glauben, daß dir Recht geschehe. Die Gerechtigkeit ist so strenge und heilig, daß die Blutschulden, die sonst das Land drücken, auch an den Kindern bis ins tausendste Glied gerächt werden müssen." – „Ach, gnädiger Herr", sagt der Beklagte, „ich weiß es wohl, daß ich nur ein einfältiger Bauer bin und daß mir in den Rechten vieles zu hoch ist, worin ich keine Findigkeit zeigen werde. Aber das kann ich doch mit meinem dummen Verstande leicht begreifen, daß niemand hat morden noch sich eines Mordes teilhaftig machen können, ehe er selbst gelebt hat und daß die Schuld und Strafe einer ganz fremden Tat kein Erbgut ist. Gebt mir einen Advokaten, der mir das Wort führt: Ich appelliere an unseren allergnädigsten und gerechtesten Landesherrn."

Setzet nun anstatt des einfältigen, unstudierten Bauern den natürlichen Menschen mit seiner bloßen schwachen Vernunft, anstatt der bürgerlichen Rechte die Offenbarung, anstatt des Richters die Gottesgelehrten. Lasset Adam den Urahnen sein, die Erbsünde soviel gelten wie den Erb-Mord, das Sündigen in Adam soviel als das Morden in seinem Urahnen. Dann sagt mir, ob der Widerspruch in beiden Fällen nicht gleich klar sei und ob der natürliche Mensch mit seiner gesunden Vernunft klare Widersprüche in geistlichen Dingen nicht ebensogut einsehen kann wie hier der Bauer, da es Recht und Gerechtigkeit betraf. Man schelte mich aber darum nicht einen Spötter, daß ich die Erbsünde unter dem Bilde eines Erb-Mordes und das Sündigen in Adam unter dem Morden im Urahnen vorgestellt habe. Wird dadurch das Anstößige des ⟨dogmatischen⟩ Systems handgreiflicher und lächerlicher, so habe ich es doch dem System nicht angedichtet, sondern es liegt in dem System selbst.

Ich habe aber den Erb-Mord nicht ohne Ursache zum Beispiel einer Erbsünde gewählt, weil die Gesetze der Hebräer sowohl überhaupt eine göttliche Ahndung der Missetat an den Kindern bis ins dritte und vierte Glied setzen als auch besonders die Mordtat der Eltern in bürgerlichen Gerichten nach dieser Regel noch an den Enkeln mit dem Tode bestraften. So ward nämlich der Mord Sauls an den Gibeonitern (nach Davids Ausspruche als nach göttlicher Rachegerechtigkeit an dem Bluthause) an Sauls Enkeln, welche doch nichts dafür konnten, bestraft. Sie werden um ihres Großvaters willen glücklich aufgehenkt. Und was war das anders als eine erbliche Blutschuld, ein Erbmord, welchen ihnen David aufbürdete?

Die Herren Theologen sind nicht zufrieden, daß sie dem natürlichen Menschen die gesunde Vernunft und deren richtigen Gebrauch wegen ihres Systems absprechen, sondern sie rauben uns auch die Freiheit, damit wir vollends aufhören, Menschen zu sein. Wir mögen uns immerhin bemühen, soviel wir können, nach Gottes Absichten in Aufrichtigkeit zu handeln: Das ist doch keine geistlich gute und gottgefällige Handlung. Dazu hat der natürliche Mensch kein Vermögen, Kraft oder Freiheit. Wir haben wohl eine Freiheit in natürlichen Handlungen. Aber in geistlichen nicht weiter, als daß wir der Erleuchtung und Bekehrung widerstreben – nicht aber, daß wir durch unser Tun etwas dazu beitragen können. Das muß alles durch eine übernatürliche Gnade in uns gewirkt werden. Also nimmt man uns alles, was menschlich ist.

## Fazit und Schluß der Schutzschrift für die vernünftigen Verehrer Gottes

Ein vernünftiger Mensch nimmt das Wahre und Gute ohne Vorurteil an, wo er es auch findet, und läßt sich dadurch nicht hindern, daß diese seltenen Perlen, Goldstücke und Edelsteine in tiefem Schlamm und gefährlichen Klüften unter so gehäuftem Unrat vergraben liegen.

Alle menschlichen Mängel, Fehler, Schwachheiten, Irrtümer, Torheiten, falsche Absichten, Lügen, Laster, Betrug, Bosheiten und Greuel, welche wir durch die Bücher Alten und Neuen Testaments an der Jüdischen Nation von ihren ersten Stammeltern her bis auf die Apostel Jesu und deren Jünger in großer Menge erblicken, die müssen uns nicht abhalten, daß wir nicht auch – mitten in solchem Wust von eitlem Wahn und schlechten Beispielen – gute Einsichten und heilsame Lehren, insonderheit was sittliche Pflichten und Tugenden betrifft (seltener zwar in Mose und den Propheten, aber häufiger in der herrlichen Moral Jesu und seiner Apostel) untermengt antreffen und als das, was sie wirklich sind, erkennen und uns zu Nutze machen sollten.

Die wahre gesäuberte Religion und ungefärbte Tugend ist nur, wie es aus der göttlichen Regierung in der Welt erhellt, ein vorzüglicher Anteil weniger Weiser, wodurch sie vor anderen zu einem höheren Grad der Vollkommenheit und Glückseligkeit gelangen. Und diese müssen solche zum Göttlichen steigende Veredelung ihrer Natur durch vieles Nachdenken, Fleiß, sorgfältige Prüfung, Überwindung ihrer selbst und standhafte Übung zu erhalten suchen. Darin besteht aber auch ein großer Teil ihrer Kunst, daß sie selbst aus den unreinsten Schlacken abgeschäumter Mischung irdischer Urstoffe noch ein echtes Gold, eine heilsame Arznei herauszufinden wissen.

Ich will sagen, daß sie alles, was bei Heiden, Juden, Christen, Türken, wo es wolle, Überzeugendes und Ersprießliches anzutreffen ist, zu ihrem Nutzen anwenden und sich an alles Übrige nicht kehren. Sofern aber würden sie das Praktische in der allgemeinen Religion Jesu und seiner Jünger vorzüglich lauter und diensam erkennen, ja sich gerne nach seinem Beinamen Christen nennen lassen, wenn ihnen nur nicht zugemutet würde, alles und jedes, womit die vortreffliche Lehre Jesu damals noch beschmutzt war und womit sie nachher weiter beschmutzt worden ist, mit blindem Glauben anzunehmen.

Sie sehen mit Betrübnis und Mitleid, daß bei allen Völkern des ganzen Erdbodens eben diejenigen, welche mehr von Gott und göttlichen Dingen, als der Menschen Natur erlaubt, zu wissen vorgegeben haben, gerade diejenigen gewesen sind, welche die gröbste Unwissenheit, die ungereimtesten Irrtümer, die abscheulichsten Gebräuche unter dem Namen einer göttlichen Offenbarung gepflanzt und unterhalten haben, bloß um in ihrer Herrsch- und Gewinnsucht nebst zeitlichem Wohlleben ihr Genüge zu finden.

Sie sind klar davon überzeugt, daß auch die Apostel durch ihre Zusätze zu der reinen praktischen Religion (nämlich durch die Grundlegung einerseits mit erdichteten Fakten der Auferstehung, Himmelfahrt und Wiederkunft Jesu – andererseits mit einem Vorurteil, daß Gott durch die Sünde der Menschen beleidigt werde und ein Versöhnungsopfer brauche) ein unnatürliches System aufgerichtet haben, welches die lauteren ehrfurchtsvollen Begriffe von Gott in widersinnige Geheimnisse (von der Erzeugung mehrerer Personen in ihm und von der Aufnahme eines Menschen in seine Natur und Wesen) verkehrt, welches die zum Heil der Menschen wirksamen Vollkommenheiten Gottes, der Weisheit, Liebe und gütigen Absicht, in scheußliche Unvollkommenheiten eines beleidigten, erzürnten und rachgierigen Wesens verwandelt, welches hingegen der Menschen Bestreben nach eigener Vollkommenheit durch den eitlen Glauben an eine zugerechnete fremde Gerechtigkeit in eine lasterhafte Sicherheit verwandelt.

Zu beklagen ist es, daß ein so ärgerliches, unfruchtbares und schädliches Religions-System nur so als eine höhere göttliche Offenbarung aufrecht erhalten kann, daß die gesunde Vernunft und vernünftige Religion von der ersten Kindheit an bei den Menschen erstickt und ein blinder Glaubensgehorsam mit Gewalt und Verfolgung aufgedrungen wird.

Aber es ist doch auch vernünftigen, ehrlichen und tugendhaften Leuten, die darunter leiden (und entweder aus Furcht auf Lebenszeit Heuchler werden oder sich der Lästerung der Priesterschaft und dem ungestümen Eifer des Pöbels bloßgestellt sehen müssen), nicht zu verargen, wenn sie zu ihrer eigenen Verteidigung der Welt die Gründe vorlegen, warum sie das, was die Geschichts- und Lehrbücher des Christlichen Systems außer, über und wider die vernünftige Religion enthalten, unmöglich glauben können – und dabei zeigen, daß sie dennoch rechtschaffene Verehrer Gottes, gehorsame Untertanen ihrer Obrigkeiten, fried- und dienstfertige Mitbürger in dem Staate und überhaupt Menschenfreunde und Liebhaber von Wahrheit und Tugend sind und stets zu sein gedenken. Dies ist der Zweck dieser Apologie!

# DIE GEFÜHLSWELT DES HEROISCHEN:
## HIMMEL UND VORZEIT

### FRIEDRICH GOTTLIEB KLOPSTOCK (1724–1803)

Der von seltener Gunst begleitete Lebensweg des Dichter-
fürsten Klopstock ist weit bekannt. Als eine der angeblichen
Ausnahmegestalten der Aufklärungsepoche hat man ihn unter die Sonderkategorie „offenbarungsgläubiger Aufklärer"
gestellt (K. Kindt). Aber auch Klopstock ist (wie Lavater und
Hamann) kein Sonderling der Zeit – wie wollte man sonst
schon allein die Breitenresonanz verstehen, die ihm entgegengebracht wurde. Über die physikotheologischen Grundlagen seiner Naturdichtung, seine Faszination durch die
Kleinwelt der Schöpfung, seine Christozentrik braucht man
keine Worte zu verlieren. Die Beobachtung, daß bei ihm
„Theologie in fugiertem Stil" vorliege, ist richtig – auch
manche der zeitgenössischen Physikotheologien gleichen im
Aufbau Fugen, Oratorien, Motetten und werden erst im
Hinblick auf das gottesdienstliche Musizieren der Zeit wirklich verständlich – jenes Musizieren, das Klopstock zu noch
höherer „Majestät" in der Kraft der Anbetung geführt wissen wollte. Klopstocks Stern ging auf, als das „Heldengedicht" des „Messias" in seinen ersten drei Gesängen in
den „Bremer Beiträgen" (s. S. xci) erschien. Die verbreitete
Meinung, im „Messias" erklinge der letzte „Schwanen-
gesang" des altprotestantischen Glaubens, ist durchaus unrichtig. Über sein Vorbild, John Milton (von dem viele
Äußerungen der Cromwellregierung stammen), stand Klopstock in der unmittelbaren geistigen Erbfolge des britischen
Hebraismus-Messianismus. Vor dem Hintergrund der Engel-
und Geisterwelten der Neologen wird das Kosmische Gebäude seines messianischen Heldengedichts vollends durch-
sichtig und erweist sich als zeitintegriert und zeitvertraut:
„Sie können schon die drei ersten Bücher seines Messias ge-
druckt lesen, und sie werden Ihnen alle Furcht benehmen,
daß er die heiligen Wahrheiten in mythische Fabeln verkehren ... werde", schrieb Johann Jakob Bodmer, der
schweizerische Literaturpapst.

Der „Messias" erwies sich als ökumenisches und soziales
Ferment, alle Konfessionen und Stände vereinten sich in der

Wertschätzung der Dichtung, und in der Subskriptionsliste der vollständigen Ausgabe von 1780 stehen der Römische Kaiser wie der Stadtsekretär Meier. Klopstocks Bibeldramen haben in der Geschichte der Literatur eine lange Nachwirkung gehabt; in der Gegenwart wurden sie neuentdeckt und gelegentlich aufgeführt. Unter dem Einfluß Macphersons stehen die Oden und die Bardendichtung (Hermanns-Trilogie) mit ihren keltisch-germanischen Motiven. Die Selbstverständlichkeit, mit der Klopstock alle Bereiche seiner geistigen Welt unter das Vorzeichen des christlichen Glaubens stellte, und die Ungebrochenheit, mit der er jede wirkliche Dichtung als Verkündigung aufgefaßt wissen wollte (Von der hl. Poesie 1775), ist ihm von modernen Theologen vielfach verdacht worden.

Über Klopstock: *F. Häbler, K. Kindt, A. E. Hohler, G. Kaiser.*

## Der Messias

### Ein Heldengedicht

**Der Versöhner**

Sing, unsterbliche Seele, der sündigen Menschen Erlösung,
Die der Messias auf Erden in seiner Menschheit vollendet,
Und durch die er Adams Geschlecht die Liebe der Gottheit
Mit dem Blute des heiligen Bundes von neuem geschenkt
                              hat.
Also geschah des Ewigen Wille. Vergebens erhob sich
Satan wider den göttlichen Sohn; umsonst stand Juda
Wider ihn auf: er tats und vollbrachte die große
                              Versöhnung.
   Aber, o Tat, die allein der Allbarmherzige kennet,
Darf aus dunkler Ferne sich auch dir nahen die Dichtkunst?
Weihe sie, Geist Schöpfer, vor dem ich hier still anbete,
Führe sie mir, als deine Nachahmerin, voller Entzücken,
Voll unsterblicher Kraft in verklärter Schönheit entgegen.
Rüste mit deinem Feuer sie, du, der die Tiefen der Gottheit
Schaut und den Menschen, aus Staube gemacht, zum Tempel
                          sich heiligt!
Rein sei mein Herz! So darf ich, wiewohl mit der bebenden
                          Stimme
Eines Sterblichen doch den Gottversöhner besingen,
Und die furchtbare Bahn mit verziehenem Straucheln
                          durchlaufen.

Menschen, wenn ihr die Hoheit kennt, die ihr damals
empfinget,
Da der Schöpfer der Welt Versöhner wurde; so höret
Meinen Gesang, und ihr vor allen, ihr wenigen Edlen,
Teure, herzliche Freunde des liebenswürdigen Mittlers,
Ihr mit dem kommenden Weltgerichte vertrauete Seelen,
Hört mich, und singt den ewigen Sohn durch ein göttliches
Leben.
Nah an der heiligen Stadt, die sich jetzt durch Blindheit
entweihte,
Und die Krone der hohen Erwählung unwissend hinweg-
warf,
Sonst die Stadt der Herrlichkeit Gottes, der heiligen Väter
Pflegerin, jetzt ein Altar des Blutes vergossen von Mördern;
Hier wars, wo der Messias von einem Volke sich losriß,
Das zwar jetzt ihn verehrte, doch nicht mit jener Empfin-
dung,
Die untadelhaft bleibt vor dem schauenden Auge der Gott-
heit.
Jesus verbarg sich diesen Entweihten. Zwar lagen hier
Palmen
Vom begleitenden Volk; zwar klang dort ihr lautes Hosianna;
Aber umsonst. Sie kannten ihn nicht, den König sie nannten,
Und, den Gesegneten Gottes zu sehn, war ihr Auge zu
dunkel.
Gott kam selber vom Himmel herab. Die gewaltige Stimme:
Sieh, ich hab' ihn verklärt und will ihn von neuem ver-
klären!
War die Verkünderin der gegenwärtigen Gottheit.
Doch sie waren, Gott zu verstehen, zu niedrige Sünder.
Unterdeß nahte sich Jesus dem Vater, der wegen des Volkes,
Dem die Stimme geschah, voll Zorn gen Himmel hinauf-
stieg.
Denn noch einmal wollte der Sohn des Bundes Entschlie-
ßung,
Seine Menschen zu retten, dem Vater feierlich kund tun.
Göttlicher Vater, die Tage des Heils und des ewigen
Bundes
Nahen sich mir, die Tage zu größeren Werken erkoren,
Als die Schöpfung, die du mit dem Sohne vollbrachtest.
Sie verklären sich mir so schön und herrlich wie damals,
Da wir die Reihe der Zeiten durchschauten, die Tage der
Zukunft,
Durch mein göttliches Schauen bezeichnet und glänzender
sahen.
Dir nur ist es bekannt, mit welchem Einmut wir damals,

Du, mein Vater, und ich, und der Geist die Erlösung be-
schlossen.
In der Stille der Ewigkeit, einsam und ohne Geschöpfe,
Waren wir beieinander. Voll unsrer göttlichen Liebe
Sahen wir auf die Menschen, die noch nicht waren, her-
unter.
Edens selige Kinder, auch unsre Geschöpfe, wie elend
Waren sie, sonst unsterblich, nun Staub und entstellt von
der Sünde!
Vater, ich sah ihr Elend, du meine Tränen. Da sprachst du:
Laßt das Bild der Gottheit im Menschen von neuem uns
schaffen!
Also beschlossen wir unser Geheimnis, das Blut der Ver-
söhnung,
Und die Schöpfung des Menschen erneut zum ewigen Bilde!
Hier erkor ich mich selbst, das göttliche Werk zu vollenden.
Ewiger Vater, das weißt du, das wissen die Himmel, wie
innig
Mich seit diesem Entschluß nach meiner Erniedrigung ver-
langte!
Erde, wie oft warst du, in deiner niedrigen Ferne,
Mein erwähltes, geliebteres Augenmerk! Und o Kana,
Heiliges Land, wie oft hing mein sanfttränendes Auge
An dem Hügel, den ich von des Bundes Blute schon voll sah.
Und wie bebt mir mein Herz von süßen, wallenden Freu-
den,
Daß ich so lange schon Mensch bin, daß schon so viele
Gerechte
Sich mir sammeln, und nun bald alle Geschlechter der Men-
schen
Mir sich heiligen werden! Hier lieg' ich, göttlicher Vater,
Noch nach deinem Bilde geschmückt mit den Zügen der
Menschheit,
Betend vor dir: bald aber, ach bald wird dein tötend Gericht
mich
Blutig entstellen, und unter den Staub der Toten begraben.
Schon, o Richter der Welt, schon hör' ich von fern dich, und
einsam
Kommen und unerbittlich in deinen Himmeln einhergehn.
Schon durchdringt mich ein Schauer, dem ganzen Geister-
geschlechte
Unempfindbar, und wenn du sie auch mit Zorne der Gott-
heit
Tötetest, unempfindbar! Ich sehe den nächtlichen Garten
Schon vor mir liegen, sinke vor dir in niedrigen Staub hin,
Lieg' und bet' und winde mich, Vater, im Todesschweiße.

Siehe, da bin ich, mein Vater. Ich will des Allmächtigen
Zürnen,
Deine Gerichte will ich mit tiefem Gehorsam ertragen.
Du bist ewig! Kein endlicher Geist hat das Zürnen der
Gottheit,
Keiner je, den Unendlichen tötend mit ewigem Tode,
Ganz gedacht und keiner empfunden. Gott nur vermochte
Gott zu versöhnen. Erhebe dich, Richter der Welt! Hier bin
ich!
Töte mich, nimm mein ewiges Opfer zu deiner Versöhnung.
Noch bin ich frei, noch kann ich dich bitten; so tut sich der
Himmel
Mit Myriaden von Seraphim auf und führet mich jauch-
zend,
Vater, zurück im Triumph zu deinem erhabenen Throne!
Aber ich will leiden, was keine Seraphim fassen,
Was kein denkender Cherub in tiefen Betrachtungen ein-
sieht;
Ich will leiden, den furchtbarsten Tod, ich Ewiger, leiden!

Weiter sagt' er und sprach: Ich hebe gen Himmel mein
Haupt auf,
Meine Hand in die Wolken und schwöre dir bei mir selber,
Der ich Gott bin wie du: Ich will die Menschen erlösen!

Jesus sprachs und erhob sich. In seinem Antlitz war
Hoheit,
Seelenruh und Ernst und Erbarmung als er vor Gott stand.

Aber unhörbar den Engeln, nur sich und dem Sohne ver-
nommen,
Sprach der ewige Vater und wandte sein schauendes Antlitz
Nach dem Mittler hin: Ich breite mein Haupt durch die
Himmel,
Meinen Arm durch die Unendlichkeit, sage: Ich bin
Ewig! und schwöre dir, Sohn: Ich will die Sünde vergeben!

Also sprach er und schwieg. Indem die Ewigen sprachen,
Ging durch die ganze Natur ein ehrfurchtvolles Erbeben.
Seelen, die jetzo wurden, noch nicht zu denken begannen,
Zitterten und empfanden zuerst. Ein gewaltiger Schauer
Faßte den Seraph, ihm schlug sein Herz, und um ihn lag
wartend
Wie vor dem nahen Gewitter die Erde, sein schweigender
Weltkreis.
Nur in die Seelen künftiger Christen kam sanftes Ent-
zücken
Und ein süßbetäubend Gefühl des ewigen Lebens.
Aber sinnlos und die Verzweiflung allein noch empfindend,

Sinnlos wider Gott etwas zu denken, entstürzten im Ab-
grund
Ihren Tronen die Geister der Hölle. Da jeder dahinsank,
Stürzt' auf jeden ein Fels, brach unter jedem die Tiefe
Ungestüm ein, und donnernd erklang die unterste Hölle.

Jesus stand noch vor Gott; und jetzo begannen die Leiden
Seiner Erlösung. Gabriel lag in der Fern' auf dem Antlitz
Tiefanbetend, von neuen Gedanken gewaltig erhoben.

### Der Himmel und die Himmlischen

Mitten in der Versammlung der Sonnen erhebt sich der
Himmel,
Rund, unermeßlich, des Weltenbaus Urbild, die Fülle
Jeder sichtbaren Schönheit, die sich, gleich flüchtigen
Bächen,
Ringsum durch den unendlichen Raum nachahmend
ergießet.
Wenn er wandelt, ertönen von ihm, auf Flügeln der Winde,
An die Gestade der Sonnen des wandelnden Harmonien
Rauschend hinüber. Die Lieder der göttlichen Harfenspieler
Schallen mit Macht, wie beseelend darein. So vereiniget,
schweben
Töne vor dem, der das Ohr gemacht hat, und Preisung
vorüber.
Sei uns gegrüßt, du heiliges Land der Erscheinungen Gottes!
Hier erblicken wir Gott, wie er ist, wie er war, wie er sein
wird.
Siehe, den Seligen ohne Verhüllung, ohne die Dämmrung
Fern nachahmender Welten. Dich schaun wir in der
Versammlung
Deiner Erlösten, die du auch würdigst des seligen Anblicks.
Ach unendlich vollkommen bist du! Zwar nennt dich der
Himmel,
Und der Unaussprechliche wird Jehova geheißen!
Unser Gesang lebendig durch Kräfte der Urbegeistrung
Suchet dein Bild, doch umsonst; auf deine Verklärung
gerichtet,
Können Gedanken sich kaum ob deiner Gottheit besprechen.
Ewiger, du bist allein in deiner Größe vollkommen!

Unter dem Liede, das nach dem Deimalheilig der Himmel
Allzeit singet, hatte des Mittlers heiliger Bote
Eine der nächsten Sonnen am Himmel leuchtend betreten.
Überall schweigen die Seraphim jetzt und feiern den Anblick,
Der, des Preisgesanges Belohnung, von Gott auf sie strahlte.
Und sie erblickten den helleren Seraph am Sonnenmeer. Gott

Schaut auf ihn, der Himmel mit Gott. Er betete knieend.
Zweimal die Zeit, in welcher ein Cherub den Namen Jehova
Tief im Gebet und das Dreimalheilig der Ewigkeit
                                        ausspricht,
Würdiget ihn des Anschauns Gott. Dann eilet der Thronen
Erstgeborener, ihn feirlich vor Gott zu führen, herunter.

Gott nennt ihn, den Erwählten der Himmel, Eloa *. Vor
                                        allen,
Die Gott schuf, ist er groß, der nächste dem Unerschaffenen.
Schön ist *ein* Gedanke des gottgewählten Eloa,
Wie die ganze Seele des Menschen, geschaffen der Gottheit,
Wenn sie, ihrer Unsterblichkeit würdig, gedankenvoll
                                        nachsinnt.
Sein umschauender Blick ist schöner als Frühlingsmorgen,
Lieblicher als die Gestirne, da sie an dem Throne des
                                        Schöpfers
Jugendlichschön und voll Licht mit ihren Tagen vorbeiflohn.
Gott erschuf ihn zuerst. Aus einer Morgenröte
Schuf er ihm einen ätherischen Leib. Ein Himmel voll
                                        Wolken
Floß um ihn, da er ward. Gott hob ihn mit offenen Armen
Aus den Wolken und sagt ihm segnend: Da bin ich
                                        Erschaffner!
Und auf einmal sah vor sich Eloa den Schöpfer,
Schaut in Entzückungen an und stand und schaute begeistert
Wieder an und sank verloren in Gottes Anblick.

### Golgatha

Aber Eloa stand auf dem Tempel und sahe die Väter *
Kommen. Jetzt wandt' er sein Antlitz und sieht hoch über
                                        dem Kreuze
Satan und Adramelech in wildem Triumphe schweben;
Satan wegen des Werks, das er schon vollendet, und beide
Wegen künftiger Taten! Eloa sieht die Empörer,
Wie sie, erhoben über die Wolken der wandelnden Erde,
In weltkreisendem Schwunge die höheren Wölbungen
                                        messen.
Und in seiner Herrlichkeit hob sich Eloa vom Tempel
Gegen die ewigen Sünder empor. Er ging in dem Glanze
Dieses gefeiertsten Tags von allen Tagen der Feier.
Gottes Schrecken schwebten um ihn. Die leiseren Lüfte
Wurden vor ihm zu Stürmen und rauschten! Des Kommenden
                                        Gang war

* Der oberste Engelfürst
* Die bereits auferweckten Ahnen Jesu

Eines Heeres Gang, welchem die tragenden Felsen erzittern.
Und der Unsterbliche tönt' und glänzte daher! Die Empörer
Sahn und hörten ihn kommen und strebten umsonst zu
                                        verbergen
Ihr Erstaunen. Sie standen und wurden dunkler. So stehen
In den innersten Tiefen der Hölle zwei nächtliche Felsen!
Aber mit einer letzten Erhebung trat Eloa
Vor die Verworfenen und sprach: Ihr deren Namen der
                                        Abgrund
Nenne! verlaßt, ihr seht der hohen Unsterblichen Lichtkreis!
Diesen verlaßt und entlastet von euch die heilige Stätte.
Was die Wut Entsetzliches hat, die Rache Verwegnes,
Runzelt' auf ihrer Stirne sich, rollt' in dem flammenden
                                        Auge!
Aber mit herrschendem Blick schaut ihnen Eloa ins Antlitz:
Erst verstummt! dann flieht! Käm ich mit der siegenden
                                        Stärke,
Die Jehova mir gab, so sollte von diesem erhobnen
Treffenden Arm euch ferne von mir mein Donner
                                        fortschleudern.
Aber ich komm' in dem Namen des Sohnes von Adam, der,
                                        schaut, ihn!
Dort sein Kreuz trägt! Im Namen des Überwinders der
                                        Hölle
Flieht! Sie flohen dunkler als Nächte. Ereilende Schrecken
Hefteten sich an die Ferse der Flucht und trieben sie
                                        seitwärts
Auf die Trümmer Gomorras im toten Meere. Die Engel
Sahen sie fliehn, es sahen sie fliehn die Väter. Eloa
Stieg zu der Zinne des Tempels in seiner Herrlichkeit nieder.

*Die Kreuzigung*

Jetzt war war Jesus zur Höhe des großen Altars gekommen.
Und er schaute zum Richter empor. Die Kreuziger nehmen
Ihm das Kreuz ab, richten es unter Totengebein auf.
Und es schwankte das Kreuz. Der Gottmensch stand bei dem
                                        Kreuze!
Adam sah ihn und hielt sich nicht mehr. Mit glühender
                                        Wange,
Mit hinfliegendem Haar, mit offnen bebenden Armen,
Eilt' er hervor zu dem äußersten Hange des Bergs, sank
                                        nieder.
Als er hinsank, flammte der Himmel im schauenden Auge
Des nicht Sterblichen mehr. Er lag und weinte vor Wonne!
Jesus Christus! mein Sohn! O die ihr früher als ich wart,
Aber nicht früher als er! schaut, Engel, auf ihn herunter,

Schaut herunter! Er ist mein Sohn! Dich segn' ich, o Erde!
Dich, o Staub, aus dem ich gemacht ward. O Wonne, du
volle
Ewige Wonne! die ganz die Begier des Unsterblichen
ausfüllt!
O der große, der tiefe, der himmelvolle Gedanke,
Dein Gedanke, Jehova: Du schufst! da schufst du auch
Adam!
Adam aus Staube, damit er der Vater des Ewigen würde!
Steh hier still, unsterbliche Seele, durchschau die Tiefe,
Diese weite Tiefe der Wonne! Was sind, o ihr Himmel!
Dieses für Augenblicke, die jetzt die Unsterblichen leben!

*Das Blut der Erlösung*

Als ob über der Schöpfung umher allmächtig der Tod läg,
Und in allen Welten nur stille Verwesungen schliefen,
Nun kein Lebender auf der Verwesenden Staub mehr stünde:
So mit toter feirlicher Stille schauten die Engel
Und die Väter auf dich, Gekreuzigter! Aber sein Leben,
Da sein unsterbliches Leben begann mit dem stärksten der
Tode
Nun zu ringen, und nun sein erstes Blut floß; Stimme
Wurde da der Engel Erstaunen! Sie jauchzten und weinten,
Und es hallten die Himmel von neuen Anbetungen wieder.
Nun noch einmal und nun noch einmal blickt' Eloa
Nach dem Blutenden nieder; und nun mit einer Erhebung,
Wie ihn noch nie ein Unsterblicher sah, mit lautem
Erstaunen,
Schwang er sich in die Himmel der Himmel und rief aus,
so tönen
Eilende Stern' im kreisenden Lauf, er rief aus: Sein Blut
fließt!
Schwebte dann mit stiller Bewundrung herauf zu der Erde.
Als er durch die Schöpfung einherkam, sah er die Engel
Auf den Sonnen, die ersten der Engel an ihren Altären
Stehen. Sie standen feiernd, und von den goldnen Altären
Flammten Morgenröten hinauf zu dem richtenden Throne.
Durch die weite Schöpfung herunter flammten die Opfer,
Bilder des blutenden Opfers am Kreuz: ein himmlischer
Anblick!

*Karfreitag*

Uriel aber, der Engel der Sonne, hatte schon lange,
Fortzueilen bereit, auf seinen Gebirgen gestanden.
Jetzo war sie gekommen, die Zeit, den Befehl, den er hatte,
Auszuführen. Er machte sich auf, er allein durch die
Himmel.

Lichthell schwebt er empor, den Stern, zu welchem ihn Gott
schickt,
Vor die Sonne zu führen, damit dein Leben, Versöhner,
Unter fürchterlicheren Hüllen, als Hüllen der Nacht sind,
Blute. Schon stand hoch über der Wende des Sternes der
Seraph.
Auf dem Sterne schweben die Seelen, eh die Geburt sie
In das große, doch sterbliche Leben der Prüfung versendet.
Uriel blickt' auf die Seelen der künftigen Menschen-
geschlechter
Nieder und nannte den Stern bei seinem unsterblichen
Namen.
Adamida, der dich in dieses Unendliche streute,
Sieh, er gebeut's! erheb' aus deinem Kreise dich seitwärts
Gegen die Sonne! dann flieg und werde der Sonne zur
Hülle.
Und die stehende Schöpfung erscholl, da mit schrecklichem
Eilen
Adamida, mit stürzenden Stürmen, mit rufenden Wolken,
Fallenden Bergen, getürmten Meeren, gesendet von Gott
flog!
Uriel stand auf der Wende des Stern und hörte den Stern
nicht;
So in Tiefsinn verloren betrachtet er Golgatha.
Adamida erreichte die Sonne. Nun wandelt er. Langsam
Tritt er vor ihr Antlitz und trinkt die äußersten Strahlen.
Aber die Erde ward still vor der sinkenden Dämmrung. Die
Dämmrung
Wurde dunkler, stiller die Erde. Schatten mit bleichem
Schimmer, ängstliche trübe Schatten überströmten die Erde.
Stumm entflogen die Vögel des Himmels in tiefere Haine;
Bis zum Wurme schlichen bestürzt die Tiere der Felder
Hin zur einsamen Höhle. Die Lüfte verstummten, und tote
Stille herrschte. Der Mensch sah schweratmend gen
Himmel.
Jetzo wurd' es noch dunkler und nun wie Nächte! Der Stern
stand,
Hatte die Sonne verlöscht. In fürchterlich sichtbare Nächte
Lagen die weiten Gefilde der Erde gehüllt und schwiegen.
Aber am hohen Kreuz hing Jesus Christus herunter
In die Nacht; und es rann, mit des Duldenden Blute, des
Todes
Schweiß. Die Erde lag in ihrer Betäubung.
Golgatha schauerte jetzo mit ihr bis zum obersten Kreuze.
Und des Geopferten Wunden ergossen das ewige Leben
Strömender, da das umnachtete Kreuz mit Golgatha bebte.

*Der Todesengel*

Aber ich muß den Befehl vollbringen! Jehova gebot ihn!
Also sprach er und stand mit Schaudern auf Sinais Höh auf.
Jede Furchtbarkeit gab, da er stand, Jehova ihm wieder.
Schreckend stehet er da und hält nach Golgatha nieder
Sein weitflammendes Schwert, und hinter ihm macht sich
ein Sturm auf.
Mit dem eilenden Sturm erscholl des Unsterblichen Stimme.
Und die Palmenwälder, der Jordan, Genezareth rauschten
Vor dem mächtigen Sturm. Es strömte das Abendopfer
Erdwärts mit vorschießender Glut! Der Unsterbliche sagte:
Dem du opferst, es hat Jehova dein göttliches Opfer
Angenommen! Unendlich ist des Gerechtesten Zürnen!
Sohn! Du hast dem unendlichen Zorne dich unterworfen!
Du allein! und mit dir ist keiner von allen Erschaffnen!
Deines Blutes Geschrei um Gnad', um ewige Gnade!
Ist vor Ihn gekommen! Allein Er hat dich verlassen!
Wird dich verlassen, bis du den gottversöhnenden Tod
stirbst!
Fliegende Winke nur noch; so wirst du ihn, Göttlicher,
sterben!
Also sagte der Todesengel und wandte sein Antlitz.

*Des Messias Tod*

Jesus Christus erhob die gebrochenen Augen gen Himmel,
Rief aus mit lauter Stimme, nicht eines Sterbenden Stimme,
Mit des Allmächtigen, der, das Erstaunen der Endlichkeiten,
Freigehorsam dem Mittlertode sich hingab! er rief aus:
Mein Gott! mein Gott! warum hast du mich verlassen?
Und die Himmel bedeckten ihr Angesicht vor dem
Geheimnis!
Schnell ergriff ihn, allein zum letztenmale, der Menschheit
Ganzes Gefühl. Er rief aus mit lechzender Zunge: Mich
dürstet!
Riefs, trank, dürstete! bebte! ward bleicher! blutete! rief
aus:
Vater, in deine Hände befehl ich meine Seele!
Dann: (Gott Mittler! erbarme dich unser!) Es ist vollendet!
Und er neigte sein Haupt und starb.

*Die Grablegung*

Jetzt trat Joseph herzu und Nikodemus und legten
Der das Sterbegewand und der die Gerüche der Myrrhe
In den Staub. Dann nahmen sie von dem Kreuze den
Leichnam.
Aber Eva schweb' auf ihn zu und neigt' ihr Antlitz

Über das Antlitz des toten Messias. Ihr goldenes Haar floß
Sanft auf seine Wunden und eine Träne des Himmels
Auf die ruhende Brust. Wie schön sind deine Wunden!
Lispelt sie leis' ihm zu, noch ungeborner Erlöster!
Ganzer Äonen Seligkeit strömt aus jeder herunter!
Sohn! mein Mittler, wie deckt dein Antlitz die Blässe des
                                                    Todes!
Dein geschlossener schweigender Mund, dein stummes Auge
Reden dennoch ewiges Leben! Ein blühender Seraph
Stürb' er, also läg' er im Tode. Noch lächelst du Liebe!
Und in deinem Gesicht redt jede Gebärde noch Gnade!
Also sagte die glückliche Mutter zum liegenden Toten.

*Des Messias Auferstehung*

Jesu Väter freueten sich der Auferstehung
In der Gräber Gefilde, wo sie vor kurzem noch schliefen.
Aber die Väter und Seraphim hörten fern in den Himmeln
Aus den Sonnenwegen herab ein Wetter Jehovas
Kommen! Die Harmonien der wandelnden Welten
                                            verstummten,
Wenn der Donner, ein neues Erstaunen ihrer Bewohner,
Redete! Denn schon war zu dem tiefen Tabor des Vaters
Herrlichkeit niedergestiegen; sie hatten ihn wandeln
                                            gesehen!
Schon aus seinen Schranken ein Stern zu der Sonne geeilet;
Still war schon die Schöpfung gestanden! Die Väter
Hörten das Wetter fliegen und hoben freudig ihr Haupt auf,
Hörten hinauf in die Himmel der Himmel. Es nahte sich
                                            eilend,
Schnell wie Gedanken. Sie hörten es jetzt durch die Ruhstatt
                                            Gottes
Schweben und, wie von Bergen zu Bergen, wider von
                                            Sternen
Hallen zu Sternen. Es nahte der Erde. Mit glühender Stirne,
Schimmerndem Aug', entzückt von jeder Wonne des
                                            Himmels,
Eine Flamme des Herrn, den Sonnen gleich, da sie Gottes
Schaffender Hand entzitterten, über Erden zu herrschen,
Strahlt' Eloa hinab in der Auferstandnen Versammlung,
Rief aus: Die Stund' ist gekommen, der Herrlichkeit Stund'
                                            ist gekommen!

Mit der Morgendämmerung wird der Versöhner der Sünde
Seinen Leichnam erwecken! Ihr hört den Göttlichen
                                            wandeln!
Gabriel sah mit Entzückung hinab auf den liegenden Felsen,

268

Denn: Du wälzest ihn weg! war ihm von dem Toten
                                        verheißen.
Wie es den tausend mal tausend der Toten Gottes einst sein
                                        wird,
Tausend mal tausenden sein: so war es der kleineren Schar
                                        jetzt,
Die am Grabe des Herrn vor Hoffen und vor Erwarten
Des, das kommen sollte, verschmachtet war; da die Wolken
Rissen! da Gabriel, eine Flamme Gottes, herabfuhr!
Da er von Bethlehem über die Schädelstätte zum Grabe
Flog! da von Ephratas Hütte bis hin zu dem Kreuze, vom
                                        Kreuze
Bis hinunter ins Grab die Erde bebte! da Satan
Wie ein Gebirge dahin, des Leichnams Hüter wie Hügel
Stürzten! da weg von dem Grabe den Fels der Unsterbliche
                                        wälzte!
Da, mit Freuden Gottes, Jehova sich freute! da Jesus
Auferstand!

Auszusprechen, was jetzo geschah! mit dem Liede von fern
                                        nur
Dieser Höhe zu nahn! davon, wie der leisere Nachhall,
Nur zu stammeln von jener Wonne, Erstandner, von deiner!
Und von deren Freude, die jetzt dich sahen! zu kühn ist
Dieser feurige Wunsch, und indem ich vergebens gen
                                        Himmel
Strebe mit ihm, vergebens! ein mächtiger Überzeuger,
Daß ich am Grabe noch walle, noch nicht der Ernte gesät
                                        bin,
Welche die große Folge der Auferstehung des Herrn ist.

### Die Thronbesteigung des Messias

Weit in der Ferne sah des Ewigen Thron die Triumphschar
Und des Allerheiligsten Nacht an des Ewigen Throne.
Schon verhüllten ihr Antlitz mit ihren Flügeln der Engel
Viele. Das Antlitz des, der geopfert auf Golgathas Altar
Blutete, ward lichtheller. Ein Chor Erstandener bebte
Freudig; und erst nach langem Verstummen begann er von
                                        neuem
Seine Psalmen, begann sie hinauf nach Sion zu singen:
    Begleit' ihn zum Thron auf, o Lichtheer!
Mit der Harf' ihn, der Posaun' Hall und dem Chorpsalm,
Jesus, Gottes Sohn! Menschlich ist er!
Gnädig! Das rufest du laut, blutiger Altar!
    Es preis' ihn der Toderb' und Seraph!
Es erheb ihn die Versammlung der Gerechten,

Jesus! Hehr ist er! heilig! Es gab,
Siehe dem Herrlichen! Jehova das Gericht!
   Es sing ihm der Heilerb' und Cherub!
O ihr Chör' all in dem Lichtheer, Hosianna!
Jesus! Sohn, du bist König der Welt!
Ewiger König der Stadt Gottes in der Höh!

Aber hundert Cherubim schwebten hervor und enthüllten
Wieder ihr Antlitz und wiesen hoch mit der Palme gen
                                 Himmel.
   Begleit ihn zum Thron auf, Triumphheer!
Mit der Harf! ihn, der Posaun' Hall und dem Chorpsalm,
Jesus, Gottes Sohn! Herrscher ist er!
Herrscher! Das rufet ihr laut, Donner um den Thron!
   Es ruf ihm der Heilerb' und Cherub,
O ihr Chör' all in dem Lichtheer, Hosianna
Jesus! Gottes Sohn! Dulder! du steigst,
Toter! zur Rechten des Herrn, Ewiger! empor!

Jetzo kam der Triumph dem Himmel so nah, daß Gottes
Thron sie strahlen in seiner ganzen Herrlichkeit sahen.
Da den Triumph, den Triumph die nächsten Engel
                                erblickten,
Standen sie alle zuerst erstaunt; bald aber erhob sich
Wonneausruf voll frohen Erschreckens. Die Stunde, da
                                Christus
Wieder würde, der Überwinder, den Himmel betreten,
War der Himmlischen keinem bekannt, war's selber der
                                Throne
Ersten nicht. Sie hatten nur fern durch der Welten Getöne
Jubel gehört. Von Gebirg rief zu Gebirg der Cherub
Rief: Der Messias! dem Cherub, aus Hainen riefen in Haine
Seelen und Seraphim sich: Der Messias! von Strahle zu
                                Strahle
Bis hinauf zu den Opferaltären, hinauf zu der hohen
Wolke des Allerheiligsten scholl: Der Messias! hinaufscholl
Zu dem Thron: Der Messias! daß weit um sie her der
                                Wälder,
Daß der Ströme Geräusch unhörbar ward, des Kristallmeers
Woge selbst, vor der Stimme der Rufenden! Aber da Jesus,
Da der große Vollender nunmehr, mit einem der letzten
Sonnenschimmer den Himmel betrat, da sanken der Engel
Kronen, da streuten mit sanfterer Freude die Himmlischen
                                alle
Palmen auf den erhabenen Weg, der zum Throne des Herrn
                                führt.
Auch die Triumphbegleiter, die Auferstandnen und Engel

Streuten Palmen und gingen einher mit froher Demut.
Aber die Seelen, belastet mit neuem Himmelsgefühle,
Wären in einem der Haine des Weges geblieben; hätt' ihnen
Gabriel mit der goldnen Posaune zu folgen gerufen.

Jesus nahte dem Thron. Und stiller wurde die Stille;
Und die Posaune rief den Seelen nicht mehr; die Väter
Standen: noch folgten die Engel, nicht lange, so blieben
auch sie stehn,
Sanken nieder, anzubeten. Gabriel hatte,
Keiner der Endlichen sonst, des Thrones unterste Stufe
Mit dem Messias betreten. Dort kniet' er beinah unsichtbar
Durch den herunterströmenden Glanz und schaute zu Gott
auf.
Siehe, der Hocherhabene war, der Unendliche war, er,
Den noch alle kennen, dem Alle danken noch werden,
Alle Freudentränen noch weinen, Gott und der Vater
Unseres Mittlers, der Allbarmherzige war in voller
Gottesliebe verklärt! Der Sohn des Vaters, des Bundes
Stifter, er, der erwürgt vom Anbeginne der Welt ist,
Den noch Alle kennen, dem Alle danken noch werden,
Alle Freudentränen noch weinen, siehe, das Opfer
Für die Sünde der Welt, der Getötete war, der Erstandne,
Jesus, der Mittler, der Allbarmherzige war in voller
Gottesliebe verklärt! So sahen den Vater die Himmel
Aller Himmel! So sahen den Sohn des Vaters aller
Himmel Himmel! Indem betrat die Höhe des Thrones
Jesus Christus und setzete sich zur Rechten des Vaters.

## JAMES MACPHERSON (1736-1796)

„Ossian hat in meinem Herzen den Homer verdrängt",
bekannte Goethe, und Napoleon versank in seinem Lieblings-
buch, Ossian in der italienischen Übertragung Melchiorre
Cesarottis (1763), selbst im Schatten der Pyramiden. Die
geistesgeschichtliche Auswirkung der Keltischen Helden-
gesänge Macphersons kann man sich kaum umfassend genug
vorstellen. Ihr Schöpfer wurde als Sohn des armen, auf seine
Verwandtschaft mit dem Chief des Nord-Clans stolzen
Hochlandbauern Andrew Macpherson und der Ellen Macpherson (aus dem Süd-Clan; der Clan-Name bedeutet „Sohn
des Bartholomäus") geboren. Der hochbegabte Theologie-

student (Aberdeen, Edinburgh), der bereits zwischen dem 17. und 22. Lebensjahr 4000 Verse schrieb und dann Erzieher wurde, war durch die Heldenlieder und Naturpsalmen des Alten Testaments ebenso stark beeindruckt wie durch das neue (demokratisierende s. S. XCI) Menschheitsdenken seiner Zeit, das auch die Menschheitsgemeinde der Völker als Versammlung von Persönlichkeiten sah, deren Gaben gleichermaßen Glanz und Fülle der Schöpfung widerspiegelten – Gaben, die nicht minder zu achten waren, wie das griechisch-römische Geistesgut mit seinem, bisher unangefochtenen, aristokratischen Anspruch. Die „Fragments of Ancient Poetry collected in the Highlands", die Macpherson 1760 erscheinen ließ, erfreuten sich im Zeichen dieser Bewegung einer starken Anteilnahme und führten zur Sammlung eines Stipendiums, das es Macpherson ermöglichte, die Hochlande zu bereisen und mündliche und schriftliche Überlieferungen der Clans zu sammeln. Die Übergabe umfangreicher gälischer Manuskripte an ihn ist verbürgt. 1762 erschien das Epos Fingal, 1763 Temora, die gesamten „Works of Ossian" 1765. Die Liedersammlung galt als das Werk e i n e s Barden des 3. Jahrhunderts, Ossian, des Sohnes Fingals, eines „Keltischen Homer" also, und ergriff, in viele Sprachen übersetzt, wie ein Sturmwind Europa. Sich bald aus England erhebender Widerspruch behauptete, daß Macpherson die Gesänge frei erfunden habe. Die Diskussion um die „Echtheit" des Ossian zieht sich bis in die Gegenwart hin; die Angaben deutscher Kompendien und Lexika sind meist veraltet. Im Grunde ist man wieder bei der Feststellung angelangt, die das 1797 eingesetzte Committee der „Highland Society" 1805 nach einer sorgfältig und fair geführten Untersuchung veröffentlichte: „1) That a great legend of Fingal and Ossian his son and songster had immemorially existed in Scotland, and that Ossianic poetry, of an impressive and striking character was still found generally and in great abundance in the Highlands; 2) That while fragments were found giving the substance and sometimes the literal expression of parts of Macpherson's work, no one poem was discoverable the same in title or tenor with his publications." Ferner neigte das Committee zu der Meinung: „3) That he had liberally edited his originals and inserted passages of his own." Daß die sozialen Umwälzungen in den Hochlanden vieles vernichtet haben könnten, was Macpherson 45 Jahre vorher noch antreffen konnte, wurde betont. Das reformationszeitliche „Book of the Dean of Lismore" (hrg. T. McLauchlan 1862) und das „Leabhar na Feinne" (hrg. F. J. Campbell 1871) sind bekannte Quellenbelege der schottländischen Ossiandichtung. Macpherson soll einmal geäußert haben, daß „his Highland pride was alarmed at appearing to the world only as a translator" (George Laurie). Die von ihm später vorgelegten gälischen Originale, deren Herkunft umstritten ist, wurden in Deutschland 1811 noch einmal übertragen (Chr. W. Ahlwardt) und gaben einen weiteren Impuls. Nach politisch-historischer Schriftstellerei und ehrenvoller diplomatischer Betätigung wurde Macpherson ungewöhnlich vermögend. Das schöpferische Geheimnis der geradezu verzaubernden Wirkung des Ossian (Klopstock, Herder, Romantik usw.) ist von der Frage, wieviel tradiertes Gut die Epen enthalten, zu trennen. Agnes Miegel widmete dem vom Tode gezeichneten Macpherson ein bemerkenswertes Spiel (Ossian; 1947).

Macphersons Epos spielt meist in Irland (dessen Bewohner historisch „Skoten" heißen; das von ihnen sekundär besiedelte Schottland ist „Nova Scotia"). Irlands Söhne liegen mit den Helden Skandinaviens (Lochlinn) in geschichtlich bekannten fortgesetzten Kämpfen. Macphersons Gestalten, an der Spitze Cuchulinn (spr. Kuhúllinn), der altirische „Siegfried", finden sich auch in der in Codices vorliegenden altirischen Helden- und Königssage. Sie waren den Skoten Irlands wie Schottlands bekannt. Die Tradition über Ossian („Hirschlein") und Oscar („Hirschlieb") wird von modernen Keltisten auf einen sehr alten Hirsch-Totemismus bestimmter Clans zurückgeführt. Das hier angeführte Stück behandelt eine auch sonst gut bezeugte Legende über den Kampf zweier Bevölkerungsschichten, der Fir Bolg (Ureinwohner) und der Gälen (Einwanderer) in Irland selbst. Die Fir Bolg („Männer mit der Harpunen-Blase") werden in der modernen Forschung als eskimoide Kulturträger aufgefaßt, eine Theorie, für die auch die mit transparenter Tierhaut bespannten „Glasschifflein" der keltischen Coracles und anthropologische Merkmale angeführt werden. Der König der Fir Bolg, Cathmor, läßt sich bei Macpherson von seinem Barden über seinen Vorfahren Crothar berichten. Auf einsamem Patrouillengang trifft er auf Ossian, der Wache für das Heer der Gälen hält. Obwohl Cathmors Bruder, Cairbar (in der wiss. aufgenommenen Tradition „Cairbre mit dem Katzenkopf"), und Ossians Sohn Oskar sich in einem voraufgegangenen Gefecht gegenseitig tödlich verwundet haben, erklärt sich Ossian bereit, Cairbar das Heldenlied zu singen, ohne das dieser nicht in die Ewigkeit eingehen kann. Die eigenartige, verschwebende Traumwelt des Ossian, in der sich Menschengestalten mitunter in Natur auflösen, gibt bestimmte Züge des keltischen Geistes wieder, der durch die Traditionen des uralten (präkeltischen) Feenglaubens und die druidische Seelenwanderungslehre geprägt ist – aber auch völlig andersartige Stimmungsgehalte kennt. Die Ossiandichtung befruchtete noch die dichterische „Keltische Renaissance" um 1900, die ihrerseits dem „Jugendstil" seine altkeltischen Kunst- und Schmuckformen vermittelte.

Über Macpherson: *E. Tombo, P. v. Thieghem. E. D. Snyder, H. Schöffler.*

## Temora[1]

### Ein Heldengedicht

Crothar, so tönte das Lied des Barden, erwählte als erster
Athas moosiges Ufer zu Sitz. Da ragte von tausend
Eichen der Berge sein hallender Giebel. Da kamen die
                                        Völker
Häufig zusammen zur Feier des Königs mit klarblauen
                                        Augen.
Aber wer war auch vor seinem Gefolge so stattlich wie
                                        Crothar?
Krieger entflammte sein Anblick und Mädchen zog er die
                                        jungen
Seufzer vom Busen. Alcnema[2] verehrte den Helden, den
                                        Stifter
Dieses Geschlechtes der Bolga. Nun führte die Jagd ihn auf
                                        Drumards
Moosigen Gipfel in Ullin, da blickte Conlama mit blauen
Augen, die Tochter von Cathim, auf ihn vom Gebüsche. Die
                                        Seufzer
Drangen ihr heimlich empor. Sie senkte den Nacken von
                                        losen
Locken umflogen. Es spähte der Mond zur Nachtzeit in ihre
Kammer und sah sie die zärtlichen Arme verzücken, denn
                                        ihre Träume
Malten den mächtigen Crothar ihr vor. Drei Tage verbrachte
Crothar mit Cathmin in Feier. Am vierten erwachten die
                                        Hirsche.
Auch Conlama zog mit aufs Waidwerk in jeglichem Reize
Ihres Ganges. Sie traf auf Crothar im engenden Pfade.

[1] Sitz des Hochkönigs von Irland (sonst Tara).
[2] Alcnema = Connaught, nordwestl. Provinz Irlands (Atha = Königssitz ebendort).

Plötzlich entfiel ihr der Bogen. Sie wandte das Antlitz und
                              barg es
Halb in den Locken. Die Liebe von Crothar entbrannte,
                              nach Atha
Kam die weißbusige Herrin mit ihm. Die Lieder der Barden
Füllten ihr Ohr, und Freuden umwoben die Tochter des
                              Cathmin.

Ähnlich dem Adler des Himmels mit allen erbrausenden
                              Schwingen,
Wenn er aus luftigen Höhen mit Freuden sich senket, so
                              kam jetzt
Trenmors Erzeugter, die Faust des Todes vom waldigen
                              Morven,
Conar. Die Fluren von Erin bedeckte sein Heerzug. Es war
                              ihm
Hinter dem Eisen der düstere Tod her. Die Söhne von Bolga
Scheuchte sein Ansturm hinweg. So brechen aus stürmischen
                              Wüsten
Ströme, verschwemmen mit lautem Gekrache der Wälder
                              die Ebne.

Sänger! fiel Cathmor darein, du wagst es und weckst mir
                              Erinnrung
Derer die flohen? Hat etwa sich einer der Geister zu deinem
Ohre vom wolkigen Dunkel geneiget, mit Kunden der Vor-
                              welt
Cathmor vom Schlachtfeld zu schrecken? Bewohner der
                              wallenden Schatten!
Schamvoll sinket der Barde zurück in die Nacht. Er ent-
                              weichet,
Lehnet sich über ein Ufer und denket der Tage von Atha.

Erin [3] fesselte Schlummer umher; nur sank er auf Cathmors
Auge nicht nieder. Der düstere Geist des gefallenen Cairbar
Schwebte vor seinem Gemüte, den sah er gesanglos, von
                              einem
Nächtlichen Wirbel getrieben. – Er riß sich empor, er um-
                              irrte
Rund sein Lager und weckte zu Zeiten das Hallen des
                              Schildes.
Ossians Ohren erreicht es auf Moras moosiger Höhe.

Jetzo schritt ich hinan im ganzen Geklirre der Waffen.
Über den Bach, der im Angesichte des Königs von Atha
Düster die Fluren durchschlängelte, trug mich ein mäch-
                              tiger Sprung weg.

[3] Erin = Irland.

Siehe! da kam mir mit starrendem Speere des grünenden
Atha
König entgegen! Und Kampf erhöb' sich, entdeckte mein
Aug' nicht
Hoch in den Lüften den Helm der Gebieter von Erin. Des
Adlers
Fittiche sausten gebreitet im Winde. Das rötliche Blinken
Eines Sternes durchdrang das Gefieder. Ich wandte den
Speer weg.

Dies ist der Helm der Gebieter vor mir! Wer bist du? du
Nachtsohn!
Wenn sie zur Erde dich streckt, wird Ossians Lanze be-
rühmt sein? –
Plötzlich senkte er den glänzenden Speer, ward größer und
größer,
Wie er sich nahte. Nun bot er im Dunkel die Hand mir und
sagte
Worte der Herrscher: O Freund der Geister der Helden,
dich find ich!

Sohn von Fingal! wir werden die Winde nicht ruhmlos
besteigen,
Unsere Taten sind Ströme des Lichtes im Auge der Barden;
Aber auf Atha verdichtet sich Trauer. Der König sank
nieder
Ohne Gesang; und dennoch kam immer zu Cathmor von
seinem
Stürmischen Busen ein Strahl, dem Monde vergleichbar in
Wolken,
Welche die glühenden Donner umrollen. – Mein Zürnen,
das wohnt nicht,
Sohn von Erin, so gab ich zurück, im Grabe des Cairbar.
Lieget der Gegner, dann weichet mein Haß auf Schwingen
des Adlers.
Cathmor! dein Bruder soll hören die Lieder der Barden, er
soll sich
Hoch im Wirbel erfreun! – Die wallende Seele des Helden
Hob sich empor. Er löste den Dolch vom Gürtel, und gab
ihn
Glänzend mir hin. Er gab ihn mir hin und seufzte! – Ver-
stummend
Schritt er hinweg. Ich folgte mit Blicken dem schwindenden
Glanze.
Also begegnet dem nächtlichen Wandrer auf Haiden mit
Schatten

Rund umflossen ein Geist. Undeutbar und ähnlich den
                              Liedern
Voriger Zeit sind seine Gespräche. Der Morgen erhebt sich
Jetzo von Osten, die schwachen Entwürfe des Bildes ver-
                              fliegen.


Aber wer naht sich vom Tale des Lubar? wer teilet die
                              frühen
Streifen des Nebels? Ihm hangen die Tropfen des Himmels
                              im Haare.
Kummer wandelt mit ihm. Er ist es, der Sänger der Vorzeit,
Carril! Die schweigende Kluft von Tura verließ er. Ich
                              schaue
Durch das verdünnte Geweb des Nebels den finsteren Ein-
                              gang
Ihrer Felsen. Vielleicht sitzt Cuchullin oben im Winde,
Welcher die Gipfel dort wiegt. An deinem Morgengesange
Weidet sich Ossians Ohr, o Barde von Erin! – So sang er:

> Schreckenvoll drängen die Wellen hinweg!
>     Sie hören, o Sonne! den Schall
>     Deiner Herankunft.
>
> Tochter des Himmels! du bist fürchterlichschön,
> Wenn du den Tod auf deinen Locken herabsendst,
>     Über ein niedergeschlagenes Heer
>     Dämpfe dahin rollst.
>
> Aber, wenn der Jäger in dem Ungewitter
>     Unter einer Klippe sitzet,
> Wenn du von geteilten Wolken niederblickest
> Und sein tauiges Haar umzitterst,
> Dann ist ihm dein Strahl erwünscht.
>     Auf das wasserreiche Tal
>     Senket er sein Aug, und sieht,
> Wie die Rehe hinunterweiden.
>
> Wie lange wirst du noch ob Kriegen tagen,
>     Und einen blutgefärbten Schild
>     Am Himmel wälzen?
> Ich sehe Tode der Gewaltigen!
> Sie wandeln düster über dein Gesicht. –

Aber wie wandeln die Worte von Carril? So fiel ich ins Lied
                              ein:
> Trauert die Tochter des Himmels? O nein!
>     Unbefleckt eilet sie fort.
> Ihr unverzehrbares Feuer erfreut sie.

Rolle fort! sorgenloses Licht!
Dennoch mag dein Fall beschlossen sein!
Wie du durch den Himmel rollst,
Kann dich sträubend einst
Deine schwarze Stunde fassen!

Aber die Stimme des Barden ist lieblich, in Ossians Seele
Lieblich! Sie gleichet dem Träufeln des Morgens durch
rauschende Täler,
Wenn sie nach ihren erstiegenen Höhen die Sonne vom
Nebel
Jetzo das erstemal sieht. Doch, Barde! zum Wettgesange
Niederzusitzen verbietet die Zeit. Mein Vater erglänzt
schon
Rüstig im Tale. Du siehst den flammenden Schild des
Gebieters.
Finster blickt er hervor aus umgebenden Locken, betrachtet
Erins verbreitete Macht. — Entdeckst du nicht, Carril, ein
Grabmal
Neben dem rauschenden Strome? Dort unter der sinkenden
Eiche
Heben drei Trümmer ihr grauendes Haupt. Dort lieget ein
König.
Gib du, die Seele des Königs den Winden! Ein Bruder des
Cathmor
War er. Eröffne sein luftiges Haus! Es werde dein Grablied,
Carril! der Seligkeit Quell dem düsteren Geiste Cairbars!

# DIE KINDHAFTIGKEIT
## DES GOTTNAHEN HERZENS

MATTHIAS CLAUDIUS (1740–1815)

„Ich habe diese Verse niemals zergliedert, geprüft und gewogen. Sie sind mir wie die Natur, aber eine höhere, *geoffenbarte* Natur. Sie sind der Schlacken und des Makels alles Menschlichen entkleidet. Sie sind das Letzte, das ein Menschenmund auszusagen vermag ... Nichts veränderte sich, nichts begab sich. Aber ein Glück ohne Maßen überströmte mich. Daß ich es nachsprechen durfte. Daß es in diese Worte eingeschlossen und eingefangen war: das *Wunder* der Schöpfung, Schönheit und Sehnsucht, Frommsein und Friede ... ! ‚der weiße Nebel wunderbar‘ ...“

Dem Urteil Ernst Wiecherts über das „klassische geistliche Abendlied des 18. Jahrhunderts“ (K. Berger, „Der Mond ist aufgegangen“), ist nichts hinzuzufügen. Gewarnt werden muß vor dem Mißverständnis, die geistige Welt des Klopstock-, Lessing- und Herder-Freundes Claudius sei eine Welt unwissender Harmlosigkeit. Des „Daseins zum Tode“ ist Claudius sich so bewußt, daß die „Werke des Wandsbecker Boten“ dem Tod gewidmet sind, den das erste Kupfer als Knochenmann zeigt: „’S soll Leute geben, heißen starke Geister, die sich in ihrem Leben den Hain nichts anfechten lassen ... Bin nicht starker Geist; ’s läuft mir, die Wahrheit zu sagen, jedesmal kalt über’n Rücken, wenn ich Sie (Tod) ansehe.“ Aber es ist nicht das ausweglose Todesgrauen des Barock; der Tod offenbart sich als Freund („Tod und Mädchen“):

> Gib deine Hand, Du schön und zart Gebild!
> Bin Freund, und komme nicht zu strafen.
> Sei guten Muts! ich bin nicht wild,
> Sollst sanft in meinen Armen schlafen!

Auch die unsere Zeit neu bezaubernde Kindhaftigkeit, Herzlichkeit und Innigkeit des Dichters ist höhere, geoffenbarte Kindhaftigkeit – ein gnadenhaftes Geschenk vor dem Hintergrund seiner bis 1788 durchaus bedrängten und kargen äußeren Lebensumstände. An der Seite seines „Bauernmädchens“, der Rebekka Behn, die hochbegabt und kon-

genial auf den Gatten eingehend, in fliegendem Haar und
Schäferinnenkleid den musischen und gelehrten Gästen zu
Nachtigallenlied und Kuckucksruf den Kaffee auf grünem
Rasen kredenzt, und im Kreise seiner großen Kinderschar
hat Claudius seinen Glauben *gelebt*, wie es Freunde und
Besucher zu rühmen wissen. Das reformatorische Leitbild
der Familie hat er mit unschätzbaren Werten angereichert,
das anthropotheologisch-philanthropische Entzücken angesichts des Wunders des Kindes und seiner Entwicklung in
unnachahmlicher Weise volkstümlich zu interpretieren gewußt. Zu dem „Wiegenlied bei Mondschein zu singen"
sagte Ferdinand Avenarius: „Hier hat die höchste Naivität
die höchste Kunst geboren. Es ist keine tote Zeile, es ist kein
totes Wort darin. Ich glaube, das ganze deutsche Schrifttum
hat nichts, was zugleich so keusch und so liebeswarm wäre,
hat nichts Innigeres als dieses Gedicht, und dabei ist es noch
ein Schatzstück psychologischer Feinmalerei." Wie Macpherson und Klopstock konnte auch Claudius die Harfe des
„Barden" klingen lassen – aber geliebte Heimat ist von
Gott zugereicht: „Sein Stern, Sein Tal, Sein Morgenrot ..."
Als ahne er bereits das Erlöschen des transzendenten Glanzes über dem Neubarock der kommenden Romantik legte er
dem Nichts-als-Barden seine „Fußangel":

> Ich bin ein Barde! Freund, sind deine Augen *helle?*
> Gnügt dir die Eichel und die Quelle?

Das „Lied" des deutschen Jünglings ist von einer prophetischen Ironie, die in ihrer Hellsichtigkeit geradezu bestür-
zend wirkt.

So orthodox-lutherisch Claudius gelegentlich erscheinen
kann, „der Geist der Religion wohnt nicht in den Schalen
der Dogmatik". Sein in der Zeit erstaunliches religions-
wissenschaftliches Schrifttum ist „Realität" für ihn: Der
vollbiblische Christusglaube hindert ihn nicht, „auch die
nichtchristlichen Religionen wertzuschätzen und in ihnen
das Wirken und Walten des lebendigen Gottes zu erblicken"
(C. M. Schröder).

Die Abneigung gegen das verlängerte Barock des Voltairis-
mus teilte Claudius mit vielen Vertretern der Europäischen
Aufklärung:

> Zu'n Zeiten Homers
> Gab man der Minerva die Eule,
> Und nicht aus Langeweile;
> Zu'n Zeiten Voltairs,
> Des *Weisen* und *Kastraten*,
> Verdient sie Minerva nicht mehr,

Und da würd ich denn freilich sehr
Zum Vogel Kuckuck raten.

Über Claudius: *U. Roedl, J. Pfeiffer, C. M. Schröder.*


## *Ein Wiegenlied bei Mondschein zu singen*

So schlafe nun, du Kleine!
    Was weinest du?
Sanft ist im Mondenscheine
    Und süß die Ruh.

Auch kommt der Schlaf geschwinder,
    Und sonder Müh;
Der Mond freut sich der Kinder
    Und liebet sie.

Er liebt zwar auch die Knaben,
    Doch Mädchen mehr,
Gießt freundlich schöne Gaben
    Von oben her

Auf sie aus, wenn sie saugen,
    Recht wunderbar;
Schenkt ihnen blaue Augen
    Und blondes Haar.

Alt ist er wie ein Rabe,
    Sieht manches Land;
Mein Vater hat als Knabe
    Ihn schon gekannt.

Und bald nach ihren Wochen
    Hat Mutter mal
Mit ihm von mir gesprochen:
    Sie saß im Tal

In einer Abendstunde,
    Den Busen bloß,
Ich lag mit offnem Munde
    In ihrem Schoß.

Sie sah mich an, vor Freude
    Ein Tränchen lief,
Der Mond beschien uns beide,
    Ich lag und schlief;

Da sprach sie: „Mond, o! scheine,
    Ich hab sie lieb,
Schein Glück für meine Kleine!“
    Ihr Auge blieb

Noch lang am Monde kleben,
      Und flehte mehr.
Der Mond fing an zu beben,
      Als hörte er.

Und denkt nun immer wieder
      An diesen Blick,
Und scheint von hoch hernieder
      Mir lauter Glück.

Er schien mir unterm Kranze
      Ins Brautgesicht,
Und bei dem Ehrentanze;
      Du warst noch nicht.


*Eine Korrespondenz zwischen mir und meinem Vetter,*
*angehend die Orthodoxie und Religionsverbesserungen*

Hochgelahrter,
            hochzuehrender Herr Vetter!
   Ich habe seit einiger Zeit so viel von biblischer und vernünftiger Religion, von Orthodoxen und Philosophischen
Theologen etc. gehört, daß mir alles im Kopfe rundum
geht und ich nicht mehr weiß, wer Recht und Unrecht hat.
Die Religion aus der Vernunft verbessern, kommt mir freilich eben so vor, als wenn ich die Sonne nach meiner alten
hölzernen Hausuhr stellen wollte. Aber auf der anderen
Seite dünkt mir auch die Philosophie 'n gut Ding und vieles
wahr, was den Orthodoxen vorgeworfen wird. Der Herr
Vetter tut mir einen wahren Gefallen, wenn er mir die
Sach' auseinander setzt. Sonderlich ob die Philosophie ein
Besen sei, den Unrat aus dem Tempel auszukehren; und ob
ich meinen Hut tiefer vor einem Orthodoxen oder Philosophischen Herrn Pastor abnehmen muß. Der ich die Ehre
habe mit besonderm Estim zu verharren,
      Meines Hochgelahrten,
            Hochzuverehrenden Herrn Vetters
                  gehorsamer Diener und Vetter
                        Asmus

*Antwort*

Lieber Vetter,

   Die Philosophie ist gut, und die Leute haben Unrecht, die
ihr so gar Hohn sprechen; aber Offenbarung verhält sich
nicht zu Philosophie wie viel und wenig, sondern wie Himmel und Erde, Oben und Unten! Ich kann's Ihm nicht bes-

ser begreiflich machen als mit der Seekarte, die Er von dem Teich hinter seines sel. Vaters Garten gemacht hatte. Er pflegte gern auf dem Teich zu schiffen, Vetter, und hatte sich deswegen mit eigener Hand eine Karte von allen Tiefen und Untiefen des Teichs gemacht, und danach schiffte er nun herum, und's ging recht gut. Wenn nun aber ein Wirbelwind oder die Königin von Otahite oder eine Wasserhose Ihn mit seinem Kahn und mit seiner Karte aufgenommen und mitten auf dem Ozean wieder niedergesetzt hätte, Vetter, und Er wollte hier nun auch nach seiner Karte schiffen, das ginge nicht. Der Fehler liegt nicht an der Karte, für den Teich war sie gut; aber der Teich ist nicht der Ozean, sieht Er. Hier müßte Er sich eine andere Karte machen, die aber freilich sehr in Blanko bleiben würde, weil die Sandbänke hier sehr tief liegen. Und, Vetter, schifft hier nur immer geradezu; auf 'n Meerwunder mögt ihr stoßen, auf den Grund stoßt ihr nicht.

Hieraus mögt ihr nun selbst urteilen, wieweit die Philosophie ein Besen sei, die Spinnweben aus dem Tempel auszufegen. Sie kann auf gewisse Weise 'n solcher Besen sein, ja; mögt sie auch einen Hasenfuß nennen, den Staub von den heiligen Statuen damit abzukehren. Wer damit aber an den Statuen selbst bildhauen und schnitzen will, seht, der verlangt mehr von dem Hasenfuß, als er kann, und das ist höchst lächerlich und ärgerlich anzusehen. Paulus, der vieles in der Welt versucht hatte, der auch 'n Sadduzäer und Fort Esprit gewesen und hernach eines andern belehrt worden war – bei allem seinem Enthusiasmus für das neue System doch aber in seinem Brief an die Römer die Dialektik noch so gut treibt und versteht wie einer – dieser alte erfahrene Mann sagt und bringt darauf seine alten Tage in viel Arbeit und Fährlichkeit zu und läßt sich fünfmal vierzig Streiche weniger Eins darauf geben „daß der Friede Gottes höher sei denn alle Vernunft!" – und so 'n Gelbschnabel will räsonnieren.

Daß das Christentum alle Höhen erniedrigen, alle eigene Gestalt und Schöne, nicht wie die Tugend mäßigen und ins Geleis bringen, sondern wie die Verwesung ganz dahinnehmen soll, auf daß ein Neues daraus werde: das will freilich der Vernunft nicht eingehen; das soll es aber auch nicht, wenn's nur wahr ist. Wenn dem Abraham befohlen ward, aus seinem Vaterlande und seiner Freundschaft und aus seines Vaters Hause auszugehen in ein Land, das ihm erst gezeigt werden sollte; meinst Du nicht, daß sich sein natürlich Gefühl dagegen gesträubt habe, und daß die Vernunft allerhand gegründete Bedenklichkeiten und stattliche

Zweifel dagegen vorzubringen gehabt hätte. Abraham aber glaubte aufs Wort und zog aus. Und es ist und war kein anderer Weg; denn von Haran aus konnte er das gelobte Land nicht sehen, und Niebuhrs Reisebeschreibung war damals noch nicht heraus. Hätte sich Abraham mit seiner Vernunft in Wortwechsel begeben, so wäre er sicherlich in seinem Vaterlande und bei seiner Freundschaft geblieben und hätte sich's wohl sein lassen. Das gelobte Land hätte nichts dabei verloren, aber er wäre nicht hinein gekommen. Seht, Vetter, so ist's, und so steht's in der Bibel.

Da also die heiligen Statuen durch die Vernunft nicht wieder hergestellt werden können; so ist's patriotisch in einem hohen Sinne des Worts, die alte Form unverletzt zu erhalten und sich für ein Tüttel des Gesetzes tot schlagen zu lassen. Und wenn das einen orthodoxen Herrn Pastor bedeutet, so könnt Ihr vor so einem den Hut nicht tief genug abnehmen. Sie nennen aber noch sonst was ⟨anderes⟩ orthodox.

Nun lebt wohl, lieber Vetter, und wünscht Frieden, laßt Euch übrigens aber den Streit und das Feldgeschrei kein Haar krümmen und gebraucht die Religion klüger als sie. – Da steht mir Potiphars Weib vor Augen! Du kennst doch die Potiphar? Diese Sanguinische und Rheumatische Person packte den Mantel, und Joseph floh davon. Über den Point saillant, über den Geist der Religion kann nicht gestritten werden, weil den nach der Schrift niemand kennt als der, der ihn empfängt, und dann nicht mehr Zeit zu zweifeln und zu streiten ist.

In Summa, Vetter, die Wahrheit ist ein Riese, der am Wege liegt und schläft; die, die vorübergehen, sehen seine Riesengestalt wohl, aber ihn können sie nicht sehen, und legen den Finger ihrer Eitelkeit vergebens an die Nase ihrer Vernunft. Wenn er den Schleier wegtut, wirst Du sein Antlitz sehen. Bis dahin muß unser Trost sein, daß er unter dem Schleier ist, und gehe Du ehrerbietig und mit Zittern vorüber und klügele nicht lieber Vetter etc.


*Anselmuccio*

> Ist gar ein holder Knabe er,
> Als ob er's Bild der Liebe wär'.
> Sieht freundlich aus und weiß und rot,
> Hat große Lust an Butterbrot,
> Hat blaue Augen, gelbes Haar
> Und Schelm im Nacken immerdar,
> Hat Arm' und Beine rund und voll,

Und alles, wie man's haben soll.
Nur eines fehlt dir, lieber Knabe,
Eins nur: daß ich dich noch nicht habe.


## Motetto
### als der erste Zahn durch war

Victoria! Victoria!
Der kleine weiße Zahn ist da.
Du Mutter! komm', und Groß und Klein
Im Hause! kommt, und kuckt hinein,
Und seht den hellen weißen Schein.

Der Zahn soll Alexander heißen.

Du liebes Kind! Gott halt ihn Dir gesund,
Und geb' Dir Zähne mehr in deinen kleinen Mund,

Und immer was dafür zu beißen!


## Hinz und Kunz

H. Mein Junge da, das ist ein Junge der!
   Kein Kuchen ist so rund wie er,
   Und hat dir, hör, vor hunderttausend Knaben,
   Ganz sonderbare Gaben.
   Was meinst du wohl, er buchstabiert schon frisch;
   Und sähst du ihn beim Abendsegen,
   Da sieht er aus, als wär' ihm groß daran gelegen,
   Und kneift indes die andern unterm Tisch!
   Nun, Kunz, was hältst du ihn?
K. Bei meiner Seel, es steckt ein Pfarrer drin!


## Über das Gebet

### An meinen Freund Andres

Das müßte ja 'n hölzerner Bube sein, der seinen Vater
niemals etwas zu bitten hätte und erst 'n halben Tag deli-
berierte, ob er's zu der Extremität wolle kommen lassen
oder nicht. Wenn der Wunsch inwendig in Dir Dich nahe
angeht, Andres, und warmer Komplexion ist, so wird er
nicht lange anfragen, er wird Dich übermannen wie 'n star-

ker, gewappneter Mann, wird sich kurz und gut mit einigen Lumpen von Worten behängen und am Himmel anklopfen.

Aber das ist eine andere Frage, was und wie wir beten sollen. Kennt jemand das Wesen dieser Welt und trachtet er ungeheuchelt nur nach dem, was Besser ist, dann hat's mit dem Gebet seine gewiesenen Wege. Aber des Menschen Herz ist eitel und töricht von Mutterleibe an. Wir wissen nicht, was gut ist, Andres, und unser liebster Wunsch hat uns oft betrogen! Und also muß man nicht auf seinem Stück bestehen, sondern bescheiden und diskret sein und dem lieber alles anheimstellen, der's besser weiß als wir.

Ob nun das Gebet einer bewegten Seele etwas vermag und wirken kann, oder ob der Nexus Rerum dergleichen nicht gestattet, wie einige der Herren Gelehrten meinen, darüber lasse ich mich in keinen Streit ein. Ich habe allen Respekt vor dem Nexus Rerum, kann aber doch nicht umhin dabei an Simson zu denken, der den Nexus der Torflügel unbeschädigt ließ und bekanntlich das ganze Tor auf den Berg trug ⟨Ri 16,3⟩. Und kurz, Andres, ich glaube, daß der Regen wohl kommt, wenn es dürre ist und daß der Hirsch nicht umsonst nach frischem Wasser schreit, wenn einer nur recht betet und recht gesinnt ist.

Das „Vater Unser" ist ein für allemal das beste Gebet, denn Du weißt, wer's gemacht hat. Aber kein Mensch auf Gottes Erdboden kann's so nachbeten wie der's gemeint hat; wir krüppeln es nur von ferne, einer noch immer armseliger als der andere. Das schadet aber nichts, Andres, wenn wir's nur gut meinen; der liebe Gott muß so immer das beste tun, und der weiß, wie's sein soll. Weil Du's verlangst, will ich Dir aufrichtig sagen, wie ich's mit dem „Vater Unser" mache. Ich denke aber, 's ist so nur sehr armselig gemacht, und ich möchte mich gern eines besseren belehren lassen. Sieh', wenn ich's beten will, so denk' ich erst an meinen seligen Vater, wie der so gut war und mir so gern geben mochte. Und dann stell ich mir die ganze Welt als meines Vaters Haus vor, und alle Menschen in Europa, Asien, Afrika und Amerika sind dann in meinen Gedanken meine Brüder und Schwestern, und Gott sitzt im Himmel auf einem goldenen Stuhl und hat seine Rechte Hand über's Meer und bis ans Ende der Welt ausgestreckt und seine Linke voll Heil und Güte, und die die Bergspitzen umher rauchen – und dann fang ich an:

*Vater Unser, der du bist im Himmel*
*Geheiliget werde dein Name.*

Das versteh' ich nun schon nicht. Die Juden sollen besondere Geheimnisse um den Namen Gottes gewußt haben.

Das laß ich aber gut sein und wünsche nur, daß das Andenken an Gott und eine jede Spur, aus der wir ihn erkennen können mir und allen Menschen über alles groß und
heilig sein möge.

*Zu uns komme dein Reich.*

Hierbei denk' ich an mich selbst, wie's in mir hin- und
hertreibt und bald dies, bald das regiert, und daß das alles
Herzquälen ist und daß ich dabei auf keinen grünen Zweig
komme. Und dann denk' ich, wie gut es für mich wäre, wenn
doch Gott aller Fehd ein Ende machen und mich selbst regieren wollte.

*Dein Wille geschehe wie im Himmel also auch auf Erden.*

Hierbei stell ich mir den Himmel mit den heiligen Engeln
vor, die mit Freuden seinen Willen tun, und keine Qual
rührt sie an, und sie wissen sich vor Liebe und Seligkeit
nicht zu retten und frohlocken Tag und Nacht; und dann
denk' ich: wenn es doch also auch auf Erden wäre!

*Unser täglich Brot gib uns heute.*

'n jeder weiß, was täglich Brot heißt und daß man essen
muß, solange man in der Welt ist und daß es auch gut
schmeckt. Daran denk' ich dann. Auch fallen mir wohl
meine Kinder ein, wie die so gerne essen mögen und so
flugs und fröhlich bei der Schüssel sind. Und dann bet' ich,
daß der liebe Gott uns doch etwas wolle zu essen geben.

*Und vergib uns unsere Schuld, wie wir*
*vergeben unsern Schuldigern.*

Es tut weh, wenn man beleidigt wird und die Rache ist
dem Menschen süß. Das kommt mir auch so vor, und ich
hätte wohl Lust dazu. Da tritt mir aber der Schalksknecht
aus dem Evangelium vor die Augen: und mir entfällt das
Herz, und ich nehm's mir vor, daß ich meinem Mitknecht
vergeben und ihm kein Wort von den hundert Groschen
sagen will.

*Und führe uns nicht in Versuchung.*

Hier denk ich an allerhand Exempel, wo Leute unter den
und jenen Umständen vom Guten abgewichen und gefallen
sind und daß es mir nicht besser gehen würde.

*Sondern erlöse uns von dem Übel.*

Mir sind hier die Versuchungen noch im Sinn und daß
der Mensch so leicht verführt werden und von der ebnen
Bahn abkommen kann. Zugleich denk ich aber auch an alle
Mühe des Lebens, an Schwindsucht und Alter, an Kindes-
not, Kalten Brand und Wahnsinn und das tausendfältige
Elend und Herzeleid, das in der Welt ist und die armen

Menschen martert und quält und da ist Niemand der helfen
kann. Und du wirst finden, Andreas, wenn die Tränen nicht
vorher gekommen sind, hier kommen sie gewiß, und man
kann sich so herzlich heraussehnen und in sich so betrübt
und niedergeschlagen werden, als ob gar keine Hilfe wäre.
Dann muß man sich aber wieder Mut machen, die Hand auf
den Mond legen und wie im Triumph fortfahren:

*Denn dein ist das Reich und die Kraft und*
*die Macht und die Herrlichkeit in Ewigkeit*
*Amen.*


## Lied
### ⟨Ironischer Gesang⟩

Ich bin ein deutscher Jüngling!
    Mein Haar ist kraus, breit meine Brust;
Mein Vater war
Ein edler Mann, ich bin es auch.

Wenn mein Aug' Unrecht siehet,
    Sträubt sich mein krauses Haar empor,
Und meine Hand
Schwillt auf und zuckt und greift ans Schwert.

Ich bin ein deutscher Jüngling!
    Beim süßen Namen „Vaterland"
Schlägt mir das Herz,
Und mein Gesicht wird feuerrot. –

Ich weiß ein deutsches Mädchen;
Ihr Aug' ist blau und sanft ihr Blick,
    Und gut ihr Herz,
Und blau, o Hertha, blau ihr Aug'!

Wer nicht stammt vom Thuiskon,
Der blicke nach dem Mädchen nicht!
    Er blicke nicht,
Wenn er nicht vom Thuiskon stammt!

Denn ihres blauen Auges
Soll sich ein edler Jüngling freun!
    Sie soll geliebt,
Soll eines edlen Jünglings sein!

Ich bin ein deutscher Jüngling,
Und schaue kalt und kühn umher,
    Ob einer sei,
Der nach dem Mädchen blicken will.

# DIE BEWEGUNG DER PHILANTHROPEN

## CHRISTIAN THOMASIUS (1655–1728)

Mein Leser, willst du noch den Zauber-Berg verneinen?
Es stellt ja dieses Blatt dir solchen deutlich für.
Du siehst den Hexen-Chor auf selbigem erscheinen.
Wiewohl ich irre mich: Er steht nur auf Papier!

„Nullus Diabolus – nullus Redemptor!" (Kein Teufel – kein Erlöser!) war Devise der Barockorthodoxie. Zwischen 1600 und 1680 lag die Zeit der Massierung der Hexenbrände, die in manchen Bereichen (Osnabrück, Herford, Lemgo) geradezu entvölkernd wirkten. Der Leipziger Fachmann, Professor Benedikt Carpzow († 1666), als „Begründer des deutschen Kirchenrechtes" bekannt, rühmte sich, die Bibel 53 mal durchgelesen und 20 000 Todesurteile, meist gegen Hexen, gefällt zu haben. Er begründete den Hexenprozeß als göttliches Recht mit II. Mose 22,18, IV. Mose 20,27, II. Mose 7, III. Mose 20,26. Von den großen Gegnern der Hexenprozesse hat Christian Thomasius, Sohn des Philosophen und Physikotheologen Jacob Thomasius († 1684), als berühmter und versierter Jurist die größte Wirkung erzielt. Während Balthasar Bekker († 1698), der verdienstvolle niederländische Bekämpfer des Hexenwahns, das geistliche Amt verlor und als Flüchtling starb, weil er den Teufel und sein Gefolge überhaupt leugnete (Thomasius möchte ihn nicht als „Atheisten", sondern als „Adämonisten" bezeichnet wissen), gab Thomasius die Existenz des Teufels zu, leugnete aber sein körperliches Erscheinen und die Möglichkeit der (unter Todesstrafe stehenden) Teufelsbündnisse. Den Inquisitor Carpzow erledigte er mit dem Argument, „daß er allezeit die Frage von der schuldigen Strafe der Zauberei mit der Frage, ob sie sei, verwechsle und allezeit das vor schon ausgemacht und wahr halte, was noch muß erwiesen werden!" Aus der exegetischen Schlinge, daß der Teufel doch Jesus (laut Math. 4) körperlich erschienen sei, zog Thomasius sich so, daß er behauptete, es handle sich um Phantasie oder Traum Jesu oder der „Teufel" sei ein agent provocateur gewesen. Seine Schriften gegen den Hexenglauben erschienen in vielen Auflagen und Übersetzungen; zu ähnlichen ausländischen Arbeiten schrieb er Vorreden.

In Preußen fand in seinem Todesjahr der letzte Hexenprozeß statt, nachdem der Soldatenkönig sich schon seit 1714 jeden Fall persönlich vorlegen ließ. Sein Sohn hat des Thomasius Verdienste gerühmt (Oeuvres II, 1789, 1, 376).

Mit dem Aufgang der Aufklärung um 1680 erschien sofort die Frage der Frauenrechte, die Veit Ludwig v. Seckendorff in seinem „Christenstaat" (1685) ausdrücklich forderte. Der Physikotheologe Fénélon legte 1687 sein Programm der weiblichen Bildung vor. In Halle wurde Thomasius ihr Vorkämpfer; seine „Einleitung zu der Vernunftlehre" (1691) war schon im Titel auch für Frauen bestimmt – 1745 promovierte in Halle die erste Medizinerin. Die vergessene Schrift des Thomasius über das Frauenstudium enthält Motive, die bis heute aktuell geblieben sind.

Über Thomasius: *W. Bienert*, *Erik Wolf*.

### Der Teufelspakt

Nachdem ich leider erfahren mußte, daß man anläßlich meiner Disputation de Crimine Magiae Gelegenheit genommen hat, mich fälschlich zu beschuldigen, als glaubte ich keine Teufel (obwohl das Gegenteil mit offenbaren und deutlichen Worten in der Disputation selbst zu lesen ist), so habe ich Gelegenheit genommen, bei dem Discurs von den Ägyptischen Zauberern ⟨II. Mose 7⟩ meine Unschuld klar zu zeigen und meine Meinung von den Hexen ausführlicher, als es in der Disputation wegen der Kürze der Zeit und des damaligen Vorhabens geschehen konnte, zu melden. Gleichwie ich 1. an den Teufel glaube und ihn 2. für eine allgemeine Ursache des Bösen, folglich auch 3. des Sündenfalles der ersten Menschen halte, so glaube ich 4. auch, daß es Zauberer und Hexen gibt, die Menschen und Vieh auf verborgene Weise Schaden zufügen. Ich glaube 5. auch, daß es Kristallseher, Beschwörer und solche Leute gibt, die mit abergläubischen Sagen und Segensprechen allerlei wunderliche Sachen verrichten. Ich gebe auch endlich zu, daß 6. von diesen Leuten etliche Dinge verrichtet werden, die nicht für Gaukeleien und Betrügereien zu halten sind, auch nicht den verborgenen Wirkungen der natürlichen Körper und Elemente wirklich zugeschrieben werden können, sondern mutmaßlich vom Teufel herkommen. Wie denn auch 7. etliche Dinge zuweilen vorkommen, bei denen man nichts anderes sagen kann, als daß sie von einer höheren als menschlichen Macht herkommen und doch Gott und seinen guten Engeln nicht zugeschrieben werden können – so wenn z. B. aus dem menschlichen Leibe allerhand natürliche, insbesondere aber künstliche Dinge wie Zwirn, Stecknadeln, Scherben, Haare, Hecht-Zähne, und zwar in großer Menge, aus Orten, die dieselben nicht fassen können, z. B. aus den Ohren, hervorkommen. 8. Ich lobe auch, daß man die Kristallseher, Beschwörer, Segensprecher usw. in einer wohlbestellten Republik nicht duldet, sondern daraus verjagt, auch wohl nach Gelegenheit schärfer bestraft. 9. Ich lobe es, daß man diejenigen Zauberer und Hexen, die den Menschen auch nur auf verborgene Weise Schaden tun, am Leben straft – auch schon, wenn der Schaden vermittels sonst unbekannter und geheimer Kräfte der Natur geschehen ist oder wenn auch wirklich kein Schaden darauf erfolgt wäre, sondern die Zauberer und Hexen, soviel an ihnen lag, mit ihren Beschwörungen und Gaukeleien sich Schaden zu tun bemüht hätten. 10. Aber ich leugne noch beständig und kann es nicht glauben, daß der Teufel Hörner, Klauen und Krallen habe, daß er 11. wie ein Pharisäer oder ein Mönch oder ein Monstrum oder wie man ihn sonst abmalt, aussieht. Ich kann es nicht glauben, daß er 12. Pakte mit den Menschen aufrichtet, sich von ihnen handschriftliche Papiere geben läßt, bei ihnen schläft, sie auf dem Besen oder auf dem Bock auf den Blocksberg holt usw. Ich glaube 13., daß dieses alles entweder Erfindungen von müßigen Leuten sind oder falsche Erzählungen derer, die andere betrügen wollen, um sich dadurch ein Ansehen zu machen oder Geld von ihnen zu bekommen – oder melancholische Einbildungen oder durch den Henker erpreßte Aussagen. Ich glaube 14., daß die allgemeine gegenteilige Meinung dadurch nichts gewinnt, wenn ich zugleich zugebe, daß durch Aberglauben und Segensprechen allerhand wunderliche Sachen geschehen. Denn wer weiß nicht, daß z. B. die Juden, wenn sie ein Brot mit gewissen Charakteren ⟨Schriftzeichen⟩ bezeichnet ins Feuer werfen oder sonst das Feuer besprechen, verursachen, daß das Feuer nicht weiter brennt. Wer weiß nicht, daß die Zigeuner ihr Feuer in den Ställen und Scheunen anmachen und daß es doch keinen Schaden tut? Ich habe aber noch keinen gehört, der vorgegeben hätte, daß entweder diese Juden oder die Zigeuner Hexenmeister wären und Pakte mit dem Teufel gemacht hätten. Ich glaube 15., daß die allgemeine Meinung nichts gewinnt, wenn ich zugleich zugebe, daß etliche Krankheiten vom Teufel herrühren und von den Zauberern mit Hilfe des Teufels zuwege gebracht werden. Die heiligen Männer, die durch GOTTES Kraft und durch den Glauben Wunder getan haben, haben deswegen keinen Pakt mit unserem HErren GOTT gemacht oder ihm eine Handschrift gegeben. Warum sollte der Teufel nicht auch ohne sichtbaren Pakt durch die Kinder des Unglaubens wirken, warum sollte ihr böser Glaube, ihr starker Drang und Verlangen nicht auch durch des Satans Kraft etwas Böses wirken können? Wie sich GOTT den Gläubigen und Propheten durch Gesichte, Träume, Stimmen offenbart hat, so kann ja auch der Teufel den Zauberern und Hexen die abergläubischen Mittel zum Schadenzufügen auf unsichtbare Weise offenbaren. Ich glaube 16. daran, daß der bisherige Hexenprozeß nichts getaugt hat, da man das Bündnis mit dem Teufel zur Grundlage des Prozesses gemacht hat, was in der Natur der Dinge nicht vorgegeben ist, und daß ebenso auch sehr behutsam verfahren werden muß, wenn man Leute beschuldigen will, durch Hexerei Schaden getan zu haben. Denn es gehört viel Beweismaterial dazu, und die allgemeinen Indizien – auch die, die in der peinlichen Hals-Gerichts-Ordnung vorgeschrieben wurden – sind nicht richtig, wie in der Disputation gezeigt wurde. Sonderlich aber gehören 17. bei den wunderlichen und übernatürlich erscheinenden Krankheiten große Untersuchungen dazu, ob nicht ein Betrug dahinterstecke – dem steht nicht entgegen, daß viele gelehrte und glaubwürdige Leute die Sache bezeugen, auch wenn es sogar Doktoren der Medizin sind. Denn es werden glaubwürdige und gelehrte Leute ebenso, wenn nicht eher betrogen wie andere. Und ich glaube gewiß, daß 18. unter den vorgeblichen übernatürlichen Krankheiten, über die man jetzt ein ganzes Buch zusammengestellt hat, die meisten mit einer Betrügerei vergesellschaftet sind und daß unter Hunderten kaum eine ohne hocus pocus und menschliche Geschwindigkeit zugegangen ist. Die bekannte Betrügerei mit dem goldenen Zahn bescheinigt, daß Schelmenstücke hinter einem Dinge stecken können, über das die Herren Ärzte Bücher schreiben und Krankheitsursachen untersuchen. So muß ich auch 19. bekennen, daß ich selbst anfänglich nichts anderes sagen würde, als daß die Sache durch Hilfe des Teufels und Hexerei zugegangen sei, wenn ich sähe, daß z. B. aus eines Menschen Ohr nacheinander eine ganze Schüssel voll Hecht-Zähne gezogen würde. Dennoch, wenn die Sache scharf angefaßt werden sollte, wüßte ich nicht, was ich jemand antworten sollte, der mir entgegnete, man halte eine solche Krankheit deswegen nicht für natürlich, weil es eine Kontradiktion sei, daß das menschliche Gehirn solche Dinge, und zwar in so großer Menge, in sich fassen könne. Nun könne aber ja auch der Teufel nicht Kontradiktoria zuwege bringen, weil die göttliche

Allmacht selbst zwar alles, aber keine Kontradiktoria zuwege bringen könne. Ebenso führen mich dergleichen Betrachtungen nur dahin, daß ich auch in diesem Stück lieber sagen möchte: Ich weiß nicht, wie die Sache zugeht, als daß ich sprechen soll: ,Der Teufel tut es.' Denn so gewiß wie zweimal drei sechs sind, so gewiß ist es auch, daß ich dasjenige nicht weiß, was ich nicht weiß. Will aber ein anderer sagen: ,Das Ding ist vom Teufel', während er doch nicht weiß, wie es zugeht, kann ich es wohl ertragen, wenn man mir nur vergönnt, daß ich bei meiner docta ignorantia ⟨gelehrten Unwissenheit⟩ bleibe. Aber gesetzt auch den Fall, es ist ausgemacht, daß die Sache vom Teufel herkommt, so sehe ich doch 20. nicht, daß dadurch der Hexenprozeß begründet wird. Denn es ist hier nun wieder die Frage, wer der Hexenmeister ist, der dem Patienten diese Krankheit zugefügt hat, und auf welche Art der Richter dessen gewiß sein könnte. Es ist freilich nicht schwer, bald ein Bekenntnis durch den Henker herauszubringen. Aber das ist nicht genug. Ich fürchte, wenn man mich und dich marterte, wir würden alles aussagen, was man von uns begehrte. Und wenn man uns weiter wegen der Umstände ⟨des Falles⟩ marterte, würden wir auch Umstände, und zwar solche dazulügen, von denen wir wüßten, daß sie der Richter gerne hörte und daß wir durch deren Aussage am ehesten von der Marter loskämen. Mit einem Wort: Ich halte dafür, daß die Hexen-Prozesse gar nichts taugen und daß der (wohlgemerkt) gehörnte leibliche Teufel mit der Pech-Kelle und seine Mutter dazu ein purum inventum ⟨reine Erfindung⟩ der päpstlichen Pfaffen sind, deren größtes arcanum ⟨Geheimmittel⟩ es ist, die Leute mit (wohlgemerkt) solchen Teufeln in Furcht zu versetzen und Geld zu Seelenmessen, reiche Erbschaften und Stiftungen zu Klöstern oder andern frommen Werken herauszulocken – und daneben un-

schuldige Leute, die da sagen ‚Papst, was tust du‘, als
ob sie Zauberer wären, die den Leuten Schaden an-
tun, verdächtig machen. Christus hat die Sünder nicht
mit solchen Teufeln bekehrt, und die Apostel haben
bei ihren Predigten keine ⟨theologischen⟩ Systeme gebraucht, in denen der Teufel der Eckstein ist, so daß
das ganze Gebäude zusammenfällt, wenn man denselben wegnimmt. Damals hieß es: Wer Christus
leugnet, der leugnet GOtt. Heute heißt es: Wer den
gehörnten und gemalten Teufel leugnet, der leugnet
GOtt. Könnten wohl in dem finstersten Papsttum
dergleichen Verzerrungen gehört werden? Ich habe
vor kurzer Zeit von einem vernünftigen Lehrer,
desgleichen ich mir viele wünschte, in der Predigt
gehört, vor dem Teufel solle man sich hüten, aber ihn
nicht fürchten. Ebenso hüte z. B. ich mich vor meinen
Lästerern, sowohl vor denen, die des gemalten Teufels Partei nehmen, als auch den anderen, vor den
alten und vor den jungen, sie mögen nun zu Wittenberg oder Delitsch, hier oder anderswo sein – aber ich
fürchte mich nicht. Ich nehme mich in acht, daß ich
ihnen keine Ursache zur Teufelei, das heißt zur Lästerung, gebe, tun sie es aber dennoch, so lasse ich
sie diabolisieren ⟨verteufeln⟩, solange sie wollen, und
lasse sie gehen, wenn sie sich auch in einen Engel des
Lichts verstellen und unter dem Schein des Gebets
ihre Lästerungen wider mich ausüben.


FRIEDRICH EBERHARD VON ROCHOW (1734–1805)

Die Bezeichnung des Philanthropen, Pädagogen und So-
zialreformers v. Rochow als „Pestalozzi der Mark" (Bran-
denburg) verdunkelt seine Priorität gegenüber dem Schweizer, seine schöpferische Originalität und die Ausstrahlung
seines Wirkens über die Grenzen Deutschlands hinweg

durchaus. Ebenso ist das Wort Diesterwegs mißverständlich: „Rochow mit Perücke ... und drei Kreuzen auf der Brust – mit der Pädagogik haben sie nichts zu schaffen." Denn der Domherr nahm seine Zugehörigkeit zum Johanniterorden und seinen Glauben ernst und handelte in der Ganzheitlichkeit der Person an den Hilfsbedürftigen: „Auf die Frage ‚Wer mich berufen hat, mich zum Lehrer des Landvolkes aufzuwerfen?‘, ist meine kurze Antwort diese: ‚Ich lebe unter Landleuten. Mich jammerte des Volkes. Neben den Mühseligkeiten ihres Standes werden sie von der schweren Last ihrer Vorurteile gedrückt. Gott tadeln sie durch Murren über die Einrichtung seiner Welt und halten ihn für einen Stiefvater, der willkürlich mit seinen Kindern verfährt. Daher ist ihre Religion meist der verderblichste Fatalismus. Die ganze vortreffliche Sittenlehre Jesu Christi und seiner Apostel liegt ihnen ganz außerhalb der Sphäre der Ausübung. Außer dem Katechismus und der Heilsordnung fand ich kein Schulbuch für den Landmann und außer dem Inhalte dieser Bücher keine Wissenschaft, die man dessen Kinder lehrte‘."

Kennzeichnend für v. Rochow ist die (im Philanthropismus oft fehlende) Einheit zwischen dem humanitären Planen, der Sorgfalt für das konkrete Detail und der entschlossenen Realisierung des als richtig Erkannten. Der gleiche Philanthrop, der auf seinen Gütern Sozialreformen großen Stils durchführte und mit König und Ministern verhandelte, übte mit seinem Musterlehrer Bruns die Methodik des Volksschulunterrichtes so ein, daß unermüdlich bald der eine und bald der andere die Rolle des Kindes bzw. des Lehrers übernahm.

Sein „Kinderfreund" (1776) war das erste Volksschullesebuch; das „geistestötende Papageientum" die Methode, die er leidenschaftlich bekämpfte. Das Gästebuch seiner Musterschule in Reckahn ist von hohem Interesse, die Bezeichnung des Instituts als „Wallfahrtsort" der Pädagogik nicht ohne Recht. Die Freundschaft mit Gellert, den v. Rochow unterstützte, die seelsorgerliche Fürsorge für Basedow, mit dem er das Du tauschte, der Briefwechsel zeigen ihn im Felde des geistigen Austausches der Zeit. Die eigene physikotheologische Haltung kommt überall in den pädagogischen Schriften zur Wirkung: „Meine Sinne schärften sich durch Übung zu Beobachtung, Aufmerksamkeit und Genuß! Und oft stieg von meinem einsamen Waldsitze mit dem Abendgesang der Vögel auch mein Gebet empor." v. Rochow hatte den bedeutenden und bis heute nie wirklich realisierten Gedanken gefaßt, daß man auch dem Kinde die

wichtigsten Grundeinsichten in das menschliche Da-sein,
Mit-sein und So-sein vermitteln müsse, eine Konzeption,
die ihm die Kritik eintrug, er wolle mit Kleinkindern Metaphysik treiben. Sein „Menschenkatechismus" sollte mit
Schülern in „aphoristischer Lehrart" Absatz für Absatz erarbeitet werden – er hielt ihn zugleich für ein Summarium
des Menschlichen, das man in der Heidenmission ebensowenig entbehren könne wie im Umsturz der Französischen
Revolution. Grundlegend ist – nach dem (im Sinne Burnets)
vorsichtig entmythisierenden Beginn – die für die zentrale
Aufklärung typische Brechung des menschlichen System-
wahns (Zf. 20 ff.). Auf dieser Grundlage möchte v. Rochow
das geistige Innenbild des aufgeklärten Menschen umreißen
und einen anthropologischen Sammelpunkt zeigen, in dem
sich alle Menschen in Gottes- und Menschenliebe finden
können – Kants ein Jahr zuvor erschienener „Ewiger Friede"
klingt ebenso an wie die Dichtung v. Hallers (Zf. 81 s. u.
S. 340).

Über v. Rochow: *K. Vahlbruch, R. Kieser.*

## Summarium
### oder Menschen-Katechismus in kurzen Sätzen

*Der Mensch*

### 1.

Die ersten Menschen waren – Menschen wie wir,
nämlich lebendige mit einem sichtbaren Leibe nicht
nur, sondern auch mit einer unsichtbaren vernünftigen Seele begabte Geschöpfe; denn, wie man sagt, so
sind sie nicht von einer Mutter geboren, nicht gezeugt
von einem Vater, wie seitdem gewöhnlich, sondern
von einem höheren Wesen geschaffen worden.

### 2.

So soll auch durch den Willen dieses höheren Wesens alles, was ist, seinen Anfang genommen haben.

### 3.

Ob es mit dieser Sage seine historische Richtigkeit
habe, oder wie anders? darüber läßt sich nichts Gewisses erforschen oder ausmachen, aus Mangel an

Zeugen und an gleichzeitigen Nachrichten oder Urkunden aus so entfernten Zeiten.

## 4.

Weil es aber den Menschen doch eine Frage von Wichtigkeit ist: Woher stammt das Menschengeschlecht? Woher alles? So scheint es bei den Hindernissen der Untersuchung am geratensten zu sein, die Sage von einer Schöpfung einstweilen gelten zu lassen und die Unbegreiflichkeiten bei derselben zu den bisher noch unaufgelösten Rätseln zu rechnen, deren es mehr gibt.

## 5.

Nach dieser Sage heißt nun in unserer Sprache jenes höchste und notwendig (wie wir gleich einsehen werden) weiseste Wesen, welches das ganze Weltall (alle Dinge) hervorgebracht haben soll, Gott.

## 6.

Denn in dem großen Weltall (wovon wir doch nur den kleinsten Teil bis dato sehen) so wie im kleinsten Geschöpf ist Ordnung, Absicht und Eigentümlichkeit oder der Charakter (wie zum Beispiel bei den Menschen die Vernunft) sehr deutlich und unzweifelhaft zu bemerken. Zu dieser Veranstaltung aber ist Weisheit notwendig.

## 7.

Zum Bemerken hat der Mensch in seiner Seele die Sinne. Fünf derselben kennen wir und nennen sie: Gesicht, Gehör, Gefühl, Geschmack und Geruch.

## 8.

Zu diesen fünf Sinnen gehören als leibliche Werkzeuge: Augen, Ohren, Nase, Haut und Nerven.

## 9.

Mit allen diesen Hilfsmitteln ausgerüstet kann die menschliche Vernunft (die den Menschen vor allen übrigen Tieren auszeichnet), wenn sie will, viele Eigenschaften der Dinge, die sich ihr darstellen, kennenlernen.

## 10.

Da der Wille oder das Vermögen zu wollen sich in jedem Menschen bei unzähligen Anlässen oder Gelegenheiten äußert und seine Wahl im Tun und Lassen leitet, so ist es ausgemacht, daß der Mensch einen Willen hat.

## 12.

Ob der menschliche Wille frei sei oder nicht, das ist eine Frage. Wenn darüber Auskunft gegeben und die Entscheidung vorbereitet werden soll, so muß zuvor die Bedeutung des Wortes „frei" in dieser Hinsicht festgesetzt werden.

## 13.

Soll freier Wille soviel heißen als das Vermögen, sich selbst – mit und ohne Rücksicht auf Bewegungsgründe von außen her – in seinen Entschlüssen zu bestimmen, so scheint die Erfahrung sowohl wie das innere Gefühl dieser Erklärung zu widersprechen.

## 14.

Denn um dieses Vermögen beständig äußern zu können, müßte der Mensch ganz unabhängig von allen Dingen außer ihm sein. Daß er aber dies nicht sei, belehrt ihn die Erfahrung.

## 15.

Und das innere Gefühl dessen, was bei jeder Wahl (das heißt bei Ob oder Nicht – Ja oder Nein) in ihm vorgeht, beweist ihm zur Genüge, daß der Mensch (selbst der einsichtsvollste) sich oft durch Beweggründe von außen her in seinen inneren Entschlüssen und Wahlen bestimmen läßt.

## 16.

Inwiefern ist denn nun der menschliche Wille ein freier Wille zu nennen? Ich vermute nur insofern, als er über alles ohne Zwang von außen her *denken* kann und im übrigen keine unmittelbare (übernatürliche) Einwirkung innerlich zu besorgen hat.

### 17.

Der Mensch kann also denken. Denn in seinem sichtbaren Körper ist etwas, das man die Seele oder den Geist nennt.

### 18.

Wüßten wir von diesem Etwas auch weiter nichts, als daß es sich freut oder betrübt, je nachdem es außerhalb des Umfangs seines Körpers die Ereignisse fordern – daß es hier liebt, dort gleichgültig ist oder gar hasset – daß es Vergangenheit mit Gegenwart vergleicht – daß es erfindet, und wo seine eigenen Kräfte nicht zureichen, diese Kräfte künstlich verstärkt – so wäre schon dadurch das Dasein dieses Etwas erwiesen.

### 19.

Denken heißt, über den gewählten Gegenstand (Stoff zum Denken) Begriffe bilden, indem man die Verhältnisse desselben zu anderen Gegenständen betrachtet. Beim Denken kommen Bemerkungen und Urteile vor. Sind die ersteren noch nicht (als von andern schon gemachte) bekannt, so heißen sie Entdeckungen. Sind die letzteren richtig, dann werden daraus Grundsätze, und so entstanden die Fußgestelle (Bases) aller Systeme, die nicht (als Hypothesen) der bloßen Einbildungkraft ihr Dasein verdanken.

### 20.

Ein System heißt in dieser Rücksicht die Summa dessen, was über einen bestimmten Gegenstand von irgendeinem Denkenden gedacht oder niedergeschrieben worden ist. Eine Hypothese nennt man das, was zu Gunsten eines gewissen Systems nur einstweilen angenommen ist.

### 21.

Das Streben der menschlichen Seele, Ordnung und Zusammenhang (wo möglich) in seine Gedanken-Reihen zu bringen, brachte die vielerlei Systeme hervor, die vorhanden sind. Der Hang zur Mitteilung (auch wohl der Wunsch, sich Anhang und Partei zu verschaffen) und die Einträglichkeit des Buchhandels machte sie bekannt.

### 22.

Daß kein einziges dieser Systeme ganz wahr (d. i. fehler- und hypothesenfrei) ist, erhellt schon daher, weil es von Menschen erdachte Systeme sind, denen es in ihrem jetzigen Zustand versagt ist, in das Innere (das Wesen, Verhältnis und Absicht zum Ganzen) der Natur zu dringen.

„Wir irren also allesamt, nur jeder irrt anders –"

### 23.

Diese Betrachtung sollte uns wenigstens Bescheidenheit lehren und von der Streitsucht über Meinungen heilen, auch von dem stolzen Gebrauch gewisser Redensarten entwöhnen, als da sind:

> rechtgläubig –
> ausgemachte Wahrheit –
> längst entschieden –
> allein seligmachend –
> falsche Lehre –
> Irrtum –
> Ketzer –
> Heiliger
> Verdammter } Mensch –
> System usw. usw.

### 24.

Wer lange gelebt und gedacht hat, muß sich freilich auch, oft ohne völlige Gewißheit, entschlossen haben, d. h. nach Wahrscheinlichkeit gehandelt haben.

### 25.

Wahrscheinlichkeit ist da, wo viel mehr Gründe für als wider sich finden. Wer, wo ihm Gewißheit (Wahrheit) fehlte, nach ihr forschend nur Wahrscheinlichkeit fand, nach deren Gründen er sich zur Handlung entschloß, der hat schon nach seinem Gewissen gehandelt.

### 26.

So ist denn das Gewissen das Bewußtsein, man habe sich redlich bemüht, Wahrheit und feste Regel des Verhaltens zu finden, und nur in deren Ermangelung nach Wahrscheinlichkeit gehandelt.

### 27.

Auf dieses Gewissen (Gedanken, die sich wegen dieser redlichen Bemühung entweder verklagen oder entschuldigen) ist nun alle Moralität gegründet.

### 28.

Moralität der Handlungen und des Denkens ist die innere Be- oder Entschuldigung, wobei die Vernunft Richter ist.

### 29.

„Was konnt ich wissen" – „Was unterlassen" – „Was tun" – „Was hindern" – „Was befördern?" – Dieses sind ungefähr die Inquisitionsartikel in diesem Gerichte.

### 30.

Dieses vorläufige Gericht (erste Instanz) gibt entweder Freudigkeit (wenn uns unser Bewußtsein nicht verdammt, sondern Zeugnis gibt, wir wollten recht tun) oder Überzeugung (traurige Conviction, daß wir ohne Vordenken handelten) der Verschuldung.

### 31.

So ist denn Irren nicht eigentlich Verschuldung, sondern die Gleichgültigkeit gegen Irrtum und Wahrheit (Recht oder Unrecht) ist Verschuldung.

*Die Religion*

### 61.

Recht und Unrecht hat (außer der bürgerlichen Bedeutung und Beziehung auf Staat und gesellschaftliche Verbindung) noch eine betrachtungswerte Seite, nämlich das Verhältnis zur Religion.

### 62.

Die Religionen, das ist die von der einen unteilbaren Religion abweichenden Sekten, indem sie Gott als höchsten Gesetzgeber sämtlich annehmen, schreiben ihm auch eine Gesetzgebung zu, die, ohne Rücksicht auf bürgerliche und gesellschaftliche Verbindung, als für sich bestehend und vielmehr jene sich überall unterordnend gedacht werden soll.

### 63.

Der daraus hier und da entstehende Kontrast wird zwar durch das Machtwort
„Du sollst Gott m e h r gehorchen als den Menschen" zu beheben versucht, aber in Wirklichkeit verwirrter gemacht. Denn wenn die Obrigkeiten Gottes Ordnung sind und man ihnen auch wegen ihrer bestehenden Gewalt gehorchen soll und muß, so entsteht oft die peinlichste Kollision, wenn jene befehlen, was dieser soll verboten haben.

### 64.

Aus dieser Kollision vermag uns nichts zu retten, als daß wir zurückgehen auf den Grundsatz: Gott kann auf Menschen nur auf menschliche Art und Empfänglichkeit, das heißt mittelbar, wirken.

### 65.

Sind nun Gesetzgebungen menschliche Mittel und setzen sie notwendig menschliche Gesetzgeber voraus, so folgt daraus, daß wir uns vorzüglich nach diesen richten müssen, da wir als Menschen von allen andern höheren (übernatürlichen), das ist unmittelbaren, Gesetzgebungen keine Versicherungen haben können, daß sie es wirklich sind.

### 66.

So ginge denn die Religion bloß das Gewissen des Menschen an und hätte vors erste mit dem Äußerlichen (Zeremonie, Form) schon deswegen nichts zu schaffen, weil wegen der in den Händen der Obrigkeiten sich befindenden Polizei (wozu alles Äußerliche gehört) darin eine große Verschiedenheit obwaltet.

### 67.

Wer, wie schon im ersten Abschnitt (Nr. 25) gesagt ist, bei seinen Entschlüssen vorher an Recht und Unrecht dachte und sich durch den Wunsch, recht zu tun, bestimmen ließ, der handelt religiös. Denn er unterwirft seine Freiheit zu denken der Rücksicht, daß der Allwissende, was er denkt, auch wisse und entweder billige oder mißbillige. Der religiöse Denkende leistet folglich dadurch, daß er gegen Billigung und Mißbilligung seines Tuns von Seiten des höchsten Wesens nicht gleichgültig denkt, diesem höchsten Wesen die höchste Huldigung (Anbetung im Geist und in der Wahrheit).

### 68.

Das Wesen der Religion ist also seiner Natur nach bloß innerlich und kann durch äußerliche Zeichen bloß geheuchelt, aber nicht eigentlich repräsentiert, oder dessen Mangel ersetzt werden.

### 69.

Wenn uns die Betrachtung und Erfahrung der Mängel und Gebrechen der menschlichen Einrichtungen nicht niederschlagen und zu Zweifeln an der Güte des Schöpfers verleiten soll, so müssen wir uns bloß durch den Anblick und das Studium der großen Natur (oder des uns erkennbaren Ganzen) davon überzeugen lassen, daß in Gott die höchste Güte sei und er es, wie überall, auch mit den Menschen gut meine.

### 70.

Im Studium der Natur liegt also die wahre Theodizee. Die höchste Zweckmäßigkeit und Ordnung im Kleinen wie im Großen führt den Begriff von Güte des, der es so eingerichtet hat (Regulators), notwendig herbei.

### 71.

Güte als Absicht Gottes bei der Anordnung aller

Dinge bezieht sich auf die Möglichmachung aller Arten angenehmer Genüsse, um dadurch Freude über Dasein zu bewirken.

## 72.

Die Erlaubnis, sich seines Daseins zu freuen, wird durch nichts von Seiten Gottes beschränkt als durch die väterliche Warnung vor Unmäßigkeit im Genuß.

## 73.

Diese Beschränkung selbst aber liegt in dem Wesen aller endlichen Dinge. Entbehrung ist die Folie des Genusses; und wenn sie, um den Freuden-Genuß zu erhöhen und dauernder zu machen, absichtlich ist, so ist sie vielleicht der vollkommenste Grad menschlicher Weisheit.

## 74.

Dann kann auch Freude an und über Gott entstehen, wenn wir oft bei dem frohen Genuß der Gabe mit Dankgefühl dem gütigen Geber danken.

## 75.

Wenn schon überhaupt Liebe beglückt, wie sollte dankbare Liebe zu Gott nicht vorzüglich beglücken, da hier allein keine Veränderlichkeit des Liebenswürdigen stattfindet.

## 76.

Lasset uns also Gott lieben, der uns zuerst geliebet hat, ehe wir noch waren, indem er Anstalten traf sowohl zu unserer vernünftigen Existenz als auch zu allem, was sie angenehm machen konnte!

## 77.

Der ewig reiche Herr von allem bedarf und begehrt von uns nichts als unsere Einstimmung (Herz) in seine großen, jedes Wohlsein umfassenden Pläne. – Denn er will unter anderm, daß allen Menschen durch Menschen geholfen werde, dazu, daß sie, jeder nach Maßgabe seiner Anlagen, zur Erkenntnis der Wahrheit kommen können, durch welche sie allein frei und froh werden.

### 78.

Helfen, daß dieses immer mehr geschehe, heißt, das Reich Gottes (ein Reich der Wahrheit und Erkenntnis!) auf Erden befördern. Bis endlich ein jeder über Gott und seine Liebe zu uns Menschen hinlänglich belehrt sein wird.

### 79.

Dieses wird die selige Folge haben, daß Gottes- und Menschenliebe die Stimmung aller Gemüter wird und die Rücksicht auf Gottes Billigung oder Mißbilligung der Menschen Tun und Lassen regiert.

### 80.

So wird Gott, durch den auch unsere Regenten das sind, was sie sind, der eigentliche Monarch (Herrscher) sein in allen Landen. Streben nach Gerechtigkeit wird die Völker beglücken. Ihr langer Zwist wird enden, keines das andere mehr kriegen lehren und unser irdisches Leben sein, was es sollte, nämlich friedliche Vorübung zur dereinstigen unsterblichen Versammlung aller Nationen in den Wohnungen des ewigen Friedens.

### 81.

Es ist, obzwar in Ermanglung eines strengen Beweises, dennoch höchst wahrscheinlich, daß alles, was Gott kennen und lieben gelernt hatte, fortdauern werde. Denn wessen Güte so groß im Kleinen war, wird wohl noch größer sein im Großen. Und was ist die kurze Spanne Menschenleben gegen die zeitlose Ewigkeit? Das, was in uns denkt, oder der unteilbare Geist kann nicht wohl zergehen (sich in Elemente auflösen), also nicht sterben, weil darin gerade die Ähnlichkeit mit Gott besteht, der auch ein unteilbarer Geist ist und daher auch ewig lebt – ebenso, weil ohne Fortdauer unseres Geistes sein hiesiges Dasein zwecklos erschiene.

### 82.

Hier bei diesen Hoffnungen und Wünschen tritt

nun der Glaube an Gottes Güte, nach welcher er sich aller erbarmt oder ihnen da hilft, wo keiner sich selbst helfen kann, an seine rechte Stelle. Denn wer zu Gott kommen will, muß nicht allein glauben, daß Gott sei, sondern auch, daß er, als Vater aller Geister, sie zu beglücken vorhabe.

### 83.

In diesen Gedanken liegt der Sieg über die Furcht vor dem Tode und vor den Dingen, die nach ihm kommen werden. Was an uns stirbt, war der Fortdauer nicht empfänglich. Was in uns lebt, wird leben, in welcher Verbindung es auch sei. Die, welche weise und gut sein wollen, werden immer darin zunehmen. Die andern wird der ewige Vorwurf nagen: „Ich zerstörte selbst meine Empfänglichkeit für Freuden durch unmäßigen Genuß – ich konnte – und wollte nicht."

### 84.

Wenn mehr oder weniger in keiner Sache ganz gleichgültig sein kann, so ist es wenigstens da, wo vom innerlichen und äußerlichen Wohlsein aller vernünftigen Wesen die Rede ist. Wer also diesen 84 Nummern noch etwas zuzusetzen oder von ihnen weglassen zu müssen glaubt, der prüfe sie vorher wohl, und dann tue er, was ihm Pflicht scheint. Mir haben sie zureichend geschienen, um daraus eine für alle Zeit, Alter und Nationen dienliche Sammlung der wichtigsten Kenntnisse und damit einen sicheren Vereinigungs-Punkt (womit schon viel gewonnen ist!) allen Menschen zu bereiten. Wer sie gehörig gefaßt und durchdacht hat, wird wenigstens unter allen Himmelsstrichen für verständig (aufgeklärt) gelten und als ein solcher sich erweisen können. Dagegen der, welcher d i e s e Kenntnisse nicht, wohl aber tausend andere bekam, an seinem äußerlichen und innerlichen Wohlsein gewiß spüren wird, daß ihm viel fehlt.

# Johann Bernhard Basedow (1724–1790)

Das schwer verständliche Deutsch Basedows, ein Knorpelstil, der sich nur im Hymnischen löst, wirkt wie eine Spiegelung seines schwierigen und umstrittenen Charakters. Der aus schwerer Kindheit heraus zum Kgl. dänischen Professor der (universitätsähnlichen) Ritterakademie in Soroe (Seeland) Aufgestiegene wurde wegen mangelnder Rechtgläubigkeit nach Altona strafversetzt und dort vom Abendmahl ausgeschlossen. Der Vorgang radikalisierte seine religiöse Haltung, in der er schließlich theoretisch den gemeinsamen Kern von Judentum–Christentum–Islam mit der „Natürlichen Religion" (der Stoa) gleichsetzte – in Wirklichkeit aber in seinem „Jehovismus" Schuldner der schöpfungsfrommen, hebraistischen Aufklärung blieb. In der technisch-personalen Leitung und Entwicklung des reichlich subventionierten Philanthropins in Dessau (1774) versagte Basedow trotz der propagandistischen Wirkung der großen öffentlichen Prüfung vom 13.–15. Mai 1776, zu der die Prominenz der Zeit geladen war und bei der u. a. Basedows siebenjährige Tochter als Wunderkind gezeigt wurde. Von 1878 bis zum Tode lebte der Enttäuschte als Schriftsteller; seine Leiche wollte er zum Besten der Mitmenschen seziert wissen.

Seine Betrachtungen über Ketzerei und Bekenntnis sind insbesondere im Hinblick auf die Konflikte des Predigers zwischen Ordinationsgelübde und theologischer Wissenschaft bleibend aktuell. Von seiner Religionspädagogik, die (irrtümlich) über allen Religionen und Bekenntnissen zu stehen glaubt (mit offenbarter Religion sollen sich Geistliche abgeben), vermittelt das frühe „Elementarbuch" (1770) einen Eindruck.

Über Basedow: *F. Jacobi, J. Rammelt.*

## Über Ketzer und Bekenner

Schwierigkeiten würden weit seltener entstehen, wenn die meisten Christen über die Kirchen-Toleranz richtiger dächten, als sie tun. Ich habe bisher nur von der politischen Toleranz gehandelt, welche von der kirchlichen ebenso sehr verschieden ist, wie der Zweck der Vereinigung zu einem Staate von dem

Zwecke der Vereinigung zum Gottesdienst. Zwischen zwei Kirchen oder zwischen einer Kirche und einigen einzelnen Personen besteht alsdann eine kirchliche Toleranz, wenn sich von beiden Seiten zwar einige Verschiedenheit in den Gedanken von göttlichen Dingen findet, des ungeachtet aber die eine Partei die andere nicht nur als solche Christen erkennt, die nicht aus gottloser Gesinnung im Irrtum sind und bleiben, sondern wenn sie sich auch keine Bedenken macht, die andere Partei an ihren gottesdienstlichen Versammlungen und Handlungen denjenigen Anteil nehmen zu lassen, welchen sie wünscht und welchen sie mit äußerer Gleichförmigkeit und ohne Anstoß der Gemeinde mit ihr zugleich wahrnehmen will.

Wer nur einigermaßen mit dem Neuen Testament bekannt ist, kann nicht leugnen, daß in den Kirchen der Apostel unter den Personen, die verschiedener Meinung waren, eine solche Toleranz (und zwar nach der Ermahnung der Apostel) wahrgenommen wurde. Wie häufig sind die Ermahnungen, die Schwachen zu tragen! Es wurden diejenigen nicht ausgestoßen, die dem jüdischen Zeremonialgesetze eine fortdauernde Verbindlichkeit beilegten – wenigstens nicht diejenigen, welche, ohne zwingende Beschimpfung der anderen, es für sich und ihre Familien aus irrendem Gewissen sehr sorgfältig beobachteten.

Es waren sogar einige, welche (ich weiß nicht in welcher Bedeutung) glaubten, die Auferstehung sei schon geschehen; und man liest nicht, daß sie aus den Gemeinden ausgestoßen gewesen sind. Es ist die Kirchen-Toleranz ohne Zweifel ein Zeichen der Vertragsamkeit, Achtung und Liebe gegen diejenigen, hinsichtlich derer sie ausgeübt wird. Solche Zeichen haben ordentlicherweise ihre guten Wirkungen und dürfen also niemand versagt werden, es sei denn, die Kirche gerate durch eine solche Gemeinschaft in Gefahr. Zu den Zeiten der Apostel hatte man allerdings

Gefahr zu befürchten: erstens, wenn schändliche und offenbare Missetäter in der Gemeinde geduldet wurden und den Namen von Mitchristen führten, und zweitens, wenn jemand in der Gemeinde Ketzereien oder Kabalen gegen die Apostel und ihre Verordnungen anrichtete.

Ich bitte meine Leser um eine angestrengte Aufmerksamkeit, ob – vermöge der häufigen Ermahnungen, die Irrenden und Schwachen mit Sanftmut zu belehren und zu tragen, wie auch vermöge der Exempel der Irrenden in der apostolischen Kirche – unter dem Namen der Ketzer wohl solche können verstanden werden, welche die Worte Jesu und der Apostel unrecht verstanden? Oder ob nicht vielmehr dieser Name bloß solchen Aufrührern gegen das Ansehen der Apostel gegeben wurde? Ich hoffe, ein jeder wird von der Wahrheit der letzten Erklärung überzeugt werden, wenn er alle davon handelnden Stellen Gal. 1,8 f. – 2. Kor. 6,14–16 – Röm. 16,17 – 1. Tim. 6,3–5 – Tit. 3,10 – 2. Joh. 10,11 nachschlagen und mit Bedacht lesen will.

Aus diesem Grunde ist offenbar, daß zu unsern Zeiten der Name eines Ketzers niemandem als dem gehört, der erstens, obwohl er äußerlich in der christlichen Gemeinde bleibt und über einige Lehrpunkte mit ihr übereinstimmend denkt und redet, dennoch die außerordentliche Sendung Jesu und der Apostel leugnet und aus diesem Grunde (nicht aber aus Mißverstand der Worte oder aus kritischen Gegengründen gegen ihre Echtheit) einige ihrer Lehren verwirft und andere zu gleichem Irrtum beredet – oder der zweitens als ein vorgeblicher oder eingebildeter Inspirierter oder auf einem unfehlbaren apostolischen Stuhle Sitzender den Gemeinden Lehrsätze aufbürden will, die ebenso gültig sein sollen wie die Lehrsätze Christi und der Apostel.

Also sind heutigen Tages nur Ketzer in der christlichen Kirche einige Naturalisten, die Jesus und die Apostel bloß zu philosophischen und moralischen Lehrern machen und (ich sage es mit Wehmut) die römischen Päpste, die Konzilien und alle solche Versammlungen von Theologen, welche Lehrsätze machen, denen sie das Siegel einer apostolischen Unfehlbarkeit aufdrücken. Ferne aber sei es von mir, alle diejenigen Ketzer zu nennen, die von Jugend auf überredet worden sind, solchen heutigen Ketzern Beifall zu geben und alsdann aus irrendem Gewissen in dieser Meinung verbleiben.

Wer aber alles glaubt, wovon er einsieht, daß es Jesus und aus göttlicher Offenbarung die Apostel gelehrt haben, und im übrigen seine Meinungen und Erklärungen nicht anderen als apostolisch und unfehlbar aufbürdet, sondern ihrer Prüfung unterwirft, der ist (in der apostolischen Bedeutung des Wortes) von den Eigenschaften eines Ketzers ebenso weit entfernt wie von den Eigenschaften eines Apostels – er mag im übrigen Sozinianer, Arianer, Arminianer, Papist, Lutheraner, Calvinianer, Grieche oder Mennonit in seiner Meinung oder in seinem Bekenntnisse sein, und – wie oftmals geschieht – in seinem Glaubens-Systeme von allen diesen Kirchen in etwas abweichen. Also ist die apostolische Warnung, die Ketzer zu meiden, kein Verbot einer Kirchen-Toleranz unter den Mitgliedern aller dieser Gemeinden. Ich will aber damit fürs erste nichts weiter behaupten, als daß keine dieser Gemeinden bloß um dieses Verbotes willen Ursache hat, irgendeinem, der in dieser beschriebenen Bedeutung kein Ketzer ist, den von ihm verlangten Anteil an der Kirchengemeinschaft zu versagen.

Wenn man alles recht überlegt, so wird man auch nicht glauben, daß bei der entgegengesetzten Intoleranz die Wahrheit gewinne. Die intolerante Kirche hat in den Streitpunkten entweder Recht oder Unrecht. Ist das letzte der Fall, so kann der tolerierte Dissentient, der dadurch mit den Kirchengliedern in engerer Gemeinschaft bleibt, ein guter Same einer künftig weiter ausgebreiteten Erkenntnis der Wahrheit werden. Hat aber die Kirche Recht, so ist zum ersten die Ausstoßung des Dissentienten kein Mittel, sondern ein Hindernis seiner Bekehrung zur Wahrheit. Zweitens ist der Dissentient ebensowohl imstande, außer wie in der Kirchen-Gemeinschaft, einige Gemeindeglieder von der Wahrheit seiner Meinung zu überreden – oder die kirchliche Intoleranz müßte die politische nach sich ziehen, eine Maxime, die eines der größten Greuel des Papsttums ist. Ich sage: von diesem Falle abgesehen, hat er zur Gewinnung anderer ebensoviel Gelegenheit. Denn gesetzt, er bliebe in dem verlangten Anteil an der Kirchengemeinschaft, so wird es ihm darum doch nicht erlaubt sein, in der kirchlichen Versammlung seine Paradoxie zu lehren, was wider die Ordnung und Rechte der Kirchengesellschaft wäre. Außer den Versammlungen wird ihm durch die Ausschließung kein einziges Mittel zum Vortrage genommen – wofern keine Inquisition über Gespräche und Bücher theologischen Inhalts eingeführt werden soll. Einen einzigen Scheingrund muß ich noch widerlegen: Durch die Ausschließung, sagt man, wird der ganzen Gemeinde offenbar, daß er höchst gefährliche Irrtümer hege, und alsdann ist er zur Verführung anderer weniger in der Lage. Allein ich denke, diese Maxime ist ein offenbarer Fehler der Pastoral-Klugheit. Denn es wird dadurch weder bewiesen, daß er Irrtümer hat, noch daß die Irrtümer gefährlich sind, sondern nur, daß die ausschließenden Personen (d. h. ein Einziger oder sehr wenige Mitglieder) dieses glauben. Wozu soll dieser öffentliche Vorgang dienen? Soll er nach altem Herkommen der römisch Gesinnten die Kirchenkinder an die Unfehlbarkeit ihrer Mutter erinnern oder Abscheu und Verachtung gegen den Dissentienten erregen und dadurch verursachen, daß man ihn weder anhört noch liest, wenn er seine Meinung durch Gründe zu bestätigen sucht? Welch ein verächtlicher Zweck wäre das! Durch Entfernung der Menschen von aller Erkenntnis des Gegenteils mag sich der Betrug und der Irrtum schützen! Die Wahrheit bedarf dieser Mittel nicht. Überdies glaubt ja eine jede Kirche, daß die Hauptsache der Religion in sehr erweisbaren Erkenntnissen bestehe. Sie sagt, daß in ihrer Gemeinde diese offenbaren Hauptsachen wöchentlich und fast täglich auf gründliche Art gelehrt und bewiesen werden. Ist dieser Ruhm nicht falsch, was hat man dann von den so offensichtlich falschen Gegengründen eines einzigen oder weniger Dissentienten zu befürchten, welche noch dazu keine kirchliche Autorität für sich haben.

Mag der Zweck, die Mitglieder der Kirche von allem Aufmerken auf die Gegengründe eines Dissentienten abzuhalten, meinethalben Entschuldigung und Rechtfertigung verdienen, die alsdann sowohl in Stockholm als in Madrid gelten muß, so ist doch die Ausschließung eines Dissentienten, sofern dadurch die übrigen Mitglieder gewarnt werden sollen, seinen paradoxen Vorstellungen kein Gehör zu geben, bei den jetzigen Verhältnissen der vernünftigsten Nationen kein dazu taugliches Mittel. Denn die Ausschließung bleibt entweder unbekannt oder erregt ein Gerücht. In dem ersten Fall bedarf ich keines Beweises. Im zweiten Falle aber wird nicht nur die Neugierde erregt, sich nach dem Inhalt des Streites durch Hören und Lesen zu erkundigen, sondern der Dissentient gerät natürlicherweise in einen wirksameren Widerwillen gegen die Lehrsätze der Kirche, die er für Irrtum hält und welche sogar durch Intoleranz der Gegenmeinungen verteidigt werden. Endlich gebe ich zwar zu, daß die Lehrer verpflichtet sind, zuweilen in

Schriften, zuweilen im mündlichen Vortrag durch Herausstellung der Zweideutigkeiten diejenigen Redensarten eines Dissentienten, durch welche er seine heterodoxen Meinungen als übereinstimmend mit dem kirchlichen Glaubensbekenntnis zeigen will, für unbrauchbar zu erklären und seine Lehrsätze und Gründe zu widerlegen. Aber dazu bedarf man keiner solchen Mittel, die überhaupt Haß und Verachtung gegen seine Person und seine Werke zu verursachen pflegen – dazu bedarf man keiner Versagung des verlangten Anteils an der Kirchengesellschaft. Alles dieses ist schädlich und wider den vernünftigen Zweck, besonders dann, wenn der Dissentient sich so wenig verstellt, daß er mit klaren Worten sagt, er könne nach seinem Gewissen diesem und jenem Lehrsatze der Kirche nicht beistimmen.

Und was kann man überhaupt von der jetzt noch üblichen Ausschließung aus der Kirchengemeinschaft halten? Wer beschließt sie, wer übt sie aus? Kein unfehlbarer, kein mit außerordentlichen Gaben ausgerüsteter Lehrer, auch nicht die Gemeinde, nicht eine zahlreiche Menge der Mitglieder – sondern entweder ein einziger dem Irrtume und der Übereilung unterworfener Mann oder eine kleine Anzahl solcher Männer. Ich kann mir unmöglich vorstellen, daß durch eine solche Ausschließung an sich selbst den Seelen ein Schade zuwachse. Aber es ist leider mehr als wahr, daß an vielen Orten die bürgerliche Achtung und Wohlfahrt dadurch leidet. Nicht immer, aber doch oft ist dies die Absicht solcher Ausschließungen. Und wenn diese Absicht erreicht wird, so ist das ein Anzeichen dafür, daß das Ansehen von Kirchenlehrern auf die bürgerlichen Sitten und Gesetze einen Einfluß hat, den man nicht billigen kann.

Man hat es eine Verleumdung des Lehrstandes genannt, daß ich gesagt habe, es gäbe vermutlich Kirchenlehrer, die ein Glaubensbekenntnis, worin sie Irr-

tümer sehen, unterschreiben oder beschwören oder
während ihres Amtes paradoxe Einsichten erlangen
und dennoch aus Furcht ihre Gesinnungen verschwei-
gen oder sie durch eine gezwungene Auslegung des
Glaubensbekenntnisses unter dem Anschein kirchlicher
Orthodoxie verkünden oder (wenn beides wegen der
Wachsamkeit der wirklichen Orthodoxen nicht möglich ist) geradezu ⟨öffentlich⟩ bestreiten und also anders lehren, als sie denken.

Die Lutheraner vermuten, daß viele solcher Lehrer
unter dem römischen Joche sind. Die römisch Gesinnten und die Reformierten glauben eben dasselbe von
einigen Lehrern der Lutheraner. Und in der Tat hat
jede Kirche einige Beispiele von solchen, die es bekannt haben, daß sie in dem Konflikt zwischen ihrem
Gewissen und ihrer äußeren Wohlfahrt bald mit
einem geängsteten, bald mit einem sich entschuldigen-
den Gewissen in ihrem Amte auf die beschriebene
Weise gehandelt haben.

Also habe ich ohne Verleumdung dieses vorausgesetzt und war nicht, wie man mir aufbürdete, schuldig, einzelne Personen zu nennen. Doch will ich nur
über die Rechtmäßigkeit eines solchen Verfahrens urteilen. Noch vor kurzer Zeit war ich der Meinung, die
christliche Einfalt gebiete einem Kirchenlehrer, entweder die Wahrheit von allen Lehrsätzen zu sagen
oder wenigstens niemals das Gegenteil dessen, was er
mit Gewißheit für wahr hält, vorzutragen, wenn auch
die Freimütigkeit ihn Amt und Wohlfahrt kosten und
vermittelst der menschlichen Leidenschaften in den
Kirchen die größte Bewegung machen sollte. Ich bin
auch noch überzeugt, daß die Wohlfahrt seiner selbst
und seiner Familie in der Wagschale der Überlegung,
was er bei der Heterodoxie seines Gewissens tun solle,
für eine leichte Feder zu halten sei. Auch behaupte
ich, daß zuweilen von Ärgernissen, die aus seiner
Freimütigkeit folgen würden, sich mit Recht gute

Wirkungen von größerer Wichtigkeit erwarten lassen – und zwar besonders, wenn man nicht bloß auf die gegenwärtigen Zeiten, sondern auch auf die Wirkungen des Beispiels seiner Standhaftigkeit und auf die Hoffnung sieht, mehr Nachfolger zu erwecken, welche nach wiederholten unglücklichen Versuchen endlich der Wahrheit einen Eingang verschaffen.

Aber ich werde mit der Zeit geneigter zu glauben, daß gewisse Umstände einen Lehrer nicht nur entschuldigen, sondern auch rechtfertigen können, wenn er mit seufzendem Gebete, daß Gott diese Notwendigkeit ändern möge, von der Regel der deutlichen Freimütigkeit abweicht und sowohl sich selbst als auch sein Ansehen schont, um der Wahrheit und dem Christentum so gut, wie er kann, zu dienen und von der Freimütigkeit mit größerer Hoffnung auf guten Erfolg in künftigen, besseren Verhältnissen Gebrauch zu machen. Vielen wird meine frühere Strenge besser gefallen als meine jetzige Milde hinsichtlich der Pflicht, die Wahrheit zu fördern. Ich will also meine Gründe anführen.

Erstens: Die Wahrheit ist um der Menschen willen da, weil sie ordentlicher Weise nützt. Aber die Menschen sind nicht um der Wahrheit willen da – in den außerordentlichen Fällen, wo sie schadet. Zweitens: Christus verbietet zwar, ihn zu verleugnen, aber ein solcher Lehrer verleugnet auch Christus keineswegs, er bekennt sich zu seinen Lehren und empfiehlt seinen Zuhörern die Mittel, die Lehren Jesu und der Apostel auf eine bessere Art kennenzulernen als aus den Lehrsätzen des Glaubensbekenntnisses und aus seinem eigenen Vortrage. Drittens: Er lehrt in diesem Notfalle auch nichts gegen die göttlichen Offenbarungen, sondern gegen seine eigenen fehlbaren Einsichten vom Verständnis dieser Offenbarungen. Viertens: Er ist nicht Schuld daran, daß die Christen sich und ihren Nachkommen, um geschlossene kirchliche Gesellschaften zu haben, das Joch menschlicher Glaubensbekenntnisse haben aufbürden wollen – und ihn unter der Bedingung zu ihrem Lehrer berufen haben, daß er nichts von der Beschwerlichkeit und Schädlichkeit dieses Joches sagen und sie ja nicht bewegen solle, es leichter zu machen oder wieder abzuschütteln. Fünftens: Solange die kirchliche Intoleranz durch Vereinigung mit der politischen an manchen Orten sehr furchtbar ist, so ist zuweilen das Schweigen, zuweilen ein vorsätzliches Mißverstehen der irrigen Lehrsätze des Glaubensbekenntnisses (die gewöhnlich aus unwissendem Mißverständnis der Worte der Hl. Schrift entsprossen sind), zuweilen aber auch eine andere Verstellung bis zu einer günstigeren Zeit das einzige Mittel, um die Erkenntnis der irrenden Christen nach und nach zu verbessern. Sechstens: Die größten Beförderer der Wahrheit, die wir in der Geschichte finden, scheinen mir zuweilen zum Besten der Religion diese Mittel angewendet zu haben. Siebentens: Diese Meinung gestehe ich deswegen freimütig zu, weil das Dringen auf strengere Regeln die auf solche Weise bedrängten Lehrer, ohne sie zu mutigen Handlungen zu bewegen, im Gewissen nur noch geängsteter machen wird. Auch würden die Lehrstühle durch Ausbreitung solch strenger Gedanken nur den heimlichen Feinden der Christen, denen die Maske der Orthodoxie am leichtesten fällt, und den unfähigsten Männern, welche alles von Jugend auf Gelernte sehr leicht und beständig glauben, am häufigsten eingeräumt werden, welches der Wahrheit noch schädlicher wäre. Achtens: Gleichwie in dem Staate und im bürgerlichen Leben kein beeidetes Versprechen gilt, wenn die Erfüllung dem allgemeinen Wohl schaden würde (ich will sagen, gleichwie die Majestät dann die Erfüllung des Eides nicht fordert oder sogar verbietet), also ist auch vor der göttlichen Majestät derjenige nicht meineidig, der, nicht zum Privatwohl seiner selbst und seiner Familie, sondern zu Gottes Ehre und zum Wohl der gegenwärtigen und künftigen Gemeinde Christi, ein Versprechen nicht erfüllt, welches wenige Personen im Namen einer Gemeinde, deren meiste Mitglieder von dem Inhalt wenig wissen, mit Unverstand von ihm gefordert haben – besonders da der Stand eines Lehrers ein wesentliches Versprechen mit sich bringt, auf die bestmögliche Weise die Wahrheit zu fördern.

Ohne besondere göttliche Schickungen, welche man Zufall nennt, ohne eine Menge von Erfahrungen (wie viele Naturalisten werden nicht durch offenbare Irrtümer der christlichen Kirchen von fortgesetzter Untersuchung des Christentums und vom Glauben abgehalten), ohne Aufmerksamkeit auf die Gärung, welche in dem Verstande vieler Menschen durch die von den Naturalisten so oft wiederholten Spöttereien über die wahren wie über die falschen Sätze der Christen und auf der anderen Seite durch die vortrefflich bewiesene Würde und Wahrheit der Religion Jesu und der Apostel verursacht ist, ohne das Temperament meiner Seele, welche bei geringen Schwierigkeiten zwar den Kummer der Verzagtheit leidet, aber für die Wahrheit und das freie Bekenntnis derselben niemals verzagt handeln kann, kurz ohne einige besondere Umstände wäre ich selbst bis zu einem solchen Grade der Freimütigkeit nicht fortgeschritten.

## Elementarbuch für die Jugend

### Erste Mitteilung des Begriffes von Gott

O du süßer Trost der Hoffnung aufs Künftige, du verlässest uns in keiner Widerwärtigkeit, in keinem Schmerz, in keiner Krankheit, auch nicht in dem Augenblicke des Todes! Denn die ganze Natur, die ganze Welt, alles zusammen, was jemals zu sein anfing, fort-

dauerte und wirkte, die ganze Welt hat einen unsichtbaren, verständigen, mächtigen und gütigen Ratgeber
und Herrn. Dieser ist ein gnädiger Vater aller Menschen, der seine Kinder nicht umkommen läßt, sondern ihnen ein ewiges Leben bestimmt. Er heißt bei
denen, die ihn erkennen, Jehovah oder – GOtt. – Kinder, nennt diesen Namen – GOtt – mit Freuden: denn
seine Güte und seine Macht sind die einzige Quelle unserer unaussprechlichen Hoffnung. Kinder, nennt diesen Namen – GOtt – mit Freuden, mit Freuden für
euch, mit Freuden für alle, die ihr liebt, für alle Menschen, unsere Brüder. – GOtt – der Urheber und Herr
der ganzen Welt, ist unser aller Vater. Nennt den Namen – GOtt – mit Ehrerbietung, und eben deswegen
selten und niemals ohne Nachdenken. Er ist der Vater
aller Väter und Kinder, der allgewaltige König aller
Könige und Herr aller Herren. Beugt euch tief, um
euch und andere der Pflicht der Ehrerbietung zu erinnern, wenn ihr den großen Namen dieses Urwesens
aller Wesen feierlich nennt. Er weiß es, der allwissende – GOtt –, wenn wir an ihn denken, wenn wir
von ihm reden, wenn wir von ihm Gnade und Hilfe
verlangen, d. i. wenn wir ihn anbeten. Es ist die an-
genehmste meiner Pflichten, Kinder, euch zum festen
Glauben an sein Dasein und seine Eigenschaften zu
führen, damit ihr so glücklich werdet wie ich und alle
diese erwachsenen Verehrer – GOttes –, die es durch
diesen Glauben sind. Wer sich unter euch, meine lieben Kinder, schon freuen kann, daß – GOtt – der allwissende, allmächtige und höchstgütige Vater, unser
Schicksal regiert und uns in Ewigkeit glücklich machen
will; wer diese freudige Belehrung auf unsrer aller
Versicherung glaubt, bis er die Wahrheit selbst einsehen lernt, der von euch, Kinder, bleibe in dieser Versammlung der Erwachsenen, nehme Anteil an unsrer
Freude, knie mit uns und höre uns beten wie folgt:

Gelobt sei – GOtt –, mein höchstes Gut,
Von ihm ist alles Leben;
Gelobt sei – GOtt –, mein höchstes Gut,
Von ihm ist unser Leben,
Von ihm ist unser Geist beschenkt
Mit reger Kraft, die menschlich denkt,
Mit menschlichen Begierden.

Du, Vater, hast so schön gemacht
Den Bau der brauchbarn Glieder;
Du hast die Erd hervorgebracht
Für mich und meine Brüder.
Du schaffst ihr jährlich Fruchtbarkeit
Durch Witterung zur rechten Zeit,
Du nährest Tier und Menschen.

Du pflanzest in der Eltern Sinn
Für ihre Kinder Liebe,
Du pflanzest in der Menschen Sinn
Zur Menschenfreundschaft Triebe,
Du schaffst der Tugend Ehr und Huld,
Und Strafe für des Lasters Schuld,
Damit wir Tugend wählen.

Allwissend lenkst du das Geschick
Mit deiner Allmacht Stärke,
Allgültig willst du wahres Glück
Von dir beseelter Werke.
Du wirkst nach Zweck an jedem Ort,
Dau'rst sonder Anfang ewig fort
Als unvergleichlich einzig.

Gelobt sei – GOtt –, mein höchstes Gut,
Er schenkt mir reichlich Freuden!
Gelobt sei – GOtt –, mein höchstes Gut,
Er übt mich hier durch Leiden!
Dann gibt er wieder Trost und Ruh!
Und seine Liebe sagt mir zu,
Ich soll einst selig werden.

Der Geist verlangt Unsterblichkeit!
Du wirst sie, Vater, geben!
Geschickt zur höhern Seligkeit,
Wird er ohn Ende leben.
Du schufst aus Lieb', Allmächtiger!
Und wer dich kennet, sehnt sich, Herr,
Dich ewig mehr zu lieben.

Du führst uns auf verborgner Bahn
Zu schon bestimmten Höhen!
Die wir des Leidens Zweck nicht sahn,
Wir werden ihn einst sehen:
Doch schützt uns deine Vaterhand
Durch Allmacht, obgleich unbekannt,
Vor größern Übeln täglich.

O – GOtt –, mein Vater, möcht ich dich
Ohn Irrtum fromm verehren!
O möchten alle Menschen sich
Zu deiner Liebe kehren!
Du, du bestimmst uns ewigs Heil,
Mein – GOtt –, mein – GOtt –, ein ewigs Heil!
Für Tugend ewge Freuden!

⟨Nach einer Gotteslehre von vierzig Seiten, in der Basedow in leiden-
schaftlicher und beschwörender Weise versucht, den immer wieder unmittelbar angesprochenen Kindern Transzendenz und numinose Wirklichkeit – GOttes – nahezubringen und die absolute Schöpferkraft, Ur-
wesenheit, Ewigkeit, Einzigkeit, Weisheit, Intelligenz, Allwissenheit,
Allmacht, Allgüte, Allgegenwärtigkeit, Gerechtigkeit, Richtermacht, Heiligkeit des Spenders der Unsterblichkeit verkündet, wird der Hymnus auf
Jehovah vorgetragen:⟩

### Ein Lied

*von Gottes Weisheit und Gerechtigkeit*

#### Die ganze Versammlung

Ewiger, Ewiger!
Einziger! Einziger;
GOtt, – du Allwissender!
GOtt, – du Allmächtiger!
Du bist Liebe!
Vater der Seelen!
Vater der Sünder!
Sei uns gnädig!

#### Chor der Ältesten

Gnädig mit Weisheit ist,
Heilig und Richter ist
Der Vater der Welt!
Zittert, ihr Frechen und Heuchler!
Und fürchtet den Herrn!
Freut euch und jauchzet, ihr Frommen!
Und liebet den Herrn!
Fürchtet und liebet,
Ehret Jehovah!

Furcht und Liebe,
Lieb' und Ehre
Unsers Jehovah,
Unsers Jehovah
Rett' uns vom Laster!
Leit' uns zur Tugend!
Amen, Amen!

## CHRISTIAN GOTTHILF SALZMANN (1744–1811)

Salzmanns Schrift „Über die wirksamsten Mittel, Kindern Religion beizubringen" (1780) wurde der Anlaß zum Übergang aus dem großen Erfurter Stadtpfarramt in die religionspädagogische Tätigkeit am Philanthropinum in Dessau (1781–1784). Die Geißelung des sog. Religionsunterrichtes der Orthodoxie, die Behauptung, der beste Hörsaal der Religion sei „das offene Feld, wo Gottes Meisterstücke aufgestellt sind" und „wo Jesus so gern lehrte", zogen Denunziationen und eine solche Aufwiegelung frommer Kreise nach sich, daß Salzmann eine Art von Lynchjustiz fürchtete. 1784 erwarb er das Gut Schnepfental und richtete sein eigenes Philanthropinum ein, das ein voller, seinen Tod bleibend überdauernder Erfolg wurde. Der Familiencharakter der Anstalt, an der seine 13 Kinder mit aufwuchsen und an der (aus Gründen der Erziehung zur Pietät) der Geburtstag des Großvaters Salzmann für alle das Fest aller Feste war, ist oft gerühmt und beschrieben worden. Im Verhältnis zu Basedow herrschte konservativer Geist; Christusfrömmigkeit wurde gepflegt.

Salzmann ist recht eigentlich der Inaugurator des „Pädagogischen Zirkels" der Physikotheologie. So wie die frühe Aufklärung aus einer rechten „Betrachtung" der Schöpfung im theologischen, christologischen, ethischen und eschatologischen Zirkel die Erkenntnis der Eigenschaften Gottes in Christo, rechte Heiligung des Lebens und echte Vorausblicke und Einblicke in die Ewigkeit ableitete (s. o. S. LXVI), so soll nun die rechte „Betrachtung" der Natur unausweichlich wahre, edle Erziehung und Bildung von Leib und Seele nach sich ziehen. Alle Kräfte, die Gott gab, werden im Be-

trachten und im Umgang mit der Natur geweckt und entfaltet – Salzmanns „Pflegesöhne" haben Augen wie Falken,
blühende Gesundheit, niemand stirbt, sie abstrahieren, memorieren, philosophieren, üben Finger und Glieder an den
Werken Gottes. Das Naturalienkabinett wird nahezu die
Summe der Pädagogik.

Salzmann hat schon als Student ganz in diesem Zirkel der
Naturergriffenheit gelebt. „Mein Naturalienkabinett ist die
Natur selbst. Alle Tage gehe ich hinein und suche, was das
Merkwürdigste ist. Aus diesem großen Naturalienkabinett
extrahieren wir langsam ein kleineres, damit wir von jeder
Gattung der Werke Gottes etwas gegenwärtig haben, um es,
so oft es nötig ist, betrachten zu können." Auch im Titel der
bekannten, meisterhaften und vom Geist des Idealismus ge-
tragenen Lehrschriften, des „Krebsbüchleins" und „Amei-
senbüchleins" (Spr. Sal. 6,6) – ihnen sollten das „Skorpion-",
das „Spinnenbüchlein" und andere folgen – klingen noch
die alten Titel der Physikotheologie an, die nun zur Physiko-
pädagogie wird. Zur gleichen Zeit bewegt sich die national-
ökonomische Schule der Physiokraten im „volkswirtschaft-
lichen Zirkel" der Physikotheologie und erwartet alles Heil
der Gemeinschaft von der natürlichen Beschäftigung mit
Feld, Flur und Ackerboden.

Über Salzmann: *B. Rost, W. Schwab.*

## Über die wirksamsten Mittel, Kindern Religion beizubringen

*Was Religion sei*

Religion nenne ich eine solche Gesinnung, nach der
wir uns Gott und andere Dinge, die auf uns eine nähere Beziehung haben, von der rechten Seite ansehen
und ihren wahren Wert, den sie im Verhältnis gegeneinander haben, bestimmen. Einem Menschen, der sich
als Gottes Geschöpf ansieht, das dazu bestimmt ist, sich
selbst immer vollkommener zu machen, in seinem
Wachstum ewig fortzuschreiten und unter seinen Mitgeschöpfen Glückseligkeit, so viel als möglich, zu verbreiten, der in jedem Menschen seinen Bruder zu erblicken glaubt, der auf seine Liebe den gegründetsten

Anspruch hat, der alles, was da ist, als Gottes Werk, alles, was geschieht, als Gottes Veranstaltung und also alle seine Schicksale als besondere Teile des großen Planes betrachtet, den der Ewige zu seinem Heil gemacht hat, dem also Gott der einzige Urheber seines ganzen Glückes ist, der allem, was er außer Gott hat, nur insofern einen Wert beilegt, insofern es ein Mittel ist, die große Absicht seines Daseins zu befördern, einem Menschen von solcher Gesinnung lege ich Religion bei.

Diese Gesinnung ist der Quell aller echten Tugend. Sie ist das Triebrad, das unsere Neigungen in eine regelmäßige Bewegung setzt, die Liebe auf Dinge richtet, die wahren inneren Wert haben, und nach Verhältnis ihres Wertes sie wirksam macht und den Abscheu nur auf das lenkt, was seiner Natur nach des Abscheues würdig ist.

Die Religion unterscheidet sich also von Wissenschaft vorzüglich dadurch, daß sie nicht bloß Erkenntnis der Beschaffenheit, sondern des wahren Wertes der Dinge ist, den sie in ihrem Verhältnisse gegeneinander haben. Und da die Erkenntnis des wahren Wertes einer Sache immer mit Zuneigung oder Abneigung gegen dieselbe verknüpft ist, so ist die Religion mehr als Erkenntnis – sie ist Gesinnung.

Da nun meine Absicht gar nicht dahin geht, die Mittel zu zeigen, den Kindern Wissenschaft, sondern Gesinnung beizubringen, so kann man leicht erachten, daß ich von der zeither gewöhnlichen Methode des Religionsunterrichtes ganz abgehen werde. Ich werde ihnen von Gott nichts sagen lassen, als was zur Begreifung seines hohen Wertes, seines mächtigen Einflusses auf unsere Glückseligkeit nötig ist. Ich werde sie die verschiedenen Einteilungen der Sünden nicht lehren, wohl aber ihre Häßlichkeit zeigen. Ich werde in ihrer Gegenwart nicht untersuchen, woher die Zerrüttung des Herzens rühre, die wir alle empfinden, sondern sie vielmehr auf den großen Wert des Menschen, des Ebenbildes Gottes, des Unsterblichen, aufmerksam zu machen suchen.

Wenn Religion Gesinnung ist, so kann ich die Kenntnis der biblischen Geschichte nicht mit zur Religion rechnen.

Die Erkenntnis der Begebenheiten, die auf die Pflanzung und Ausbreitung der Religion sich beziehen, die Einsicht in die in unseren Kompendien enthaltenen Ideen behalten, wenn man auch diesen Begriff annimmt, ihren großen Wert. Sie können Hilfsmittel sein, diese gute Gesinnung zu befördern und zu befestigen, sie sind aber nicht die Religion selbst. Sonst müßte ja folgen, daß jeder, der in das Religionssystem eine gründliche Einsicht besäße, auch eine rechtschaffene Gesinnung hätte, welches doch offenbar falsch ist. Es gibt in dem Stande der Theologen, so gut wie in anderen Ständen, auch niedrig und unedel denkende, bei denen offenbar das Fleisch über den Geist die Oberhand hat. Nun also zu den Mitteln, den Kindern diese Religion beizubringen.

*Erster Unterricht in der Religion*

Wenn wir zu gleicher Zeit zwei Dinge empfinden und die Empfindung des einen wird wiederholt, so erinnern wir uns auch gemeiniglich wieder des andern, das wir ehedem mit ihm empfanden. Diese Erinnerung ist oft sehr dunkel und bisweilen weiter nichts als ein angenehmes oder unangenehmes Gefühl. So begegnete es mir einmal, daß mich, als ein gewisses Sterbelied gesungen wurde, eine ganz ungewöhnliche Wehmut überfiel. Dies war mir ein wahres Rätsel, da ich den Grund davon weder in der Beschaffenheit meines Körpers, noch in vorhergegangenen unangenehmen Begebenheiten, noch in dem Inhalt des Liedes finden konnte. Endlich erinnerte ich mich, daß ich dies Lied in meiner Kindheit, unter Vergießung vieler Tränen, bei dem Grabe meines vertrautesten Schulfreundes gesungen hatte, und das Rätsel war mir gelöst.

Diesen bekannten psychologischen Schluß müssen wir bei jedem Religionsunterricht vor Augen haben. Wir müssen, soviel nur immer möglich ist, alles Unangenehme während desselben entfernen und demselben die möglichste Anmut zu erteilen suchen. Vernachlässigen wir dieses, so daß die Kinder mit Verdruß und Widerwillen den Vortrag der Wahrheit anhören, so kann es nicht anders sein, als daß sie sich derselben mit Widerwillen erinnern.

Sollte dies nicht eine Ursache mit von der Abneigung sein, die manche Menschen gegen die tröstlichsten und liebenswürdigsten Wahrheiten bezeigen?

Das Unangenehme des gewöhnlichen Unterrichtes fällt sogleich in die Augen.

Die Zeit des Unterrichtes ist insgemein eine ganze Stunde. Eine ganze Stunde soll der junge Mensch, der so gut als das junge Lamm von seinem Schöpfer einen Trieb zum Hüpfen bekommen hat, auf einem Platze stehen und aufmerken und nachdenken. Wie widernatürlich! Wie kann es anders kommen, als daß die Aufmerksamkeit ermüdet und die armen Kleinen bei dem Ende der ersten halben Stunde fremde Gedanken bekommen?

Der Ort ist nicht der, wo Jesus so gern lehrte, das offene Feld, wo Gottes Meisterstücke aufgestellt sind und unermeßlichen Stoff zur lehrreichsten Unterhaltung darbieten; es ist eine dumpfe Stube, wo man an schwülen Tagen kaum atmen kann. Sollte dies nicht verdrießlich machen? An manchen Orten ist es wohl auch gewöhnlich, daß man, auch bei rauher Witterung, in der Kirche katechisiert. Wenn die Kinder sich davor fürchten, wenn sie sich sehnen, von den kalten Steinen in das gewärmte Zimmer zu kommen, ist dies ihnen zu verdenken?

Wie oft findet man, daß Kinder zu halben Hunderten einem grämlichen Manne anvertraut sind, der ihnen die liebenswürdigste Lehre herbrummt und mit Schimpfreden und Schlägen sie ihnen beibringen will! Braucht es mehr, um die Religion verhaßt zu machen?

Mancher Lehrer ist so empfindlich, daß jede unschickliche Antwort, die er erhält, jede Unanständigkeit, die er an seinen Lehrlingen bemerkt, ihn zittern macht und aus aller Fassung bringt. Ist's dann den Kindern zu verargen, wenn sie in der Gesellschaft eines solchen Mannes sich ungern befinden?

Im Vorbeigehen frage ich an, ob es nicht besser sei, den Kindern gar nichts von den Religionswahrheiten zu sagen, als sie ihnen durch einen Mann, der selbst keine Religion hat (in dem Sinne, wie ich das Wort hier nehme), sagen zu lassen. Die Frage, ob ein solcher die Herzen wirklich zur Tugend bilden könne? ist durch den Ausspruch: Mag auch ein Blinder dem andern den Weg weisen? werden sie nicht beide in die Grube fallen? Der Jünger ist nicht über seinen Meister, wenn der Jünger ist, wie sein Meister, so ist er vollkommen, schon längst entschieden. Aber das möchte ich gern wissen: ob ein Mann, der den Wert der Tugend selbst nicht empfunden, der für geistliche Güter keinen Sinn hat und in den Fesseln der Begierden geht, ob der mit seiner Unterweisung nicht mehr Schaden als Nutzen stifte?

Die Sachen, die vorgetragen werden, passen größtenteils gar nicht für Kinder, zumal für Kinder von sechs bis zehn Jahren.

Die Ordnung, die gewöhnliche Ordnung, in der man die Religion den Kindern beizubringen sucht, ist, daß ich mich gelinde ausdrücke, ganz unpsychologisch und unschriftmäßig.

Was sollte man anders erwarten, als daß man bei Unterweisung der Christkinder Christi Sittenlehren zugrunde legen werde? Dies geschieht aber nicht. Man unterweist nach dem Gesetz, das den Juden gegeben wurde und dessen Gebote für uns weiter keine Verbindlichkeit haben, als insofern sie Jesus unser Herr bestätigt hat.

Ehe das Kind noch die gute Gesinnung Gottes kennt, werden ihm schon seine Befehle bekannt gemacht, und nicht einmal Befehle, sondern meistenteils Verbote, die wir mit größerm Widerwillen als die Befehle anhören. Dies muß notwendig einen sehr unangenehmen Eindruck machen. Man kann die Wirkung der unzeitigen Befehle und Verbote in vielen Häusern sehen. Man wird viele Familien finden, wo die Kinder wirklich einen geheimen Haß gegen die Eltern in sich nähren und durch ihren Trotz und ihre Widerspenstigkeit beständig Proben davon geben. Aber man wird auch insgemein wahrnehmen, daß die Eltern, anstatt ihre Kinder auf ihre Zärtlichkeit aufmerksam zu machen und ihrer Liebe sich zu versichern, nichts tun als befehlen, verbieten, tadeln und strafen. Wenn nun Gott von eben dieser Seite dem jungen Menschen zuerst gezeigt wird, so muß eine ähnliche Wirkung erfolgen. Je fleißiger Gottes Gesetz dem Kinde, das die menschenfreundlichen Gesinnungen desselben noch nicht kennt, eingeschärft wird, desto mißtrauischer wird es gegen ihn, desto ekelhafter wird ihm sein Gebot, desto heftiger die Begierde, es zu übertreten.

Die Methode des Religionsunterrichtes selbst ist so beschaffen, daß sie notwendig Kindern unangenehm sein muß.

Das Auswendiglernen ist allemal für Kinder ein sehr verdrießliches Geschäft. Diese Wahrheit ist so einleuchtend, daß sie so leicht keinem Erzieher entwischt ist. Gleichwohl ist sie der erste Weg, auf dem man unsern Kleinen die Religion beizubringen sucht. Erste Gebete, bei denen sie sich nichts denken, dann Sprüche, von denen sie nichts verstehen, dann den Katechismus nebst einer Erklärung, die wenigstens ebenso dunkel wie die zu erklärende Sache ist, dies alles werden sie gezwungen, mit unmäßiger Anstrengung und höchstem Widerwillen ihrem Gedächtnisse einzuprägen. Und was soll denn der wahrscheinliche Erfolg von dieser Peinigung der Unschuldigen sein? Vielleicht Erzeugung guter Gesinnung? Dies wird wohl niemand im Ernste behaupten, der nur einigermaßen mit den Gesetzen, nach denen die menschliche Seele zu wirken pflegt, bekannt ist. Wenn man nicht annehmen will, daß die Worte, die man lernt, eine magische Kraft haben, vermöge welcher sie, ohne daß die Seele etwas dabei denkt, wie eine Zauberformel wirken, so muß man zugeben, daß alles Auswendiglernen der Bibel und des Katechismus zur moralischen Besserung gar nichts hilft. So wenig wie eine Speise, die unverdaut durch den menschlichen Körper geht, denselben nähren kann, so wenig können Worte, die man nicht versteht, deren Verstand man nicht überdenken kann, das Herz bessern.

Gern wollte ich von diesem Punkte nichts weiter erwähnen, wollte nichts dazu sagen, wenngleich die Jugend die schönsten Stunden ihres Lebens bei dem unangenehmen Memorieren verseufzen müßte, ohne daß das Herz dadurch das Geringste gewönne. Es möchte als eine Übung des Gedächtnisses bleiben; wenn doch das Herz dadurch nur nicht verderbt, wenn doch nur nicht Abscheu gegen Gott und die Religion dadurch eingeprägt würde! Dies glaube ich aber ganz gewiß. Und solange man mir den Ungrund ⟨Grundlosigkeit⟩ dieses Glaubens nicht dartun kann, verstattet mir mein Gewissen nicht, bei dem emsigen Bestreben, Gott und die Religion verhaßt zu machen, einen stummen Zuschauer abzugeben.

Das Auswendiglernen an sich betrachtet ist schon etwas Unangenehmes. Das flüchtige Kind, das noch gar keine Neigung empfindet, auf einen Gegenstand seine Aufmerksamkeit lange zu heften, wird genötigt, einerlei Worte halbe Stunden lang zu lesen, wieder zu lesen, herzusagen, wieder herzusagen, bis sie das Gedächtnis gefaßt hat. Das kann ihnen nicht anders als höchst unangenehm sein. Daher lehrt auch die Erfahrung, daß Kinder, die mit größter Bereitwilligkeit allerlei Geschäfte übernehmen, verdrießlich werden, weinen, auch wohl trotzen, wenn sie memorieren sollen.

Noch unangenehmer muß dieses Geschäft werden, wenn man Worte lernen soll, die man nicht versteht. Und wer ist so dreist zu behaupten, daß ein Kind bei den Sprüchen, Psalmen und Hauptsprüchen, die es lernen muß, sich etwas denkt? Der Tod ist verschlungen in den Sieg. Tod, wo ist dein Stachel? Hölle, wo ist dein Sieg? Nur ein Mann, der sonst keinen Umgang als sein System und seine Kommentarien hat, kann glauben, daß Kinder dieses verstehen. Und gleichwohl müssen sie diesen und hundert ähnliche Sprüche lernen. Werden sie dieses wohl gern tun? Und wenn sie es nicht gern tun, werden ihnen diese Sprüche wohl etwas helfen? Wenn auch dergleichen Worte eine bessernde Kraft haben, wird es damit nicht ebenso gehen wie mit einer Arznei, die der Patient mit Ekel genießt, die, anstatt die Krankheit zu beheben, sie vergrößert?

Und endlich ist mit dem Memorieren ein anderes Übel ganz unvermeidlich verknüpft. Wenn eine Anzahl Kinder ein gewisses Pensum auswendig hersagen soll, so müssen notwendig die Nachlässigen gezüchtigt werden. In den meisten Schulen herrscht das Gesetz: für jedesmal Stocken einen Hieb mit dem Bakel. So unsinnig dieses zu sein scheint, so sehe ich doch kein anderes Mittel, wodurch ein Schulmann, dem es nun einmal zur Pflicht gemacht ist, auf das Memorieren zu dringen, seine Absicht erreichen kann. Man setze sich in seine Lage; man denke sich nur einen Haufen Kinder, davon die wenigsten ein feines Gefühl haben, denen man ihrer Nachlässigkeit wegen aus dem Stegreif, ohne nur ein paar Minuten Zeit zum Nachdenken zu haben, eine Strafe bestimmen soll, und sage, ob man wohl die Schläge wird vermeiden können? Und gesetzt, man könnte sie vermeiden, so muß man doch an andrer Stelle andere Strafen setzen. Diese sind nun entweder mit unangenehmen Empfindungen verknüpft oder nicht. Verursachen sie keine unangenehmen Empfindungen, so tun sie auch weiter keine Wirkung; tun sie aber wehe, nun so muß notwendig die Sache verhaßt werden, die man unter beständiger Furcht vor unangenehmen Empfindungen der Seele einprägt.

Das Auswendiglernen hat zudem nicht nur keinen Nutzen, sondern verdirbt den Menschen auf lebenslang. Dadurch, daß man ihn anhält, Worte zu lernen, bei denen er nichts denkt, von denen er gar nichts einsieht, was sie auf den Kreis seiner Wirksamkeit für ein Verhältnis haben, und damit zufrieden ist, wenn er sie hersagen kann, dadurch, sage ich, erzeugt man in ihm eine Fertigkeit, die verständlichsten Worte zu hören, ohne den geringsten Trieb, sie zu verstehen, zu empfinden; die wichtigsten Pflichten sich einschärfen zu lassen, ohne nur die geringste Anwendung davon auf seine Wirksamkeit zu machen.

Vielleicht wird aber diesem Mangel durch fleißiges Katechisieren abgeholfen? Ich glaube nicht.

Wenn Katechisieren so viel ist als eine Unterredung über ein auswendig gelerntes Pensum anstellen (und dies ist doch die gewöhnliche Bedeutung), so muß es eben um des vorhergehenden Memorierens willen der Jugend verhaßt werden. Und was ist der Gegenstand dieser Gespräche? Fast lauter Dinge, die das sinnliche Kind nicht interessieren – das Reich Gottes, die Berufung, Erleuchtung, Heiligung. Wir Erwachsenen gähnen und werden verdrießlich, wenn uns ein Gesellschafter stundenlang mit seiner Lieblingswissenschaft, in der wir ganz fremd sind, unterhalten will; wir beklagen uns wohl über Mangel an Lebensart. Sollen denn unsere Kinder nicht gähnen und verdrießlich werden, wenn wir sie mit Dingen unterhalten, die gar nicht in ihr Fach gehören?

Leider tun sie es, wie dieses die Klage aller, die sich mit Katechisieren beschäftigen, fast einstimmig bezeugt. Und wenn nun die Kinder während der Katechisation gähnen und verdrießlich werden, brauchen wir weitere Gründe zu beweisen, daß sie ihnen eine unangenehme Unterhaltung sei? Denn die Empfindung, die eine Handlung bei gewissen Personen hervorbringt, ist doch immer der sicherste Probestein, an dem wir die Grade ihrer Annehmlichkeit oder Unannehmlichkeit erkennen können.

Gern gebe ich zu, daß der individuelle Vortrag des Katecheten vieles beitrage, dem Katechisieren einen gewissen Grad von Anmut oder Widrigkeit zu erteilen. Nie aber glaube ich, daß ein Katechet so viel Herablassung und Munterkeit erhalten werde, daß er eine Stunde lang sich mit einem Haufen Kinder von Dingen, die außer ihrer Sphäre liegen, zum Beispiel von dem Nutzen der heiligen Taufe, werde besprechen können, ohne sie verdrießlich zu machen.

Und endlich die Sprache, in welcher man Kindern die Religion beizubringen sucht, ist ihnen ganz fremd. Kinder haben ihre eigene Sprache. Dies gibt mir gewiß jeder zu, der einige Zeit mit beobachtendem Geist Kinder erzogen hat. Sie ist so arm wie die Sprache der Wilden, die nur für Gegenstände der Empfindung, selten aber für Ideen, die einige Aufklärung des Verstandes voraussetzen, Zeichen haben. Wenn wir nun in einer unter Erwachsenen gewöhnlichen (und das ist doch die Sprache, in welcher der gewöhnliche Religionsunterricht vorgetragen wird) oder wohl gar wissenschaftlichen Sprache uns mit Kindern unterreden, wenn wir ihnen Buße und Rechtfertigung anpreisen, von Gnade und Kreuzigung des Fleisches sprechen, reden wir nicht eine fremde Sprache? Und das sollte Kinder nicht verdrießlich machen?

Hieraus folgt nun, daß wenn wir Kindern Religion beibringen wollen, wir sie ihnen auf die anmutigste Art bekannt machen müssen. Diesen Satz nehme ich solange als zuverlässig an, bis man mir erwiesen hat, daß uns eine Sache liebenswürdig sein könne, die man uns auf eine verhaßte Art beibringt.

Wo lernen wir nun, welches die für Kinder anmutigste Methode sei?

Von niemandem sicherer als von den Kindern.

Die Denkungsart eines dreißig- bis vierzigjährigen Mannes ist von der Denkungsart eines zehn- bis zwölfjährigen Kindes himmelweit unterschieden. Wie werde ich gerührt, wenn ich eine Arie höre, und wie fühllos sitzen meine Kinder dabei! Wie hüpfen sie hingegen, wenn jemand anfängt zu singen: Als jüngst Hänschen in dem Gras. Umsonst bemühe ich mich, sie dahin zu bringen, daß sie bei Anhörung jener Stücke an meinen Empfindungen teilnehmen.

Es ist bloß Gefälligkeit gegen mich, wenn sie sagen: das war eine vortreffliche Arie. Wir dürfen daher das, was Kindern Vergnügen machen soll, niemals nach unserer, sondern nach der Kinder Empfindung abmessen, sonst lernen wir wohl, was uns, nicht aber was Kindern Vergnügen schafft.

Spiel und Erzählung sind immer die angenehmsten Unterhaltungen für Kinder. Dies habe ich schon längst und gewiß alle, die mit Kindern umgegangen sind, mit mir bemerkt. Man hat es nicht nur bemerkt, sondern diesen allgemeinen Hang zum Spiel auch zu benutzen gesucht. Anstatt daß man sonst, wenigsten in manchen übel unterrichteten Familien, die Spiele als sündlich und zeitverderblich verschrie, so setzen sich jetzt (welch vorteilhafte Begriffe muß uns dieses von den Einsichten unseres Jahrhunderts machen!)

die Väter und Lehrer selbst in den Kreis der Spielenden, schlagen Spiele vor, sind dazu behilflich und unterrichten, indem sie spielen. Vielleicht wäre auch ein Mittel möglich, Kindern spielend Religion beizubringen. Mir ist es aber noch nicht bekannt. Wäre es mir auch bekannt: so würde ich Bedenken tragen, es mitzuteilen, weil es gewiß zu vielerlei Mißbräuchen Veranlassung geben würde.

Eine andere nicht minder angenehme Unterhaltung für Kinder ist die Erzählung. O Freund! dem Gott das große Glück geschenkt hat, Vater zu sein, zweifelst du hieran? Wohlan so setze dich, nachdem du deine Geschäfte vollendet hast, in deinen Lehnstuhl, gib deinen Kindern einen Wink, daß du erzählen wollest. Gib dir Mühe, etwas die Aufmerksamkeit Reizendes in Kindersprache zu erzählen, dann bemerke, wie deine Kleinen sich um dich drängen, wie sie die Stühle herbeirücken und das, was noch zu schwach ist, Stühle herbeizurücken, dich bittet, es auf den Schoß zu nehmen. Fang deine Erzählung an!

Dein Auditorium ist ganz Ohr. Schließe die Erzählung! und es umhalst dich und bittet: lieber Vater! nur noch etwas erzähle uns!

Solche Aufmerksamkeit, solche heiße Wißbegierde habe ich doch wahrlich noch bei keiner Katechisation diejenigen ausgenommen, die mehr Erzählung als Katechisation sind, bemerkt. Und ich fordere alle Kinderfreunde auf, mir diejenigen Kinder zu nennen, die ebenso große Begierde zur Katechisation als zur Erzählung beweisen. Dies dünkt mich nun eine starke Stimme der Natur, ja Gottes selbst zu sein, der durch die Natur spricht: Wollt ihr Kindern die Religion annehmlich machen, so bringt sie ihnen in Erzählungen bei! Und ich muß mich wirklich wundern, daß diese so stark ertönende Stimme bisher nur von wenigen vernommen worden ist.

Diesen Hang, Erzählungen zu hören, können wir

unseren Kindern um so viel leichter vergeben, da er selbst bei Erwachsenen noch sichtbar ist. Wie schwer geht es ihnen ein, ein Moralsystem zu studieren, wie ungern hören sie Predigten. Man kleide aber eben diese Wahrheiten, die in dem Moralsystem oder in den Predigten vorgetragen werden, in einen Roman ein – und er wird begierig gelesen, und wenn er gut geraten ist, so wird im folgenden Jahre die zweite Auflage besorgt.

So sind nun die Menschen, und ich glaube, wir müssen sie auf eine ihrer Natur gemäße Art behandeln, wenn wir nicht umsonst arbeiten wollen. Warum wollen wir denn eigensinnig darauf bestehen, daß der Kranke die Pillen, gegen die er einen heftigen Widerwillen hat, roh verschlucken soll? Warum tragen wir Bedenken, sie in Mus oder Oblate einzuschlagen, wenn es gewiß ist, daß er sie im letzteren Falle weit leichter einnimmt und die gute Wirkung davon weit wahrscheinlicher ist?

Ich bin ein Mensch und kann irren, kann vielleicht von individuellen zuverlässigen Erfahrungen zu voreilig auf das Allgemeine schließen. Diese Besorgnis fällt aber ganz weg, wenn ich finde, daß Gott selbst diese Methode bei Unterweisung der Menschen gewählt hat. Besteht die Heilige Schrift, in welche die Grundsätze der Religion verwebt sind, nicht größtenteils aus Geschichte? Wenn der große Lehrer, von Gott gekommen, die Menschen unterrichtet, hat er ein Buch zugrunde gelegt? hat er katechisiert? Wenn ich die wenigen Fälle ausnehme, da er die Bibel erklärte oder sokratische Unterredungen anstellte, so war sein Unterricht fast immer in Erzählungen eingekleidet. Die Erzählung vom reichen Manne, vom verlorenen Sohne, vom barmherzigen Samariter – welche herrlichen Erzählungen! Wie lehrreich sind sie uns noch jetzt! und welchen Eindruck müssen sie auf diejenigen gemacht haben, die so glücklich waren, sie von dem, der gewaltiger als die Schriftgelehrten und Pharisäer lehrte, in seinem ihm eigenen originalen Tone erzählen zu hören!

Da nun Gottes Sohn selbst durch Erzählung unterrichtet hat und die Natur, die des Allweisen Werk ist, mit starker Stimmen diese Art des Unterrichts fordert, so kann ich nicht anders als glauben, daß Erzählung das wirksamste Mittel sei, jungen Herzen Religion einzuprägen.

Da ich nun Erzählung als das wirksamste Mittel, Kindern Religion beizubringen, anpreise, so kann man mit Recht fordern, daß ich eine kleine Theorie von dieser erzählenden Unterweisung gebe.

Wenn man erzählen will, um junge Herzen moralisch zu bilden, so muß man sich wohl vor allen Dingen darum bekümmern, was man erzählen soll? Denn die Kindermägde erzählen auch, aber sie bessern nicht; sie flößen uns vielmehr eine Menge von Vorurteilen ein, die auch der einsichtsvollste Pädagoge nur mit vieler Mühe ausrotten kann und wovon die betrüblichen Wirkungen oft noch in den männlichen Jahren sichtbar sind.

Wir müssen hierbei notwendig auf das verschiedene Alter und die verschiedenen Fähigkeiten unserer kleinen Zöglinge Rücksicht nehmen.

Die biblische Geschichte halte ich zur ersten Unterweisung der Kinder für unbrauchbar. Denn wenn auch der Lehrer Fähigkeit genug besäße, seine lieben Kleinen in das entfernte Morgenland und in das graue Altertum so zu versetzen, daß sie die erzählten Begebenheiten mit anzusehen glaubten, so enthält doch diese Geschichte nur den Charakter und die Schicksale erwachsener Personen, berühmter Gesetzgeber, Helden, Lehrer und Jesu, des Musters der höchsten, für Kinder nicht erreichbaren moralischen Vollkommenheit. Alles, was in der Bibel von den Charaktern und Schicksalen der Kinder gesagt wird, kann füglich auf einige Oktavblätter zusammengedruckt werden.

Noch weniger wollen mir die Fabeln gefallen. Die handelnden Personen, die darin aufgestellt werden, sind insgemein Tiere, denen Menschenverstand und Menschensprache beigelegt wird. Dieser einzige Umstand beweist schon, wie untauglich diese Art des Unterrichts für Kinder sei. Entweder das Kind glaubt, daß die Tiere wie Menschen denken und handeln, oder es glaubt es nicht. Im ersteren Falle schwebt es in einem der gröbsten Irrtümer. Freilich ist kein Kind so einfältig, daß es diesen Irrtum lange hegen sollte. Wenn es nun aber weiß, daß die ganze Erzählung eine Erdichtung ist, wird nicht eben dadurch die angehängte Moral ihre Glaubwürdigkeit verlieren? Mit Recht fragt daher Rousseau: wie kann man sich so verblenden, daß man die Fabeln die Sittenlehre der Kinder nennt? und er bestätigt sein Urteil mit wichtigen Gründen.

Zwischen erwachsenen Menschen und Tieren stehen junge Leute mitten inne. Und, wenn ich Lust zu spielen hätte, so könnte ich das: Medium tenuere beati anführen, um den Wert der Geschichte junger Menschen zu empfehlen. Aber es sind weit wichtigere Gründe da, aus denen man den Vorzug derselben vor allen anderen Erzählungen zum ersten Unterricht in der Religion begreifen kann. Wer ein Held werden will, sucht sich durch Heldengeschichten zu bilden. Wer ein guter Prediger werden will, macht sich der Geschichte musterhafter Prediger bekannt. Kann also wohl Kindern, die gut werden sollen, etwas Lehrreicheres als die Geschichte guter Kinder erzählt werden? In denselben kommen die nämlichen Vorurteile, Torheiten und Übereilungen vor, zu denen sie sich selbst aufgelegt finden, die nämlichen Tugenden, die sie selbst in dem kleinen Kreis ihrer Gespielen ausüben können, die nämlichen Versuchungen, denen sie selbst ausgesetzt sind. Es braucht da keine weitere Erklärung, keine Anwendung, die Kinder fühlen gewiß selbst, was sie fühlen sollen, so wie ich es fühle, wenn ich die Geschichte eines aufgeklärten Predigers lese, der durch seine Weisheit, Rechtschaffenheit und Arbeitsamkeit seiner Gemeinde Gefühl für Gott und das, was gut ist, beigebracht hat, und mich sehne, ihm ähnlich zu werden.

# EPOCHENGESTALTEN
## DES ZEITALTERS DER AUFKLÄRUNG

### ALBRECHT VON HALLER (1708-1777)

Der Berner Naturwissenschaftler, Dichter und Apologet
v. Haller steht unter den ungewöhnlich begabten Menschen,
an denen das 18. Jahrhundert nicht arm ist, in der ersten
Reihe. Der Göttinger Mediziner und spätere Schweizer
Staatsbeamte war Mitglied bzw. Präsident von 14 wissenschaftlichen Gesellschaften. Während seiner Lehrjahre bei
Boerhaave, dem Fürsten der Medizin in Leiden, war dieser
mit der Herausgabe der mächtigen „Biblia Naturae" beschäftigt, die Jan Swammerdam, der „Galilei des unendlich
Kleinen", geschaffen hatte. Nach Swammerdam stellte sie
„den allmächtigen Arm Gottes in Glanz und Majestät" dar.
Ihre „unzählig-vielen gottesfürchtigen, andächtigen Betrachtungen", mit denen sie durchwoben war, brachten den Her-
ausgeber in Schwierigkeiten. Den Hamburger Kreis der
Physikotheologie hat Haller als Student zweimal besucht
und sich von Fabricius mit einer Arbeit des Philosemiten v.
Helmont (s. S. LI) beschenken lassen; eine der vielen Übersetzungen der „Meditations" des Physikotheologen Hervey
(s. S. 200) hat er veranlaßt. Die „zuweilen großen Schönheiten" der Brockesgedichte hat v. Haller nachzuschaffen versucht. Er war der Lieblingsdichter Kants und hat mit seinen
„Alpen" der Naturergriffenheit der Aufklärung, für die die
Berge (die das Barock grauenhaft fand) doxologische Fanfaren waren, gedient.

Die gegen Voltaire (und Rousseau) kämpfenden „Briefe
über die ... Offenbarung" (1772) sind eine religiöse Summe
der Epoche, wie sie sich in v. Haller abspiegelte. An die
Adresse der geliebten Tochter gerichtet, stehen sie vor dem
Hintergrund der Frage, wie man einen „guten Tod" in der
Gewißheit des Glaubens sterben könne. Die Motive der
Physikotheologie („mich hat die Kenntnis der Natur ge-
lehrt, höher von Gott zu denken..."), der Neologie (die
„Stadt Gottes" aus zehntausenden bewohnten Lichtwelten),
der Schechinah-Christologie zeigen sich klar. Jesus ist die
erhellende, auf-klärende „Sonne", die „bei ihm wohnende
Gottheit" (schechinah) verbindet sich mit seiner „Seele" –

die Naturenmetaphysik entfällt. Der Personalgott der orthodoxen Theologen ist klein und unglaubwürdig. Dem göttlichen Weltprinzip der Philosophen und Weltreligionen fehlt
der existentielle Bezug. Über beiden Polen wölbt sich der
Bogen der biblischen Transzendenz-Kondeszendenz-Inszen-
denz, wie es v. Haller auf seine Weise auszudrücken versucht. Er ist der Anwalt der Einheit von Glauben-Gefühl-
Gewißheit. Das „Credo ut intelligam" verbindet ihn mit
Newton, Ray, Boyle, Huyens, Euler und vielen anderen
Spitzen der zeitgenössischen Naturwissenschaft. Die Wirkung dieser Männer auf ihre Epoche kann sich der Mensch
der Gegenwart nur so verdeutlichen, daß er in Gedanken
Bischofs- und Kirchenpräsidentensitze, theologische Kanzeln
und Katheder mit den heute prominentenNobelpreisträgern,
Atomphysikern, Raketenforschern und Herzchirurgen be-
setzt – und sich umgekehrt die Schlüsselpositionen der Naturwissenschaft von den bekanntesten Theologen unserer
Zeit gehalten denkt.

In der Frage der Theodizee vertritt v. Haller nicht die
neuplatonische Theorie der Neologen (s. S. xix), sondern die
physikotheologische Theodizee des „Dennoch":

> Die Huld, die Raben nährt, wird Menschen nicht verstoßen,
> Wer groß im Kleinen ist, wird größer sein im Großen.
> Wer zweifelt denn daran? ein undankbarer Knecht:
> Drum werde, was DU willst, Dein Wille ist gerecht!

Über Haller: *L. Hirzel, O. Weber.*


### Morgen-Gedanken

O Schöpfer! was ich seh, sind deiner Allmacht Werke,
Du bist die Seele der Natur;
Der Sterne Lauf und Licht, der Sonne Glanz und Stärke
Sind deiner Hand Geschöpf und Spur.

Du steckst die Fackel an, die in dem Mond uns leuchtet,
Du gibst den Winden Flügel zu,
Du leihst der Nacht den Tau, womit sie uns befeuchtet,
Du teilst der Sterne Lauf und Ruh.

Du hast der Berge Stoff aus Ton und Staub gedrehet,
Der Schächte Erz aus Sand geschmelzt,
Du hast das Firmament an seinen Ort erhöhet,
Der Wolken Kleid darum gewälzt.

Den Fisch, der Ströme bläst und mit dem Schwanze stürmt,
Hast du mit Adern ausgehöhlt,

Du hast den Elefant aus Erden aufgetürmt
Und seinen Knochenberg beseelt.

Des weiten Himmel-Raums saphirene Gewölber
Gegründet auf den leeren Ort,
Das ungemeßne All, begrenzt nur durch sich selber,
Hob aus dem Nichts dein einzig Wort.

Doch dreimal großer Gott! es sind erschaffne Seelen
Für deine Taten viel zu klein.
Sie sind unendlich groß, und wer sie will erzählen
Muß, gleich wie du, ohn Ende sein.

O Unbegreiflicher, ich bleib in meinen Schranken.
Du, Sonne, blendst mein schwaches Licht;
Und wem der Himmel selbst sein Wesen hat zu danken,
Braucht eines Wurmes Lobspruch nicht.

### Die Alpen

Denn hier, wo Gotthards Haupt die Wolken übersteiget
Und der erhabnen Welt die Sonne näher scheint,
Hat, was die Erde sonst an Seltenheit gezeuget,
Die spielende Natur in wenig Lands vereint:
Wahr ist's, daß Libyen uns öftere Neuheit gibet
Und jeden Tag sein Sand ein frisches Untier sieht:
Allein der Himmel hat dies Land noch mehr geliebet,
Wo nichts, was nötig, fehlt und nur, was nutzet, blüht:
Der Berge ewig Eis, der Felsen steile Wände
Sind selbst zum Nutzen da und tränken das Gelände.

Wenn Titans erster Strahl der Felsen Höh' vergüldet
Und sein verklärter Blick die Nebel unterdrückt,
So wird, was die Natur am prächtigsten gebildet,
Mit immer neuer Lust von einem Berg erblickt;
Durch den zerfahrnen Dunst von einer dünnen Wolke
Eröffnet sich im Nu das Schauspiel einer Welt,
Der weite Aufenthalt von mehr als einem Volke
Zeigt alles auf einmal, was sein Bezirk enthält:
Ein sanfter Schwindel schließt die allzuschwachen Augen,
Die den zu fernen Kreis nicht zu durchstrahlen taugen.

Ein angenehm Gemisch von Bergen, Fels und Seen
Fällt nach und nach erbleicht, doch deutlich ins Gesicht,
Die blaue Ferne schließt ein Kranz beglänzter Höhen,
Worauf ein schwarzer Wald die letzten Strahlen bricht:
Bald zeigt ein nah Gebirg die sanft erhobnen Hügel,
Wovon ein laut Geblök im Tale widerhallt,

Bald scheint ein breiter See, ein Meilen langer Spiegel,
Auf dessen glatter Flut ein zitternd Feuer wallt.
Bald aber öffnet sich ein Strich von grünen Tälern,
Die, hin und her gekrümmt, sich im Entfernten schmälern.

Dort senkt ein kahler Berg die glatten Wände nieder,
Den ein verjährtes Eis dem Himmel gleich getürmt,
Sein frostiger Kristall schickt alle Strahlen wieder,
Den die gestiegne Hitz im Krebs umsonst bestürmt.
Nicht fern von diesem streckt, voll futterreicher Weide,
Ein fruchtbares Gebirg den breiten Rücken her;
Sein sanfter Abhang glänzt von reifendem Getreide,
Und seine Hügel sind von hundert Herden schwer.
Den nahen Gegenstand von unterschiednen Zonen
Trennt nur ein eines Tal, wo kühle Schatten wohnen.

Hier zeigt ein steiler Berg die mauergleichen Spitzen,
Ein Waldstrom stürzt hindurch und stürzet Fall auf Fall.
Der dicht beschäumte Fluß dringt durch der Felsen Ritzen
Und schießt mit jäher Kraft weit über ihren Wall.
Das dünne Wasser teilt des tiefen Falles Eile,
In der verdickten Luft schwebt ein bewegtes Grau,
Ein Regenbogen strahlt durch die zerstäubten Teile,
Und das entfernte Tal trinkt ein ‚beständig‘ Tau.
Ein Wandrer sieht erstaunt im Himmel Ströme fließen,
Die aus den Wolken fliehn und sich in Wolken gießen.

Doch wer mit einem Aug, das Kunst und Weisheit schärfen,
Durchs weite Reich der Welt empor zur Wahrheit schwingt,
Der wird an keinen Ort gelehrte Blicke werfen,
Wo nicht ein Wunderwerk zum Stehn und Staunen zwingt.
Macht durch der Weisheit Licht die Gruft der Erde heiter,
Die Silberblumen trägt und Gold den Bächen schenkt;
Durchsucht den holden Bau der buntgeschmückten Kräuter,
Die ein verliebter West mit frühen Perlen tränkt.
Ihr werdet alles schön und doch verschieden finden
Und den zu reichen Schatz stets graben, nie ergründen.

### Unvollkommenes Gedicht über die Ewigkeit

Furchtbares Meer der ernsten Ewigkeit!
Uralter Quell von Welten und von Zeiten!
Unendlichs Grab von Welten und von Zeit!
Beständigs Reich der Gegenwärtigkeit!
Die Asche der Vergangenheit
Ist dir ein Keim von Künftigkeiten.

Unendlichkeit! wer misset dich?
Bei dir sind Welten, Tag' und Menschen Augenblicke.
Vielleicht die tausendste der Sonnen wälzt jetzt sich,
Und tausend bleiben noch zurücke.
Wie eine Uhr, beseelt durch ein Gewicht,
Eilt eine Sonn, aus Gottes Kraft bewegt:
Ihr Trieb läuft ab, und eine zweite schlägt,
Du aber bleibst und zählst sie nicht.
Der Sterne stille Majestät,
Die uns zum Ziel befestigt steht,
Eilt vor dir weg wie Gras an schwülen Sommertagen;
Wie Rosen, die am Mittag jung
Und welk sind vor der Dämmerung,
Ist gegen dich der Angelstern und Wagen.

Als mit dem Unding noch das neue Wesen rang
Und, kaum noch reif, die Welt sich aus dem Abgrund
                                      schwang,
Eh als das Schwere noch den Weg zum Fall gelernet
Und auf die Nacht des alten Nichts,
Sich goß der erste Strom des Lichts,
Warst du, so weit als jetzt, von deinem Quell entfernet.
Und wenn ein zweites Nichts wird diese Welt begraben;
Wenn von dem ganzen All nichts bleibet als die Stelle;
Wenn mancher Himmel noch, von andern Sternen helle,
Wird seinen Lauf vollendet haben;
Wirst du so jung wie jetzt, von deinem Tod gleich weit,
Gleich ewig künftig sein wie heut.

Die schnellen Schwingen der Gedanken,
Wogegen Zeit und Schall und Wind
Und selbst des Lichtes Flügel langsam sind,
Ermüden über dir und hoffen keine Schranken.
Ich häufe ungeheure Zahlen,
Gebirge Millionen auf;
Ich wälze Zeit auf Zeit und Welt auf Welt zu Hauf;
Und wenn ich von der fürchterlichen Höhe
Mit Schwindeln wieder nach dir sehe,
Ist alle Macht der Zahl, vermehrt mit tausend Malen,
Noch nicht ein Teil von dir;
Ich tilge sie, und du liegst ganz vor mir.

O Gott! du bist allein des Alles Grund!
Du Sonne, bist das Maß der ungemeßnen Zeit,
Du bleibst in gleicher Kraft und stetem Mittag stehen,
Du gingest niemals auf und wirst nicht untergehen,
Ein einzig Jetzt in dir ist Ewigkeit.

Mir ist sehr erfreulich, meine Geliebte, daß du in den angenehmsten Tagen deines Lebens ernsthaft denkst. Einmal muß doch, so entfernt er von dir scheint, der Tag kommen, dessen schaurigen Morgen ich nicht erleben werde, der Tag, der auch für dich der letzte ist. Wie schwach wird alsdann der Trost sein, den deine liebenden Kinder, den deine Freundinnen, die dir dein gutes Herz gewann, den die Ärzte dir geben können! Die Erde wird unter deinen wankenden Füßen einsinken; die Ewigkeit wird dich in ihr unermeßliches Reich empfangen, wo ein entsetzliches Schicksal oder eine Unendlichkeit von Freuden dich erwartet. Wenn deine Augen gegen das Licht unempfindlich werden, wenn deine Ohren das liebreiche Zureden deiner Geliebten nicht mehr vernehmen, wenn du den Pfeil des Todes in deinem bebenden Herzen empfinden wirst: wer wird dich durch das Tal des Schreckens begleiten, wenn dich Gott verlassen sollte?

Tausendmal ist es gesagt worden, aber auch tausendmal ist es ebenso wahr: es ist ein Unsinn, sich gegen einen entscheidenden Tag mit der Vergessenheit waffnen zu wollen, die ihn um keine Minute entfernt, die den Ausgang desselben gewiß nicht verbessern kann. Selbst die Leugner der Offenbarung gestehen hin und wieder: dennoch sei der Christ, wenn er zwar an eine Erdichtung glaube, in den Zeiten glücklich, da sein zerfallender Körper der Verwesung naht und sein Geist keine Stütze um sich sich sieht, die ihn erhalten könnte: dennoch belebe ihn mit aufrichtendem Troste eben die nach ihrer Meinung ungegründete Hoffnung, worüber die vermeinten Weisen lachen. Sein Glaube, sie bekennen es, richtet ihn auf; er sieht dem Tode getrost entgegen, weil er jenseits des Todes ein ewiges Glück vor sich zu sehen meint.

Wenn aber dieser Glaube uns tätig stärken soll, so muß er selbst standhaft und gegründet sein. Solange er nur auf die Gewohnheit sich gründet, sobald ihn nicht eine lebhafte Überzeugung belebt, solange kann er auch keine zuverlässige Beruhigung bewirken. Der Tod ist für die Natur erschrecklich; unsere Leiden, die schweren Schritte der nahenden Auflösung, erschüttern uns mit einem unwiderlegbaren Gefühl: dem kann ein schwankender Glaube nicht widerstehen. Gegenwärtige Empfindungen zu bezwingen, muß beides, der Eindruck und die Gewißheit des Zukünftigen ebenso stark sein wie das Gefühl der Sinne.

Auf die durch die Erwägung der Gründe des Glaubens gegründete Überzeugung muß also das Gefühl der Vorzüge einer glückseligen Ewigkeit sich gründen, wenn wir in demselben unsern Trost zu der Zeit finden sollen, da nichts auf Erden ist, das uns Mut machen kann. Du siehst, geliebte Tochter, wohin ich ziele. Man muß die Beweise der Religion selbst einsehen, selbst fühlen, selbst mit allen Kräften des Verstandes und des Herzens bejahen, wenn sie unseren Leiden widerstehen sollen. Und bleibe nur bei dieser Untersuchung getrost: der Fels des Heils ist unbeweglich; prüfe seine Kräfte, er wird niemals weder unter den Zweifeln der Ungläubigen, noch unter den Angriffen der Spötter wanken. Dein Vater hat in einem langen, einem mühevollen Leben, die ihm freigebliebenen Stunden auf die Erforschung der Wahrheit gewendet, und diese wichtigste der Wahrheiten ist ihm alle Jahre heiterer, verehrungswürdiger, unzweifelhafter geworden, so wie er ihre Gründe näher eingesehen hat.

Wer sind die Ungläubigen, die Spötter? Die letzteren kennen die Gründe des Glaubens nicht: Eitelkeit, Übereilung und das einnehmende Gelächter gefälliger

Schriftsteller reißen sie hin, dieweil sie jede Stunde bedauern würden, wo sie die ernsthafte Stimme der Wahrheit hören sollten. Die Ungläubigen, die im Streite gegen die Offenbarung zuvörderst stehen, die Helden unter ihnen, haben die Kenntnis der Sprachen, der Altertümer und der Geschichte der Welt nie besessen, die zur Abwägung der Gründe des Glaubens erforderlich sind. Ich habe die berühmtesten gelesen; keiner unter ihnen war im Stande, auch nur die äußere Bedeutung der Worte der Schrift selber zu fassen: keiner hat die Natur genug gekannt, daß er die Spuren der Gottheit selbst hätte entdecken können, die doch so häufig, so strahlenreich in den Absichten und in der Ordnung erschaffener Dinge leuchten. Wo ein Hobbes zweifelte, da glaubte ein Newton, wo ein Ofrai spottete, da betete Boerhaave an.

Ich weiß, daß eine Mutter, eine junge Mutter, daß eine Bürgerin einer vielleicht allzu gesellschaftlichen Stadt weder die morgenländischen Sprachen lernen, noch in mühsame Berechnungen der Zeiten und in die Rechtfertigung alter Geschichte sich vertiefen kann. Es bleiben ihr aber dennoch genügende Mittel übrig, ihren Glauben zu gründen. Wir besitzen in den bekanntesten Sprachen eine Anzahl von Verteidigungen der Religion, die zureicht, die erregten Zweifel zu entkräften. Alle diese Bücher kann eine Frau verstehen, und nichts soll ihrer Überzeugung fehlen, da sie gewiß sein kann, es sei in dieselben keine irrige Geschichte und kein unrichtiger Beweis eingeflossen. Denn die geringste Schwäche würde die begierige Kritik der Ungläubigen herausgefunden und (anstatt ewige Wiederholungen unzählbar oft widerlegter Einwände zum Ekel aller klugen Menschen wieder aufzulegen) mit dem Umsturz der Gründe der Verteidiger unserer Offenbarung sich triumphierend beschäftigt haben.

Dennoch habe ich, vielleicht mit einiger Vermessenheit, geglaubt, was ich über diese wichtigen Wahrheiten sagen würde, könnte dir nicht unnütz sein. Man macht manchmal die Gründe der Geistlichen damit verdächtig, daß man ihre Beweise als Advokatenschriften ausgibt, als von Leuten geschrieben, die ihren Beruf und Stand zu verteidigen haben. Freunde, die sich zu viel von mir versprechen, haben geglaubt, wenn ein Laie für den Glauben schriebe, wenn er dabei nichts als die allerunleugbarsten Begebenheiten als Grund seines Vortrages legte, wenn er sonst in einem langen Leben seine Liebe zur Wahrheit, auch mit seinem größten Nachteil, tätig bezeugt hätte, vielleicht würde sein Vortrag für dich und für andere – wie du junge und langer Nachforschungen nicht fähige – Personen nicht ohne Nutzen sein. Sie haben sich geschmeichelt, wenn schon die Ausführung minder gelehrt wäre, wenn auch nichts Neues unter den Gründen hervorglänzte, die Wahrheit würde dennoch ihre sieghaften Rechte vielleicht um desto ungeschwächter erhalten, je weniger man eine ängstliche Bestrebung merkte, auch auf die minder unentbehrlichen Gründe der Religion zu dringen. Und endlich ist es ein leichtes, was ich schreibe, für dich allein zu behalten, wenn es den Beifall der Kenner nicht zu hoffen hätte. Die letzten Worte eines seinem Tode nahen Vaters würden allemal für dich ein Gewicht behalten, das dein Herz den Worten eines Gelehrten nicht zulegte: du wirst dich erinnern, daß in meinen Zuständen, wo die Welt keinen Reiz mehr für einige Leidenschaften anbieten kann, die Überzeugung allein meinen Vortrag hat eingeben können.

Noch eine Ursache hat bei mir überwogen, daß ich mich in eine Laufbahn eingelassen habe, zu welcher ich mich nicht vorbereitet hatte. Mir ist vorgekommen, als wenn die Gottesgelehrten und auch die frommen Christen Gott etwas zu sehr in seinem Verhältnis zu den Menschen betrachten und ihre Begriffe von diesem glorwürdigen Wesen fast etwas zu eng einschränkten. Andererseits haben die Philosophen, wie ehemals auch die Weisen in China, Gott nicht genugsam als den Vater, den Richter, den Begnadiger der Menschen angesehen: sie sind bald bei dem allgemeinen Schöpfer und Regierer aller Welten und bald bei dem bloßen Aufseher der Reiche geblieben. Jene haben Gott oft allzusehr nach den Menschen gebildet und diese das wichtige Verhältnis verabsäumt, darin der Mensch als Geschöpf, als Sünder, als Gnadebedürftiger vor Gott steht. Die ersteren haben die Liebe anzufeuern vergessen, die wir Gott schuldig sind, und die letzteren nicht genugsam auf die untertänigste Verehrung gedrungen, in der wir vor unserm allmächtigsten Schöpfer stehen sollten. Beides, Gott als den Erretter der Menschen auf unserer kleinen Erdkugel und als den unermeßlichen Beherrscher aller Welten zu lieben und anzubeten, sollte billig unsere unzertrennte Pflicht sein.

Ich glaube nunmehr und bin gewiß, daß Jesus ein Gerechter, daß er ein Wundertäter, daß er derjenige gewesen ist, den die alten Propheten angekündigt hatten: kein einziges der Kennzeichen fehlte ihm, die einen von Gott ausgesandten Lehrer der Welt ⟨von anderen⟩ unterscheiden können. Es ist eine bloße Ausflucht, hier seinen Unglauben damit zu beschönigen, die Wahrheit dessen, was unsern Trost ausmacht, könne nicht nach Art der Mathematiker erwiesen werden. Die vereinigten Zeugnisse so vieler unabhängiger, unverabredeter, unverwerflicher Männer, die Beweise, die vor dem Heiland hergegangen sind, diejenigen, die nach ihm in den Wundern seiner ersten Jünger die Welt erleuchtet haben –, so viele Kennzeichen der Wahrheit vereinigen sich hier, daß es unmöglich ist, alle diese unverbundenen Beweise hätten sich zur Glaublichkeit einer Unwahrheit vereinigt. Niemand, der aufrichtig spricht, zweifelt am Dasein, an den Siegen, an dem Tode eines Cäsar.

Wenn aber Jesus der beglaubigte Abgesandte Gottes ist, so müssen ihm die Menschen Glauben zustellen. Wenn er weder selbst hat betrügen können noch das Werkzeug eines fremden Betruges gewesen ist, wenn Wunder seine Sendung bestätigt haben, so sind seine Worte die Wahrheit.

Ich bin, meine Geliebte, von der unumschränkten Größe des obersten Wesens überzeugt. Wir haben, wie uns Menschen gebühren mag, ein Maß, die Größe des Unermeßlichen zu schätzen: die Welt, die selbst unermessene, selbst den Gesetzen der Natur zufolge grenzenlose Welt, die Stadt Gottes, wo Tausende von Sonnen, Zehntausende von Erden, die unzählbaren Häuser sind – wo eine einzige Hütte, eine der kleinsten Kugeln, Millionen von Menschen, Millionen von Tieren beherbergt, in derem jedem die Weisheit des Schöpfers mir ebenso deutlich in die Augen strahlt, wie die Geschicklichkeit eines Künstlers in der entfernten Nachahmung eines Tieres, in einer Uhr. Ein anderes Maß des Ewigen ist seine Dauer, sein unbegreifliches Alter ohne Jugend, ohne Anfang: es übersteigt zwar alle unsere Begriffe, wir Endlichen haben alle angefangen und können uns von demjenigen keine Vorstellung machen, das vor allen Anfängen da gewesen ist. Selbst die etwas minder den Verstand betäubende Ewigkeit, die ohne Ende fortdauert, ist gleichwohl ein Abgrund, worin alle Kräfte der Seele versinken. Und dennoch ruft die Vernunft uns vernehmlich zu, Gott sei diese ewige Sonne, die ohne Aufgang, ohne Untergang in einem unveränderlichen, nie steigenden, nie fallenden Mittag steht.

Dieses große, dieses alle Welten regierende, dieses alle Zeiten durchherrschende Wesen malen sich die Menschen freilich oft zu klein, ihnen selbst zu ähnlich, fast wie einen Schutzgeist der Erde oder eines Volkes.

Mich hat die Kenntnis der Natur gelehrt, höher von Gott zu denken, vor dem unsere Erde eines der kleinsten Stäubchen ist, die unter dem Fuße seines Thrones in unzählbarer Menge wimmeln. Wenn also die Rede von einem Menschen ist, mit dem die Gottheit sich verbindet, so erstaune ich billig vor dem unbegreiflichen Geheimnisse; und niemals würde es in meine oder in eines nachdenkenden Menschen Gedanken gekommen sein, das Unendliche mit dem Endlichen vereinigt zu sehen. Niemals hätte ein Sterblicher sich unterstanden, von dem Ewigen und Unermeßlichen ein solches Übermaß der Güte zu erwarten, wenn das alle Hoffnungen übersteigende Geheimnis nicht geoffenbart worden wäre.

Nun hat derjenige geredet, in dessen Munde kein Falsch ist. Er sagt, Jesus, der Nazarener, ist zwar ein Mensch, ein Sohn Davids, geboren von Maria, erzogen wie ein Menschsohn, den Schwachheiten des menschlichen Körpers, dem Hunger, dem Durste, den Schmerzen unterworfen, der sein Leiden gefühlt und selbst gefürchtet und mit einem schmählichen Tode geendigt hat. Als ein Mensch hat er auch die oberste Macht des Vaters erkannt, sich vor ihm erniedrigt, vor ihm angebetet, sich als den Weg zu ihm, als seinen Abgesandten dargestellt, durch seinen Namen Wunder getan.

Aber man müßte der Wahrheit untreu sein und wider seine deutliche Überzeugung handeln, wenn man in Jesu nichts als den Enkel Davids, den Sterblichen sehen wollte. Oft habe ich mich über die heimtückische Untreue der umfangreichen Sekte verwundert, die die Offenbarung annimmt, aber Jesus für einen bloßen Menschen hält. Sie dünkt mich weit weniger Aufrichtigkeit zu zeigen, als diejenigen, die alle Offenbarung verwerfen, indem sie die deutlichsten Zeugnisse der übermenschlichen Eigenschaften Jesu einerseits annimmt und dann gerade wider dieselben schließt.

Jesus sagt nun selber mit Worten, die ein eigenes Gepräge einer über die Sterblichen erhobenen Würde tragen, er gedenke der Herrlichkeit, in welcher er beim Vater war, ehe die Welt entstand (Joh. 17,5). Ich bin eher als Abraham gewesen, ich komme aus dem Himmel, wo ich beim Vater war, ich komme aus ihm, ich kehre wieder zu ihm, wo ich vorher war, wo er vor der Gründung der Welt mich liebte. Ich bin der Weg zum Leben, wer an mich glaubt, ist selig. Mir hat der Vater alles in meine Hände gegeben, ich werde alle zu mir ziehen. Er ist in mir, und ich in ihm, wer mich gesehen hat, der hat den Vater gesehen. Ich und der Vater sind eines. Alles das Seine ist mein. Ich werde den heiligen Geist ausschicken, den Tröster. Vor meiner Herrlichkeit werden alle Menschen erscheinen, ich werde sie richten und sie zur Seligkeit erhöhen oder zur Hölle verurteilen. Taufet im Namen Gottes des Vaters und des Sohnes. Er, der unendlich über alle Eitelkeit erhaben war, er, der in seiner Erniedrigung nicht den Guten sich heißen lassen wollte, weil Gott, für den der Redende ihn nicht hielt, allein gut ist, er, der freiwillig Erniedrigte, ließ ohne Widerrede von Thomas nach der Auferstehung sich als den Herrn und den Gott des überzeugten Jüngers anrufen. Die versammelten Jünger beteten ihn an, dieweil er zum Himmel erhoben wurde. So wie er selber bezeugt hat, er sei vor dem Anfange der Dinge bei Gott gewesen, so sagt sein geliebter Johannes, das Wort war bei Gott, es war Gott, es wurde Fleisch und wohnte unter uns (Joh. 1,14). Heil unserm Gott, der auf dem Throne sitzt, und dem Lamme, das für die Sünden der Welt geschlachtet ist. Alle Dinge sind durch ihn gemacht, sagt Paulus, alles, auch die Throne und Herrschaften.

Noch ein Beweis entsteht bei mir über dem Nachdenken. Eben die unendliche Größe Gottes des Schöpfers erhebt ihn über einen Menschen, so daß keine Gleichheit zwischen Gott und dem Menschen Platz hat. Nimmermehr hätte Jesus sich mit diesem Obersten, durch die Unendlichkeit vom Menschen abgeschnittenen Wesen in eine so oft wiederholte Gleichheit gesetzt, wenn er ein bloßer Mensch gewesen wäre. Er wäre wie Moses, wie Abraham im Staube geblieben. Kein Sterblicher kann Gott ansehen und leben. Aber Jesus kam aus dem Schoße seines Vaters.

Ich finde hier keine Ausflucht: Wenn Jesus wahrhaft ist, wenn er von Gott kommt, so ist er mehr als ein Mensch, mehr als ein Engel; mit ihm ist derjenige aufs innigste verbunden, der von Ewigkeit her war, er ist der Anbetungswürdige, der Göttliche.

Wir begreifen diese Verbindung des Ewigen mit einem nur dreiunddreißig Jahre lebenden Sterblichen nicht. Aber begreifen wir denn je die Verbindung unserer eigenen Seele mit ihrem Leibe? Wir sind eine Seele und ein Leib – jene empfindet, denkt und urteilt ohne Teile, ohne Oberfläche und Ausdehnung, dieser widersteht, hat Teile und Oberfläche. Diese unähnlichen Wesen sind innigst verbunden, der Klumpen Erde ist ein Teil meines Ichs, so wie es die unsterbliche Seele ist. Ich empfinde den Stoß, den der Leib aussteht; der Leib bewegt sich auf Befehl meines Willens. Dieses Band ist unbegreiflich, aber es ist wahr, unser Gefühl überzeugt uns täglich davon. Doch gröbere Dinge begreift ihr nicht: was die Bewegung ist, wie sie aus der Oberfläche eines Körpers in die Oberfläche eines anderen übergeht, ihn verläßt, einen anderen beseelt, ohne daß der verlassene im allergeringsten verändert ist, ohne daß ihr begreifen und entscheiden könnt, ob die Bewegung etwas Ausgedehntes, etwas Meßbares, etwas Körperliches ist oder nicht. Doch von allen den Einwürfen, die ein Ungläubiger macht, ist keiner schlechter als derjenige, der vom Mangel des Begriffes hergenommen ist.

Wenn Gott die Gesetze der Natur stillstehen hieß, wenn er Jesu die Macht gab, die Bande des Todes aufzulösen, wenn er das große Geheimnis ihm auftrug, zu entwickeln, wie die Sünden der Menschen vergeben werden sollten, so war es höchst vernünftig zu vermuten, dieser himmlische Bote würde uns Dinge lehren, die unsere Begriffe übersteigen, unaussprechliche Wahrheiten, die in der Sprache der Menschen nicht deutlich ausgedrückt werden können. Wenn Jesus von den Eigenschaften des Unbegreiflichen zu reden hatte, verwundern wir uns dann, daß er unbegreifliche Dinge von ihm sagt?

Und dann sind endlich diese Geheimnisse keine Widersprüche. Können wir dann (nicht zwar die Weise, wie sie sind, aber doch) die Angemessenheit der Mittel zu den Wirkungen so gar nicht einsehen? Ich glaube an diese Blindheit nicht. Gott verbindet die Seele mit dem Leibe, einen Engel mit einem Wurme, ein unteilbares, einfaches, unmeßbares, unausgedehntes, von allen Eigenschaften des Körpers entblößtes Wesen mit dem so weit unter ihm stehenden Körper – denn von dieser Wahrheit bin ich innigst überzeugt, obwohl hier nicht die Stelle ist, sie zu beweisen, da sie nur ein Beispiel ist.

Kann Gott (denn dieses nehmen wir als unstreitig erwiesen an) die Welt regieren, kann der unkörperliche, unteilbare, ohne Oberfläche und ohne inwendige Materie dennoch wirksame Gott die Welt regieren und die Quelle aller Bewegung sein, ohne einen Körper zu berühren, warum sollte Gott nicht auf die Geister wirken können, die wie er unkörperlich und unteilbar sind? Warum ist es denn unmöglich, daß die Weisheit, die Güte, die Gerechtigkeit, die Wunderkraft Gottes sich mit einem erschaffenen Geiste innigst verbinden und auf eine nähere Weise in demselben wirksam sein können – so wie sie in einem allgemeineren Sinne in dem ganzen Umkreise der Dinge wirksam sind.

Ich bin kein Gottesgelehrter und scheue mich, die Kunstwörter zu gebrauchen, die wegen der entstandenen Streitigkeiten über eben diese Verbindung Gottes mit dem Menschen Jesu erfunden worden sind. Eben das Wort Person ist uneigentlich, da es so offenbar ein von allen andern gänzlich verschiedenes, für sich allein denkendes, wollendes und handelndes Ding bedeutet, dergleichen völligen Unterschied niemand in der Gottheit lehren wird. Ich glaube auch und soll niemand anders glauben als der heiligen Schrift – aber derselben und den heiteren Worten des Heilandes selber muß ich glauben. Und ich glaube es freudig und mit lebhafter Teilnahme, daß Jesus nicht ein bloßer Mensch, nicht ein bloßer Engel gewesen ist und noch in seiner Herrlichkeit ist, sondern daß die Gottheit, der Schöpfer und Urheber aller Dinge, auf eine besondere (und körperlich begreifenden Menschen unbegreifliche) Weise sich mit der menschlichen Seele Jesu vereinigt hat – und daß in dieser Seele die göttlichen, unermessenen, unfehlbaren und unumschränkt heiligen Eigenschaften sich geäußert haben. So daß Jesus, der dabei ein Mensch war, dennoch göttlich gedacht, göttlich gehandelt und sich auch die göttliche Ehre und den göttlichen Namen hat geben lassen können.

Mir ist dieses Geheimnis auch desto weniger befremdend, weil ich deutliche Gründe sehe, die den erbarmenden Gott haben bewegen können, einen Gottmenschen mit seiner Beiwohnung auszurüsten.

Daß die unermeßliche Gottheit aus den ordentlichen Schranken der Regierung der Welt heraustritt, daß sie Wunder tut, daß sie eine menschliche Seele auszeichnet, um sich mit derselben zu vereinigen, müssen allerdings Vorteile bei diesen beispiellosen Ausgüssen der göttlichen Gnade sein, die seine Weisheit dazu haben lenken können.

Ich sehe hier gleich anfangs deutlich die Notwendigkeit einer höheren Würde ein, da Jesus zur Bekanntmachung der Wahrheit auf die Welt gekommen ist, da er die Gewißheit eines zweiten Lebens und des Gerichtes den Sterblichen verkündigen sollte, da er eine Sittenlehre zu lehren zu uns kam, die uns einzig rein und Gott gefällig zu machen zureicht, da ihm eine allgemeine Umschaffung des menschlichen Herzens zu bewirken und das Zeitliche bei uns zu erniedrigen, das Ewige aber auf seinen wahren Wert zu erhöhen aufgetragen war. Die Erfahrung hat gezeigt und die Natur der Dinge läßt es nicht anders zu, daß ein irrender und fehlhafter Mensch zu dieser großen Absicht zu schwach ist. Selbst sündlich, beraubt er sich des Ansehens, das nötig war, die wallenden Begierden anderer Menschen zu bezwingen. Selbst unweise, kann er in der Verkündigung des Guten irren, kann Irrtümer glauben und wiederum lehren, kann von den Menschen zu viel oder zu wenig fordern. Selbst irdisch und an die Lehren der Sinne gebunden, kann er keinen Glauben erhoffen, wenn er von der Ewigkeit, vom zukünftigen Leben, von den Ratschlüssen und Eigenschaften Gottes spricht. Er kann etwas aus der Vernunft erschließen und ergründen, aber Stückwerk wird sein, was ihn die Vernunft lehren kann, es wird wie lockerer Sand niemals dem Gebäude einer tätigen Religion als Grundlage dienen können.

Es wäre nicht genug gewesen, einen reineren Sokrates oder einen beredsameren Epiktetus mit allen Gaben des griechischen Geistes auszurüsten. Die der Menschheit anklebenden Fehler, die Mängel, die die Welt an Marc Aurel und an Sokrates leicht entdeckte, die bis ins Theatralische getriebene Tugend des ersteren, die nicht genugsam von der Wollust gesäuberte Seele des letzteren hätten ihren Lehren den Eindruck genommen, den sie in der Menschen Gemüter machen sollten. Selbst Epiktetus war eine stille Lampe, die vor wenigen Freunden leuchtete.

Hier wurde eine Sonne erfordert, deren Licht ganze Länder aufklären, deren fruchtbare Wärme den Samen des Guten in Tausenden zum Leben aufwecken sollte. Kong-fu-tse war zu kalt, er kannte das zweite Leben nicht; seine Lehre bewegte seine Mitbürger zum Gehorsam gegen den Kaiser, aber nicht gegen Gott. Er lieh dem ungebesserten Menschen die Larve der Tugend und der Weisheit.

Jesus sollte die Welt verbessern, sollte vielen Geschlechtern der Menschen, vielen Millionen über die Gebote dauerhafte Empfindungen einprägen, dadurch sie in Ewigkeit glücklich werden könnten. Das hat Er, und niemand außer ihm hat es getan. Wir genießen nach achtzehnhundert Jahren die Früchte seines Amtes, wir besitzen die reinsten Begriffe von Gott, den deutlichsten Unterricht darüber, wie wir ihm gefallen können, die zuverlässigste Versicherung eines künftigen Lebens, die wohltätigste und vollständigste Sittenlehre.

Aber diesen großen Zweck zu erhalten, mußte Jesus untadelhaft, unfehlbar und insbesondere der Geheimnisse der Gottheit und der Ewigkeit völlig kundig sein. In allen den schweren Fällen seines erhabenen Lehramtes mußte eine allen Irrtums unfähige Weisheit ihm die Reden und die Taten eingeben, daran die sinnreiche Bosheit der Menschen, die spöttische Sophisterei des Julian, die Hartnäckigkeit der Juden und die heutige erfindungsreiche Satire der neueren Ungläubigen nichts auszusetzen finden sollten. Das Maß der Wunder, die er allemal in den schicklichsten Umständen zu tun oder zu vermeiden hatte, mußte weder durch eine heimliche, dem Besten unter den Sterblichen anhängende Eitelkeit erweitert, noch durch Nationalwiderwillen, dem den Juden anklebenden Laster, verengt werden. Kein Betrug der Sinne, keine Wollust von irgendwelcher Art, keine Begierde mußte die unbefleckte Reinheit seines Wandels besprengen, kein Zorn bei ihm aufwallen, keine Furcht vor dem Tode seine unveränderliche Bestrebung hemmen, den erhabenen Auftrag zu vollbringen, dessentwegen er in die Welt gekommen war.

Ein Wort sagt alles, er mußte kein Mensch sein, denn ein Mensch wäre dem Irrtum, den Fehlern, der Sünde selber unterworfen geblieben. Aber die bei Jesu wohnende Gottheit verklärte seine Weisheit, entfernte alle Begierden, lenkte seine Wunderkraft, sprach aus ihm mit Worten, die keines Menschen Zunge jemals geredet hatte, und leitete den Heiland den geradesten, den niemals abweichenden Weg zur Vollendung seiner himmlischen Botschaft. Er, der bei Gott gewesen war, der von Gott kam, konnte den Menschen Gottes Ratschlüsse bekannt machen, und das Urteil der ewigen Gerechtigkeit über die Sünden konnte der Richter der Welt allein eröffnen. Es war also eine große Gnade der Gottheit, daß sie sich mit dem Menschen Jesu vereinigte, aber ohne diese Gnade wäre seine Sendung fruchtlos gewesen.

## JEAN JACQUES ROUSSEAU (1712–1778)

Die unsteten äußeren Lebensumstände Rousseaus, der calvinistisch erzogen, 1728 zum röm. Katholizismus konvertierte und 1754 rückkonvertierte, sind allgemein bekannt. Ungeachtet zahlreicher Spezialarbeiten beurteilt man auch heute seine Erscheinung und seine geschichtliche Stellung in sehr verschiedenartiger Weise. Weithin verehrt man Rousseau als die Persönlichkeit, die in dem Zeitalter einer angeblich schalen und seichten Verstandeskultur ein neues Bildungsideal, ein neues Menschen- und Gesellschaftsbild, ein ganz neues Naturgefühl und eine neue Frömmigkeitshaltung geschaffen habe. Um dieser vorausgesetzten schöpferisch unableitbaren Originalität willen nimmt man Rousseau von der allgemeinen Verurteilung des 18. Jahrhunderts ausdrücklich aus. Auf der anderen Seite steht die Abwertung des bindungslosen Literaten und „Exhibitionisten" Rousseau, der auf seine Schriften durch eine gewollte Hiob-Rolle aufmerksam machte, das tödlich gefährliche Dogma von der vollkommenen Güte des Menschen verkündete (das schon in der Französischen Revolution entsetzliche Folgen zeitigte) und seine enthusiastische Erziehungslehre durch die Fortgabe seiner fünf Kinder in das grauenhafte Milieu des öffentlichen Findelhauses von vornherein desavouierte.

Betrachten wir die geistige Erscheinung Rousseaus unter Ausklammerung axiologischer Gesichtspunkte (von denen wenige Arbeiten wirklich frei sind), so hat die neuere Forschung erwiesen, daß seine Gedankenwelt aus Ideen gefügt ist, die vor ihm bestanden und zu seiner Zeit wohlbekannt waren. Man hat demgegenüber gemeint, daß wenigstens in der Art, wie Rousseau das übernommene Gedankengut weitergab, etwas Neues lag und daß sein anthropologischer Dualismus (der überzeitliche „Natürliche Mensch" im Gegensatz zum pervertierten zivilisatorischen Menschen) wie sein Naturgefühl und seine Religiosität seine Originalität verbürgten.

Geistesgeschichtlich gesehen sind diese Behauptungen schwer zu stützen. Daß die von Rousseau ausgeschriebenen Gedanken der d'Argenson, Bayle, Crousaz, Fleury, Montaigne, Montesquieu, Prévost, Turretini und vieler anderer unter seiner Feder sachlich neue Einsichten erzeugten, muß noch nachgewiesen werden. Der anthropologische Dualismus wiederum ist ein Lieblingsmotiv der Zeit, das allen Lesern Rousseaus längst vertraut war (H. Reichard). Die Wendungen schließlich, in denen Rousseau sein Naturgefühl oder die Ergriffenheit des „Savoyischen Vikars" ausdrückt, sind Rekapitulationen hundertfältig belegter physikotheologischer Sätze und Formulierungen, wie man sie seit seiner Geburt von jeder Kanzel und von jedem Katheder hören konnte. Daß Rousseau im „Vikar" den Physikotheologen Fénélon ausschreibt und sich auf den Physikotheologen Nieuwentyt direkt bezieht, wird merkwürdigerweise stets übersehen. Daß hinter Rousseaus „Rühmungen" von Gott und Natur eine in gewisser Weise spinozistisch getönte göttliche Weltharmonie steht, kann man nur vermuten. Seine Aussagen sind konventionell physikotheologisch. Viele Verehrer Rousseaus werden speziell durch diese physikotheologischen Gedanken angezogen und wenden sich mit großer

Anteilnahme der klassischen Physikotheologie der Aufklärungsepoche zu, sobald sie erkennen, daß sie in Rousseau nur einen Absenker dieser Bewegung vor sich hatten.

Was den Widerstand der Zeitgenossen hervorrief, war der moralische Optimismus des „Vikars" im Hinblick auf die Unfehlbarkeit und selbsterlösende Potenz des von der Natur „tief eingegrabenen" Gewissens. Im Hinblick hierauf trifft es zu, wenn er von „Natürlicher Religion" spricht, denn hier trägt er die klassische Lehre der Stoa vor (s. o. S. LXXX).

Die Tatsache, daß Rousseau auf viele Menschen bezaubernd wirkte und wirkt, ist ein Geheimnis seiner Person, das jenseits der geistesgeschichtlichen Bestandsaufnahme steht.

Daß die Romantik in ihm ihren schöpferischen Ahnherrn erblicken wollte, hat oft wie eine Rückblende gewirkt, die aus ihm einen Menschen des 19. Jahrhunderts machte. Die Erkenntnis der Tatsache, wie sehr er dem 18. Jahrhundert verpflichtet ist, das er nicht erzeugte, sondern aus dessen Gedanken er lebte, ist geeignet, auch gerade Verehrer Rousseaus zu einer neuen Kenntnis und Wertung der Epoche der Aufklärung zu führen.

Über Rousseau: *B. Groethuysen, M. Rang, H. Röhrs.*

*Glaubensbekenntnis des Savoyischen Vikars*

Die Welt ist nicht ein großes Tier, das sich von selbst bewegt; ihre Bewegungen müssen als Grund eine ihr fremde Ursache haben, die ich nicht wahrnehme, die aber die innere Überzeugung mir dergestalt fühlbar macht, daß ich die Sonne sich nicht fortwälzen sehen kann, ohne mir eine Kraft zu denken, die sie treibt; oder daß, wenn sich die Erde umdreht, ich eine Hand zu empfinden glauben muß, die sie umdreht.

Wenn mir die bewegte Materie einen Willen zeigt, so zeigt mir die nach gewissen Gesetzen bewegte Materie eine Intelligenz, dies ist mein zweiter Glaubensartikel. Handeln, Vergleichen, Wählen sind Verrichtungen eines tätigen und denkenden Wesens, dieses Wesen *ist* also. Wo siehst du denn, daß es *ist*? wird man mich fragen. Nicht allein in den rollenden Himmeln, in der uns leuchtenden Sonne, nicht allein in mir selbst, sondern auch in dem weidenden Schafe, in dem fliegenden Vogel, in dem fallenden Steine, in dem vom Winde fortgewehten Blatte!

Ich urteile über die Ordnung der Welt, obwohl ich ihren Endzweck nicht weiß. Mir ist wie einem Menschen, der zum erstenmal eine offene Uhr sieht und sicher die Arbeit daran bewundern wird, wenn er auch den Gebrauch des Kunstwerkes nicht erkennt und das Zifferblatt nicht gesehen hat. Ich weiß nicht, würde der sagen, wozu das alles gut ist. Ich sehe aber, jedes Stück ist für die andern gemacht. Ich bewundere den Werkmeister in den einzelnen Teilen seines Werkes und bin sicher, daß alle diese Räder nur zu einem gemeinschaftlichen Endzweck so übereinstimmend laufen, den aber wahrzunehmen mir unmöglich ist. Welchen Augen, wenn sie nicht voreingenommen sind, kündigt die auffallende Ordnung des Weltgebäudes nicht ein höchstes verständiges Wesen an? Rede man mir nun, soviel man will, von Verbindungen und ungefähren Fällen vor. Haben die organischen Körper sich von ungefähr auf tausenderlei Arten verbunden, haben sich zuerst Mägen ohne Mund, Füße ohne Köpfe, Hände ohne Arme gebildet, die umgekommen sind, weil sie sich nicht erhalten konnten; warum fällt uns denn keiner von diesen unförmlichen Versuchen ins Auge mehr? Daß die Schwierigkeit der Ereignung durch die Menge der Würfe gehoben wird, gebe ich zu. Wenn man mir indessen sagt, von ungefähr hingeworfene Buchdruckerlettern hätten die Aeneis – vollendet, wie sie ist – hervorgebracht, so würde ich's nicht der Mühe wert halten, einen Schritt zu tun, um zu untersuchen, ob die Lüge wahr sei ⟨Aus Fénélons Physikotheologie von 1712⟩. Man setze noch hinzu, daß Verbindungen und ungefähre Fälle allezeit nur Dinge von eben der Natur hervorbringen werden, wie die verbundenen Elemente, daß die Organisation und das Leben nicht das Resultat eines Wurfes Sonnenstäubchen [jet d'atomes] sein werden und daß ein Chemiker, der Mischstoffe [mixtes] verbindet, sie in seinem Schmelztiegel nicht zu empfindenden und denkenden Wesen bilden wird.

Ich habe den Nieuwentyt mit Erstaunen und fast mit Ärgernis gelesen ⟨Nieuwentyts Physikotheologie von 1715⟩. Wie hat der Mann sich erkühnen können, von den Wundern der Natur, welche die Weisheit ihres Urhebers zeigen, ein Buch schreiben zu wollen? Sein Buch würde ebenso groß sein wie die Welt und er seine Materie doch noch nicht erschöpft haben. Sobald man sich hier ins Detail einlassen will, entschlüpft einem das größte Wunder, die Harmonie und Zusammenstimmung des Ganzen. Das einzige Geschlecht der lebenden und organisierten Körper ist schon Abgrund für den menschlichen Geist.

Welcher abgeschmackten Voraussetzungen [absurdes suppositions] bedarf's nicht, um alle diese Harmonie aus dem blinden Mechanismus der von ungefähr bewegten Materie abzuleiten? Es ist mir doch unmöglich, ein System so beständig geordneter Wesen zu begreifen, ohne nicht auch dabei ein verständiges Wesen mir zu denken, durch welches es seine Ordnung erhält. Ich glaube also, daß die Welt durch einen mächtigen und weisen Willen regiert wird; ich sehe es oder vielmehr ich empfinde es; und wichtig ist mir's, das zu wissen. Dieses Wesen, welches will und welches kann, dieses durch sich selbst tätige Wesen, kurz dieses Wesen, es sei, was es auch sei, welches das Weltgebäude bewegt und alle Dinge ordnet, nenne ich: *Gott!*

Ich verbinde mit diesem Namen die Ideen von Intelligenz, von Macht des Willens, die ich mir eingesammelt habe, und den Begriff der Güte, welcher eine notwendige Folge davon ist. Aber darum kenne ich das Wesen, dem ich diesen Namen gegeben habe, noch um nichts besser. Es entzieht sich gleicherweise meinen Sinnen und meinem Verständnisse, je mehr ich daran denke, desto mehr verwirre ich mich. Ich weiß ganz gewiß, daß es ist und daß es durch sich selbst ist; ich weiß, daß mein Dasein dem seinen untergeordnet ist und daß alle mir bekannten Dinge in eben dem Falle sich befinden. Ich werde Gott allenthalben in seinen Werken gewahr, ich empfinde ihn in mir, ich sehe ihn rings um mich her; sobald ich ihn aber in sich selbst betrachten, sobald ich suchen will, wo er ist, was sein Wesen ist, so entschlüpft er mir, und mein verstörter Geist wird nichts mehr gewahr. Durchdrungen von meiner Unzulänglichkeit werde ich also nie über die Natur Gottes vernünfteln. Solche Vernünfteleien [raisonnements] sind stets Verwegenheiten; ein Weiser muß sich denselben nur mit Zittern überlassen und mit der Überzeugung, daß er nicht dazu gemacht ist, sie zu ergründen.

Nachdem ich nun diejenigen Eigenschaften der Gottheit entdeckt habe, wodurch ich ihr Dasein erkenne, so komme ich wieder auf mich zurück und suche, welchen Rang ich in der Ordnung der Dinge einnehme, die sie regiert. Ich finde mich unstreitig meiner Gattung nach in dem ersten Range. Was ist also so Lächerliches in dem Gedanken, daß alles für mich gemacht ist, wenn ich der einzige bin, der alles auf sich zu beziehen weiß? [qui sache tout rapporter à lui] Es ist folglich wahr, daß der Mensch der König der Erde ist.

Kann ich mich denn wohl so unterschieden sehen, ohne mir Glück zu wünschen, daß ich diese ehrenvolle Stelle bekleide, und ohne die Hand zu preisen, die mich darein gesetzt hat? Gleich bei meiner ersten Rückkehr auf mich selbst entsteht in meinem Herzen eine Empfindung der Dankbarkeit, der Segnung des Urhebers meiner Gattung und aus dieser Empfindung meine erste Huldigung gegen die wohltätige Gottheit.

Ich bete die höchste Macht an und werde von ihren Wohltaten gerührt. Ich bedarf nicht, daß man mich diesen Gottesdienst lehrt; die Natur selbst sagt ihn mir vor. Ist es nicht eine natürliche Folge der Selbstliebe, dasjenige zu ehren, was uns beschützt, und dasjenige zu lieben, was uns wohlwill?

Kein materielles Wesen ist durch sich selbst tätig; *ich* aber, ich bin's. Das streite man mir ab, wie man will; ich empfinde es, und diese Empfindung, die zu mir spricht, ist viel stärker als die Vernunft, welche sie bestreitet. Ich habe einen Körper, auf welchen die andern wirken und der auf sie wirkt. Diese gegenseitige Wirkung ist nicht zweifelhaft; mein Wille aber ist unabhängig von meinen Sinnen. Das Prinzipium aller Handlungen liegt in dem Willen eines freien Wesens; darüber hinaus kann ich nicht kommen. Nicht das Wort Freiheit ist ein bedeutungsloses Wort, sondern das Wort Notwendigkeit. Irgendeine Art, irgendeine Wirkung vorauszusetzen, die nicht aus einem tätigen Prinzip entfließt, heißt wahrhaftig Wirkungen ohne Ursache anzunehmen und in einen fehlerhaften Zirkel verfallen. Es gibt entweder keinen ersten Anstoß, oder ein jeder erste Anstoß hat keine weitere vorgängige Ursache, und es gibt keinen wahren Willen ohne Freiheit. Der Mensch ist also in seinen Handlungen frei und als ein solcher von einer immateriellen Substanz beseelt; dies ist mein dritter Glaubensartikel. Aus diesen drei ersten wirst du alle anderen leicht folgern können, ohne daß ich fortfahre, sie zu zählen.

Der höchste Genuß liegt in der Zufriedenheit mit sich selbst. Um diese Zufriedenheit zu verdienen und zu erhalten, sind wir auf die Erde gesetzt und mit Freiheit begabt, werden wir durch die Leidenschaften versucht und durch das Gewissen zurückgehalten. Was konnte die göttliche Macht selbst zu unserem Besten mehr tun? Wie? um den Menschen zu verhindern, böse zu sein, sollte er auf den Instinkt, auf das Tier eingeschränkt sein? Nein, Gott meiner Seele, ich werde es dir nie vorwerfen, daß du sie nach deinem Bilde gemacht hast, damit ich frei, gut und glücklich sein kann wie du!

Der Mißbrauch unserer Seelenkräfte [l'abus de nos facultés] ist es, der uns unglücklich und böse macht. Unsern Gram, unsere Sorgen, unsere Leiden schaffen wir uns selbst. Das sittliche Übel ist unstreitig unser Werk, und das physische Übel würde ohne unsere Laster nichts sein. Wie wenig Übel ist der der ersten ursprünglichen Einfalt treue Mensch [vivant dans la simplicité primitive] unterworfen! Er lebt fast ohne Krankheiten sowie ohne Leidenschaften, sieht den Tod nicht vorher und empfindet ihn ebensowenig. Sobald er ihn empfindet, macht sein Elend ihn ihm wünschenswert, von dem Augenblick an ist er kein Übel mehr für ihn. Mensch, suche nicht weiter nach dem Urheber des Übels; du bist selber dieser Urheber. Nehmt uns unsere traurigen Fortschritte, nehmt uns unsere Irrtümer und Laster, nehmt uns weg, was Menschenwerk ist: und alles ist gut!

Wo alles gut ist, da ist nichts ungerecht. Die Gerechtigkeit ist untrennbar von der Güte. Gott ist nicht ein Gott der Toten. Derjenige, der alles kann, kann nur das wollen, was gut ist. Das allerhöchste gütige Wesen also muß, weil es allmächtig ist, auch höchst gerecht sein, sonst würde es sich selbst widersprechen.

Je mehr ich in mich selbst zurückkehre, je mehr ich mich befrage, desto deutlicher lese ich diese Worte in meiner Seele geschrieben: sei gerecht und du wirst glücklich sein [sois juste et tu seras heureux]. Ist die Seele immateriell, so kann sie den Leib überleben; und überlebt sie ihn, so ist die göttliche Vorsehung gerechtfertigt. Ich würde zu mir sagen, es endet nicht alles für uns mit dem Leben, alles kommt mit dem

Tode wieder in Ordnung. Weh mir! ich empfinde es durch meine Laster nur zu sehr: der Mensch lebt in diesem Leben nur halb, und das Leben der Seele fängt nur mit dem Tode des Leibes an! Mit alledem begreife ich, wie sich der Leib durch die Absonderung der Teile abnutzt und zerstört. Ich kann mir aber eine gleiche Zerstörung des denkenden Wesens nicht vorstellen; und da ich mir nicht vorstellen kann, wie es sterben kann, so vermute ich, es wird auch nicht sterben. Da diese Vermutung für mich tröstend ist und nichts Unvernünftiges hat, warum sollte ich Bedenken tragen, mich ihr zu überlassen. Wesen voll Gnade und Langmut! Deine Ratschlüsse mögen sein, welche sie wollen, so bete ich sie an. Wenn du ewig die Bösen bestrafst, so zernichte ich meine schwache Vernunft vor deiner Gerechtigkeit. Wenn aber die Gewissensbisse dieser Unglücklichen mit der Zeit verlöschen und wenn einerlei Frieden uns alle gleicherweise erwartet, so preise ich dich dafür!

Auf solche Art, da ich Gott in seinen Werken betrachtet und ihn nach denjenigen seiner Eigenschaften studiert habe, die zu erkennen mir wichtig war, bin ich dahin gelangt, stufenweise den anfänglich eingeschränkteren und unvollkommenen Begriff, den ich mir von diesem unermeßlichen Wesen machte, nach und nach zu erweitern und zu vermehren. Wenn aber diese Idee größer und größer geworden ist, so ist sie auch der menschlichen Vernunft weniger angemessen geworden. Je mehr ich mich im Geiste dem ewigen Licht nähere, desto mehr verblendet, verwirrt mich sein Glanz [A mesure que j'approche en esprit l'éternelle lumière, son éclat m'éblouit], und ich werde gezwungen, alle irdischen Begriffe zu verlassen, die mir behilflich waren, mir eine Vorstellung von ihm machen zu können. Je weniger ich ihn begreife, desto mehr bete ich ihn an. Ich demütige mich und sage zu ihm: Wesen aller Wesen, ich bin, weil du bist; ich erhebe mich zu meiner Quelle, wenn ich ohne Unterlaß über dich nachdenke. Der würdigste Gebrauch meiner Vernunft ist, daß sie sich vor dir zernichte. Es ist Wonneentzückung [ravissement] für meinen Geist, es ist ein Zauber für meine Schwäche, mich von deiner Größe niedergedrückt zu fühlen.

Nachdem ich dergestalt aus dem Eindruck der sinnlichen Gegenstände die vornehmsten Wahrheiten hergeleitet habe, so ist mir noch übrig, zu suchen, was für Grundregeln ich daraus für mein Tun herleiten soll. Indem ich stets meiner Methode folge, so ziehe ich diese Regeln nicht aus den Grundsätzen einer erhabenen Philosophie, sondern ich finde sie von der Natur mit unauslöschlichen Zügen tief in meinem Herzen eingegraben. Allzu oft hintergeht uns die Vernunft, das Gewissen aber täuscht niemals, es ist der wahre Leiter des Menschen. Es ist der Seele das, was der Instinkt dem Körper ist, wer dem Gewissen folgt, gehorcht der Natur und fürchtet keine Verirrung mehr.

Die ganze Sittlichkeit unserer Handlungen liegt in dem Urteil, das wir selbst darüber fällen. Ist es wahr, daß das Gute gut ist, so muß es tief in unserem Herzen wie in unseren Werken sein, und der erste Lohn der Gerechtigkeit ist die Empfindung, daß man sie ausübt. Wenn die sittliche Güte unserer Natur gemäß ist, so kann der Mensch nicht gesunden und wohlgeordneten Geistes sein, als insofern er gut ist. Nicht allein wir wollen glücklich sein, sondern auch daß andere es sein sollen; und wenn ihr Glück das unsere nichts kostet, so vermehrt es dasselbe. Es gibt also tief in den Seelen ein angeborenes Prinzip der Gerechtigkeit und Tugend, nach welchem wir, trotz unserer eigenen Grundsätze, unsere und andere Handlungen als gut oder böse beurteilen, und diesem Prinzip gebe ich den Namen Gewissen.

Gewissen! Gewissen! Göttlicher Instinkt [Conscience, conscience; instinct divin], unsterbliche und himmlische Stimme, sicherer Leiter eines unwissenden und eingeschränkten, aber verständigen und freien Wesens, unfehlbarer Richter über Gutes und Böses, der den Menschen Gott gleich bildet: du machst die Vortrefflichkeit seiner Natur und die Sittlichkeit seiner Handlungen aus. Ohne dich empfinde ich nichts in mir, was mich über die Tiere erhebe, als das traurige Vorrecht, mich von Irrtümern in Irrtümer zu verirren vermittels eines Verstandes ohne Richtschnur und einer Vernunft ohne Grundsatz!

Sie sehen in dem, was ich Ihnen vorgetragen habe, nichts als die natürliche Religion: es ist seltsam genug, daß uns noch eine andere notwendig sein soll. Die größten Begriffe von der Gottheit bekommen wir durch die bloße Vernunft. Sehen Sie das Schauspiel der Natur; hören Sie auf die innere Stimme! Hat Gott nicht alles unsern Augen, unserm Gewissen, unserm Urteile gesagt? Was werden uns die Menschen mehr sagen? Ihre Offenbarungen tun nichts anderes, als Gott herabzusetzen, indem sie ihm menschliche Leidenschaften geben, daß sie die Menschen stolz, unduldsam, grausam machen, daß, anstatt Frieden auf dem Erdkreis zu gründen, sie ihn durch Feuer und Schwert verwüsten. Ich sehe nichts als Verbrechen der Menschen und das Elend des menschlichen Geschlechtes darin. Man sagt mir, es habe einer Offenbarung bedurft, um die Menschen die Weise zu lehren, nach der Gott Dienst wolle. Von dem Augenblick an, wo es den Menschen einfiel, Gott reden zu lassen, hat ihn ein jeder nach seiner Art reden und ihn das sagen lassen, was er gewollt hat. Hätte man auf weiter nichts gehört als auf das, was Gott zu dem Herzen der Menschen sagt, so würde niemals mehr als Eine Religion auf der Erde gewesen sein [il n'y auroït jamais qu'une religion sur la terre].

# GOTTHOLD EPHRAIM LESSING (1729–1781)

Lessings Äußerungen zu Religion und Christentum sind vielgestaltig. Die Erkenntnis seiner eigenen Meinung wird dadurch erschwert, daß er sich in der Rolle des geistigen Bewegers gefällt, der, über den Zeitfragen stehend, die Geister gegeneinander führt. Wo er selbst in die Auseinandersetzung eingreift, ist wiederum schwer zu entscheiden, was er wirklich meint (dogmatikōs aussagt) oder um der klärenden Geistesgymnastik willen (gymnastikōs in die Debatte wirft. Radikal kritischen Aussagen stehen überraschend konservative Wendungen gegenüber. Die damit naheliegenden Interpretationsmöglichkeiten hat die Lessingauslegung ausgeschöpft: neben dem Heros der autonomen Vernunft steht der bewahrende Christ und neben diesem der dialektische Lessing, der kritisch im Glauben, gläubig in der Kritik ist.

Daß man Lessing nur unter dem dritten Gesichtspunkt näher kommt, wird heute kaum bestritten. Aber dies Denkmodell genügt nicht. Wie die neuere Forschung erweist, tritt bei Lessing spätestens seit 1749/50 ein ausgesprochenes Mißtrauen gegen jede Art von metaphysischem Rausch und Wahn auf, also jener im praktischen Vollzug geistigen und religiösen Verhaltens sich ereignende „Vorkantische Kantianismus", mit dem die Aufklärung als Aufklärung einsetzte. Aus dieser anti-metaphysischen Grundlage heraus, die Lessing auf seine Weise und in seinem Zeitmilieu aktualisierte, wendete er sich nicht nur gegen konventionelle christliche Metaphysik aller Art, sondern gerade auch gegen den Barockismus der sog. „Französischen Aufklärung", gegen Materialismus und Naturalismus der Enzyklopädisten.

Das Gegenstück dieser Haltung, das sie in ihrer inneren Freiheit erst ermöglicht, ist die Hingabe an den überweltlichen Glanz der biblischen Gottestranszendenz. Auch hier ist Lessing Sohn der eigentlichen Aufklärung. Sein „Nathan" ist keine Magna Charta allgemeiner Toleranz und Religionsmengerei, sondern ein Aufruf an die Bekenner der Transzendenz, Juden, Christen und Muslime, sich im *Tun* der Wahrheit zu einen (Joh. 3,21). Diesen Sachverhalt hat man neuerdings gelegentlich so auszudrücken versucht, daß man sagte, Lessing unterstelle Natur und Vernunft der „Offenbarung". Das ist deswegen mißverständlich, weil „Offenbarung" für Lessing zeitbedingte Gabe Gottes ist, eine Hilfe, die den Weg zum Erkennen und Tun der Wahrheit abkürzt. Nach seiner „Erziehung des Menschengeschlechts" hat die alttestamentliche Offenbarung die Gewinnung des transzendenten Monotheismus ermöglicht, sie wird durch die neutestamentliche abgelöst und diese dereinst durch die Offenbarung des Ewigen Evangeliums. Der Zustand vollkommener Religion liegt also nicht am Anfang der Menschheit, wie es die Natürliche Religion der Stoa voraussetzt; sie ist kein „Nichtmehr", sondern im Gegenteil ein „Noch-nicht". In diesem starken futurisch-eschatologischen Bezug schlägt Lessings Herz. Seine Hoffnung, sich nach dem Tode neuem Tun und neuer Vervollkommnung hingeben zu dürfen, ist kein Hinduismus, sondern der Glaube der gesamten Neologie, den Lessing insofern abwandelt, als er scheinbar keine Kette höherer Welten, sondern diese Welt erneut durchschreiten möchte.

Im Kampf gegen die Metaphysizierung des Glaubens möchte Lessing die Religion Christi von der (metaphysizierten) Christlichen Religion geschieden wissen, eine Scheidung, die u. a. Adolf v. Harnack unter beträchtlicher Erregung seiner Zeitgenossen erneuert hat. Diesem Kampf dient auch das Kruzifix-Gedicht, das den Theologen unterstellt, daß sie aus Gründen der Sicherheit den Mann am Kreuz erschlagen, um mit dem toten Kruzifixus ungestört metaphysizieren zu können. Eine kleine Kostbarkeit ist der geschliffene Dialog um Omphale, die lydische Königin, der Herakles so verfiel, daß er ihr Löwenfell und Keule überließ, um im Weiberkleid für sie zu spinnen. Überträgt man Lessings Bild zur Verdeutlichung auf Existenztheologie und -philosophie der Moderne, so geht hier z. B. die Theologie (Omphale) im Löwenfell des Existenzdenkens einher, „demonstriert" („interpretiert") Christentum mit Existenzbegriffen und schlägt mit der Keule gehäufter Argumente, die einen echten Schluß ersetzen (d. h. „sorites"), auf die Predigthörer ein: Krisis, Nichtung, Kreaturgefühl, Granateinschlag der Offenbarung. Herkules, der Philosoph hingegen, theologisiert seine Botschaft immer mehr und immer feiner, er webt ein Gespinst vom in Chiffern aufblitzenden „Umgreifenden des Umgreifenden" oder von der Ankunft, des einen, das Not tut, des göttlichen „Seyns". Daß der zu knappe theologische Rock dabei springt und die Nacktheit philosophierender Mystik darunter sichtbar wird, ist auf die Dauer nach Lessings Meinung unvermeidlich.

Über Lessing: *H. Thielicke, O. Mann.*

## Das Kruzifix

Hans, spricht der Pater, du mußt laufen,
Uns in der nächsten Stadt ein Kruzifix zu kaufen.
Nimm Matzen mit, hier hast du Geld.
Du wirst wohl sehn, wie teuer man es hält.

Hans kommt mit Matzen nach der Stadt.
Der erste Künstler war der beste.
„Herr, wenn er Kruzifixe hat,
So laß Er uns doch eins zum heilgen Osterfeste."

Der Künstler war ein schalkhaft Mann,
Der gern der Einfalt lachte
Und Dumme gern noch dümmer machte,
Und fing im Scherz zu fragen an:
„Was wollt ihr denn für eines?"

„Je nun", spricht Matz, „ein wacker feines.
Wir werden sehn, was ihr uns gebt."

„Das glaub ich wohl, allein das frag ich nicht.
Ein totes oder eins, das lebt?"

Sie denken lange hin und her
Und wissen keinen Rat zu fassen.
Doch endlich fällt es Matzen ein:
„Je! Hans, sollts nicht am besten sein,
Wir kaufen eins, das lebt? – Denn sieh,
Ists ihm nicht recht, so machts ja wenig Müh,
Wärs auch ein Ochs, es tot zu schlagen."
„Nu ja", spricht Hans, „das wollt ich eben sagen:
So haben wir nicht viel zu wagen."

*

Das war ein Argument, ihr Herren Theologen,
Das Hans und Matz ex tuto zogen.


## Fragment eines Gesprächs

*A.* Erkläre mir doch dieses Gemälde!
*B.* Es ist Herkules und Omphale.
*A.* Das heißt mir das Gemälde nennen, aber nicht er-
klären –
*B.* Mehr versteh ich davon nicht.

*A.* Desto schlimmer. Sieh, der da, dieser Athlet am Spinnrocken, in dem engen weiblichen Purpur ist –

*B.* Herkules.

*A.* Nicht doch – ist ein nagelneuer *Philosoph*. Und die da, diese schöne gebieterische Nymphe, so fürchterlich lustig ausgeputzt, ist –

*B.* Omphale.

*A.* Behüte! – ist die liebe *Theologie*. Der Philosoph hat ihr seine Demonstration umgehangen und einen knotigen Sorites in die Hand gegeben. Dafür hat er sich in ihren Purpurrock gepaßt, der ihm auf dem nervigen Leibe überall platzt, und nun sitzt er da und spinnt ihren Rocken ab.

*B.* Warum droht sie ihm denn aber mit dem knotigen Sorites?

*A.* Er soll noch feiner spinnen.


### Die Parabel

Diese Parabel ist nicht das Schlechteste, was ich geschrieben ... Die albernen Deutungen des Herrn Goeze nötigen mich, mein eigener Ausleger zu werden. – Goeze läßt sich träumen, daß ich damit auf die Händel zielen wollte, welche die Fragmente erregen. – Und ich habe sie bestimmt, die ganze Geschichte der christlichen Religion darunter *vorzustellen* ...

Ein weiser tätiger König eines großen Reiches hatte in seiner Hauptstadt einen Palast von ganz unermeßlichem Umfange, von ganz besonderer Architektur.

Unermeßlich war der Umfang, weil er in diesem Palaste alle um sich versammelt hatte, die er als Gehilfen oder Werkzeuge seiner Regierung brauchte.

Sonderbar war die Architektur: denn sie stritt so ziemlich gegen alle anerkannten Regeln; aber sie gefiel doch und entsprach doch.

Sie gefiel: vornehmlich durch die Bewunderung, die

Einfalt und Größe erregen, wenn sie Reichtum und Schmuck mehr zu verachten als zu entbehren scheinen.

Sie entsprach: durch Dauer und Bequemlichkeit. Der ganze Palast stand nach vielen, vielen Jahren noch in eben der Reinheit und Vollständigkeit da, mit welcher die Baumeister die letzte Hand angelegt hatten: von außen ein wenig unverständlich; von innen überall Licht und Zusammenhang.

Was Kenner von Architektur sein wollte, wurde besonders durch die Außenseiten beleidigt, welche mit wenigen hin und her zerstreuten, großen und kleinen, runden und viereckigen Fenstern unterbrochen waren; dafür aber desto mehr Türen und Tore von mancherlei Form und Größe hatten.

Man begriff nicht, wie durch so wenige Fenster in so viele Gemächer genug Licht kommen könne. Denn daß die vornehmsten Gemächer ihr Licht von oben empfingen, wollte den wenigsten in den Sinn.

Man begriff nicht, wozu so viele und vielerlei Eingänge nötig wären, da ein großes Portal auf jeder Seite ja wohl schicklicher wäre und die gleichen Dienste tun würde. Denn daß durch die Mehrzahl von kleinen Eingängen ein jeder, der in den Palast gerufen wurde, auf dem kürzesten und unfehlbarsten Wege gerade dahin gelangen sollte, wo man seiner bedurfte, wollte den wenigsten in den Sinn.

Und so entstand unter den angeblichen Kennern mancherlei Streit, den gewöhnlich die am hitzigsten führten, die von dem Innern des Palastes viel zu sehen am wenigsten Gelegenheit gehabt hatten.

Auch gab es da etwas, wovon man bei dem ersten Anblick geglaubt hätte, daß es den Streit notwendigerweise sehr leicht und kurz machen müsse, was ihn aber gerade am meisten verwickelte, was ihm gerade zur hartnäckigsten Fortsetzung die reichste Nahrung verschaffte. Man glaubte nämlich, verschiedene alte Grundrisse zu haben, die sich von den ersten Baumeistern des Palastes herschreiben sollten: und diese Grundrisse fanden sich mit Worten und Zeichen erläutert, deren Sprache und Charakteristik so gut wie verloren war.

Ein jeder erklärte sich daher diese Worte und Zeichen nach eigenem Gefallen. Ein jeder setzte sich daher aus diesen alten Grundrissen einen beliebigen neuen zusammen. Und für diesen neuen ließ sich nicht selten dieser oder jener so hinreißen, daß er nicht allein selbst darauf schwor, sondern auch andere darauf zu schwören bald überredete, bald zwang.

Nur wenige sagten: „Was gehen uns euere Grundrisse an? Dieser oder ein anderer: sie sind uns alle gleich. Genug, daß wir jeden Augenblick erfahren, daß die gütigste Weisheit den ganzen Palast erfüllt und daß sich aus ihm nichts als Schönheit und Ordnung und Wohlstand über das ganze Land verbreitet."

Sie kamen oft schlecht an, diese wenigen! Denn wenn sie lachenden Mutes manchmal einen von den besonderen Grundrissen ein wenig beleuchteten, so wurden sie von denen, die auf diese Grundrisse geschworen hatten, als Mordbrenner des Palastes selbst verschrien.

Aber sie kehrten sich nicht daran und wurden gerade dadurch am geschicktesten, denjenigen zugesellt zu werden, die innerhalb des Palastes arbeiteten und weder Zeit noch Lust hatten, sich in Streitigkeiten zu mengen, die für sie keine waren.

Einstmals als der Streit um die Grundrisse zwar nicht beigelegt, aber eingeschlummert war – einstmals um Mitternacht erscholl plötzlich die Stimme der Wächter: „Feuer! Feuer! in dem Palaste!"

Und was geschah? Da fuhr jeder von seinem Lager auf; und jeder, als als wäre das Feuer nicht in dem Palaste, sondern in seinem eigenen Hause, lief nach dem Kostbarsten, was er zu haben glaubte, – nach seinem Grundrisse. „Laßt uns nur retten!" dachte jeder.

„Der Palast kann dort nicht eigentlicher verbrennen, als er hier steht!"

Und so lief jeder mit seinem Grundriß auf die Straße, wo, anstatt dem Palast zu Hilfe zu eilen, einer dem andern es vorher in seinem Grundriß zeigen wollte, wo der Palast vermutlich brenne: „Sieh Nachbar! hier brennt er! Hier ist dem Feuer am besten beizukommen. – Oder hier vielmehr, Nachbar, hier! – Wo denkt ihr beide hin? Er brennt hier! – Was hätte es für Not, wenn er da brennen würde? Aber er brennt gewiß hier! – Lösch ihn hier, wer da will. Ich lösch ihn hier nicht! – Und ich hier nicht! – Und ich hier nicht!" –

Was diese geschäftigen Zänker anbelangt, hätte er denn auch wirklich abbrennen können, der Palast; wenn er gebrannt hätte! – Aber die erschrockenen Wächter hatten ein Nordlicht für eine Feuersbrunst gehalten.

## Die Erziehung des Menschengeschlechts

§ 1. Was die Erziehung bei dem einzelnen Menschen ist, ist die Offenbarung bei dem ganzen Menschengeschlechte.

§ 4. Erziehung gibt dem Menschen nichts, was er nicht auch aus sich selbst haben könnte; sie gibt ihm das, was er aus sich selber haben könnte, nur geschwinder und leichter. Also gibt auch die Offenbarung dem Menschengeschlechte nichts, worauf die menschliche Vernunft, sich selbst überlassen, nicht auch kommen würde, sondern sie gab und gibt ihm die wichtigsten dieser Dinge nur früher.

§ 5. Und so, wie es der Erziehung nicht gleichgültig ist, in welcher Ordnung sie die Kräfte des Menschen entwickelt; wie sie dem Menschen nicht alles auf einmal beibringen kann: ebenso hat auch Gott bei seiner

374

Offenbarung eine gewisse Ordnung, ein gewisses Maß halten müssen.

§ 8. Da Gott aber einem jeden einzelnen Menschen sich nicht mehr offenbaren konnte noch wollte, so wählte er sich ein einzelnes Volk zu seiner besonderen Erziehung.

§ 9. Dies war das israelitische Volk, von dem man gar nicht einmal weiß, was es für einen Gottesdienst in Ägypten hatte.

§ 16. Ein Volk aber, das so roh, so ungeschickt zu abgezogenen ⟨abstrakten⟩ Gedanken, noch so völlig in seiner Kindheit war, was für einer moralischen Erziehung war es fähig? Keiner anderen als der, die dem Alter der Kindheit entspricht: der Erziehung durch unmittelbare Strafen und Belohnungen.

§ 17. Auch hier also treffen Erziehung und Offenbarung zusammen. Noch konnte Gott seinem Volke keine andere Religion, kein anderes Gesetz geben als eines, durch dessen Beobachtung oder Nichtbeobachtung es hier auf Erden glücklich oder unglücklich zu werden hoffte oder fürchtete. Denn weiter als auf dieses Leben gingen seine Blicke noch nicht. Es wußte von keiner Unsterblichkeit der Seele, es sehnte sich nach keinem künftigen Leben.

§ 19. Dann weiter. Als das Kind unter Schlägen und Liebkosungen aufgewachsen und nun zu Jahren des Verstandes gekommen war, stieß es der Vater auf einmal in die Fremde.

§ 34. Noch hatte das jüdische Volk in seinem Jehovah mehr den mächtigsten als den weisesten aller Götter verehrt; noch hatte es ihn als einen eifrigen Gott mehr gefürchtet als geliebt: auch dies zum Beweise, daß die Begriffe, die es von seinem höchsten einigen Gott hatte, nicht eben die rechten Begriffe waren, die wir von Gott haben müssen. Doch nun war die Zeit da, daß diese seine Begriffe erweitert, veredelt, berichtigt werden sollten.

§ 38. Das in die Fremde geschickte Kind sah andere Kinder, die mehr wußten, die anständiger lebten, und fragte sich beschämt: Warum weiß ich das nicht auch? Warum lebe ich nicht auch so?

§ 39. Da die Juden nunmehr auf Veranlassung der reineren persischen Lehre in ihrem Jehowah nicht bloß den größten aller Nationalgötter, sondern Gott erkannten, was Wunder, daß sie vor den Augen des Cyrus Gnade fanden.

§ 42. Ohne Zweifel waren die Juden unter den Chaldäern und Persern ⟨„Babylonische Gefangenschaft"⟩ auch mit der Lehre von der Unsterblichkeit der Seele bekannter geworden. Vertrauter mit ihr wurden sie in den Schulen der griechischen Philosophen in Ägypten.

§ 51. Jedes Elementarbuch ist nur für ein gewisses Alter. Das ihm entwachsene Kind länger, als es die Absicht war, dabei festzuhalten, ist schädlich.

§ 53. Ein besserer Pädagoge muß kommen und dem Kinde das ausgeschöpfte Elementarbuch aus den Händen reißen. – Christus kam.

§ 54. Der Teil des Menschengeschlechtes, den Gott in e i n e n Erziehungsplan hatte fassen wollen, war zu dem zweiten großen Schritte der Erziehung reif.

§ 55. Das ist: Dieser Teil des Menschengeschlechtes war in der Ausübung seiner Vernunft soweit gekommen, daß es zu seinen moralischen Handlungen edlerer, würdigerer Beweggründe bedurfte und brauchen konnte, als es zeitliche Belohnungen und Strafen waren, die ihn bisher geleitet hatten. Das Kind wird Knabe. Leckerei und Spielwerk weichen der aufkeimenden Begierde, ebenso frei, ebenso geehrt, ebenso glücklich zu werden, wie es das ältere Geschwister sieht.

§ 56. Schon längst waren die Besseren von jenem Teil des Menschengeschlechtes gewohnt, sich durch einen Schatten solcher edleren Beweggründe regieren zu lassen. Um nach diesem Leben auch nur in dem Andenken seiner Mitbürger fortzuleben, tat der Grieche und Römer alles.

§ 57. Es war Zeit, daß ein anderes, wahres, nach diesem Leben zu gewärtigendes Leben Einfluß auf seine Handlungen gewann.

§ 58. Und so ward Christus der erste zuverlässige, praktische Lehrer der Unsterblichkeit der Seele.

§ 59. Der erste zuverlässige Lehrer. – Zuverlässig durch die Weissagungen, die in ihm erfüllt schienen, zuverlässig durch die Wunder, die er verrichtete, zuverlässig durch seine eigene Wiederbelebung nach einem Tode, durch den er seine Lehre versiegelt hatte. Ob wir noch jetzt diese Wiederbelebung, diese Wunder beweisen können, das lasse ich dahingestellt sein; so wie ich es dahingestellt sein lasse, wer die Person dieses Christus gewesen ist. Alles das kann damals zur Annahme seiner Lehre wichtig gewesen sein, jetzt ist es zur Erkenntnis der Wahrheit dieser Lehre so wichtig nicht mehr.

§ 60. Der erste praktische Lehrer. – Denn ein anderes ist es, die Unsterblichkeit der Seele als eine philosophische Spekulation zu vermuten, zu wünschen, zu glauben; ein anderes, seine inneren und äußeren Handlungen danach einzurichten.

§ 61. Und dieses wenigstens lehrte Christus zuerst. Denn ob es gleich bei manchen Völkern auch schon vor ihm eingeführter Glaube war, daß böse Handlungen noch in jenem Leben bestraft wurden: so waren es doch nur solche, die der bürgerlichen Gesellschaft Nachteil brachten und daher auch schon in der bürgerlichen Gesellschaft ihre Strafe hatten. Eine innere Reinheit des Herzens in Hinsicht auf ein anderes Leben zu empfehlen, war ihm allein vorbehalten.

§ 62. Wenigstens ist es schon aus der Erfahrung klar, daß die neutestamentlichen Schriften das zweite, bessere Elementarbuch für das Menschengeschlecht abgegeben haben und noch abgeben.

§ 67. Auch war es höchst nötig, daß jedes Volk dieses Buch eine Zeitlang für das Non plus ultra seiner Erkenntnis halten mußte.

§ 68. Und was jetzt höchst wichtig ist: – Hüte dich, du fähigeres Individuum, der du an dem letzten Blatte dieses Elementarbuches stampfest und glühst, hüte dich, es deine schwächeren Mitschüler merken zu lassen, was du witterst oder schon zu sehen beginnst!

§ 72. So wie wir zur Lehre von der Einheit Gottes nunmehr des Alten Testamentes entbehren können; so wie wir allmählich zur Lehre von der Unsterblichkeit der Seele auch des Neuen Testamentes entbehren zu können anfangen: könnten in diesem nicht noch mehr dergleichen Wahrheiten vorgespiegelt werden, die wir als Offenbarungen so lange anstaunen sollen, bis sie die Vernunft aus ihren anderen ausgemachten Wahrheiten herleiten und mit ihnen verbinden lernt?

§ 73. Z. B. die Lehre von der Dreieinigkeit. – Wie, wenn diese Lehre den menschlichen Verstand, nach unendlichen Verirrungen recht und links, nun endlich auf den Weg bringen sollte, zu erkennen, daß Gott in dem Verstande, in welchem endliche Dinge eins sind, unmöglich eins sein kann; daß auch seine Einheit eine transzendentale Einheit sein muß, welche eine Art von Mehrheit nicht ausschließt. – Muß Gott wenigstens nicht die vollständigste Vorstellung von sich selbst haben? d. i. eine Vorstellung, in der sich alles befindet, was in ihm selbst ist? – Freilich ist das Bild von mir im Spiegel nichts als eine leere Vorstellung von mir. Aber wenn denn nun dieses Bild alles, alles ohne Ausnahme hätte, was ich selbst habe, würde es sodann auch noch eine leere Vorstellung oder nicht viel mehr eine wahre Verdopplung meines Selbst sein? – Wenn ich eine ähnliche Verdopplung in Gott zu erkennen glaube, so bleibt doch immer unwidersprechlich, daß diejenigen, die die Idee davon populär machen wollen, sich schwerlich faßlicher und schicklicher hätten ausdrücken können als durch die Benennung eines Sohnes, den Gott von Ewigkeit zeugt.

§ 74. Und die Lehre von der Erbsünde. – Wie, wenn uns endlich alles überführte, daß der Mensch auf der ersten und niedrigsten Stufe seiner Menschheit schlechterdings nicht so Herr seiner Handlungen ist, daß er moralischen Gesetzen folgen kann?

§ 75. Und die Lehre von der Genugtuung des Sohnes. – Wie, wenn uns endlich alles nötigte, anzunehmen, daß Gott ungeachtet jener ursprünglichen Unvermögenheit des Menschen, ihm dennoch moralische Gesetze geben und ihm alle Übertretungen in Rücksicht auf seinen Sohn, d. i. in Rücksicht auf den selbständigen Umfang aller seiner Vollkommenheiten, gegen den und in dem jede Unvollkommenheit des Einzelnen verschwindet, verzeihen will.

§ 81. Oder soll das menschliche Geschlecht auf diese höchste Stufe der Aufklärung und Reinheit nie kommen? Nie?

§ 82. Nie? – Laß mich diese Lästerung nicht denken, Allgütiger! – Die Erziehung hat ihr Ziel, bei dem Geschlechte nicht weniger als bei dem Einzelnen. Was erzogen wird, wird zu etwas erzogen.

§ 84. Darauf zwecke die menschliche Erziehung ab: und die göttliche reiche dahin nicht? Was der Kunst mit dem Einzelnen gelingt, sollte der Natur nicht auch mit dem Ganzen gelingen? Lästerung! Lästerung!

§ 85. Nein, sie wird kommen, sie wird gewiß kommen, die Zeit der Vollendung, da der Mensch, je überzeugter sein Verstand von einer immer besseren Zukunft sich fühlt, von dieser Zukunft gleichwohl Beweggründe zu seinen Handlungen zu borgen nicht nötig haben wird; da er das Gute tun wird, weil es das Gute ist, nicht weil willkürliche Belohnungen gesetzt sind.

§ 86. Sie wird gewiß kommen, die Zeit eines neuen ewigen Evangeliums, die uns selbst in den Elementarbüchern des Neuen Bundes versprochen wird.

§ 87. Vielleicht, daß selbst gewisse Schwärmer des 13. und 14. Jahrhunderts einen Strahl dieses neuen ewigen Evangeliums aufgefangen hatten.

§ 91. Geh deinen unmerklichen Schritt, ewige Vorsehung! Nur laß mich dieser Unmerklichkeit wegen an dir nicht verzweifeln! Laß mich an dir nicht verzweifeln, selbst wenn deine Schritte mir zurückzugehen scheinen sollten! – Es ist nicht wahr, daß die kürzeste Linie immer die gerade ist.

§ 93. Eben die Bahn, auf welcher das Geschlecht zu seiner Vollkommenheit gelangt, muß jeder einzelne Mensch erst durchlaufen haben. – „In einem und ebendemselben Leben durchlaufen haben? Kann er in ebendemselben Leben ein sinnlicher Jude und ein geistiger Christ gewesen sein? Kann er in ebendemselben Leben beide überholt haben?"

§ 94. Das wohl nun nicht! – Aber warum könnte jeder einzelne Mensch auch nicht mehr als einmal auf dieser Welt vorhanden gewesen sein?

§ 95. Ist diese Hypothese darum so lächerlich, weil sie die älteste ist? Weil der menschliche Verstand, ehe ihn die Sophisterei der Schule zerstreut und geschwächt hatte, sogleich darauf verfiel?

§ 96. Warum könnte auch ich hier nicht bereits einmal alle die Schritte zu meiner Vervollkommnung getan haben, welche bloß zeitliche Strafen und Belohnungen den Menschen bringen können?

§ 97. Und warum nicht ein andermal alle die, welche zu tun uns die Aussichten in ewige Belohnungen so mächtig helfen?

§ 98. Warum sollte ich nicht soooft wiederkommen, als ich neue Kenntnisse, neue Fertigkeiten zu erlangen geschickt bin? Bringe ich auf *einmal* so viel weg, daß es der Mühe wiederzukommen etwa nicht lohnt?

§ 99. Darum nicht? Oder weil ich es vergesse, daß ich schon dagewesen? Wohl mir, daß ich das vergesse!

§ 100. Oder weil so viel Zeit für mich verloren ge-

hen würde? – Verloren? – Und was habe ich denn zu
versäumen? Ist nicht die ganze Ewigkeit mein?


## Die Religion Christi

Denn der Vater will auch haben,
die ihn also anbeten.
St. Johannes

### § 1

Ob Christus mehr als Mensch gewesen ist, das ist ein
Problem. Daß er wahrer Mensch gewesen ist, wenn er
es überhaupt gewesen ist; daß er nie aufgehört hat,
Mensch zu sein: das ist ausgemacht.

### § 2

Folglich sind die Religion Christi und die christliche
Religion zwei ganz verschiedene Dinge.

### § 3

Jene, die Religion Christi, ist diejenige Religion, die
er als Mensch selbst erkannte und übte; die jeder
Mensch mit ihm gemein haben kann; die jeder Mensch
um so viel mehr mit ihm gemein zu haben wünschen
muß, je erhabener und liebenswürdiger der Charakter
ist, den er sich von Christo als bloßem Menschen macht.

### § 4

Diese, die christliche Religion, ist diejenige Religion,
die es als wahr annimmt, daß er mehr als Mensch gewesen ist, und ihn selbst als solchen zu einem Gegenstand der Verehrung macht.

### § 5

Wie diese beiden Religionen, die Religion Christi
sowohl wie die christliche Religion, in Christo als einer
und eben derselben Person bestehen können, ist unbegreiflich.

### § 6

Kaum lassen sich die Lehren und Grundsätze beider
in einem und demselben Buche finden. Wenigstens ist

augenscheinlich, daß jene, nämlich die Religion Christi, ganz anders in den Evangelien enthalten ist als die christliche.

## § 7

Die Religion Christi ist mit den klarsten und deutlichsten Worten darin enthalten.

## § 8

Die christliche hingegen so ungewiß und vieldeutig, daß es schwerlich eine einzige Stelle gibt, mit welcher zwei Menschen, so lange die Welt steht, den gleichen Gedanken verbunden haben.

## IMMANUEL KANT (1724–1804)

Vor dem Wunder des Instinktes der Gottesgeschöpfe bekannte der greise Kant: „Da stand mein Verstand stille, da war nichts dabei zu tun, als hinzufallen und anzubeten." „Eine gleiche Art von ernster Lieblichkeit strahlte aus seinem Gesicht, als er mit innigem Entzücken erzählte, wie er einst eine Schwalbe in seinen Händen gehabt, ihr ins Auge gesehen habe und wie ihm dabei gewesen wäre, als habe er in den Himmel gesehen" (E. A. C. Wasianski). Wir haben hier Kants Bekenntnis zur Physikotheologie einschließlich ihres „Eschatologischen Zirkels" („in den Himmel gesehen;" s. S. LXVI) vor uns. Zugleich aber ist die Vernunftkritik des metaphysikvernichtenden „Alleszertrümmerers" wie „in der Nuß" zusammengefaßt: „Da stand mein Verstand stille!" Kant hatte von seinem Lehrer Newton zugleich mit dessen Physikotheologie die Erkenntnis übernommen, daß das Gespinst der menschlichen Denkformen der begegnenden Wirklichkeit der Schöpfung nicht angemessen ist. Kant, der die wissenschaftliche Geographie und Anthropologie begründete, hat in der Astronomie die noch heute gültige Theorie der Entstehung des Planetensystems durch die Attraktions- und Repulsionskräfte von im Raum gleichmäßig verteilter Materie begründet (D. Henrich). Diese „Allgemeine Naturgeschichte und Theorie des Himmels" (1755) ist eine echte Physikotheologie. Wie sehr Kant mit der physikotheologischen Dichtung lebte, geht sicher schon aus der Textprobe hervor. Gleiche Prägung trägt u. a. sein „Einzig möglicher Beweis einer Demonstration des Daseins Gottes" (1763).

Die Einteilung der geistigen Welt Kants in eine vor- und eine nachkritische Periode ist relativ. Die „Kritik der reinen Vernunft" hebt das, was Kants Denken von Anbeginn an bestimmt und ihn mit dem gesamten „Vorkantischen Kantianismus" der Aufklärung verbindet, lediglich auf eine höhere Reflexions- und Abstraktionsstufe. Kant zieht in dieser großen „Summe" das Fazit einer Epoche. Gerade auch die Kritik des sog. Physikotheologischen Gottesbeweises unterstreicht das. Indem der Beweis *als Beweis* abgelehnt wird, wird das Faktum klar, daß es sich hier nur um einen transrationalen Glaubens- und Bekenntnisakt handeln kann. Das physikotheologische Credo abzulegen, ist Kant bis zu seinem Tode bereit gewesen (s. o.).

Die Freiheit, die es ermöglichte, sich den Denkzwängen der (antiken) Metaphysik zu entziehen, hat das Zeitalter der Aufklärung im Lichte der biblischen Transzendenz gewonnen. Daß Kant in diesem Lichte steht, empfindet besonders die katholische Theologie stark: „In Hermann Cohen erfuhr ich das Geheimnis einer echten Rückdeutung Kantischer Philosophie ins theologisch Jüdische, die ihr Recht wohl darin hat, daß der schottische Calvinismus, der die religiöse geheime Grundlage in Kant ist, zum Pathos der Propheten des Alten Bundes enge Verwandtschaft zeitigt" (E. Przywara). In der Tat hat Kant Gewicht auf seine Herkunft aus dem Kreis der Schottischen Emigration gelegt und im „Streit der Fakultäten" hat er sich selbst zum Hebraismus, zum Reformjudentum bekannt, das er mit der idealtypischen Religion gleichsetzt: „Die Euthanasie (positive Selbstauflösung) des Judentums ist die reine moralische Religion mit Verlassung aller alten Satzungslehren." Auf die Verbindungen, die von hier zu dem Freunde Moses Mendelssohn, zur jüdischen Aufklärungs-, Emanizipations- und Übertrittsbewegung der Zeit verlaufen, können wir nicht eingehen.

Die neuere Philosophiegeschichte weist nach, daß auch Kants Ethik nur dann verständlich wird, wenn man sieht, wie für ihn die metaphysischen Zwänge zerbrechen, unter denen der Mensch als Funktion des Atomismus, Pantheismus, Materialismus, Fatalismus, Determinismus usf. erscheint. Wie Friedrich II. (s. S. 240) solche „Systemwut" wegwirkt, um auf den je und je möglichen Vollzug der freien Entscheidung zu verweisen, hält auch Kant als Faktum der Vernunft die freie Fähigkeit fest, „eine Handlung schlechthin anzufangen". Die Maxime: „Du kannst, denn du sollst!" ist so hebraistisch wie möglich.

Daß Kant damit keinen ethischen Optimismus vertritt, wird durch seine Lehre vom „Radikalen Bösen" erwiesen, in der er biblische Anthropologie vorträgt. Die Empörung der Klassiker war maßlos. Goethe ließ sich zu dem Wort hinreißen, Kant habe „seinen philosophischen Mantel, nachdem er ein langes Menschenleben gebraucht, ihn von mancherlei sudelhaften Vorurteilen zu reinigen, freventlich mit dem Schandfleck des radikalen Bösen beschlabbert, damit doch auch Christen herbeigelockt würden, den Saum zu küssen", und Schiller wollte es nicht glauben, daß Kant „das morsche Gebäude der Dummheit habe flicken" wollen. Die romantisch-spekulative Kirchlichkeit, die inzwischen mit Friedrich Wilhelm II. die Macht ergriffen hatte, dachte nicht daran, Kants Mantelsaum zu küssen – eben diese Schrift trug dem Greis die berüchtigte Maßregelung nach dem Wöllnerschen Religionsedikt ein.

Dem kirchlichen Christentum seiner Umwelt stand Kant zurückhaltend gegenüber; der ausnehmend starke pietistische Zwang seiner Schule, des Friedrichskollegs, hat nach verbreiteter Meinung dazu beigetragen. Daß er auf seine Weise, in seiner Art und Sprache biblische und protestantische Einsichten vertritt, wird wohl auch an einem kurzen Text seiner „Religion innerhalb der Grenzen der bloßen Vernunft" erkennbar. Auf das Purpurkleid der theologischen Königin „Omphale" (s. o. S. 369) hat Kant keinen Anspruch erhoben: „Auch kann man allenfalls der theologischen Fakultät den stolzen Anspruch, daß die philosophische ihre Magd sei, einräumen (wobei doch noch immer die Frage bleibt: ob diese ihrer gnädigen Frau die Fackel vorträgt oder die Schleppe nachträgt), wenn man sie nur nicht verjagt oder ihr den Mund zubindet."

Über Kant: *K. Vorländer, J. Bohatec.*


*Allgemeine Naturgeschichte und Theorie des Himmels*


Motto:  Seht jene große Wunderkette,
           Die alle Teile dieser Welt
           Vereinet und zusammenzieht
           Und die das große Ganz' erhält!
                         (Pope)


Ist es nicht notwendig, den Inbegriff der Schöpfung also anzustellen, wie er sein muß, um ein Zeugnis von derjenigen Macht zu sein, die durch keinen Maßstab abgemessen werden kann? Aus diesem Grunde ist das Feld der Offenbarung göttlicher Eigenschaften ebenso unendlich, wie es diese selber sind. Die Ewigkeit reicht nicht hin, die Zeugnisse des höchsten Wesens zu fassen, wenn sie nicht mit der Unendlichkeit des Raumes verbunden wird. Es ist wahr, die Ausbildung, die Form, die Schönheit und Vollkommenheit sind Beziehungen der Grundstücke und der Substanzen, die den Stoff des Weltbaues ausmachen; und man bemerkt es an den Anstalten, die die Weisheit Gottes noch zu aller Zeit trifft: es ist ihr auch am meisten gemäß, daß sie sich aus diesen ihren eingepflanzten allgemeinen Gesetzen durch eine ungezwungene Folge herausentwickeln.

Die Schöpfung ist niemals vollendet. Man kann von ihr dasjenige sagen, was der erhabenste unter den deutschen Dichtern von der Ewigkeit schreibt:

> Unendlichkeit! wer misset dich?... ⟨s. S. 342⟩
> (v. Haller)

Die Unendlichkeit der Schöpfung ist groß genug, um eine Welt oder eine Milchstraße von Welten ihr gegenüber anzusehen, wie man eine Blume oder ein Insekt im Vergleich mit der Erde ansieht. Während die Natur mit veränderlichen Erscheinungen die Ewigkeit ausschmückt, bleibt Gott in einer unaufhörlichen Schöpfung am Werk, den Stoff zur Bildung noch größerer Welten zu formen.

> Der stets mit einem gleichen Auge,
>       weil er der Schöpfer ja von allen,
> Sieht einen Helden untergehen
>       und einen kleinen Sperling fallen,
> Sieht eine Wasserblase springen
>       und eine ganze Welt vergehn.
> (Pope, nach Brockes Übersetzung)

Wenn man sieht, wie die Natur mit stetigen Schritten zur Ausdehnung des Plans der göttlichen Offenbarung fortschreitet, um die Ewigkeit sowohl wie alle Räume mit ihren Wundern zu füllen: so versenkt sich der Geist, der alles dies überdenkt, in ein tiefes Erstaunen; aber mit diesem so großen Gegenstande noch unzufrieden, dessen Vergänglichkeit die Seele nicht genugsam zufriedenstellen kann, wünscht er dasjenige Wesen von nahe kennen zu lernen, dessen Verstand, dessen Größe die Quelle desjenigen Lichtes ist, das sich über die ganze Natur gleichsam aus einem Mittelpunkt ausbreitet. Mit welcher Art der Ehrfurcht muß nicht die Seele sogar ihr eigenes Wesen ansehen, wenn sie betrachtet, daß sie noch alle diese Veränderungen überleben soll; sie kann von sich selber sagen, was der philosophische Dichter von der Ewigkeit sagt:

Wenn dann ein zweites Nichts wird diese Welt begraben ...
⟨s. S. 342⟩

O glücklich, wenn sie unter dem Tumult der Elemente und den Trümmern der Natur jederzeit auf eine Höhe gesetzt ist, von der sie die Verheerungen, die die Hinfälligkeit den Dingen der Welt verursacht, gleichsam unter ihren Füßen vorbeirauschen sehen kann! Eine Glückseligkeit, welche die Vernunft nicht einmal zu erwünschen sich erkühnen darf, lehrt uns die Offenbarung mit Überzeugung hoffen! Wenn dann die Fesseln, welche uns an die Vergänglichkeit der Kreaturen geknüpft halten, in dem Augenblicke, welcher zu der Verwandlung unseres Wesens bestimmt wurde, abgefallen sind, so wird der unsterbliche Geist, von der Abhängigkeit der endlichen Dinge befreit, in der Gemeinschaft mit dem unendlichen Wesen den Genuß der wahren Glückseligkeit finden. Die veränderlichen Szenen der Natur vermögen nicht, den Ruhestand der Glückseligkeit eines Geistes zu verrücken, der einmal zu solcher Höhe erhoben ist. Indem er diesen Zustand mit einer solchen Hoffnung schon im voraus kostet, kann er seinen Mund in denjenigen Lobgesängen üben, von denen dereinst alle Ewigkeiten erschallen sollen:

Wenn dereinst der Bau der Welt in sein Nichts
                                    zurückgeeilet
Und sich Deiner Hände Werk nicht durch Tag und Nacht
                                    mehr teilet:
Dann soll ein gerührt Gemüte sich, durch Dich gestärkt,
                                    bemühn,
In Verehrung Deiner Allmacht stets vor Deinen Thron zu
                                    ziehn;
Mein von Dank erfüllter Mund soll durch alle Ewigkeiten
Dir und Deiner Majestät ein unendlich Lob bereiten;
Ist dabei gleich kein vollkommnes: denn o Herr! so groß
                                    bist Du,
Dich nach Würdigkeit zu loben, reicht die Ewigkeit nicht zu!
                        (Addison, nach Gottscheds Übersetzung)

## Die Religion innerhalb der Grenzen der bloßen Vernunft

### Über das Radikale Böse

Daß die Welt im Argen liege, ist eine Klage, die so
alt ist wie die Geschichte, selbst wie die noch ältere
Dichtkunst, ja gleich alt mit der ältesten unter allen
Dichtungen, der Priesterreligion. Alle lassen gleichwohl die Welt vom Guten anfangen: vom goldenen
Zeitalter, vom Leben im Paradiese oder von einem
noch glücklicheren in Gemeinschaft mit himmlischen
Wesen. Aber dieses Glück lassen sie bald wie einen
Traum verschwinden, so daß wir jetzt (dieses Jetzt ist
aber so alt wie die Geschichte) in der letzten Zeit leben,
der jüngste Tag und der Weltuntergang vor der Tür ist.

Neuer, aber weit weniger ausgebreitet ist die ent-
gegengesetzte heroische Meinung, die wohl allein unter
Philosophen und in unsern Zeiten vornehmlich unter
Pädagogen Platz gefunden hat: daß die Welt gerade in
umgekehrter Richtung, nämlich vom Schlechten zum
Besseren, unaufhörlich (obgleich kaum merklich) vor-
rücke. Diese Meinung aber haben sie sicherlich nicht
aus der Erfahrung geschöpft, wenn vom Moralisch-

Guten oder Bösen (nicht von der Zivilisierung) die Rede ist: denn da spricht die Geschichte aller Zeiten gar zu mächtig gegen sie; sondern es ist vermutlich bloß eine gutmütige Voraussetzung der Moralisten von Seneca bis zu Rousseau.

Weil es aber doch wohl geschehen sein könnte, daß man sich in beider angeblichen Erfahrung geirrt hätte, so ist die Frage: ob nicht ein Mittleres wenigstens möglich sei, nämlich, daß der Mensch in seiner Gattung weder gut noch böse oder allenfalls auch eines sowohl als das andere, zum Teil gut, zum Teil böse sein könne. Man nennt aber einen Menschen böse nicht darum, weil er Handlungen ausübt, welche böse (gesetzwidrig) sind, sondern weil diese so beschaffen sind, daß sie auf böse Maximen in ihm schließen lassen.

### Von dem Hange zum Bösen

Es ist aber zwischen einem Menschen von guten Sitten (bene moratus) und einem sittlich guten Menschen (moraliter bonus), was die Übereinstimmung der Handlungen mit dem Gesetz betrifft, kein Unterschied (wenigstens darf keiner sein); nur daß sie bei dem einen eben nicht immer, vielleicht nie das Gesetz, bei dem andern es aber jederzeit zur alleinigen und obersten Triebfeder haben. Man kann von dem Ersteren sagen: er befolge das Gesetz dem Buchstaben nach; vom Zweiten aber: er beobachte es dem Geiste nach (der Geist des moralischen Gesetzes besteht darin, daß dieses für sich allein zur Triebfeder hinreichend sei). Was nicht aus diesem Glauben geschieht, das ist Sünde (der Denkungsart nach). Denn wenn andere Triebfedern nötig sind (z. B. Ehrbegierde, Selbstliebe überhaupt, ja sogar gutherziger Instinkt), so ist es bloß zufällig, daß diese mit dem Gesetz übereinstimmen: denn sie könnten ebensowohl zur Übertretung antreiben. Die Maxime, nach deren Güte aller moralischer Wert der Person geschätzt werden muß, ist (dann) also doch gesetzwidrig, und der Mensch ist bei lauter guten Handlungen dennoch böse.

### Der Mensch ist von Natur böse

Der Satz: der Mensch ist böse, kann nach dem Obigen nichts anderes sagen wollen als: er ist sich des moralischen Gesetzes bewußt und hat doch die (gelegenheitliche) Abweichung von demselben in seine Maxime aufgenommen. Er ist von Natur böse, heißt so viel als: dieses gilt von ihm in seiner Gattung betrachtet, man kann es als subjektiv notwendig in jedem, auch dem besten Menschen voraussetzen. Da dieser Hang nun selbst als moralisch böse, mithin nicht als Naturanlage, sondern als etwas, was dem Menschen zugerechnet werden kann, betrachtet werden muß, so werden wir diesen einen natürlichen Hang zum Bösen, und da er doch immer selbstverschuldet sein muß, ihn selbst ein radikales, angeborenes, (nichtsdestoweniger aber von uns selbst zugezogenes) Böses in der menschlichen Natur nennen können.

Daß nun ein solcher verderbter Hang im Menschen gewurzelt sein müsse, darüber können wir uns bei der Menge schreiender Beispiele, welche uns die Erfahrung an den Taten der Menschen vor Augen stellt, den förmlichen Beweis ersparen. Will man sie aus demjenigen Zustande haben, in welchem manche Philosophen die natürliche Gutartigkeit der menschlichen Natur vorzüglich anzutreffen hofften, nämlich aus dem sogenannten Naturzustande: so darf man nur die Auftritte von ungereizter Grausamkeit in den Mordszenen von Tofoa, Neuseeland, den Navigatorsinseln und die nie aufhörende in den weiten Wüsten des nordwestlichen Amerika mit jener Hypothese vergleichen, und man hat Laster der Rohigkeit, mehr als nötig ist, um von dieser Meinung abzugehen. Ist man aber für die Meinung gestimmt, daß sich die menschliche Natur im gesitteten Zustand besser erkennen lasse, so wird man eine lange melancholische Litanei von Anklagen der Menschheit anhören müssen, und ⟨der Beobachter⟩ wird an den Lastern der Kultur und Zivilisierung genug haben, um sein Auge lieber vom Betragen der Menschen abzuwenden, damit er sich nicht selbst ein anderes Laster, nämlich den Menschenhaß, zuziehe.

Der Grund dieses Bösen kann nun 1. nicht, wie man es gemeiniglich anzugeben pflegt, in der Sinnlichkeit des Menschen und den daraus entspringenden natürlichen Neigungen gesetzt werden. Der Grund dieses Bösen kann auch 2. nicht in einer Verderbnis der moralisch-gesetzgebenden Vernunft gesetzt werden: gleich als ob diese das Ansehen des Gesetzes selbst in sich vertilgen und die Verbindlichkeit aus demselben ableugnen könne.

Folglich ist der Mensch (auch der beste) nur dadurch böse, daß er die sittliche Ordnung der Triebfedern umkehrt, die Triebfeder der Selbstliebe und ihre Neigungen zur Bedingung der Befolgung des moralischen Gesetzes macht. Dieses Böse ist radikal, weil es den Grund aller Maximen verdirbt; zugleich auch als natürlicher Hang durch menschliche Kräfte nicht zu vertilgen. Die Bösartigkeit der menschlichen Natur ist also nicht sowohl Bosheit, sondern vielmehr Verkehrtheit des Herzens, welches nun der Folge wegen auch ein böses Herz heißt, zu nennen. Dieses kann mit einem im allgemeinen guten Willen zusammen bestehen. Diese angeborene Schuld (reatus) kann in ihren ersten zwei Stufen (der Gebrechlichkeit und der Unlauterkeit) als unvorsätzlich (culpa), in der dritten aber als vorsätzliche Schuld (dolus) beurteilt werden und hat zu ihrem Charakter eine gewisse Tücke des menschlichen Herzens (dolus malus), sich wegen seiner eigenen guten oder bösen Gesinnungen selbst zu betrügen. Ein Mitglied des englischen Parlaments stieß in der Hitze die Behauptung aus: „Ein jeder Mensch hat seinen Preis, für den er sich weggibt."

Wenn dieses wahr ist (welches dann ein jeder bei sich ausmachen mag), so möchte wohl vom Menschen allgemein wahr sein, was der Apostel sagt: „Es ist hier kein Unterschied, sie sind allzumal Sünder – es ist keiner, der Gutes tue (nach dem Geiste des Gesetzes), auch nicht einer."

Eine jede böse Handlung muß, wenn man den Vernunftursprung derselben sucht, so betrachtet werden, als ob der Mensch unmittelbar aus dem Stande der Unschuld in sie geraten wäre. Denn: wie auch sein voriges Verhalten gewesen sein mag, und welcherlei auch die auf ihn einfließenden Naturursachen sein mögen, er sollte sie unterlassen haben, in welchen Zeitumständen und Verbindungen er auch immer gewesen sein mag; denn durch keine Ursache in der Welt kann er aufhören, ein frei handelndes Wesen zu zein. Der Vernunftursprung aber dieses Hanges zum Bösen bleibt uns unerforschlich. Das Böse hat nur aus dem Moralisch-Bösen (nicht den bloßen Schranken unserer Natur) entspringen können. Diese Unbegreiflichkeit drückt die Schrift in der Geschichtserzählung dadurch aus, daß sie das Böse zwar im Weltanfange, doch noch nicht im Menschen, sondern in einem Geiste von ursprünglich erhabenerer Bestimmung vorangeschickt: wodurch also der erste Anfang alles Bösen überhaupt als für uns unbegreiflich, der Mensch aber nur als durch Verführung ins Böse gefallen, also nicht von Grund aus verderbt, sondern als noch einer Besserung fähig vorgestellt und so Hoffnung einer Wiederkehr zu dem Guten, von dem er abgewichen ist, übrig gelassen wird.

*Von der Wiederherstellung der ursprünglichen Anlage zum Guten*

Wie es nun möglich sei, daß ein natürlicher Weise böser Mensch sich selbst zum guten Menschen mache, das übersteigt alle unsere Begriffe; denn wie kann ein böser Baum gute Früchte bringen? Da aber doch nach dem vorher abgelegten Geständnisse ein ursprünglich guter Baum arge Früchte hervorgebracht hat, so kann die Möglichkeit des letztern nicht bestritten werden. Denn ungeachtet jenes Abfalls erschallt doch das Gebot: wir sollen bessere Menschen werden, unvermindert in unserer Seele; folglich müssen wir es auch können, sollte auch das, was wir tun können, für sich allein unzureichend sein und wir uns dadurch nur eines für uns unerforschlichen höheren Beistandes empfänglich machen. Das ursprünglich Gute ist die Heiligkeit der Maximen in Befolgung seiner Pflicht. Daß aber jemand nicht bloß ein gesetzlich, sondern ein moralisch guter (Gott wohlgefälliger) Mensch werde, welcher, wenn er etwas als Pflicht erkennt, keiner anderen Triebfeder bedarf, als dieser Vorstellung der Pflicht selbst: das kann nicht durch allmähliche Reform, sondern muß durch eine Revolution in der Gesinnung im Menschen (einen Übergang zur Maxime der Heiligkeit derselben) bewirkt werden; und er kann ein neuer Mensch nur durch eine Art von Wiedergeburt gleich als durch eine neue Schöpfung (Ev. Joh. III,5; verglichen mit I. Mose I,2) und Änderung des Herzens werden.

Wenn der Mensch aber im Grunde seiner Maximen verderbt ist, wie ist es möglich, daß er durch eigene Kräfte diese Revolution zu Stande bringe? Dieses ist nicht anders zu vereinen, als daß die Revolution für die Denkungsart, die allmähliche Reform aber für die Sinnesart notwendig und daher auch dem Menschen möglich sein muß. Das ist: wenn er den obersten Grundsatz seiner Maximen, wodurch er ein böser Mensch war, durch eine einzige unwandelbare Entschließung umkehrt (und hiermit einen neuen Menschen anzieht): so ist er ein fürs Gute empfängliches Subjekt, aber nur im kontinuierlichen Wirken und Werden ein guter Mensch: d. h. er kann hoffen, daß er sich auf dem guten (obwohl) schmalen Wege eines beständigen Fortschreitens vom Schlechten zum Bessern befinde. Dies ist für denjenigen, der den Grund des Herzens durchschaut, für den also diese Unendlichkeit des Fortschritts Einheit ist, d. i. für Gott, so viel als wirklich ein guter (ihm gefälliger) Mensch sein; und insofern kann diese Veränderung als Revolution betrachtet werden; für die Beurteilung der Menschen aber ist sie nur als ein immer fortdauerndes Streben zum Bessern anzusehen.

Hieraus folgt, daß die moralische Bildung des Menschen nicht von der Besserung der Sitten, sondern von der Umwandlung der Denkungsart und von der Gründung eines Charakters anfangen müsse. Aber eines ist in unserer Seele, welches, wenn wir es gehörig ins Auge fassen, wir nicht aufhören können, mit der höchsten Verwunderung zu betrachten und wo die Bewunderung rechtmäßig, zugleich auch seelenerhebend ist; und das ist: die ursprüngliche moralische Anlage in uns überhaupt. Dieses Gefühl der Erhabenheit seiner moralischen Bestimmung öfter rege zu machen, ist als Mittel der Erweckung sittlicher Gesinnungen vorzüglich anzupreisen, weil es dem angebornen Hange zur Verkehrung der Triebfedern in den Maximen unserer Willkür gerade entgegenwirkt, um in der unbedingten Achtung fürs Gesetz die ursprüngliche sittliche Ordnung unter den Triebfedern und hiermit die Anlage zum Guten im menschlichen Herzen in ihrer Reinigkeit wiederherzustellen.

Aber dieser Wiederherstellung durch eigene Kraftanstrengung steht ja der Satz von der angeborenen Verderbtheit der Menschen für alles Gute gerade entgegen? Allerdings, was die Begreiflichkeit, d. i. unsere Einsicht von der Möglichkeit derselben, betrifft; aber der Möglichkeit dieser Wiederherstellung selbst ist er nicht entgegen. Denn wenn das moralische Gesetz gebietet: wir *sollen* jetzt bessere Menschen sein, so folgt unumgänglich: wir müssen es auch *können*.

Wider diese Zumutung der Selbstbesserung bietet nun die zur moralischen Bearbeitung von Natur verdrossene Vernunft unter dem Vorwande des natürlichen Unvermögens allerlei unlautere Religionsideen auf (wozu gehört: Gott selbst das Glückseligkeitsprinzip zur obersten Bedingung seiner Gebote anzudichten). Nach der moralischen Religion aber (dergleichen unter allen öffentlichen, die es je gegeben hat, allein die christliche ist) ist es ein Grundsatz; daß ein jeder soviel, als in seinen Kräften ist, tun müsse, um ein besserer Mensch zu werden; und nur alsdann, wenn er sein angeborenes Pfund nicht vergraben (Luk. XIX, 12–16), er hoffen könne, was nicht in seinem Vermögen ist, werde durch höhere Mitwirkung ergänzt werden. Auch ist es nicht schlechterdings notwendig, daß der Mensch wisse, worin diese bestehe; vielleicht gar unvermeidlich, daß, wenn die Art, wie sie geschieht, zu einer gewissen Zeit offenbart worden, verschiedene Menschen zu einer anderen Zeit sich verschiedene Begriffe, und zwar mit aller Aufrichtigkeit, davon machen würden.

*Vom Pfaffentum*

Die Verehrung mächtiger unsichtbarer Wesen, welche dem hilflosen Menschen durch die Furcht abgenötigt wurde, fing nicht sogleich mit einer Religion, sondern von einem knechtischen Gottes- (oder Götzen-)Dienste an, welcher, wenn er eine gewisse öffentlich-gesetzliche Form bekommen hatte, ein Tempeldienst und nur, nachdem mit diesen Gesetzen allmählich die moralische Bildung der Menschen verbunden worden, ein Kirchendienst wurde.

Von einem tungusischen Schamanen bis zu dem Kirche und Staat zugleich regierenden europäischen Prälaten oder zwischen dem ganz sinnlichen Wogulitzen, der die Tatze von einem Bärenfell sich des Morgens auf sein Haupt legt mit dem kurzen Gebet:

„Schlag mich nicht tot!" bis zum sublimierten Puritaner und Independenten in Connecticut ist zwar ein mächtiger Abstand in der Manier, aber nicht im Prinzip zu glauben; denn was dieses betrifft, so gehören sie insgesamt zu einer und derselben Klasse, derer nämlich, die in dem Glauben gewisser statuarischer Sätze oder Begehen gewisser willkürlicher Observanzen ihren Gottesdienst setzen.

Wer also die Beobachtung statuarischer, einer Offenbarung bedürfender Gesetze als zur Religion notwendig voranschickt und diesem Geschichtsglauben die Bestrebung zum guten Lebenswandel nachsetzt, der verwandelt den Dienst Gottes in ein bloßes Fetischmachen und übt einen Afterdienst aus. So viel liegt, wenn man zwei gute Sachen verbinden will, an der Ordnung, in der man sie verbindet! – In dieser Unterscheidung aber besteht die wahre Aufklärung; der Dienst Gottes wird dadurch allererst ein freier, mithin moralischer Dienst. Wenn man aber davon abgeht, so wird statt der Freiheit der Kinder Gottes dem Menschen vielmehr das Joch eines Gesetzes (des statuarischen) auferlegt, welches dadurch, daß es als unbedingte Nötigung etwas zu glauben, was nur historisch erkannt werden kann und darum nicht für jedermann überzeugend sein kann, ein für gewissenhafte Menschen noch weit schwereres Joch ist als der ganze Kram frommer auferlegter Observanzen. Das Pfaffentum ist also die Verfassung einer Kirche, sofern in ihr ein Fetischdienst regiert, welches allemal da anzutreffen ist, wo nicht Prinzipien der Sittlichkeit, sondern statuarische Gebote, Glaubensregeln und Observanzen die Grundlage und das Wesentliche derselben ausmachen. Wo Statute des Glaubens zum Konstitutionalgesetz gezählt werden, da herrscht ein Klerus, der der Vernunft und selbst zuletzt der Schriftgelehrsamkeit gar wohl entbehren zu können glaubt, weil er als einzig autorisierter Bewahrer und Ausleger des Willens des unsichtbaren Gesetzgebers die Glaubensvorschrift ausschließlich zu verwalten die Autorität hat und also, mit dieser Gewalt versehen, nicht überzeugen, sondern nur befehlen darf. – Weil nun außer diesem Klerus alles Laie ist, so beherrscht die Kirche zuletzt den Staat, wobei aber unvermerkt die Gewöhnung an Heuchelei die Redlichkeit und Treue der Untertanen untergräbt, sie zum Scheindienst auch in bürgerlichen Pflichten abwitzigt und wie alle fehlerhaft genommenen Prinzipien gerade das Gegenteil von dem hervorbringt, was beabsichtigt war.

### Vom Leitfaden des Gewissens in Glaubenssachen

Es ist hier nicht die Frage: wie das Gewissen geleitet werden solle (denn das will keinen Leiter: es ist genug, eines zu haben); sondern wie dieses selbst zum Leitfaden in den bedenklichsten moralischen Entschließungen dienen könne. –

Das Gewissen ist ein Bewußtsein, das für sich selbst Pflicht ist. Wie ist es aber möglich, sich ein solches zu denken?

Es ist ein moralischer Grundsatz, der keines Beweises bedarf: man soll nichts auf die Gefahr wagen, daß es unrecht sei. Das Bewußtsein also, daß eine Handlung, die ich unternehmen will, recht sei, ist unbedingte Pflicht. Ob eine Handlung überhaupt recht oder unrecht sei, darüber urteilt der Verstand, nicht das Gewissen. Es ist auch nicht schlechthin notwendig, von allen möglichen Handlungen zu wissen, ob sie recht oder unrecht sind. Aber von der, die *ich* unternehmen will, muß ich gewiß sein, daß sie nicht unrecht sei, und diese Forderung ist ein Postulat des Gewissens.

Man nehme z. B. einen Ketzerrichter an, der einen des Unglaubens verklagten sog. Ketzer (sonst guten Bürger) zu richten hat, und nun frage ich: ob, wenn er ihn zum Tode verurteilt, man sagen könne, er habe seinem (obzwar irrenden) Gewissen gemäß gerichtet, oder ob man ihm vielmehr schlechthin Gewissenlosigkeit Schuld geben könne.

Daß einem Menschen seines Religionsglaubens wegen das Leben zu nehmen, unrecht sei, ist gewiß: wenn nicht etwa (um das Äußerste einzuräumen) ein göttlicher, außerordentlich ihm bekannt gewordener Wille es anders verordnet hat. Daß aber Gott diesen fürchterlichen Willen jemals geäußert habe, beruht auf Geschichtsdokumenten und ist nie apodiktisch gewiß. Die Offenbarung ist ihm doch nur durch Menschen zugekommen und von diesen ausgelegt, und schiene sie ihm auch von Gott selbst gekommen zu sein (wie der an Abraham ergangene Befehl, seinen eigenen Sohn wie ein Schaf zu schlachten), so ist es wenigstens doch möglich, daß hier ein Irrtum vorwaltet. So ist es nun mit allem Geschichts- und Erscheinungsglauben bewandt: daß nämlich die Möglichkeit immer übrig bleibt, es sei darin ein Irrtum anzutreffen, folglich ist es gewissenlos, ihm auf die Gefahr der Verletzung einer an sich gewissen Menschenpflicht Folge zu leisten.

*Allgemeine Anmerkung ⟨d. h. Beschluß⟩*

Was Gutes der Mensch nach Freiheitsgesetzen für sich selbst tun kann in Vergleichung mit dem Vermögen, welches ihm nur durch übernatürliche Beihilfe möglich ist, kann man Natur im Unterschied von der Gnade nennen. Der Begriff eines übernatürlichen Beitritts zu unserem moralischen, obzwar mangelhaften Vermögen ist transzendent und eine bloße Idee, von deren Realität uns keine Erfahrung versichern kann. Allein die Unmöglichkeit davon läßt sich doch eben auch nicht beweisen, weil die Freiheit selbst, obgleich sie nichts übernatürliches in ihrem Begriffe enthält, gleichwohl ihrer Möglichkeit nach uns eben so unbegreiflich bleibt wie das Übernatürliche, welches man zum Ersatz der selbsttätigen, aber mangelhaften Bestimmung derselben annehmen möchte.

Nun sind Mittel alle Zwischenursachen, die der Mensch in seiner Gewalt hat, um dadurch eine gewisse Absicht zu bewirken. Der Begriff eines sog. Gnadenmittels, ob er zwar (nach dem, was eben gesagt worden) in sich selbst widersprechend ist, dient hier doch zum Mittel einer Selbsttäuschung, welche ebenso allgemein als der wahren Religion nachteilig ist. Es kann nämlich dreierlei Art von Wahnglauben der uns möglichen Überschreitung der Grenzen unserer Vernunft in Ansehung des Übernatürlichen geben. Erstlich der Glaube, etwas durch Erfahrung zu erkennen, was wir doch selbst, als nach objektiven Erfahrungsgesetzen geschehend, unmöglich annehmen können (der Glaube an Wunder). Zweitens der Wahn, das, wovon wir selbst durch die Vernunft uns keinen Begriff machen können, doch unter unsere Vernunftbegriffe als zu unserem moralischen Besten nötig aufnehmen zu müssen (der Glaube an Geheimnisse). Drittens der Wahn, durch den Gebrauch bloßer Naturmittel eine Wirkung, die für uns Geheimnis ist, nämlich den Einfluß Gottes auf unsere Sittlichkeit, hervorbringen zu können (der Glaube an Gnadenmittel).

Der Mensch wendet sich gewöhnlicher Weise unter allen göttlichen moralischen Eigenschaften, der Heiligkeit, der Gnade und der Gerechtigkeit, unmittelbar an die zweite, um so die abschreckende Bedingung, den Forderungen der ersten gemäß zu sein, zu umgehen. Es ist mühsam, ein guter Diener zu sein, (man hört da immer nur von Pflichten sprechen); er möchte daher lieber ein Favorit sein, wo ihm vieles nachgesehen wird, indessen er immer der lose Knecht bleibt, der er war. (Daher war es auch eine für die Religion wichtige Absonderung der gedachten Eigenschaften oder vielmehr Verhältnisse Gottes zum Menschen, durch die Idee einer dreifachen Persönlichkeit jede besonders kenntlich zu machen).

Zu diesem Ende befleißigt er sich aller erdenklichen Förmlichkeiten, wodurch angezeigt werden soll, wie sehr er die göttlichen Gebote verehre, um nicht nötig zu haben, sie zu beobachten: und damit seine tatlosen Wünsche auch zur Vergütung der Übertretung derselben dienen mögen, ruft er: „Herr! Herr!", um nur nicht nötig zu haben, „den Willen des himmlischen Vaters zu tun".

Wenn der Wahn dieses vermeinten Himmelsgünstlings bis zur schwärmerischen Einbildung gefühlter besonderer Gnadenwirkungen in ihm steigt (bis sogar zur Anmaßung der Vertraulichkeit eines vermeinten verborgenen Umganges mit Gott), so ekelt ihn gar endlich die Tugend an und wird ihm ein Gegenstand der Verachtung; daher es denn kein Wunder ist, wenn öffentlich geklagt wird: daß Religion noch immer so wenig zur Besserung der Menschen beiträgt und das innere Licht („unter dem Scheffel") dieser Begnadigten nicht auch äußerlich durch gute Werke leuchten will. Der Lehrer des Evangeliums hat gleichwohl diese äußeren Beweistümer äußerer Erfahrung selbst zum Probierstein an die Hand gegeben, woran als an ihren Früchten man sie und ein jeder sich selbst erkennen kann. Noch aber hat man nicht gesehen, daß jene ihrer Meinung nach außerordentlich Begünstigten (Auserwählten) es dem natürlichen ehrlichen Manne, auf den man im Umgange, in Geschäften und in Nöten vertrauen kann, im mindesten zuvortäten, daß sie vielmehr, im Ganzen genommen, die Vergleichung mit diesem kaum aushalten dürften; zum Beweise, daß es nicht der rechte Weg sei, von der Begnadigung zur Tugend, sondern vielmehr von der Tugend zur Begnadigung fortzuschreiten.

# NACHWEISE

## DIE VORGESCHICHTE DER EPOCHE
## DER ZERBRUCH DES ANTIKEN WELT- UND
## HIMMELSHAUSES

BRUNO, GIORDANO

Opere italiane, ed. *G. Gentile* e *V. Sampanato*, Bd. 1–3, Bari 1907–09.

*De l'infinito, universo e mondi*, o. O., 1584.

Gedicht „E chi mi impenna, e chi mi scalda il core ...“ Beschluß des Einleitungsschreibens an Michel de Castelnuovo, Opere 1, 277; dt. Übers. *L. Kuhlenbeck*. Brunos Werke, 3, Jena 1904, S. 26.

Text: Fünfter Dialog (Albertino-Filoteo), Opere, a. a. O., 412 ff.; Werke *(Kuhlenbeck)*, a. a. O., 166 ff.

*De la causa, principio ed uno*, o. O., 1584.

Gedicht „Causa, principio ed uno sempiterno ...“ Beschluß der Widmung an Michel de Castelnuovo, Opere 1, 141; dt. Übers. *L. Kuhlenbeck*, Werke, 4, Jena 1906, S. 18.

Text: Fünfter Dialog (Teofilo-Gervasio), Opere, a. a. O., 239 ff.; Werke, a. a. O., 119 ff.

*Degli eroici furori*, Paris 1585.

Gedicht „Cara, suave e onorata piaga ...“ Erster Dialog (Tansillo-Cicada) Gedicht Nr. 5 (Opere 2, 316; dt. Übers. *L. Kuhlenbeck*, Werke 1, 2. Aufl., Jena 1907, S. 34 f.).

Text und weitere Gedichte: Dritter Dialog (Tansillo-Cicada), Opere, a. a. O., 332 ff.; Werke, a. a. O., 53 ff.

VANINI, LUCILIO

Amphitheatrum aeternae providentiae divino-magicum, christiano-physicum, nec non astrologo-catholicum, Lugduni 1615. Abschließender Hymnus. Übersetzung: *Moriz Carriere*, Die philosophische Weltanschauung, 1847, 517 ff.

GRYPHIUS, ANDREAS

Es ist alles eitel. Sonette, Buch III, Leiden 1643, VIII. Der Welt Wollust, a. a. O., X.

Menschl. Elend, a. a. O., XI.

Über die Gebeine der ausgegrabenen Philosette, a. a. O., XXXIII.

Die Hölle, a. a. O., XLVIII.

Vanitas Mundi. Oden, Buch I, Leiden 1643, V (gekürzt).

Scire tuum nihil est. Oden, Buch III, Argentorati (Straßburg) 1646, II (gekürzt).

Vanitas, Vanitatum, Vanitas! Oden, Buch I, IX.

Kirchhofsgedanken, Schönborn 1656, 16–34 (gekürzt).

## WOLFF, CHRISTIAN

Vernünftige Gedanken von Gott, der Welt und der Seele des Menschen, auch allen Dingen überhaupt, Ff. u. Lpz. 5, 1733, Bd. 1, § 1 ff. S. 1 ff.–§ 553 ff. S. 334 ff.–§ 765 ff. S. 478 ff.–§ 928 ff. S. 574 ff.–§ 1037 ff. S. 637 ff.

Probe einer Anwendung der Naturlehre auf die natürliche Gottes-Gelahrtheit, darinnen der Begriff von dem göttlichen Verstande durch die Werke der Natur erläutert wird. In: Gesammelte kleine philos. Schriften, Halle 1736, 519 ff.


# DAS ZEITALTER DER AUFKLÄRUNG
# DER AUFGANG DES TRANSZENDENTEN LICHTES

## MANASSEH BEN ISRAEL

Mikweh Jisrael Spes Israelis. Amsterdam 1650. Englische Übersetzung „The Hope of Israel". Nachdruck Colchester 1792. Widmung an die Regierung Englands.

To his Highnesse the Lord Protector of the Commonwealth of England, Scotland, and Ireland. The Humble Adresses of Menasseh ben Israel, a Divine and Doctor of Physick, in behalf of the Jewish Nation, (Amsterdam ?) 1655 (gekürzt).

Manasseh Ben Israel an Paul Felgenhauer, Amsterdam, 1. 2. 1655. Text in: Letters of Jews through the Ages (ed. F. Kobler) 1952, Vol. II, 511 ff.

## VAUGHAN, HENRY

Silex Scintillans (Der Feuerstein): Sacred Poems and private ejaculations, London 2 1655. The Works of H. Vaughan ed. L. C. Martin, Oxford 2 1957. The Jews S. 499 – Cockcrowing S. 488 – Rules and Lessons S. 436.

# DIE BEWEGUNG DER PHYSIKOTHEOLOGIE

**Brockes, Barthold Hinrich**

 1) M. J. C. Krüsicke (Hauptpastor St. Petri, Hamburg), Einleitung (unpag.) zu Barthold Hinrich Brockes, Irdisches Vergnügen in Gott, 2. Bd., Hamburg² 1730.
 2) Sing-Gedichte, a. a. O., Bd. 1, Hamburg7 1744, S. 56.
 3) Auf das Neue Jahr 1722, a. a. O., 437 f.
 4) a. a. O., 3.
 5) a. a. O., Bd. 5, Hamburg 1736, 334 f.
 6) a. a. O., Bd. 1, 142.
 7) a. a. O., Bd. 6, Hamburg 1739, 305.
 8) a. a. O., 310 ff.
 9) a. a. O., Bd. 3, Hamburg4 1747, 608 f.
10) a. a. O., Bd. 1, Erbauliche Betrachtung eines zeitigen Frühlings, 6 f.
11) a. a. O., Bd. 5, 115 f.
12) a. a. O., Bd. 2, 168.
13) a. a. O., Bd. 5, 176 f.
14) a. a. O., Bd. 1, Das Wasser, 307 ff. u. Bd. 7, Hamburg 1748, Betrachtung der Meeres-Tiefe, 85.
15) Anderweitige Betrachtung der Größe GOTTES ... a. a. O., Bd. 5, 401 ff.; 418 f.
16) a. a. O., Bd. 1, 423 ff.
17) a. a. O., Bd. 6, 298.
18) a. a. O., Bd. 8, Hamburg 1746, 561 f.
19) a. a. O., Bd. 5, 379 f.
20) a. a. O., 385.
21) a. a. O., Bd. 6, 396.
22) Die Gedanken bei dem Anfang des 1721sten Jahres, a. a. O., Bd. 1, 422.
23) a. a. O., 406.
24) a. a. O., Bd. 9, Hamburg u. Leipzig 1748, 623 f.

**Nieuwentyt, Bernhard**
Het Regt Gebruik Der Werelt Beschouwingen ter overtuiginge van Ongodisten en Ongelovingen, 1715.

*J. A. Segner* (Übersetzer): Bernhard Nieuwentyts M. D. Rechter Gebrauch Der Welt Betrachtung Zur Erkenntnis Der Macht Weisheit und Güte Gottes Auch Überzeugung

Der Atheisten und Ungläubigen, Jena 1747. Vorrede (unpaginiert), S. 2, 8 ff., 18 f., 24 f., 28 f., 604 f.

## LESSER, FRIEDRICH CHRISTIAN

Lithotheologie, das ist natürliche Historie und geistliche Betrachtung derer Steine, also abgefaßt, daß daraus die Allmacht, Weisheit, Güte und Gerechtigkeit des großen Schöpfers gezeigt wird. Hamburg 1735, S. IX, XVIII, XXX, 1 ff.

Testaceotheologie; oder gründlicher Beweys des Daseins und der vollkommensten Eigenschaften eines göttlichen Wesens aus natürlicher und geistlicher Betrachtung der Schnecken und Muscheln. Leipzig 1744, 735–779 (gekürzt).

## BONNET, CHARLES

Contemplation sur la Nature. Genf 1764. Dt. Übersetzung (1765), Leipzig 3 1774, I. Teil, 1 ff.; II. Teil, 23 ff. VIII. Hauptstück. 29, IX. Hauptstück. 29, X. Hauptstück. 30, Beschluß. 562.


# DER PHILOSEMITISMUS

## SPERLING, SEBASTIAN BENEDIKT

Akten des Geistlichen Ministeriums Hamburg, Tom. VII. CCXLVIII, 1567, aus dem Jahr 1682 (gekürzt).

## SPÄTH, JOHANN PETER

Staatsbibliothek Hamburg. Supellex epist. Uffenbachii 26 (4°) Blatt 154 b ff., aus dem Jahr 1696 (gekürzt).


# DIE CHRISTUS-DOXOLOGIE

J. M. DILHERR in: Der irdischen Menschen himmliche Engelfreude, Nürnberg 1653, 53.

L. E. GRÄFIN SCHWARZBURG-RUDOLSTADT in: Im Namen JESU, Rudolstadt 1685, 74.

J. W. SIMLER in: Teutscher Gedichte Dritte Außfertigung, Zürich 1663, 246.

J. FRANCK in: Andachts Zymbeln (Hrg. C. Peter), Freyberg 1655, 203.

Praxis Pietatis Melica (Hrg. J. Crüger), Berlin 1653, 487.
Geistliche Arien (Hrg. C. Peter), Guben 1667, Nr. I.

J. SCHEFFLER in: Heilige Seelen-Lust, Breslau 1668, 540.
Heilige Seelen-Lust, Breslau 1657, 79 u. 39.

CHR. HOFFMANN V. HOFFMANNSWALDAU in: Deutsche Übersetzungen und Getichte, Breslau 1679, 86.

J. H. HIPPE in: Andachts-Flammen, Nürnberg 1680, 1076.

W. H. FRHR. V. HOHENBERG in: Tägliche Übung der Gottseligkeit, Regensburg 1675, 109.

S. V. BIRKEN in: Heiliger Sonntags-Handel, Nürnberg 1681,
12.

T. CLAUSNITZER in: Frommer Christen Betendes Hertz, Alt-
dorff 1663, 14.

J. HERBART in: Dreyfach schallend und nachhallend Kirchen-
Echo, Leipzig 1695, 870.

J. QUIRSFELD in: Geistliche Hochzeit des Lammes, Leipzig
1677, 275.

S. BORNMEISTER in: Rauch-Opffer Geistlicher Lieder-An-
dacht, Nürnberg 1674, 32.

D. E. HEIDENREICH in: Geistliche Oden, Halle, 1665, 12.

G. V. MENGDEN in: Christliche Andachts-Flamme, Nürnberg
1680, 512.

J. SAUBERT JUN. in: Verneuete Kirchenandacht, Nürnberg
1674, 212.

CHR. A. PH. KNORR V. ROSENROTH in: Neuer Helicon mit
seinen neun Musen, Nürnberg 1684, 159 u. 128.

J. GEUDER in: Nürnbergisches Gesangbuch, Nürnberg 1676,
842.

CHR. SCRIVER in: Andächtiger Seelen geistliches Brand- und
Gantz-Opfer, Leipzig 1697, 121.
Vollständiges Gesangbuch, Ratzeburg 1684, 69.

E. FINX in: Die geistliche Gold-Kammer, Nürnberg 1668, 8.

C. R. V. GREIFFENBERG in: Geistliche Sonette, Bayreuth
1662, 6.

J. CHR. ARNSCHWANGER in: Jesus voller Schmach und Schmerzen, Nürnberg 1663, 1.
Heilig-Epistolischer Bericht, Nürnberg 1663, 89.

A. FRITSCH in: Jesus! Jesus! Jesus! Hundert und Ein und
Zwanzig Neue Himmel-süsse Jesus-Lieder, Gera 1675, 52.
Zwey und Siebenzig Himmel-süsse Jesus-Lieder, Jena
1668, Nr. 6.

CHR. GRYPHIUS in: Poetische Wälder, Frankfurt u. Leipzig 1707, 174 u. 70.

E. STOCKMANN in: A & O. Poetische Schrift-Lust, Leipzig 1660, 85.

W. CHR. DESSLER in: Gott-geheiligter Christen nützlich-ergetzende Seelen-Lust, Nürnberg 1692, 585.


## DIE BEWEGUNG DER NEOLOGIE

### BURNET, THOMAS

Archaeologiae Philosophicae: sive Doctrina Antiqua de Rerum Originibus. Libri Duo, London 1692, 283 ff., 286, 295 ff., 300 f., 306, 312 f., 317–323, 348–351.

### JERUSALEM, JOHANN FRIEDRICH WILHELM

Betrachtungen über die vornehmsten Wahrheiten der Religion an Seine Durchlaucht, den Erbprinzen von Braunschweig und Lüneburg. I–III, Braunschweig 5 1776 (1. Aufl. 1768).

Betrachtung I: Wichtigkeit der Untersuchung, ob ein Gott sei, 3 ff., 5 f., 7 ff., 59, 65.

Neueste Sammlung einiger Predigten, Braunschweig 1788, 351, 407.

Betrachtung VIII: Von der Natur der Religion, 332, 335 ff., 344, 346 f.

### ERNESTI, JOHANN AUGUST

Verteidigung des Willkürlichen in der Religion, 1765. Text nach der dt. Übersetzung von Christoph Friedrich Ludewig, Leipzig 1765, Teil II, Abschnitte 54–62, S. 102 ff.

### SEMLER, JOHANN SALOMO

Abhandlung von freier Untersuchung des Canon nebst Antwort auf die tübingische Verteidigung der Apocalypsis, Halle 1771, I. Stück, § 14, S. 66 ff.

D. Johann Salomo Semlers letztes Glaubensbekenntnis über natürliche und christliche Religion. Hrg. v. Chr. Gottfr. Schütz, Königsberg 1792, S. 8 ff. (Nation der Christen), S. 61 ff. (Privat-Religion).

SPALDING, JOHANN JOACHIM
Vertraute Briefe die Religion betreffend (1784), Breslau[2] 1785, Siebenter Brief, 207 ff. (gekürzt).


# ERGRIFFENHEIT IM STROM DER ZEIT

LAVATER, JOHANN KASPAR
Eingangsgedicht. Vorarbeiten zu den „Aussichten in die Ewigkeit", aus dem „Erinnerer, eine moralische Wochenschrift", Heft vom 15. Mai 1766.
Von der zukünftigen Vollkommenheit. Aussichten in die Ewigkeit, 1768–1773. Werke (*E. Staehelin*) I, Zürich 1943, 10. Brief, 134 ff., 140 – 11. Brief, 142 ff., 154 ff., 157 – 12. Brief, 163 ff., 169 (gekürzt).
Physiognomische Fragmente, 1775–1778. Werke, a. a. O., II, 114 ff. – 2. Fragment, 124 – 5. Fragment, 125 – 9. Fragment, 131, 136 ff., 139 f., 143 ff. – 13. Fragment, 147 – 153 (gekürzt).


HAMANN, JOHANN GEORG
Über die Auslegung der Hl. Schrift. Einzelblatt. Königsberg. In: Werke (*J. Nadler*) I, Wien 1949, 5 f.
Biblische Betrachtungen eines Christen. London, den 19. 3. 1758 (Palmsonntag). 9$^{1}/_{2}$ S. Folio, Königsberg, a. a. O., 7 ff.


# DIE BEWEGUNG DES RATIONALISMUS

BAHRDT, KARL FRIEDRICH
Briefe über die Bibel im Volkston. Dritter Vierteljahrsgang, o. O. o. J., 36. Brief vom 7. 9. 1782, 561–575 (gekürzt).
An Seine Römisch-Kaiserliche auch in Germanien und zu Jerusalem Königliche Majestät alleruntertänigst übergebene Erklärung und Bekenntnis zufolge höchst-venerierlichem Reichshofratsconclusi vom 27. März 1779, o. O. 1779.


RÖHR, JOHANN FRIEDRICH
Briefe über den Rationalismus, Aachen 1813, 1 ff., 26 ff.
Kritische Prediger Bibliothek, I. Band, Neustadt a. d. Oder 1820, 39, 45.

FRIEDRICH DER GROSSE VON PREUSSEN
  Rechtfertigung der Güte Gottes (4. 12. 1737). Übers. v.
*G. Enders*. Werke (ed. *G. B. Volz*) 10, Berlin 1914, 32 ff.
An Feldmarschall (Jacob) Keith. Poesies Divers. Berlin
1760, 224 ff. Epitre XVIII. Au Maréchal Keith. Sur les vaines
terreurs de la mort. (Eine Kritik von Moses Mendelssohn
erschien im 6. Bande der „Briefe die dt. Literatur betref-
fend", 254 ff., 1760). Übers. v. *W. König*, Werke, a. a. O.,
IX, 1914, 124 ff.
  Kritik des Systems der Natur (1770). Übers. v. *W. Rath*.
Werke, a. a. O., VII, 1913, 258 ff.


## NATURALISMUS DES 18. JAHRHUNDERTS

REIMARUS, HERMANN SAMUEL
  Apologie oder Schutzschrift für die vernünftigen Verehrer
Gottes. Manuskript Staats- und Universitätsbibliothek Ham-
burg.
Simplicius und Cacochartus, Bd. II, 419 a ff.
Der Erbmord, Bd. II, 424 b ff.
Beschluß des Gesamtwerkes, Bd. II, 539 b ff.


## DIE GEFÜHLSWELT DES HEROISCHEN:
## HIMMEL UND MYTHOS

KLOPSTOCK, FRIEDRICH GOTTLIEB
  Der Messias. Ein Heldengedicht. Altona 1780. Der Versöhner, 1 ff., Der Himmel und die Himmlischen, 9 ff., Golgatha, 237 ff., Die Kreuzigung, 239 ff., Das Blut der Erlösung, 242 f., Karfreitag, 246 ff., Der Todesengel, 324 f., Des
Messias Tod, 325, Die Grablegung, 390 f., Des Messias Auferstehung, 421, 441 ff., Die Thronbesteigung des Messias,
739–743.

MACPHERSON, JAMES
  Ossians und Sineds Lieder. I.–IV. Band (übersetzt von
*Denis*), Wien 1791. Temora. Ein Heldengedicht in acht Bü-

chern, a. a. O., II, 1 ff.; Zweites Buch, a. a. O., 23 ff., S. 28
bis 34 (gekürzt).


# DIE KINDHAFTIGKEIT DES GOTTNAHEN HERZENS

### CLAUDIUS, MATTHIAS
Wiegenlied bei Mondschein zu singen.
Asmus omnia sua secum portans oder Sämmtliche Werke
des Wandsbecker Bothen, I. und II. Theil. Breslau I 1774;
II. 1777. I. 170 ff.
Eine Correspondenz zwischen mir und meinem Vetter,
angehend die Orthodoxie und Religionsverbesserungen. A. a.
O., II 187 ff. – Anselmuccio. II 25 – Motetto II 185 – Hinz
und Kunz I 224 – Über das Gebet. An meinen Freund An-
dres II 161 ff. – Lied (d. dt. Jünglings) I 208 f. – Alte und
Neue Zeit (Voltaire) I 28 – Hier liegen Fußangeln (Barde)
I 36.


# DIE BEWEGUNG DER PHILANTHROPEN

### THOMASIUS, CHRISTIAN
Motto-Gedicht. Unterschrift des Titelkupfers in: Kurtze
Lehrsätze von dem Laster der Zauberey, 1703.
Der Teufelspakt. Anhang, welcher aus des Autoris Erin-
nerung wegen seiner künfftigen Winter-Lectionen, auf das
1702. und folgende Jahr genommen worden, Und betrifft
die Vertheidigung seiner selbst-eigenen Lehr-Sätze von dem
Laster der Zauberey. o. O. 1702, 1 ff. (gekürzt).

### v. ROCHOW, FRIEDRICH EBERHARD
Summarium oder Menschen-Katechismus in kurzen Sätzen nebst einer Vorrede, Schleswig 1796, 11 ff., 39 ff. (Zf.
32–60 ausgelassen).

### BASEDOW, JOHANN BERNHARD
Betrachtungen über die wahre Rechtgläubigkeit und die
im Staate und in der Kirche notwendige Toleranz, Altona
1766, 5. Hauptstück. Von dem Verhalten bei Verschieden-

heit der Religion, S. 69 ff., Über die Kirchentoleranz, S.
130 ff.

Elementarbuch für die Jugend, ihre Eltern und Freunde
in gesitteten Ständen. 3 Stücke, Altona und Bremen 1770
(Später erweitert zum sog. „Elementarwerk" von 1774).
Drittes Stück: Etwas von der Religion, S. 11 ff., Erste Mitteilung des Begriffes von Gott, S. 35 ff., Ein Lied von Gottes Weisheit und Gerechtigkeit, S. 80 f.

SALZMANN, CHRISTIAN GOTTHILF
Über die wirksamsten Mittel, Kindern Religion beizubringen. o. O. 1780, 1 ff.


EPOCHENGESTALTEN
DES ZEITALTERS DER AUFKLÄRUNG


v. HALLER, ALBRECHT
Morgen-Gedanken (1725), Versuch Schweizerischer Gedichte, Reutlingen 1777, 1 ff. (gekürzt). Die Alpen (1729),
a. a. O., 22 ff. (gekürzt). Unvollkommenes Gedicht über die
Ewigkeit (1736), a. a. O., 56 ff. (gekürzt).
Briefe über die wichtigsten Wahrheiten der Offenbarung
(1772), Carlsruhe 3 1779, 1. Brief, S. 1 ff. (leicht gekürzt).
11. Brief, S. 135 ff.


ROUSSEAU, JEAN JACQUES
Oeuvres Completes de J. J. Rousseau. Nouvelle Edition,
conforme à celle de Genève 1782. Tome Neuvième, Lyon
1796. Emile, ou de l'Education. Suite de livre Quatrième.
Profession de Foi de Vicaire Savoyard. p. 44 ff., 48 ff., 52 f.,
54, 60, 64, 67, 68 f., 75 ff., 79, 82, 93, 108 f.
Der deutsche Text nach der in Deutschland verbreiteten
Ausgabe des Philanthropen und Pädagogen Campe.
Allgemeine Revision des gesamten Schul- und Erziehungs-
wesens von einer Gesellschaft practischer Erzieher. 14. Teil.
Herausgegeben von J. H. Campe. Wien und Braunschweig
1790. Emil oder über die Erziehung. Von J. J. Rousseau,
Bürger zu Genf. III. Teil. Aus dem Französischen übersetzt
von C. F. Cramer, 52 f., 64 ff., 70 f., 74, 76 f., 80, 87, 93,
98 ff., 113 ff., 120, 126, 148, 179 f.

LESSING, GOTTHOLD EPHRAIM

Das Kruzifix (1759). G. H. Lessings Vermischte Schriften, Berlin 1771–1792, I–X. Teil II, 55.

Fragment eines Gesprächs. Werke *(Stammler)* I, 972.

Die Parabel (1778) Verm. Schriften, Teil VI, 5 ff. Das vorangestellte Wort auf einem Nachlaßblatt in: Werke *(Petersen u. v. Olshausen)*, Teil 23 (1926), 297.

Die Erziehung des Menschengeschlechts (1780), o. O. (Voß u. Sohn) 1780, 1 ff.

Die Religion Christi (Aus dem Nachlaß). Lessings Werke (hrg. v. *J. Petersen* u. *W. v. Olshausen*), Teil 23. 352 f.

KANT, IMMANUEL

Allgemeine Naturgeschichte und Theorie des Himmels. Werke (Cassirer) I, Berlin 1912, VII. Hauptstück, 309–325 (gekürzt).

Die Religion innerhalb der Grenzen der bloßen Vernunft, a. a. O., VI, Berlin 1914, 157 ff., 171 ff., 180 f., 184 ff., 325 ff., 336 ff., 341 ff.

# LITERATUR

*W. Andreas:* Friedrich der Große (Die großen Deutschen, II), 1956

*N. Bassewitz:* Die polemischen Romane C. F. Bahrdts (Diss. Würzburg), 1923.

*K. Berger:* Barock und Aufklärung im geistlichen Lied, 1951.

*W. Bienert:* Der Anbruch der christlichen deutschen Neuzeit, 1934.

*F. Blanke:* Hamann-Studien, 1956.

*J. Bohatec:* Die Religionsphilosophie Kants, 1938.

*J. Broeckx:* Le baron F. M. van Helmont 1870.

*W. Bussmann:* Friedrich der Große im Wandel des europäischen Urteils (Rothfels-Festschrift), 1951.

*F. Enderlin:* Der Magier von Zürich, 1953.

*A. Esch:* Englische religiöse Lyrik des 17. Jahrh., 1955.

*J. Forssmann:* Lavater und die religiösen Strömungen des 18. Jahrhunderts, 1935.

*W. D. Fuhrmann:* Leben und Schicksale des L. Vanini, 1870.

*G. Funke:* Die Aufklärung, 1963.

*P. Grapin:* La théologie naturelle de Reimarus, 1951.

*E. Grassi:* Giordano Bruno. Heroische Leidenschaften und individuelles Leben, 1948.

*J. P. Getty:* Europe in the Eighteenth Century, 1949.

*M. Greve:* Die Aufklärung und das Wirken des modernen Geistes in Frankreich, 1936.

*B. Groethuysen:* Die Entstehung der bürgerlichen Welt- und Lebensanschauung in Frankreich, I 1927, II 1930.

*B. Groethuysen:* J. J. Rousseau, 1949.

*F. Häbler:* Milton und Klopstock, 1893/95.

*W. Halfmann:* Chr. Kortholt, 1930.

*Th. Hasler:* J. K. Lavater, 1942.

*P. Hazard:* La Crise de la Consience européenne, 1934/39 (dtsch. 1939).

*Ders.:* La Pensée européenne au XVIIIᵉ siècle, 1946 (dtsch. 1949).

*L. Hirzel:* A. v. Hallers Gedichte, 1882.

*A. E. Hohler:* Das Heilige in der Dichtung, 1954.

*M. Horkheimer u. M. Adorno:* Dialektik der Aufklärung, 1947.

G. *Hornig:* Die Anfänge der historisch-kritischen Theologie, 1961.

F. E. *Hutchinson:* H. Vaughan. A Life and Interpretation, 1947.

A. M. *Hyamson:* The Sephardim of England, 1951.

F. *Jacobi:* Lohn und Strafe bei J. B. Basedow, 1916.

G. *Kaiser:* Klopstock, 1963.

R. *Kieser:* Die Aufklärung und die Landschulreform des Domherrn v. Rochow, 1955.

K. *Kindt:* Klopstock 1941, 1949².

L. *Köhler:* Der hebräische Mensch, 1953.

H. *Köstlin:* Das religiöse Erleben bei H. S. Reimarus (Diss. Tüb.), 1919.

J. *Leyser:* K. F. Bahrdt, der Zeitgenosse Pestalozzis, sein Verhältnis zum Philanthropinismus und zur neueren Pädagogik, (1867)² 1870.

H. *Liebing:* Zwischen Orthodoxie und Aufklärung, 1961.

M. *Loeser:* Die Kritik des H. S. Reimarus am Alten Testament (Diss. Berlin), 1942.

O. *Mann:* Lessing, Sein und Leistung, 1948.

G. *Mehnert:* Die Aufklärungsepoche in Schleswig-Holstein, Nordelbingen 30, 1960.

L. *Meier:* Die Religiosität des A. Gryphius (Diss. Göttingen), 1948.

J. *Nadler:* J. G. Hamann, der Zeuge des Corpus mysticum, 1949.

H. *Nordmann:* J. J. Spalding (Diss. Berlin), 1929.

L. *Olschki:* Giordano Bruno, 1927.

J. *Pfeiffer:* Matthias Claudius, der Wandsbecker Bote. 1940, 1949⁶.

W. *Philipp:* Das Werden der Aufklärung in theologiegeschichtlicher Sicht, 1957 (Lit.).

*Ders.:* Religiöse Strömungen unserer Gegenwart, 1963.

*Ders.:* Die religiösen Triebkräfte der werdenden Aufklärung und der Philosoph Chr. Wolff, Theol. Lit. Ztg., 1956.

*Ders.:* Hamburg, das „Lutherische Zion", und das Oberhessische Luthertum im achtzehnten Jahrhundert, Pastoralblatt Kurhessen, 1956.

*Ders.:* Der Philosemitismus im geistigen Feld. Ztschr. f. Relig. u. Geistesgeschichte, 1958.

413

*Ders.:* Metaphysik und Glaube. Die Grundgedanken der Physikotheologie Bernhard Nieuwentyts (1654–1718), Neue Ztschr. f. Syst. Theologie, 1960.

*Ders.:* Das Bild der Menschheit im 17. Jahrhundert des Barock, Stud. Generale, 1961.

*Ders.:* Christus in der Sicht der Aufklärungsepoche, 1963.

*J. Rammelt:* J. B. Basedow, 1929.

*M. Rang:* Rousseaus Lehre vom Menschen, 1959.

*U. Roedl:* Matthias Claudius. Sein Weg und seine Welt 1934, 2. A. 1949.

*H. Röhrs:* J. J. Rousseau. Vision und Wirklichkeit, 1957.

*B. Rost:* Salzmann der Philanthrop, 1915.

*C. Roth:* A Life of Menasseh ben Israel, 1945.

*W. Schieck:* Studien zur Lebensauffassung des A. Gryphius, 1924.

*H. Schöffler:* Deutsches Geistesleben zwischen Reformation und Aufklärung, (1940) 2 1956.

*H. J. Schoeps:* Vom himmlischen Fleisch Christi, 1951.

*Ders.:* Philosemitismus im Barock, 1952.

*Ders.:* Jüdische Geisteswelt, 1953.

*Chr. M. Schröder:* Die „Bremer Beiträge". Vorgeschichte und Geschichte einer deutschen Zeitschrift des achtzehnten Jahrhunderts, 1956.

*Ders.:* Matthias Claudius und die Religionsgeschichte 1941, 1948 2.

*R. Savioz:* La philosophie de Charles Bonnet, 1948.

*W. Schwab:* Die Religiosität des C. G. Salzmann (Diss. Marburg), 1941.

*A. Schweitzer:* Geschichte der Leben-Jesu-Forschung, 6 1951.

*M. Seils:* Theologische Aspekte zur gegenwärtigen Hamanndeutung, 1957,

*E. D. Snyder:* The Celtic Revival, 1923.

*H. Thielicke:* Offenbarung, Vernunft und Existenz. Studien zur Religionsphilosophie Lessings, (1936) 4 1959.

*P. v. Tieghem:* Ossian et l'Ossianisme, 1920.

*R. Tombo:* Ossian in Germany, 1901.

*J. Toulan:* L. Vanini, 1869.

*K. Vahlbruch:* Das soziale Lebenswerk F. E. v. Rochows, 1928.

*F. Valjavec:* Geschichte der abendländischen Aufklärung, 1961.

*K. Vorländer:* I. Kant, der Mann und das Werk, I u. II, 1924.
*O. Weber:* A. v. Haller, 1958.
*Erik Wolf:* Große Rechtsdenker, 3 1951.
*H. M. Wolff:* Die Weltanschauung der deutschen Aufklärung, 1949.
*M. Wundt:* Die deutsche Schulphilosophie im Zeitalter der Aufklärung, 1945.
*L. Zscharnack:* Lessing und Semler, 1905.